COLEÇÃO
DESVENDANDO
Bancas&Carreiras

DELEGADO DE POLÍCIA

PC-RJ

Organizadores
LEONARDO GARCIA
ROBERVAL ROCHA

COLEÇÃO
DESVENDANDO
Bancas&Carreiras

Coordenador
José Roberto Mello Porto
Raphael Castilho Barilli

DELEGADO DE POLÍCIA

PC-RJ

2019

EDITORA
JusPODIVM
www.editorajuspodivm.com.br

EDITORA
*Jus*PODIVM
www.editorajuspodivm.com.br

Rua Território Rio Branco, 87 – Pituba – CEP: 41830-530 – Salvador – Bahia
Tel: (71) 3045.9051
• Contato: https://www.editorajuspodivm.com.br/sac

Diagramação: Luiz Fernando Romeu *(lfnando_38@hotmail.com)*

Capa: Maitê Coelho *(maitescoelho@yahoo.com.br)*

D346 Delegado de Polícia: PC-RJ/ José Roberto Mello e Porto Raphael Castilho Barilli– Salvador: Editora JusPodivm, 2019.
400 p. (Ciências Criminais / organizadores Leonardo Garcia e Roberval Rocha)

Vários autores.
ISBN 978-85-442-3041-1.

1. Delegado. 2. Provas I. Mello, José Roberto. II. Barilli, Porto Raphael Castilho. III. Garcia, Leonardo. IV. Rocha, Roberval. V. Título.

CDD 371.425

APRESENTAÇÃO DA COLEÇÃO

A coleção **Desvendando Bancas & Carreiras**, elaborada com base na estratégia que melhor prepara para concursos públicos – a metodologia ***Questão vem primeiro*** – tem por objetivo sistematizar e direcionar seus estudos e, assim, possibilitar melhor conhecimento da banca (ou da carreira, ou de ambos) que elabora as questões de prova.

Para saber como uma banca (ou órgão de carreira jurídica) elabora as questões, é preciso conhecer de que forma os conteúdos foram cobrados nos últimos exames. Assim, disponibilizamos questões para que o candidato possa ler/estudar e ao mesmo tempo compreender como são tratados os temas que caem nas provas.

O mais importante nesta coleção não é selecionar questões de determinada banca e/ou carreira e simplesmente comentá-las. Isso faria com que o candidato desperdiçasse seu tempo lendo mais do que o necessário para entender o perfil das provas da banca e/ou carreira. Aqui, o foco está na solução das provas mais recentes.

As bancas, de maneira geral, mudam o perfil de elaboração de questões ao longo dos anos. Aquelas que antes só cobravam "letra de lei", por exemplo, passaram a cobrar jurisprudência dos tribunais superiores. Outras, que cobravam jurisprudência, passam a se centrar em recursos repetitivos, repercussão geral e súmulas, e assim por diante.

Conhecer como a banca e/ou determinada carreira elabora as questões para o concurso que você realizará é fundamental para planejar estudos e revisões. Estar alerta para a tendência mais atualizada de explorar e exigir os conteúdos do certame evita perda de tempo e maximiza o rendimento dos estudos, descartando tópicos com pouca probabilidade de serem cobrados.

Desta forma, os comentários e anotações das questões, além de servirem para o estudo/aprendizado do tema cobrado, também auxiliam na identificação do "modus operandi" da banca/carreira daquele concurso específico que será enfrentado, sempre especificando como a resposta daquela questão foi encontrada (se por letra de lei; súmula, recurso repetitivo ou repercussão geral; jurisprudência (simples) dos tribunais superiores; doutrina etc).

Atenção: recomendamos que, antes do estudo das questões, não deixe assistir ao vídeo indicado no *QR Code* a seguir, para que você conheça melhor a finalidade do livro e como ele poderá auxiliá-lo nos estudos e na revisão, facilitando a sua tão almejada aprovação! Assista ao vídeo do professor Leonardo Garcia explicando como utilizar este livro na sua preparação. Para acessar o conteúdo, é necessário instalar um aplicativo leitor de *QR Code* no seu smartphone ou tablet. Um exemplo de aplicativo para Android é o "*QR Code Reader*" (*http://editoraj.us/baixar-qr-android*). Para IOS (iPhone, iPad), há a opção do "*QR Code Reader and Scanner*" (*http://editoraj.us/baixar-qr-ios*). Abra o aplicativo, posicione a câmera do celular sobre o código abaixo e, em instantes, a tela do aparelho será direcionada para o vídeo.

Após a leitura deste livro, com o olhar do entendimento do perfil da banca e/ou carreira (veja no primeiro vídeo o que é dito sobre os "óculos do concurso"), certamente o candidato estará preparado para estudar com o devido foco e, também, fazer uma revisão mais afiada antes da prova, evitando perda de tempo e aumentando suas chances de aprovação.

Esperamos que gostem desta nova proposta apresentada pela coleção **Desvendando Bancas & Carreiras.**

Boa sorte e bons estudos. Contem conosco!

Roberval Rocha

Leonardo Garcia

SOBRE COORDENAÇÃO E AUTORIA

COORDENADORES

JOSÉ ROBERTO MELLO PORTO

Defensor Público do Estado do Rio de Janeiro. Doutorando e Mestre em Direito Processual (UERJ). Pós-graduado em Direito Privado (UCAM).

RAPHAEL CASTILHO BARILLI

Delegado de Polícia Civil do Estado do Rio de Janeiro. Mestre em Direito pela UFRJ. Pós-graduado em Direito Público pela UCAM. Professor e autor de livros jurídicos.

AUTORES

ANDRÉ UCHOA

Medicinal Legal

Delegado de Polícia Civil do Estado do Rio de Janeiro. Mestre em Direito Público. Graduado em Direito e Economia pela UFF. Professor de Medicina Legal e Direito Administrativo.

ALOYSIO FALCÃO

Direito Processo Penal

Delegado de Polícia Civil do Estado do Estado do Rio de Janeiro. Graduado em Direito pela Universidade Católica de Pernambuco (UNICAP), Pós-Graduado em Ciências Penais pela Universidade Anhanguera Uniderp (LFG), Coach formado e certificado pela Sociedade Brasileira de Coaching e Professor de Direito Penal e Processual Penal para Concursos Públicos.

CAMILA MEIRELLES PEGORIM

Direito Civil

Delegada de Policia do Estado do Rio de Janeiro.Formada em Direito pela Universidade do Estado do Rio de Janeiro, Pós-graduada em Direito Público pela Universidade Católica de Petrópolis.

EDÉZIO RAMOS

Direito Penal

Delegado de Polícia do Rio de Janeiro. Mestre em Direito pela UCAM. Pós-graduado em Direito Penal e Criminologia pela UCAM. Professor das Universidades Santa Úrsula, Mackenzie-Rio e Faculdades São José. Professor de Cursos Preparatórios na Área Jurídica. Membro Honorário do Instituto dos Advogados do Brasil. Palestrante na área jurídica. Ex-inspetor de polícia da

Polícia Civil do Rio de Janeiro. Aprovado no concurso de escrivão de Polícia Civil do Rio de Janeiro em 2001.

RODOLFO MARAVILHA FRANCO DA SILVA

Direito Administrativo

Delegado de Polícia Civil do Estado do Rio de Janeiro. Ocupou o cargo de Analista Processual do Ministério Público da União. Pós-graduado em Direito Constitucional pela Universidade Anhanguera Uniderp (LFG)

VICTOR BARBOSA MARANHÃO PINTO

Direito Constitucional

Delegado de Polícia Civil do Estado do Rio de Janeiro. Pós-graduando em Direito Penal e Processual Penal pela Estácio de Sá. Ex técnico superior (analista) da Defensoria Pública do Rio de Janeiro. Graduado em Direito pela PUC Rio. Coach formado pela Sociedade Brasileira de Coaching.

SUMÁRIO

ANÁLISE DE CONTEÚDO

1. TABELAS DE CONTEÚDO DAS RESPOSTAS

A tabela abaixo indica a frequência com que determinado tipo de conteúdo é exigido nas alternativas das respostas às questões destes concursos:

Tabela 01

CONTEÚDO GERAL (SINTÉTICO)	QUESTÕES	%
Lei	268	65,53%
Teoria/Doutrina	162	39,61%
Jurisprudência	24	5,87%
Súmula	23	5,62%

Essa distribuição também pode ser assim visualizada:

Gráfico 01

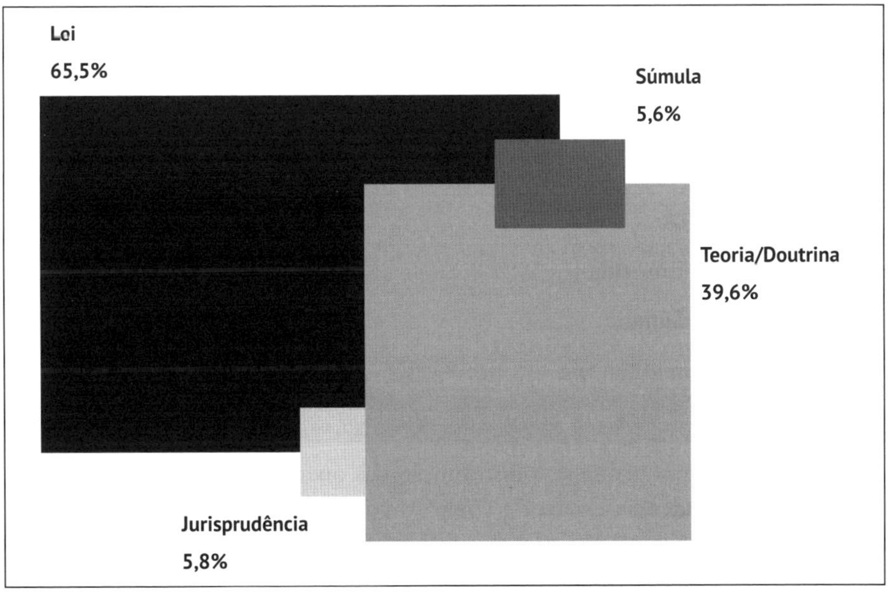

As porcentagens somam "**mais de 100%**" apenas para mostrar que existem questões de concurso que cobram mais de um tipo de conteúdo para ser respondida.

Exemplo: lei + jurisprudência; lei + teoria/doutrina; jurisprudência + súmula etc.

Conforme ilustrado, **268** questões cobraram o que está escrito em **LEI**, mas, a solução de várias dessas perguntas também exigiu outros conhecimentos concomitantes (jurisprudência, súmula e/ou teoria/doutrina).

As tabelas seguintes mostram esses conteúdos "decompostos" e, também, "combinados" entre si, na ordem de percentual dos conteúdos – isolados ou combinados – que mais aparecem nas provas.

Na tabela de conteúdo geral analítico, abaixo, percebe-se que praticamente **50%** das questões nos concursos desta carreira são elaborados com base **somente na lei**. Assim, o estudo da **letra da lei** (códigos e legislação especial) é fundamental para uma boa preparação.

Esse nível de exigência pode ser conferido logo na primeira das tabelas de distribuição (Conteúdo Geral – Sintético), acima, em que se verifica que aproximadamente **65%** das questões exigiram, de algum modo (isolada ou combinada com outros tipos de conteúdo) o conhecimento da **lei** para se acertar o gabarito.

Tabela 02

CONTEÚDO GERAL (ANALÍTICO)	QUESTÕES	%
SOMENTE LEI	220	53,79%
SOMENTE TEORIA/DOUTRINA	116	28,36%
Lei e Teoria/Doutrina	29	7,09%
Jurisprudência e Teoria/Doutrina	11	2,69%
Lei e Jurisprudência	10	2,44%
Lei e Súmula	8	1,96%
SOMENTE SÚMULA	6	1,47%
Súmula e Teoria/Doutrina	6	1,47%
Jurisprudência e Súmula	2	0,49%
Lei, Jurisprudência e Súmula	1	0,24%
TOTAL	409	100%

Na tabela abaixo, analisa-se a distribuição das questões que exigem o conhecimento da **jurisprudência esparsa** e como os conteúdos (isolados ou combinados com outros tipos de itens) são estatisticamente exigidos nas provas.

Tabela 03

JURISPRUDÊNCIA	QUESTÕES	%
Jurisprudência e Teoria/Doutrina	11	2,69%
Lei e Jurisprudência	10	2,44%
Jurisprudência e Súmula	2	0,49%
Lei, Jurisprudência e Súmula	1	0,24%
TOTAL	24	5,9%

Na próxima tabela, tem-se a distribuição das questões que exigem o conhecimento da **lei** e como os conteúdos (isolados ou combinados com outros tipos de itens) são estatisticamente exigidos nas provas.

Tabela 04

LEI	QUESTÕES	%
SOMENTE LEI	220	53,79%
Lei e Teoria/Doutrina	29	7,09%
Lei e Jurisprudência	10	2,44%
Lei e Súmula	8	1,96%
Lei, Jurisprudência e Súmula	1	0,24%
TOTAL	268	65,5%

O quadro seguinte mostra a distribuição das questões que exigem o conhecimento da **jurisprudência específica** e como os conteúdos (isolados ou combinados com outros tipos de itens) são estatisticamente exigidos nas provas.

Tabela 05

SÚMULA	QUESTÕES	%
Lei e Súmula	8	1,96%
SOMENTE SÚMULA	6	1,47%
Súmula e Teoria/Doutrina	6	1,47%
Jurisprudência e Súmula	2	0,49%
Lei, Jurisprudência e Súmula	1	0,24%
TOTAL	23	5,6%

Na última tabela, analisa-se a distribuição das questões que exigem o conhecimento de **teoria** e de **doutrina** e como os conteúdos (isolados ou combinados com outros tipos de itens) são estatisticamente exigidos nas provas.

Tabela 06

TEORIA/DOUTRINA	QUESTÕES	%
SOMENTE TEORIA/DOUTRINA	116	28,36%
Lei e Teoria/Doutrina	29	7,09%
Jurisprudência e Teoria/Doutrina	11	2,69%
Súmula e Teoria/Doutrina	6	1,47%
TOTAL	162	39,6%

2. GRÁFICO-RESUMO

O gráfico abaixo apresenta uma suma de todas as disciplinas, e contém dados que demonstram quais os "tipos de conteúdo da resposta" (jurisprudência esparsa; súmulas, teoria/doutrina ou texto de lei) mais frequentes nas provas deste **concurso** e, também, os modos de combinação entre estes "tipos" que mais são observados nas respostas das questões.

Tudo isso para que o leitor possa melhor orientar seus estudos, calcado em estatística indicativa do perfil de exigência de conteúdo que as **Organizadoras** mais utilizam nesse certame.

Gráfico 02

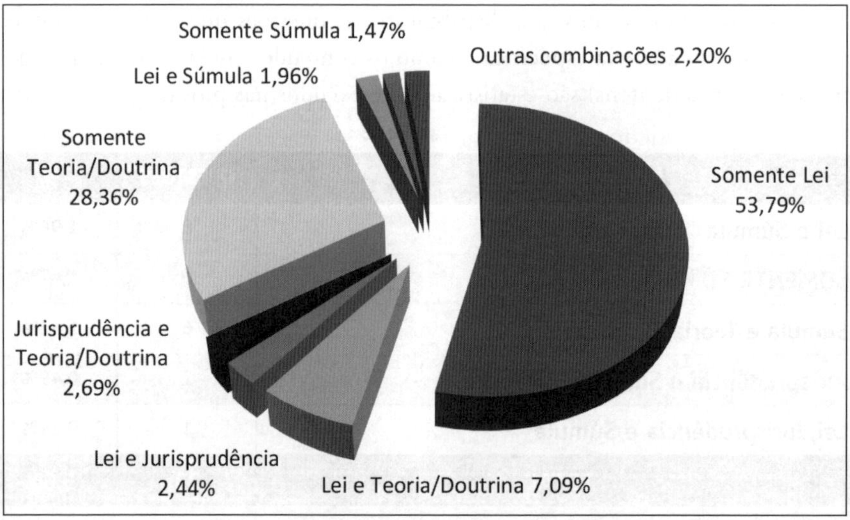

1

DIREITO ADMINISTRATIVO

1. AGENTES PÚBLICOS

1. **(Funcab/PC/RJ/Delegado/2012)** Identificado servidor público ocupante de cargo efetivo em desvio de função, embora recebendo a remuneração do cargo no qual se encontra formalmente investido, indique a providência a ser adotada pela Administração Pública, considerando a atual jurisprudência do Supremo Tribunal Federal:

   a) deve o servidor retornar às funções inerentes ao cargo no qual se encontra formalmente investido, sem receber quaisquer eventuais diferenças remuneratórias referentes ao cargo "ocupado de fato".

   b) deve o servidor permanecer no exercício das funções que vinha exercendo, mas continuando a receber o valor da remuneração referente ao cargo no qual se encontra formalmente investido.

   c) deve cessar imediatamente o desvio, e o servidor deve responder a processo disciplinar por abandono do cargo no qual foi formalmente investido.

   d) deve o servidor permanecer no exercício das funções que vinha exercendo, passando também a receber o valor da remuneração referente ao cargo "ocupado de fato".

   e) deve o servidor retornar às funções inerentes ao cargo no qual se encontra formalmente investido, mas recebendo quaisquer eventuais diferenças remuneratórias referentes ao cargo "ocupado de fato".

ANOTAÇÕES/COMENTÁRIOS

(a, b, c, d) Vide comentário à alternativa E.

(e) "A jurisprudência desta Corte firmou entendimento no sentido de que o servidor tem direito, na forma de indenização, à percepção dos valores referentes à diferença da remuneração pelo período trabalhado em desvio de função, sob pena de enriquecimento sem causa do Estado.". (RE 499.898, DJ 15/08/2012). Lembrando que sobre o tema foi editada a Súmula Vinculante 43: "É inconstitucional toda modalidade de provimento que propicie ao servidor investir-se, sem prévia aprovação em concurso público destinado ao seu provimento, em cargo que não integra a carreira na qual anteriormente investido.".

Para responder, tem que estudar: jurisprudência e súmula.

Gabarito: E

---

2. **(Funcab/PC/RJ/Delegado/2012)** No que diz respeito à aquisição da estabilidade do servidor público, assinale a alternativa correta:

a) é exigido o requisito temporal de dois anos de efetivo exercício.

b) pode ser estendida aos titulares de cargo em comissão de livre nomeação e exoneração.

c) guarda correlação com o cargo e não com o serviço público.

d) a avaliação negativa, pela Administração, do desempenho do servidor, pode excluí-lo do serviço público sem o ato de exoneração.

e) o servidor que não satisfizer as condições do estágio probatório deverá ser exonerado, observadas as formalidades legais.

ANOTAÇÕES/COMENTÁRIOS

(a) A estabilidade, prevista no artigo 41 da CF, teve seu prazo ampliado de dois para três anos: "São estáveis após três anos de efetivo exercício os servidores nomeados para cargo de provimento efetivo em virtude de concurso público". (Redação dada pela Emenda Constitucional nº 19, de 1998).

(b) Nos termos do mencionado artigo 41 da CF, a estabilidade é exclusiva para cargos de provimento efetivo, não se aplicando aos cargos em comissão.

(c) A estabilidade se refere ao serviço público, desde que dentro do mesmo ente federativo, contudo o estágio probatório refere-se ao cargo ocupado no momento pelo servidor.

(d) Nos termos do artigo 20, § 2º da Lei 8.112/90: "O servidor não aprovado no estágio probatório será exonerado ou, se estável, reconduzido ao cargo anteriormente ocupado, observado o disposto no parágrafo único do art. 29".

(e) Lembrando sempre que exoneração não se confunde com demissão. Artigo 61, I do Decreto nº 2479/79.

Para responder, tem que estudar: lei.

Gabarito: E

3. **(Ceperj/PC/RJ/Delegado/2009)** Um Delegado de Polícia não pode ser:
   a) sócio-gerente de empresa.
   b) ordenador de despesa.
   c) pregoeiro.
   d) fiscal da execução do contrato.
   e) presidente de comissão de licitação.

ANOTAÇÕES/COMENTÁRIOS

(a) Artigo 40, V do Decreto-lei nº 220/75 do Rio de Janeiro que dispõe sobre o estatuto dos funcionários públicos civis do poder executivo do Estado do Rio de Janeiro e artigo 286, V do Decreto nº 2479/79, que aprova o regulamento do estatuto dos funcionários públicos civis do poder executivo do estado do Rio de Janeiro.

(b, c, d, e) Vide comentário à alternativa A.

Para responder, tem que estudar: lei.

Gabarito: A

4. **(UFRJ/PC/RJ/Delegado/2001)** O Estatuto dos Funcionários Públicos Civis do Estado do Rio de Janeiro prevê que os candidatos aprovados em concurso público estadual vão se submeter a estágio experimental que corresponde a uma etapa do concurso. O período do estágio experimental fixado no edital do concurso será:
   a) de no mínimo seis e no máximo doze meses.
   b) sempre de dois anos.
   c) sempre de três anos.
   d) de no mínimo quatro e no máximo dez meses.
   e) de no mínimo três e no máximo doze meses.

ANOTAÇÕES/COMENTÁRIOS

(a) Artigo 8º, V do Decreto 2.479/79 do Estado do Rio de Janeiro (Regulamento do Estatuto dos Funcionários Públicos Civis do Poder Executivo do Estado do Rio de Janeiro).

(b, c, d, e) Vide comentário à alternativa A.

Para responder, tem que estudar: lei.

Gabarito: A

5. **(UFRJ/PC/RJ/Delegado/2001)** Com relação à estabilidade do servidor, analise as seguintes afirmativas:

I. A estabilidade somente será adquirida após dois anos de efetivo exercício.

II. O servidor público estadual, estável, aprovado em concurso público para outro cargo estadual, terá direito a recondução se não for aprovado no estágio experimental do novo cargo.

III. O servidor não aprovado no estágio probatório será exonerado.

A(s) afirmativa(s) verdadeira(s) é/são somente:

a) I

b) II

c) III

d) I, II e III

e) II e III

ANOTAÇÕES/COMENTÁRIOS

(a, b, c, d) Vide comentário à alternativa E.

(I) A estabilidade, prevista no artigo 41 da CF, teve seu prazo ampliado de dois para três anos: "São estáveis após três anos de efetivo exercício os servidores nomeados para cargo de provimento efetivo em virtude de concurso público". (Redação dada pela Emenda Constitucional nº 19, de 1998).

(II) Recondução: é o retorno do servidor estável ao cargo anteriormente ocupado, seja por inabilitação em estágio probatório no novo cargo, ou por reintegração do antigo titular do cargo (artigos 8º, IX e 29 da Lei 8.112/90 e artigo 5º, § 4º do Decreto-Lei 220/75 do RJ e 43 do Decreto 2.479/79 do RJ).

(III) Nos termos do artigo 61, I do Decreto 2.479/79, a exoneração é uma forma de vacância do cargo público. Artigo 20, § 2º da Lei 8112/90: "O servidor não aprovado no estágio probatório será exonerado ou, se estável, reconduzido ao cargo anteriormente ocupado, observado o disposto no parágrafo único do art. 29.".

Para responder, tem que estudar: lei.

Gabarito: E

6. **(UFRJ/PC/RJ/Delegado/2001)** De acordo com a classificação dos agentes públicos, os servidores públicos são considerados agentes:

a) administrativos.

b) honoríficos.

c) delegados.

d) políticos.
e) credenciados.

ANOTAÇÕES/COMENTÁRIOS

(a) Servidores públicos são considerados agentes administrativos. Do mesmo modo, servidores públicos pertencem à classificação de servidor estatal, que também é uma espécie de agente público. Atenção: diversos autores divergem quanto à classificação dos agentes públicos. O candidato deve estar atento à preferência da banca examinadora.

(b) Agentes honoríficos: são os particulares em colaboração na categoria de particular voluntário. Participa de forma espontânea. Hely Lopes Meirelles chamava de Agente honorífico. Ex.: amigos da escola.

(c) Os delegados de função estão dentro da classificação de particulares em colaboração. Ex.: serviços notariais.

(d) Agentes políticos são os componentes do governo em seus primeiros escalões, que têm a função de dirigir, orientar e estabelecer as diretrizes para o poder público. Exemplo: chefes do executivo (e vices); auxiliares imediatos dos chefes do executivo (secretários de estado e município e ministros de Estado); membros do poder legislativo; magistrados e membros do MP, havendo divergências quanto a estes. Suas competências são retiradas da própria CF ou da própria lei específica.

(e) Segundo Hely Lopes Meirelles "são os que recebem a incumbência da administração para representa-la em determinado ato ou praticar certa atividade específica, mediante remuneração do poder público credenciante". São exemplos de agentes credenciados os professores substitutos e os médicos credenciados.

Para responder, tem que estudar: teoria/doutrina.

Gabarito: A

7. (UFRJ/PC/RJ/Delegado/2001) O retorno ao serviço ativo do servidor que consegue anular a decisão administrativa que o demitiu é chamada de:

a) reversão.
b) recondução.
c) reintegração.
d) aproveitamento.
e) remoção.

ANOTAÇÕES/COMENTÁRIOS

(a) Reversão: é o retorno à atividade de servidor aposentado: por invalidez, quando junta médica oficial declarar insubsistentes os motivos da aposentadoria ou no interesse da administração, desde que: tenha solicitado a reversão; a aposentadoria tenha sido voluntária; estável quando na atividade; a aposentadoria tenha ocorrido nos cinco anos anteriores à solicitação; haja cargo vago (artigos 8º, VI e 25 ao 27 da Lei 8.112/90).

(b) Recondução: é o retorno do servidor estável ao cargo anteriormente ocupado, seja por inabilitação em estágio probatório no novo cargo, ou por reintegração do antigo titular do cargo (artigos 8º, IX e 29 da Lei 8.112/90 e artigos 5º, § 4º do Decreto-Lei 220/75 do RJ e 43 do Decreto 2.479/79 do RJ).

(c) Reintegração: é a reinvestidura do servidor estável no cargo anteriormente ocupado, ou no cargo resultante de sua transformação, quando invalidada a sua demissão por decisão administrativa ou judicial, com ressarcimento de todas as vantagens (artigos 8º, VIII e 28 da Lei 8.112/90, artigo 5º do Decreto-Lei 220/75 do RJ e artigos 2º, II e 40 a 44 do Decreto 2.479/79 do RJ).

(d) Aproveitamento: É o retorno à atividade de servidor em disponibilidade (artigos 8º, VII e 30 da Lei 8.112/90 e artigos 2º, IV e 53 ao 56 do Decreto 2.479/79 do RJ).

(e) A remoção é medida administrativa, não disciplinar, prevista nos artigos 64 a 66 do Decreto 2.479/79 do Rio de Janeiro.

Para responder, tem que estudar: lei.

Gabarito: C

8. (PC/RJ/Delegado/2002) Com relação às inovações resultantes da Emenda Constitucional 19, intitulada de Reforma Administrativa, analise as afirmativas a seguir:

I. A criação de empresas públicas e sociedades de economia mista depende de autorização legislativa.

II. Foram ampliados os prazos para aquisição da estabilidade e da vitaliciedade previstos na redação original da Constituição.

III. Os cargos comissionados serão preenchidos exclusivamente com servidores ocupantes de cargos efetivos.

A(s) afirmativa(s) verdadeira(s) é/são somente:

a) I.

b) II.

c) III.

d) I e II.

e) II e III.

ANOTAÇÕES/COMENTÁRIOS

(I) Artigo 37, XIX da CF. XIX – "somente por lei específica poderá ser criada autarquia e autorizada a instituição de empresa pública, de sociedade de economia mista e de fundação, cabendo à lei complementar, neste último caso, definir as áreas de sua atuação"; (Redação dada pela Emenda Constitucional nº 19, de 1998).

(II) Estabilidade, prevista no artigo 41 da CF, teve seu prazo ampliado de dois para três anos: "São estáveis após três anos de efetivo exercício os servidores nomeados para cargo de provimento efetivo em virtude de concurso público". (Redação dada pela Emenda Constitucional nº 19, de 1998). Vitaliciedade prevista no artigo 95, I da CF, em sua redação original: "vitaliciedade, que, no primeiro grau, só será adquirida após dois anos de exercício, dependendo a perda do cargo, nesse período, de deliberação do tribunal a que o juiz estiver vinculado, e, nos demais casos, de sentença judicial transitada em julgado".

(III) Ocupantes de cargos comissionados são de livre nomeação e exoneração. Artigo 37, II da CF: "a investidura em cargo ou emprego público depende de aprovação prévia em concurso público de provas ou de provas e títulos, de acordo com a natureza e a complexidade do cargo ou emprego, na forma prevista em lei, ressalvadas as nomeações para cargo em comissão declarado em lei de livre nomeação e exoneração".

Para responder, tem que estudar: lei.

Gabarito: A

9. (PC/RJ/Delegado/2002) Com relação aos servidores públicos, analise as afirmativas a seguir:

I. O aproveitamento é o reingresso, no serviço público, do servidor em disponibilidade, quando haja cargo de natureza e vencimento compatíveis com o anteriormente ocupado.

II. A nomeação é forma de provimento originário em cargo público.

III. O servidor não aprovado no estágio probatório será demitido em decisão necessariamente fundamentada após a preservação do direito de defesa.

A(s) afirmativa(s) verdadeira(s) é/são somente:

a) I.

b) II.

c) III.

d) I e II.

e) II e III.

ANOTAÇÕES/COMENTÁRIOS

(I) Aproveitamento: É o retorno à atividade de servidor em disponibilidade (artigos 8º, VII e 30 da Lei 8.112/90 e artigo 2º, IV e artigo 53 ao artigo 56 do Decreto 2.479/79 do RJ).

(II) A nomeação inaugura o vínculo do servidor com o cargo público. Forma de provimento originário. Artigo 2º, I do Decreto 2.479/79 do RJ.

(III) Nos termos do artigo 11 do Decreto 2.479/79 do RJ "O candidato não aprovado no estágio experimental será considerado inabilitado no concurso e retornará automaticamente ao cargo ou emprego de que se tenha afastado, se for o caso.". Lembrando sempre que demissão é pena disciplinar, proveniente de falta disciplinar do servidor, conforme previsão no artigo 292, VI do Decreto 2.479/79 do RJ.

Para responder, tem que estudar: lei.

Gabarito: D

10. (PC/RJ/Delegado/2002) Com relação aos agentes públicos, analise as afirmativas:

I. Os agentes políticos, como regra, não se submetem ao mesmo regime jurídico aplicado aos servidores públicos.

II. Os mesários do serviço eleitoral são considerados agentes políticos.

III. O ocupante de cargo público comissionado não é considerado agente público.

A(s) afirmativa(s) verdadeira(s) é/são somente:

a) I.

b) II.

c) III.

d) I e II.

e) II e III.

ANOTAÇÕES/COMENTÁRIOS

(I) Agentes políticos são os componentes do governo em seus primeiros escalões, que têm a função de dirigir, orientar e estabelecer as diretrizes para o poder público. Exemplo: chefes do executivo (e vices); auxiliares imediatos dos chefes do executivo (secretários de estado e município e ministros de Estado); membros do poder legislativo; magistrados e membros do MP, havendo divergências quanto a estes. Suas competências são retiradas da própria CF ou da própria lei específica.

(II) Mesários são classificados como particulares em colaboração, mais precisamente como particulares requisitados.

(III) Ocupantes de cargos comissionados são considerados agentes públicos. Artigo 37, II da CF: "a investidura em cargo ou emprego público depende de aprovação prévia em concurso público de provas ou de provas e títulos, de acordo com a natureza e a complexidade do cargo ou emprego, na forma prevista em lei, ressalvadas as nomeações para cargo em comissão declarado em lei de livre nomeação e exoneração".

Para responder, tem que estudar: lei.

Gabarito: A

11. (PC/RJ/Delegado/2006) Os servidores públicos estão sujeitos ao regime disciplinar estabelecido na legislação de cada ente estatal. Sobre o tema, assinale a alternativa correta:

a) a sindicância, na legislação do Estado do Rio de Janeiro, não pode ser usada para aplicar punições a servidores públicos.

b) a exoneração é uma das punições que podem ser aplicadas aos servidores públicos.

c) a Administração Pública pode cassar a aposentadoria de um servidor em razão da prática de infração disciplinar grave antes do ato de aposentadoria.

d) o servidor público estadual pode ser punido com a remoção compulsória para outro local de trabalho.

e) a verdade sabida é uma das modalidades sumárias de apuração da possível prática de infrações disciplinares por servidores públicos.

ANOTAÇÕES/COMENTÁRIOS

(a) Artigo 319 do Decreto 2.479/79. "Recebido o relatório, caso tenha sido configurada irregularidade e identificado o seu autor, a autoridade que houver promovido a sindicância aplicará, de imediato, a pena disciplinar cabível, ressalvada a hipótese prevista no artigo 313.". A pena na sindicância está limitada à suspensão por 30 dias. Penas mais severas devem ser feitas no PAD (artigos 320 e seguintes do Decreto 2.479/79).

(b) Nos termos do artigo 61, I do Decreto 2.479/79, a exoneração é uma forma de vacância do cargo público e não consta do rol do artigo 292 do mesmo decreto, que apresenta as espécies de penas disciplinares.

(c) Arts. 46, VII, 55, I do DL 220/75 e 292, VII, 301, I do Decreto 2.479/79.

(d) O artigo 292 do Decreto 2.479/79 traz o rol das espécies de penas disciplinares e a remoção compulsória não está dentre elas. Logo, em atenção ao princípio da legalidade, tal medida é vedada. A remoção é medida administrativa, não disciplinar, prevista nos artigos 64 a 66 do mencionado decreto.

(e) Verdade sabida consiste na possibilidade da autoridade competente impor uma pena administrativa, ou seja, autuar diretamente o agente público, quando presencia uma irregularidade. Não existe mais no nosso ordenamento jurídico após a Constituição Federal de 1988, que garante o direito ao contraditório, ampla defesa e devido processo legal, também no processo administrativo.

Para responder, tem que estudar: lei.

Gabarito: C

12. (PC/RJ/Delegado/2006) Sobre os servidores públicos, analise as afirmativas a seguir:

I. De acordo com a Constituição, compete à União estabelecer as normas gerais sobre servidores públicos que serão observadas por Estados e municípios.

II. De acordo com as normas constitucionais em vigor, compete ao legislador ordinário definir as situações nas quais o estrangeiro poderá ter acesso a cargos e empregos públicos no Brasil.

III. Os cargos públicos no Poder Executivo estadual serão criados por lei de iniciativa do governador.

Assinale a alternativa correta:

a) apenas as afirmativas I e II estão corretas.

b) apenas as afirmativas I e III estão corretas.

c) apenas as afirmativas II e III estão corretas.

d) as afirmativas I, II e III estão corretas.

e) todas as afirmativas estão erradas.

ANOTAÇÕES/COMENTÁRIOS

(I) Trata-se de matéria em que cada ente federativo deve fazer sua regulamentação. No âmbito federal, a Lei 8.112/90 traz as normas gerais e especiais dos servidores públicos. Já no âmbito do Estado do Rio de Janeiro, por exemplo, o Decreto-Lei 220/75 traz o estatuto dos funcionários públicos civis do Poder Executivo e o Decreto 2.479/79 aprova o regulamento do estatuto dos funcionários públicos civis do Poder Executivo.

(II) O texto original da CF limitava aos brasileiros o provimento de cargo, empregos e funções. No entanto, desde a EC 19/98, passou-se a admitir a acessibilidade aos estrangeiros, na forma da lei (norma de eficácia limitada). Essa lei regulamentadora só existe quanto à admissão de professores e pesquisadores estrangeiros em universidades públicas (artigo 37, I da CF).

(III) Segundo preceitua o artigo 112, § 1º, II, "a" da Constituição do Estado do Rio de Janeiro.

Para responder, tem que estudar: lei.

Gabarito: C

13. (PC/RJ/Delegado/2006) Sobre o regime jurídico aplicável aos servidores do Estado do Rio de Janeiro, analise as afirmativas a seguir:

I. Os candidatos aprovados em concurso público estadual serão submetidos a estágio experimental que corresponde a uma etapa do concurso e terá duração de seis a doze meses.

II. O servidor que estiver respondendo a processo administrativo disciplinar poderá ser suspenso temporariamente pelo prazo de até cento e vinte dias.

III. Para fins disciplinares, considera-se abandono de cargo a ausência injustificada ao serviço por dez dias consecutivos.

Assinale a alternativa correta:

a) apenas as afirmativas I e II estão corretas.
b) apenas as afirmativas I e III estão corretas.
c) apenas as afirmativas II e III estão corretas.
d) as afirmativas I, II e III estão corretas.
e) todas as afirmativas estão erradas.

ANOTAÇÕES/COMENTÁRIOS

(I) Nos termos dos artigos 7º, III e 8º, V do Regulamento do Estatuto dos Funcionários Públicos Civis do Estado do Rio de Janeiro (Decreto 2.479/79), o estágio experimental não será inferior a 6 (seis) nem superior a 12 (doze) meses e se trata de uma etapa do concurso público.

(II) A teor do que dispõe o artigo 308 do Decreto 2.479/79, a suspensão preventiva tem o prazo de até 30 dias, podendo ser prorrogado por até noventa dias. Ressalte-se que com o advento da CF não mais se admite prisão administrativa.

(III) Nos termos do artigo 52, V e § 1º do Decreto-Lei 220/75, com redação determinada pela LC 85/1996.

Para responder, tem que estudar: lei.

Gabarito: B

14. (PC/RJ/Delegado/2006) Um servidor público conseguiu anular judicialmente o ato administrativo que o considerou reprovado no estágio probatório e determinou seu desligamento do cargo. A decisão judicial determinou seu retorno ao cargo anteriormente ocupado. Nessa hipótese, o servidor retornará ao cargo em virtude de:

a) recondução.
b) reversão.
c) aproveitamento.
d) reintegração.
e) readaptação.

ANOTAÇÕES/COMENTÁRIOS

(a) Recondução: é o retorno do servidor estável ao cargo anteriormente ocupado, seja por inabilitação em estágio probatório no novo cargo, ou por reintegração do antigo titular do cargo (artigos 8º, IX e 29 da Lei 8.112/90, artigo 5º, § 4º do Decreto-Lei 220/75 do RJ e 43 do Decreto 2.479/79 do RJ).

(b) Reversão: é o retorno à atividade de servidor aposentado: por invalidez, quando junta médica oficial declarar insubsistentes os motivos da aposentadoria ou no interesse da administração, desde que: tenha solicitado a reversão; a aposentadoria tenha sido voluntária; estável quando na atividade; a aposentadoria tenha ocorrido nos cinco anos anteriores à solicitação; haja cargo vago (artigos 8º, VI e 25 ao 27 da Lei 8.112/90).

(c) Aproveitamento: é o retorno à atividade de servidor em disponibilidade (artigos 8º, VII e 30 da Lei 8.112/90, artigo 2º, IV e artigo 53 ao artigo 56 do Decreto 2.479/79 do RJ).

(d) Reintegração: é a reinvestidura do servidor estável no cargo anteriormente ocupado, ou no cargo resultante de sua transformação, quando invalidada a sua demissão por decisão administrativa ou judicial, com ressarcimento de todas as vantagens (artigos 8º, VIII e 28 da Lei 8.112/90, artigo 5º do Decreto-Lei 220/75 do RJ e artigo 2º, II e artigo 40 a 44 do Decreto 2.479/79 do RJ).

(e) Readaptação: é a investidura do servidor em cargo de atribuições e responsabilidades compatíveis com a limitação que tenha sofrido em sua capacidade física ou mental verificada em inspeção médica (artigos 8º, V e 24 da Lei 8.112/90, artigo 2º, V e artigos 57 ao 59 do Decreto 2.479/79 do RJ).

Para responder, tem que estudar: lei.

Gabarito: D

15. (PC/RJ/Delegado/2002) Sobre Administração Pública, é correto afirmar que:

a) a Constituição admite a acumulação de dois cargos ou empregos privativos de profissionais de saúde com profissões regulamentadas desde que haja compatibilidade de horários.

b) somente por lei complementar pode ser criada autarquia e autorizada a instituição de empresa pública e de sociedade de economia mista.

c) os vencimentos dos cargos do Poder Legislativo e do Poder Judiciário poderão ser superiores aos pagos pelo Poder Executivo.

d) os cargos, empregos e funções públicas são acessíveis aos brasileiros que preencham os requisitos estabelecidos em lei, vedado o acesso aos estrangeiros, na forma da lei.

e) o prazo de validade do concurso público será de até um ano, prorrogável uma vez, por igual período.

ANOTAÇÕES/COMENTÁRIOS

(a) Art. 37, inc. XVI da CF.

(b) Somente por lei específica. Art. 37, inc. XIX da CF.

(c) Não poderão ser superiores. Art. 37, inc. XII da CF.

(d) Não é vedado acesso aos estrangeiros. Art. 37, inc. I da CF.

(e) Será de até dois anos, prorrogável uma vez, por igual período. Art. 37, inc. III da CF.

Para responder, tem que estudar: lei.

Gabarito: A

16. (PC/RJ/Delegado/2006) Conforme o direito positivo, corroborado pela jurisprudência incontroversa do Supremo Tribunal Federal, o Delegado de Polícia possui:

a) foro por prerrogativa de função.
b) vitaliciedade.
c) inamovibilidade.
d) irredutibilidade de vencimentos.
e) estabilidade após dois anos de efetivo exercício.

ANOTAÇÕES/COMENTÁRIOS

(a) Não tem previsão constitucional.

(b) Não tem previsão constitucional. Ver Artigos 128, § 5º, inc. I, alínea "a" e 95, inc. I, ambos da CF.

(c) Não tem previsão constitucional. Ver Art. 95, II; art. 128, § 5º, I, b; e art. 134, I, todos da Constituição Federal. Entretanto, atentar para art. 2º, § 5º da Lei 12.830/2013.

(d) Art. 37, inc. XV da CF.

(e) Após três anos. Art. 41 da CF.

Para responder, tem que estudar: lei.

Gabarito: D

2. ATOS ADMINISTRATIVOS

17. (Funcab/PC/RJ/Delegado/2012) Com relação à competência administrativa, é correto afirmar que:

a) a competência de um órgão não se transfere a outro órgão por acordo entre as partes.

b) o ato de delegação retira a competência da autoridade delegante.
c) o fenômeno da avocação dar-se-á quando o agente hierarquicamente inferior praticar ato da competência da autoridade de maior hierarquia.
d) a delegação de competência prescinde de norma expressa autorizadora.
e) a incompetência se transmuda em competência de acordo com a característica da improrrogabilidade.

ANOTAÇÕES/COMENTÁRIOS

(a) No Direito Administrativo não é cabível a competência convencional, de modo que as partes não podem alterar as regras definidas em lei, sobretudo pelo fato do elemento competência ser sempre vinculado. A discricionariedade repousa no motivo e objeto do ato.

(b) Quando a autoridade delega a competência ela não deixa de ser competente, as duas autoridades continuam a ser competentes. Há uma competência cumulativa.

(c) Exatamente o oposto do que está dito. Na avocação o agente hierarquicamente superior pratica ato da competência da autoridade de menor hierarquia (art. 15, Lei 9.784/99).

(d) Delegação e avocação – só podem acontecer excepcionalmente, quando a lei autorizar e desde que justificada. Artigo 11 da Lei 9784/99: "A competência é irrenunciável e se exerce pelos órgãos administrativos a que foi atribuída como própria, salvo os casos de delegação e avocação legalmente admitidos.".

(e) Partindo da premissa de que a lei define de forma expressa e taxativa as competências, no Direito Administrativo a incompetência não se prorroga, ou seja, um órgão incompetente não passa a ser competente depois de exercida a competência.

Para responder, tem que estudar: lei.

Gabarito: A

18. (Ceperj/PC/RJ/Delegado/2009) Em relação aos elementos constitutivos do ato administrativo, é correto afirmar que:

a) o vício de competência não admite qualquer tipo de sanatória.
b) os atos administrativos sempre podem ser praticados livremente, desde que a lei não exija determinada forma como sendo essencial.
c) o elemento motivo também é chamado de motivação.
d) a competência é o elemento do ato administrativo em que pode ser encontrada maior discricionariedade para a Administração Pública.
e) o elemento motivo corresponde às razões de fato e de direito que servem de fundamento para o ato administrativo.

ANOTAÇÕES/COMENTÁRIOS

(a) A convalidação corrige um vício sanável (competência e forma). O ato não muda, continua o mesmo, apenas o vício é sanado.

(b) Aplica-se ao Direito Administrativo o princípio da legalidade sob a ótica de subordinação à lei. Assim, os atos praticados pela administração, em regra, são escritos e solenes, apenas por exceção podem ser praticados de forma verbal. Ex.: artigo 60, parágrafo único da Lei de Licitações (Lei 8.666/93).

(c) A motivação é a exposição dos motivos, ou seja, é a demonstração de que os pressupostos de fato realmente existiram. É a justificativa do ato a coerência do ato. O administrador faz um raciocínio lógico que justifica a prática do ato – correlação lógica entre os elementos do ato e a previsão legal. Não se confunde com motivo, que é o fundamento fático ou de direito que justifica a prática do ato. Ex.: passeata tumultuosa: ato – dissolução da passeata; motivo – tumulto.

(d) A discricionariedade, conhecida como mérito administrativo, manifesta-se nos elementos do ato administrativo motivo e objeto. A competência é sempre vinculada.

(e) Ver comentário na alternativa "c".

Para responder, tem que estudar: lei.

Gabarito: E

19. (Funcab/PC/RJ/Delegado/2012) Sobre os atos administrativos, assinale a alternativa correta:

a) um fato administrativo pode se consumar sem o suporte de um ato administrativo.

b) são elementos do ato administrativo: competência, finalidade, forma, modo e objeto.

c) ao contrário do motivo, que pode ser dispensado em determinados atos administrativos, a motivação deverá estar sempre presente.

d) a característica da imperatividade significa que o ato administrativo tão logo praticado, pode imediatamente ser executado.

e) a anulação do ato administrativo, em regra, opera efeitos "ex nunc".

ANOTAÇÕES/COMENTÁRIOS

(a) Quando um acontecimento atinge a órbita do direito, de forma a criar, modificar ou extinguir relações jurídicas, torna-se fato jurídico. De forma semelhante, quando um acontecimento atinge a administração, trata-se de fato administrativo. No entanto, o conceito deste último é mais abrangente, pois não necessita que ocorra a interferência na esfera de direitos. Exemplo: Morte de alguém = Fato jurídico (fim da personalidade etc.). Se for um servidor público = Fato Administrativo (cargo fica vago, abre-se concurso para o provimento dessa vaga etc.). Se no fato jurídico há uma manifestação de vontade, torna-se um ATO jurídico. Se esse ato jurídico atingir a órbita do Direito Administrativo é um ato administrativo. Na esteira destas considerações, é possível concluir que o fato administrativo independe do ato administrativo.

(b) São elementos do ato administrativo: competência, finalidade, forma, motivo e objeto. ("COMFIFORMOB"). Interpretação *a contrario sensu* do artigo 2º da Lei 4717/65.

(c) O motivo deve estar sempre presente para a perfeita validade do ato administrativo. Cuida-se, pois, do fato e do fundamento jurídico que levam à prática do ato. Já a motivação, que não se confunde com motivo, nem sempre está presente. Como exemplo podemos citar a nomeação e exoneração dos ocupantes de cargo em comissão, previstos no artigo 37, II da CF.

(d) A imperatividade significa a obrigatoriedade, a coercibilidade que possuem os atos administrativos, geralmente com obrigação de fazer e não fazer. O Estado constitui, unilateralmente, obrigações para com terceiros. Decorre do poder extroverso do Estado. A característica do ato administrativo poder ser executado imediatamente decorre de outro atributo do ato administrativo: autoexecutoriedade.

(e) A anulação do ato administrativo produz efeitos "ex tunc" (retroativo).

Para responder, tem que estudar: lei.

Gabarito: A

---

20. (UFRJ/PC/RJ/Delegado/2001) Os atos administrativos são agrupados em razão de características comuns, formando as espécies. A licença é considerada um ato administrativo:

a) negocial.
b) ordinatório.
c) enunciativo.
d) complexo.
e) normativo.

ANOTAÇÕES/COMENTÁRIOS

(a) Negocial – declaração de vontade da Administração coincidente com interesses do particular. A licença é um exemplo de ato negocial É. ato vinculado e definitivo (não precário) em que a Administração concede ao Administrado a faculdade de realizar uma atividade.

(b) Ordinatório – visa disciplinar o funcionamento da Administração e a conduta de seus agentes. Ex.: Instruções e circulares.

(c) Enunciativo – a Administração certifica ou atesta um fato sem vincular ao seu conteúdo. Ex.: atestado e certidão.

(d) Complexo – nasce da manifestação de vontade de mais de um órgão ou agente administrativo. A concessão de aposentadoria é um ato complexo = duas manifestações de vontade em um único ato, em órgãos diferentes (ADM + TCU). O ato só se aperfeiçoa a partir das duas manifestações de vontade.

(e) Normativo – emanam atos gerais e abstratos visando correta aplicação da lei. Ex.: decreto e regulamento.

Para responder, tem que estudar: teoria/doutrina.

Gabarito: A

21. (UFRJ/PC/RJ/Delegado/2001) Com relação à extinção do ato administrativo, analise as afirmativas:

I. A revogação tem como fundamento a reavaliação de critérios de conveniencia e oportunidade, produzindo efeito "ex nunc".

II. O Poder Judiciário não pode revogar atos praticados por outro poder.

III. A mesma autoridade que praticou um ato administrativo não pode promover a sua revogação.

A(s) afirmativa(s) verdadeira(s) é/são somente:

a) I

b) I e II

c) I e III

d) II e III

e) I, II e III

ANOTAÇÕES/COMENTÁRIOS

(I) Anulação é a retirada de um ato inconveniente (controle de conveniência). É chamado de controle administrativo – controle de mérito. A revogação produz efeitos "ex nunc".

(II) Poder Judiciário pode revogar ato administrativo praticado pelo próprio poder Judiciário. O Poder judiciário pode revogar seus atos administrativos. O judiciário não pode revogar os atos administrativos dos outros, sob pena de violação do princípio da separação dos poderes.

(III) Existem alguns limites materiais para a revogação do ato administrativo: 1) ato administrativo vinculado; 2) ato que já produziu direito adquirido; 3) ato que já esgotou seus efeitos; 4) ato que não está na sua órbita de competência.

Para responder, tem que estudar: teoria/doutrina.

Gabarito: B

22. (PC/RJ/Delegado/2002) Com relação aos atos praticados pela Administração Pública, assinale a alternativa incorreta:

a) Os atos administrativos podem ser praticados por autoridades de todos os poderes.

b) O elemento motivo, também chamado de motivação, consiste na exteriorização por parte da Administração Pública das razões de fato e de direito que justificam a prática do ato administrativo.

c) A Administração Pública pode controlar a legalidade e o mérito de seus atos administrativos.

d) A certidão e o atestado, expedidos pela Administração Pública, são considerados atos enunciativos.

e) Os atos discricionários podem suportar controle de mérito e de legalidade.

ANOTAÇÕES/COMENTÁRIOS

(a) Os atos administrativos são praticados em virtude da manifestação da função administrativa que todos os poderes exercem, dentro do âmbito de competência próprio.

(b) A motivação é a exposição dos motivos, ou seja, é a demonstração de que os pressupostos de fato realmente existiram. É a justificativa do ato a coerência do ato. O administrador faz um raciocínio lógico que justifica a prática do ato – correlação lógica entre os elementos do ato e a previsão legal. Não se confunde com motivo, que é o fundamento fático ou de direito que justifica a prática do ato. Ex.: passeata tumultuosa: ato – dissolução da passeata; motivo – tumulto.

(c) Com fundamento no princípio da autotutela, a administração deve rever seus próprios atos quando estes forem ilegais (anulação) ou não forem mais convenientes (revogação). O controle de mérito é o controle ao juízo de valor feito pelo administrador. Mérito é a discricionariedade, é a análise de conveniência e oportunidade, e isso o judiciário não pode rever.

(d) Atos enunciativos têm como característica a indicação de um juízo de valor, tão somente, dependendo, portanto, de outros atos de caráter decisório.

(e) No ato discricionário o administrador tem liberdade, juízo de valor, conveniência e oportunidade. É possível haver tanto controle de mérito, feito pela própria administração (motivo e objeto) e controle de legalidade, feito pela própria administração ou pelo Poder Judiciário.

Para responder, tem que estudar: lei.

Gabarito: B

23. (PC/RJ/Delegado/2002) Com relação à extinção de um ato administrativo, analise as afirmativas a seguir:

I. A extinção de um ato administrativo que se torna incompatível com a lei posterior é denominada contraposição.

II. Na anulação do ato administrativo, de acordo com a jurisprudência consolidada do Supremo Tribunal Federal, é indispensável o respeito ao direito adquirido dos destinatários do ato.

III. Como regra, somente os atos administrativos discricionários podem ser revogados.

A(s) afirmativa(s) verdadeira(s) é/são somente:

a) I.

b) II.

c) III.

d) I e II.

e) II e III.

ANOTAÇÕES/COMENTÁRIOS

(I) Contraposição é a retirada do ato administrativo pelo poder público em decorrência da existência de dois atos de fundamentos e competências diversas, sendo que o segundo elimina o primeiro. Ex.: nomeação e exoneração.

(II) Entendimento consolidado do STF por meio das súmulas 346 e 473 é que na anulação do ato ilegal não se originam direitos, de modo que se opera efeito "ex tunc"; já na revogação do ato inconveniente são respeitados os direitos adquiridos, operando-se efeito "ex nunc".

(III) Limites materiais da revogação do ato administrativo: 1) ato administrativo vinculado; 2) ato que já produziu direito adquirido; 3) ato que já esgotou seus efeitos; 4) ato que não está na sua órbita de competência.

Para responder, tem que estudar: súmula e teoria/doutrina.

Gabarito: C

24. (PC/RJ/Delegado/2002) Com relação aos atos administrativos, analise as afirmativas:

I. Ato complexo é o que se forma pela conjugação de vontade de mais de um órgão administrativo.

II. Os atos de gestão são os que a Administração pratica sem usar de sua supremacia em relação aos destinatários.

III. O regulamento de uma lei é classificado como um ato geral.

São verdadeiras somente as afirmativas:

a) I e II.

b) I e III.

c) II e III.

d) I, II e III.

e) nenhuma.

ANOTAÇÕES/COMENTÁRIOS

(I) Ato complexo Depende de duas manifestações de vontade, dentro órgãos diferentes. Estão em patamar de igualdade.

(II) Ato de gestão: São aqueles atos que a Administração não impõe sua vontade de forma coercitiva, mas há uma espécie de negociação com o administrado, assemelhando-se a uma relação privada. Como exemplo os negócios contratuais de alienação ou aquisição de bens.

(III) Regulamento é manifestação do exercício do Poder Regulamentar, sendo exteriorizado por meio de decreto. Existem duas espécies de regulamento: o regulamento executivo, previsto no artigo 84, IV da CF e o regulamento autônomo, previsto no artigo 84, VI da CF.

Para responder, tem que estudar: lei.

Gabarito: D

25. (PC/RJ/Delegado/2006) Os atos administrativos podem ser extintos de diversas formas. Sobre o tema, analise as afirmativas a seguir:

I. A revogação do ato administrativo vai produzir efeito "ex tunc".

II. Os órgãos do Poder Judiciário, quando provocados, podem anular atos administrativos praticados por órgãos do Poder Executivo.

III. A Administração Pública pode optar por não anular ato administrativo praticado com irregularidade quando verificar que o vício existente não gerou prejuízo.

Assinale a alternativa correta:

a) apenas as afirmativas I e II estão corretas.

b) apenas as afirmativas I e III estão corretas.

c) apenas as afirmativas II e III estão corretas.

d) as afirmativas I, II e III estão corretas.

e) todas as afirmativas estão erradas.

ANOTAÇÕES/COMENTÁRIOS

(I) A revogação do ato administrativo produz efeitos "ex nunc". Trata-se da retirada inconveniente pela própria administração. Súmulas 346 e 473, STF.

(II) Trata-se de anulação de ato administrativo, que é a retirada de um ato ilegal. Pode ser feita pela própria administração em autotutela e pelo Poder Judiciário por meio de controle de legalidade.

(III) Quando a administração está diante de um vício sanável, um ato anulável, é passível de convalidação. Assim, não gerando prejuízo, o administrador não precisa anular o ato.

Para responder, tem que estudar: súmula e teoria/doutrina.

Gabarito: C

26. (PC/RJ/Delegado/2006) Os atos administrativos são agrupados em espécies e recebem denominação específica. A modalidade de ato enunciativo usado para que a Administração Pública faça constar, em seus registros, informações sobre direitos adquiridos anteriormente, normalmente por servidores públicos, denomina-se:

a) certidão.

b) parecer.

c) atestado.

d) apostila.

e) registro.

ANOTAÇÕES/COMENTÁRIOS

(a) Certidão: é a cópia ou fotocópia fiel e autenticada de atos ou fatos constantes no processo, livro ou documento que se encontre nas repartições públicas. Ex.: Certidao Negativa de Débito – CND, certidão de antecedentes criminais.

(b) Parecer: manifestação de órgão técnico sobre assuntos submetidos à sua consideração. Tem caráter meramente opinativo, não vinculado à Administração ou aos particulares a sua motivação ou conclusões, salvo se aprovado por ato subsequente.

(c) Atestado: ato pelo qual a Administração Pública comprova um fato ou uma situação de que tenha conhecimento por seus órgãos competentes. A administração apenas reconhece determinada situação de fato ou de direito.

(d) Apostila: atos enunciativos ou declaratórios de uma situação anterior criada por lei. Equivale a uma averbação. Ex.: averbação no cartório de registro de imóvel do estado civil dos proprietários.

(e) Registro: termo genérico. Ato de registrar. Transcrição, em livro próprio, de documentos, nomes, títulos etc., públicos ou privados, como prova de autenticidade.

Para responder, tem que estudar: teoria/doutrina.

Gabarito: D

3. BENS PÚBLICOS

27. (Funcab/PC/RJ/Delegado/2012) Uma viatura policial alocada ao depósito público como inservível se caracteriza como bem:

a) de uso especial.

b) dominical.

c) de uso comum do povo.

d) privado.

e) afetado.

ANOTAÇÕES/COMENTÁRIOS

(a) De uso especial – É também chamado de bem do patrimônio administrativo. São os bens que o Estado tem para prestação dos serviços públicos. Ex.: repartições públicas, sede da secretaria de educação, hospitais, escolas, etc.

(b) Dominical – É também chamado de bem dominial. São definidos por exclusão. São os bens que não têm destinação pública. Desta forma, uma viatura inservível, não tem mais destinação pública, sendo considerado bem dominical.

(c) De uso comum do povo – Também pode ser chamado de bem de domínio público. São os bens que estão à disposição da coletividade. Para seu uso normal não precisa de autorização. Ex.: ruas, praças, praias, etc.

(d) Privado – regido pelo Direito Civil. Direito de propriedade como direito real. Artigo 1225, I do CC.

(e) Afetação – Dar ao bem uma finalidade pública. Bem afetado é bem destinado a uma finalidade pública. (Diogenes Gasparini chamava de consagração).

Para responder, tem que estudar: teoria/doutrina.

Gabarito: B

28. (PC/RJ/Delegado/2002) Com relação aos bens públicos, assinale a alternativa correta:

a) Os bens dominicais que integram o patrimônio de um dos entes estatais não podem ser penhorados.

b) O Estado não pode ser proprietário de terras devolutas.

c) Os bens do Estado do Rio de Janeiro não podem ser desapropriados.

d) A licitação será exigida em qualquer modalidade de transferência de propriedade de bem público.

e) Os bens de uso comum do povo e de uso especial são considerados desafetados.

ANOTAÇÕES/COMENTÁRIOS

(a) Os bens dominicais são também chamados de dominiais, e alguns autores afirmam que o Poder Público conserva como se fosse um particular. São bens públicos que não têm destinação pública. Contudo, não significa dizer que o bem dominical é privado e pode ser livremente alienado. Significa dizer que o bem não tem finalidade pública.

(b) O conceito de terra devoluta foi construído a partir do fim do regime de capitanias hereditárias. Após esse regime algumas terras não foram apropriadas por ninguém (terras que sobraram, ninguém quis). Os estados adquiriram essas terras. Terras devolutas, em regra, são dos estados-membros. Excepcionalmente são da União, quando relacionadas à segurança, terras que podem gerar conflitos (artigo 20, II da CF).

(c) Pode ser objeto de desapropriação: bem de valor econômico; móvel ou imóvel; corpóreo ou incorpóreo; público ou privado.

(d) O artigo 17 da Lei 8.666/93 prevê hipóteses de alienação de bem público em que a licitação é dispensada, como por exemplo, dação em pagamento, doação e permuta.

(e) Bem de uso comum do povo e bem de uso especial são bens afetados a uma destinação pública.

Para responder, tem que estudar: lei.

Gabarito: A

29. (PC/RJ/Delegado/2006) De acordo com a classificação dos bens públicos quanto a sua destinação, os automóveis usados pela Polícia Civil são considerados:

a) bens de uso especial.
b) bens dominicais.
c) bens de uso comum do povo.
d) bens desafetados.
e) bens do domínio eminente.

ANOTAÇÕES/COMENTÁRIOS

(a) Bens de uso especial: São aqueles utilizados como estabelecimento de um ente público OU aqueles que estão destinados à execução de serviços públicos. Não podem ser usados pelo povo indiscriminadamente, devendo obedecer às regras e condições estabelecidas pelo titular público.

(b) Bens dominicais ou dominiais: São os bens desafetados, ou seja, aqueles que não têm destinação pública definida. São públicos simplesmente porque pertencem ao patrimônio público. Enfim, são todos os bens que não se enquadram entre os de uso comum e os de uso especial. Exemplo: Terras devolutas; prédios públicos desativados; terrenos de marinha, dívida ativa etc.

(c) Bens de uso comum do povo: Também pode ser chamado de bem de domínio público. São os bens que estão à disposição da coletividade. Para seu uso normal não precisa de autorização. Aqueles que são destinados à utilização geral pelos indivíduos, que podem ser utilizados por todos em igualdade de condições, independentemente de consentimento individualizado por parte do poder público.

(d) Bens desafetados: Diogenes Gasparini: afetação (dar finalidade pública) é sinônimo de consagração. Pode ser também desafetação e desconsagração. A afetação, além de dar finalidade pública, dá mais proteção ao mesmo, por conta disto, a doutrina sustenta que para afetação não é necessária nenhuma formalidade.

(e) Domínio eminente: O chamado domínio eminente, como expressão da soberania nacional, é o poder político, pelo qual o Estado submete a sua vontade todas as coisas de seu território.

O domínio eminente não é um direito de propriedade; é o poder que o Estado exerce potencialmente sobre as pessoas e os bens que se encontram em seu território.

Para responder, tem que estudar: teoria/doutrina.

Gabarito: A

4. CONTROLE DA ADMINISTRAÇÃO PÚBLICA

30. (Funcab/PC/RJ/Delegado/2012) Levando em conta a jurisprudência atualmente predominante do Superior Tribunal de Justiça sobre a improbidade administrativa, é correto afirmar:

a) em nenhuma hipótese, a configuração da improbidade administrativa exige a ocorrência de dolo por parte do acusado.

b) às pessoas jurídicas não se pode atribuir a prática de ato de improbidade, ante à necessidade de se comprovar a suposta má-fé do acusado.

c) é imprescindível a presença, no polo passivo da ação de improbidade, dos sócios da pessoa jurídica beneficiada ilicitamente.

d) a decretação cautelar da indisponibilidade dos bens não exige prévia demonstração de risco de dano irreparável, uma vez que o "periculum in mora", nas ações de improbidade, é presumido.

e) a configuração da improbidade administrativa pressupõe a ocorrência de dano ao Erário.

ANOTAÇÕES/COMENTÁRIOS

(a) As condutas que importam em ato de improbidade administrativa estão previstas nos artigos 9º, 10 e 11 da Lei 8429/92. Apenas as condutas descritas no artigo 10 admitem também a modalidade culposa além da dolosa, já as condutas dos artigos 9º e 11 apenas admitem a conduta na modalidade dolosa. Dito de outro modo, apenas o artigo 10 faz menção expressa sobre o elemento subjetivo. Nesse caso admite-se dolo e culpa. Como há sanção de perda dos direitos políticos (pena muito grave em um estado democrático de direito) a culpa não pode ser presumida. Para o ato dos artigos 9º e 11 a lei não fala nada. Nesses casos, considerando que a lei não fala nada expressamente, admite-se apenas o dolo (quando a lei quis dolo e culpa ela disse expressamente).

(b) O artigo 3º da LIA (Lei 8429/92) prevê expressamente que: "As disposições desta lei são aplicáveis, no que couber, àquele que, mesmo não sendo agente público, induza ou concorra para a prática do ato de improbidade ou dele se beneficie sob qualquer forma direta ou indireta.". Assim, também estão incluídas as pessoas jurídicas. Neste sentido já decidiu o STJ: REsp. 970.393/CE.

(c) No já mencionado julgado do colendo STJ ficou assentado que: "Considerando que as pessoas jurídicas podem ser beneficiadas e condenadas por atos ímprobos, é de se concluir que, de forma correlata, podem figurar no polo passivo de uma demanda de improbidade, ainda que desacompanhada de seus sócios.".

(d) "Isso porque a jurisprudência do Superior Tribunal de Justiça se firmou no sentido de que o decreto de indisponibilidade de bens em ação civil pública por ato de improbidade administrativa constitui tutela de evidência e dispensa a comprovação de dilapidação iminente ou efetiva do patrimônio do legitimado passivo, uma vez que o periculum in mora está implícito no art. 7º da Lei nº 8.429/1992 (LIA)" (STJ, Resp 1708807, DJ 23/02/2018).

(e) O artigo 9º da LIA estabelece condutas que importam em enriquecimento ilícito. Já o artigo 11 prevê condutas que violam princípios da administração pública. Apenas o artigo 10 pressupõe conduta que importa em dano ao erário. Portanto a alternativa está incorreta.

Para responder, tem que estudar: jurisprudência e teoria/doutrina.

Gabarito: D

31. (UFRJ/PC/RJ/Delegado/2001) A Constituição, ao tratar das garantias constitucionais, prevê a existência de ações que servem para tutela de interesses considerados relevantes. A lei disciplina a utilização destas ações, podendo, inclusive, ampliar as hipóteses de sua utilização. Para anotação, junto aos assentamentos do impetrante, de contestação ou explicação sobre dado verdadeiro, mas justificável, e que esteja sob pendência judicial ou amigável, a ação cabível é:

a) mandado de segurança.
b) "habeas data".
c) "habeas corpus".
d) mandado de injunção.
e) ação popular.

ANOTAÇÕES/COMENTÁRIOS

(a) Mandado de segurança – "é a ação civil de rito sumaríssimo pela qual a pessoa pode provocar o controle jurisdicional quando sofrer lesão ou ameaça de lesão a direito líquido e certo, não amparado por Habeas Corpus nem Habeas Data, em decorrência de ato de autoridade, praticado com ilegalidade ou abuso de poder". (DI PIETRO, Maria Sylvia Zanella. *Direito Administrativo*. 1999, p. 612). (Art. 5º, LXIX da CF e Lei 12.016/09).

(b) "Habeas data" – é um remédio constitucional, previsto no artigo 5º, inciso LXXII, destinado a assegurar que um cidadão tenha acesso a dados e informações pessoais que estejam sob posse do Estado brasileiro, ou de entidades privadas que tenham informações de caráter público. Ele também pode ser acionado para corrigir dados pessoais que estejam inexatos. Segundo José Afonso da Silva, o "habeas data": "É um remédio constitucional que tem por objeto proteger a esfera íntima dos indivíduos contra: usos abusivos de registros de dados pessoais coletados por meios fraudulentos, desleais ou ilícitos; introdução nesses registros de dados sensíveis (assim chamados os de origem racial, opinião política, filosófica ou religiosa, filiação partidária e sindical, orientação sexual, etc.); conservação de dados falsos ou com fins diversos dos autorizados em lei".

(c) "Habeas corpus" – A Constituição Federal de 1988 prevê em seu art. 5º, inciso LXVIII que conceder-se-á "habeas corpus" sempre que alguém sofrer ou se achar ameaçado de sofrer violência ou coação em sua liberdade de locomoção, por ilegalidade ou abuso de poder. Ele é uma garantia constitucional que tutela a liberdade de locomoção do homem. Assim, o "habeas corpus" é um remédio constitucional cabível sempre que alguém tiver sofrendo constrangimento ilegal no seu direito de ir e vir, ou quando estiver na iminência de sofrer tal constrangimento.

(d) Mandado de injunção – Seu fundamento legal tem previsão no artigo 5º, LXXI da CF. É o procedimento judicial através do qual qualquer cidadão tem assegurado um direito fundamental garantido pela Constituição Federal, que ainda não se encontra devidamente regulamentado em lei complementar ou ordinária. É um procedimento adotado para se pleitear do Poder Judiciário a regulamentação de uma norma constitucional, que ainda não foi feita pelos órgãos competentes. O legitimado é aquele que está sendo prejudicado com tal omissão. O rito processual é o mesmo do mandado de segurança.

(e) Ação popular – Concede ao cidadão o direito de ir à juízo para tentar invalidar atos administrativos praticados por pessoas jurídicas de Direito Público enquanto Administração Direta e também pessoas jurídicas da Administração Indireta. O inciso LXXIII do artigo 5º da Constituição descreve a ação popular como instrumento destinado à anulação de atos lesivos ao patrimônio público, à moralidade administrativa, ao meio ambiente e ao patrimônio histórico e cultural. Ou seja, os cidadãos brasileiros podem propor uma ação popular sempre que considerarem que uma ação do poder público foi prejudicial a algum desses itens. O remédio é regulamentado pela Lei 4.717, de 1965.

Para responder, tem que estudar: lei.

Gabarito: B

32. (UFRJ/PC/RJ/Delegado/2001) Com relação ao mandado de segurança, analise as seguintes afirmativas:

I. A liminar terá prazo de validade de 90 dias, podendo ser prorrogada por mais 30 dias.

II. O prazo para impetração será de 3 meses.

III. A autoridade coatora deverá prestar informações em 10 dias.

A(s) afirmativa(s) verdadeira(s) é/são somente:

a) I

b) I e II

c) I e III

d) II e III

e) I, II e III

ANOTAÇÕES/COMENTÁRIOS

(I) À época da aplicação da prova vigia a Lei 4348/64 que previa, em seu artigo 1º, alínea "b" o prazo para liminar de 90 dias prorrogável por mais 30 dias. Ocorre que doutrina e jurisprudência sempre questionavam a constitucionalidade do dispositivo. A nova lei do mandado de segurança (Lei 12.016/09) agiu bem ao eliminar o prazo de eficácia da medida liminar de 90 dias.

(II) Artigo 18 da revogada Lei 1533/51 e artigo 23 da Lei 12.016/09: "Art. 23. O direito de requerer mandado de segurança extinguir-se-á decorridos 120 (cento e vinte) dias, contados da ciência, pelo interessado, do ato impugnado.".

(III) Nos termos do que dispõe o artigo 7º, I da Lei 12.016/09.

Para responder, tem que estudar: lei.

Gabarito: C

33. (UFRJ/PC/RJ/Delegado/2001) Com relação ao controle da Administração Pública, analise as seguintes afirmativas:

I. O controle administrativo incide sobre aspectos de mérito e de legalidade.

II. O controle administrativo pode ser exercido de ofício ou mediante provocação.

III. A Administração Pública pode anular atos e contratos administrativos praticados com vício, independentemente de manifestação prévia do Poder Judiciário.

A(s) afirmativa(s) verdadeira(s) é/são somente:

a) I

b) I e II
c) I e III
d) II e III
e) I, II e III

ANOTAÇÕES/COMENTÁRIOS

(I) Com fundamento no princípio da autotutela, a administração deve rever seus próprios atos quando estes forem ilegais (anulação) ou não forem mais convenientes (revogação). O controle de mérito é o controle ao juízo de valor feito pelo administrador. Mérito é a discricionariedade, é a análise de conveniência e oportunidade, e isso o judiciário não pode rever. No ato discricionário o administrador tem liberdade, juízo de valor, conveniência e oportunidade. É possível haver tanto controle de mérito, feito pela própria administração (motivo e objeto) e controle de legalidade, feito pela própria administração ou pelo Poder Judiciário.

(II) Com fundamento no princípio da autotutela, a administração deve rever seus próprios atos quando estes forem ilegais (anulação) ou não forem mais convenientes (revogação). A administração pública não é inerte, de modo que não precisa aguardar provocação para agir no controle de seus atos, o que não impede de agir, quando provocado pela parte interessada.

(III) Conforme já mencionado nas questões acima, a administração pode e deve anular seus atos, independentemente da manifestação do Judiciário.

Para responder, tem que estudar: lei.

Gabarito: E

34. (PC/RJ/Delegado/2002) Com relação ao controle da Administração Pública, analise as afirmativas:

I. O exercício do direito de petição, previsto no art. 5°, XXXIV, a da Constituição reflete o exercício do controle judicial da atividade administrativa do Estado.

II. O controle de mérito e de legalidade exercido pela Administração Pública sobre sua própria atividade independe de provocação da parte interessada.

III. Os atos "interna corporis" praticados pelas casas legislativas não se submetem ao controle judicial em nenhuma hipótese.

A(s) afirmativa(s) verdadeira(s) é/são somente:

a) I.
b) II.
c) III.
d) I e II.
e) II e III.

ANOTAÇÕES/COMENTÁRIOS

(I) Trata-se do controle administrativo (executivo). Tem origem no "right of petition": Faculdade de o indivíduo postular ao órgão público algum requerimento, como decorrência da cidadania (CR, art. 5º, XXXIV, a). O recebimento do pedido pela autoridade é OBRIGATÓRIO. O direito de petição é um direito dotado de eficácia, de forma que a autoridade precisa pronunciar-se acerca do que foi pedido, mesmo que seja para indeferir. A falta dessa resposta do Poder Público enseja o MS (controle judicial).

(II) Com fundamento no princípio da autotutela, a administração deve rever seus próprios atos quando estes forem ilegais (anulação) ou não forem mais convenientes (revogação). A administração pública não é inerte, de modo que não precisa aguardar provocação para agir no controle de seus atos.

(III) Vige no Brasil o Sistema da Jurisdição Única (Sistema Inglês) (artigo 5º, XXXV, CF), de modo que toda decisão do Poder Público pode ser revista pelo Poder Judiciário, mesmo os atos "interna corporis" das casas legislativas. Não há violação ao princípio da separação de poderes. É possível apenas a análise de legalidade da decisão tomada, já o mérito só pode ser revisto pela própria administração.

Para responder, tem que estudar: teoria/doutrina.

Gabarito: B

35. (PC/RJ/Delegado/2002) Com relação ao mandado de segurança, analise as afirmativas a seguir:

I. O prazo decadencial para impetração é de 90 dias, podendo ser prorrogado por mais 30 dias.

II. O prazo de validade da liminar é de 90 dias, podendo ser prorrogado por mais 30 dias.

III. As informações serão prestadas pela autoridade coatora no prazo de 10 dias.

A(s) afirmativa(s) verdadeira(s) é/são somente:

a) I.

b) II.

c) III.

d) I e II.

e) II e III.

ANOTAÇÕES/COMENTÁRIOS

(I) Artigo 18 da revogada Lei 1533/51 e Artigo 23 da Lei 12.016/09: Art. 23. "O direito de requerer mandado de segurança extinguir-se-á decorridos 120 (cento e vinte) dias, contados da ciência, pelo interessado, do ato impugnado.".

(II) À época da aplicação da prova vigia a Lei 4.348/64 que previa, em seu artigo 1º, alínea "b" o prazo para liminar de 90 dias prorrogável por mais 30 dias. Ocorre que doutrina e jurisprudência sempre questionavam a constitucionalidade do dispositivo. A nova lei do mandado de segurança (Lei 12.016/09) agiu bem ao eliminar o prazo de eficácia da medida liminar de 90 dias.

(III) Nos termos do que dispõe o artigo 7º, I da Lei 12.016/09.

Para responder, tem que estudar: jurisprudência e teoria/doutrina.

Gabarito: E

36. (PC/RJ/Delegado/2006) O mandado de segurança é um dos instrumentos de controle judicial da Administração Pública. Sobre o tema, analise as afirmativas a seguir:

I. O mandado de segurança não pode ser usado para controle do mérito das punições disciplinares aplicadas a servidores públicos.

II. O pedido de reconsideração feito para a mesma autoridade que praticou o ato impugnado não interfere na contagem do prazo para impetração do mandado de segurança.

III. O prazo para impetração do mandado de segurança será de quatro meses.

Assinale a alternativa correta:

a) apenas as afirmativas I e II estão corretas.
b) apenas as afirmativas I e III estão corretas.
c) apenas as afirmativas II e III estão corretas.
d) as afirmativas I, II e III estão corretas.
e) todas as afirmativas estão erradas.

ANOTAÇÕES/COMENTÁRIOS

(I) O remédio constitucional do Mandado de Segurança previsto na Lei 12.016/09 e na antiga Lei 1533/51 não se presta a controlar o mérito administrativo das punições disciplinares contra servidores públicos. Noutra senda, é possível controlar a legalidade da punição, em respeito ao artigo 5º, XXXV da CF.

(II) Súmula 430 do STF: "Pedido de reconsideração na via administrativa não interrompe o prazo para o mandado de segurança".

(III) Artigo 18 da revogada Lei 1533/51 e Artigo 23 da Lei 12.016/09: "Art. 23. O direito de requerer mandado de segurança extinguir-se-á decorridos 120 (cento e vinte) dias, contados da ciência, pelo interessado, do ato impugnado.".

Para responder, tem que estudar: lei e súmula.

Gabarito: A

37. (PC/RJ/Delegado/2006) Sobre a ação popular, não é correto afirmar que:

a) a sentença que julgar improcedente o pedido formulado na ação popular estará sujeita ao duplo grau obrigatório de jurisdição.

b) o Ministério Público poderá assumir a titularidade da ação popular na hipótese de abandono por parte do autor.

c) a pessoa jurídica poderá propor ação popular se comprovar que todos os seus sócios são eleitores (cidadãos).

d) a pessoa jurídica de direito público atingida pelos efeitos de deferimento de liminar em ação popular poderá formular pedido de suspensão para o Presidente do Tribunal a que estiver vinculado o juiz.

e) a ação popular para anular ato praticado pelo governador do Estado será julgada por um juiz de primeiro grau.

ANOTAÇÕES/COMENTÁRIOS

(a) Artigo 19 da Lei 4717/65: "A sentença que concluir pela carência ou pela improcedência da ação está sujeita ao duplo grau de jurisdição, não produzindo efeito senão depois de confirmada pelo tribunal; da que julgar a ação procedente caberá apelaçao, com efeito suspensivo.".

(b) Artigo 9º da Lei 4717/65. "Se o autor desistir da ação ou der motiva à absolviçáo da instância, serão publicados editais nos prazos e condições previstos no art. 7º, inciso II, ficando assegurado a qualquer cidadão, bem como ao representante do Ministério Público, dentro do prazo de 90 (noventa) dias da última publicação feita, promover o prosseguimento da ação.".

(c) Súmula 365, STF: "Pessoa jurídica não tem legitimidade para propor ação popular.". Artigo 5º, LXXIII, CF. Segundo lição de Hely Lopes Meirelles: "Isso porque tal ação se funda essencialmente no direito político do cidadão, que, tendo o poder de escolher os governantes, deve ter, também, a faculdade de lhes fiscalizar os atos de administração" (MEIRELLES, Hely Lopes. *Mandado de Segurança.* 28. ed. São Paulo: Malheiros, 2005).

(d) Previsão legal no artigo 4º da Lei 8437/92.

(e) Artigo 5º da Lei 4717/65. A competência para julgamento da ação popular é do juízo de primeiro grau, não havendo competência originária por prerrogativa de função. STF – AO 859 QO, Rel. Min. Ellen Gracie (DJ 01.08.2003).

Para responder, tem que estudar: lei, jurisprudência e súmula.

Gabarito: C

38. (PC/RJ/Delegado/2006) A Constituição prevê que a prática de atos de improbidade administrativa pode gerar uma série de sanções para o agente público. Sobre o tema, analise as afirmativas a seguir:

I. Constitui crime representar contra agente público por ato de improbidade administrativa, quando o autor da denúncia o sabe inocente.

II. Durante a apuração da possível prática de atos de improbidade administrativa, a autoridade administrativa competente, ou a judicial, poderá determinar o afastamento do agente público que estiver sendo investigado, sem prejuízo de sua remuneração.

III. A Lei nº 8.429/92 enumera, de forma exaustiva, as práticas que caracterizam a improbidade administrativa.

Assinale a alternativa correta:

a) apenas as afirmativas I e II estão corretas.

b) apenas as afirmativas I e III estão corretas.

c) apenas as afirmativas II e III estão corretas.

d) as afirmativas I, II e III estão corretas.

e) todas as afirmativas estão erradas.

ANOTAÇÕES/COMENTÁRIOS

(I) Constitui o crime previsto no artigo 19 da Lei 8.429/92.

(II) O afastamento cautelar está previsto no artigo 20, parágrafo único da Lei 8.429/92.

(III) O rol das condutas previstas nos artigos 9º a 11 da Lei 8.429/92 é meramente exemplificativo.

Para responder, tem que estudar: lei.

Gabarito: A

5. ENTES DA ADMINISTRAÇÃO PÚBLICA

39. (Funcab/PC/RJ/Delegado/2012) São características das Agências Reguladoras, exceto:

a) poder normativo técnico.

b) autonomia decisória.

c) não vinculação à Administração Direta.

d) independência administrativa.

e) autonomia econômico-financeira.

ANOTAÇÕES/COMENTÁRIOS

(a) A partir de 1995 iniciou-se a política das privatizações (nome correto desestatização) – transferência do serviço público a iniciativa privada. Com a política nacional de desestatização surgiu a necessidade de controlar, regular, fiscalizar esse serviço. Nesse contexto surgiram as agências reguladoras. Elas são responsáveis por editar atos normativos com escopo de disciplinar aspectos técnicos, sempre buscando a eficiência do serviço prestado.

(b) A nomeação do dirigente da agência reguladora passa por regime diferenciado, em que o Presidente nomeia com prévia sabatina do Senado Federal. Além disso o dirigente possui mandado de prazo fixo e período de quarentena quando deixa o cargo. Tal regime se deve também ao fato de sua autonomia decisória. É bom lembrar que não é cabível recurso hierárquico impróprio (dirigido a órgão da administração direta) da decisão do dirigente da agência reguladora.

(c) As agências reguladoras nada mais são do que autarquias em regime especial. Desta forma, por ser uma autarquia, é uma pessoa jurídica de direito público que se presta a desenvolver atividades típicas de Estado e, como não poderia ser diferente, estão vinculadas à administração direta.

(d) Decorre do regime especial da autarquia. Como já mencionado a agência reguladora é autarquia em regime especial. A independência administrativa, assim como a autonomia econômico-financeira estão previstas expressamente no artigo 8º, § 2º da Lei 9.472/97: "A natureza de autarquia especial conferida à Agência é caracterizada por independência administrativa, ausência de subordinação hierárquica, mandato fixo e estabilidade de seus dirigentes e autonomia financeira.".

(e) Vide comentário à alternativa D.

Para responder, tem que estudar: lei.

Gabarito: C

40. (Funcab/PC/RJ/Delegado/2012) Sobre a organização administrativa, assinale a alternativa correta:

a) diferentemente das sociedades de economia mista, as empresas públicas não se submetem à supervisão ministerial.

b) a desconcentração é o que ocorre quando há a distribuição interna de atividades administrativas, havendo a criação de nova pessoa jurídica.

c) a criação de empresas subsidiárias também depende de autorização legislativa, que deve ser concedida para a criação específica de cada entidade. Não se permite a autorização genérica para a instituição de subsidiárias, prevista desde logo na lei disciplinadora da entidade primária.

d) pode o Poder Executivo ceder servidor público para as Organizações Sociais, desde que mantenha o ônus de seu pagamento.

e) as Organizações da Sociedade Civil de Interesse Público devem ter personalidade jurídica de direito privado e realizar a distribuição de lucro entre seus associados uma vez a cada ano.

ANOTAÇÕES/COMENTÁRIOS

(a) Apesar de não existir hierarquia entre a administração direta e a indireta, estas entidades estão sujeitas a controle, que pode ser feito pelo Poder Legislativo por intermédio do Tribunal de Contas, pelo Poder Judiciário, por meio da jurisdição e pelo próprio Poder Executivo, por meio da supervisão ministerial, que exerce um controle finalístico. Nos termos do artigo 19 do Decreto-Lei 200/67, todas as entidades da administração indireta estão sujeitas à supervisão ministerial: "Todo e qualquer órgão da Administração Federal, direta ou indireta, está sujeito à supervisão do Ministro de Estado competente, excetuados unicamente os órgãos mencionados no art. 32, que estão submetidos à supervisão direta do Presidente da República.".

(b) Na desconcentração pressupõe-se a repartição de atividades dentro da mesma pessoa jurídica, com hierarquia, culminando com a criação de órgãos públicos (entes despersonalizados). Deste modo, não há criação de nova pessoa jurídica.

(c) Nos termos do artigo 37, XIX e XX da CF há necessidade de autorização legislativa para a criação de subsidiárias das entidades da administração indireta. Contudo, conforme já decidiu o STF na ADI 1649/DF não há necessidade de lei específica, bastando existir a previsão na lei que instituiu a empresa matriz. "A Lei 9478/97 não autorizou a instituição de empresa de economia mista, mas sim a criação de subsidiárias distintas da sociedade-matriz, em consonância com o inciso XX, e não com o XIX do artigo 37 da Constituição Federal. 2. É dispensável a autorização legislativa para a criação de empresas subsidiárias, desde que haja previsão para esse fim na própria lei que instituiu a empresa de economia mista matriz, tendo em vista que a lei criadora é a própria medida autorizadora". (ADI 1649).

(d) Previsão expressa no artigo 14 da Lei 9.637/98: "É facultado ao Poder Executivo a cessão especial de servidor para as organizações sociais, com ônus para a origem.".

(e) As OSCIPs não podem ter finalidade lucrativa, conforme preceitua o artigo 1º da Lei 9.790/99 "Podem qualificar-se como Organizações da Sociedade Civil de Interesse Público as pessoas jurídicas de direito privado, sem fins lucrativos, desde que os respectivos objetivos sociais e normas estatutárias atendam aos requisitos instituídos por esta Lei.".

Para responder, tem que estudar: jurisprudência e teoria/doutrina.

Gabarito: D

41. (Funcab/PC/RJ/Delegado/2012) Tratando da organização administrativa, é incorreto afirmar:

a) a expressão "descentralização social" costuma ser utilizada para designar as parcerias formalizadas pelo Estado com fundação privada ou associação civil com o objetivo de criar condições favoráveis para a execução, com alcance de metas socialmente adequadas, de atividades de relevância coletiva que podem ser cometidas a tais unidades sociais personalizadas por credenciamentos ou reconhecimentos.
b) as Organizações Sociais (OS) e as Organizações da Sociedade Civil de Interesse Público (OSCIP) são exemplos da retomada, pelo Estado, de atividades administrativas cuja execução havia sido transferida para a iniciativa privada por ocasião do advento do chamado Estado Liberal.
c) de acordo com a doutrina predominante e com a jurisprudência do Supremo Tribunal Federal (STF), a definição do regime jurídico aplicável a cada entidade administrativa não decorre exclusivamente da natureza da entidade, mas principalmente da atividade por ela desenvolvida.
d) por serem unidades despersonalizadas, os órgãos públicos não possuem capacidade para figurar como parte nos contratos administrativos típicos, muito embora, na prática, frequentemente assim ocorra.
e) excepcionalmente, doutrina e jurisprudência reconhecem capacidade processual a alguns órgãos públicos, para defesa em juízo de suas prerrogativas institucionais.

ANOTAÇÕES/COMENTÁRIOS

(a) Diogo de Figueiredo chama a transferência do serviço do Estado (1º setor) para o 3º setor de DESCENTRALIZAÇÃO SOCIAL. Há a criação de uma OS ou uma OSIP. Portanto, a descentralização social faz surgir a OS ou a OSCIP.

(b) As OSs e as OSCIPs são entes de cooperação considerados terceiro setor da economia. São pessoas jurídicas de direito privado que cooperam, que colaboram com a administração pública. São também chamados de ente paraestatais – estão ao lado do Estado, cooperando, colaborando. Não tem fins lucrativos, normalmente tem uma finalidade assistencial, uma finalidade de fomento. Prestam serviços sociais. Não são prestadores de serviços públicos.

(c) "A utilização de pessoas privadas para o desempenho de atividades administrativas (ex.: empresas estatais de serviços públicos e concessionárias de serviços públicos) e o desempenho de atividades econômicas por entidades administrativas (empresas estatais econômicas) têm gerado consequências importantes no regime jurídico aplicável às entidades mencionadas. Isto porque o respectivo regime jurídico (público ou privado) não leva, propriamente, em consideração a natureza da entidade, mas sim a atividade por ela desempenhada" (OLIVEIRA, Rafael Carvalho Rezende. *Administração Pública, Concessões e Terceiro Setor*. 2. ed. Rio de Janeiro: Lumen Juris. p. 20). O *leading case* é a ADPF 46, em que o STF conferiu tratamento de autarquia à Empresa Brasileira de Correios e Telégrafos, apesar de sua natureza jurídica de empresa pública.

(d) Com frequência os órgãos públicos recorrem ao judiciário como sujeito ativo em busca de suas prerrogativas funcionais. Ex.: câmara municipal (órgão público) recebe repasse de verbas oriunda do município (duodécimo). Prefeito não repassa o duodécimo. A câmara municipal pode ir a juízo em busca do repasse das verbas – busca de prerrogativa funcional.

(e) Nos termos da resposta anterior. Normalmente, os maiores exemplos são as interposições de remédios constitucionais. Ex.: Mandado de segurança.

Para responder, tem que estudar: teoria/doutrina.

Gabarito: B

42. (UFRJ/PC/RJ/Delegado/2001) Os órgãos públicos podem ser classificados de acordo com a sua posição estatal. A Assembléia Legislativa de um Estado é considerada um órgão:

a) independente.
b) superior.
c) autônomo.
d) subordinado.
e) de execução.

ANOTAÇÕES/COMENTÁRIOS

(a) Independente – É aquele que goza de independência, está no topo, no comando de cada um dos poderes. Comando do legislativo, do executivo e do judiciário. O comando de cada um dos poderes não sofre qualquer relação de subordinação. Existe controle, mas não subordinação entre eles. Ex.: presidência da república, governadorias dos estados e prefeituras municipais, congresso nacional, assembleias legislativas e câmara municipal. STJ, STF, TJs.

(b) Superior – Tem poder de decisão, mas está subordinado aos órgãos autônomos e órgãos superiores. Ex.: gabinetes e procuradorias.

(c) Autônomo – Goza de autonomia. Está subordinado aos órgãos independentes. Está logo a baixo dos órgãos independentes. Tem amplo poder de decisão. Ex.: ministérios, secretarias estaduais, secretarias municipais, AGU.

(d) Subordinado – (órgão subalterno) Está na base da estrutura. É um órgão de execução. Não tem poder decisório. São chamados de seções administrativas. Ex.: almoxarifado, zeladoria, departamento de reprografia, RH.

(e) De execução – Cuida-se do órgão subalterno, que nada mais é do que um órgão de execução.

Para responder, tem que estudar: teoria/doutrina.

Gabarito: A

43. (UFRJ/PC/RJ/Delegado/2001) O Estado pode criar entidades que formarão a Administração Pública Indireta. Uma dessas entidades tem personalidade jurídica de direito privado e capital exclusivamente público, podendo desempenhar atividades econômicas ou prestar serviços públicos. As características apresentadas são compatíveis com:

a) autarquias.

b) sociedades de economia mista.

c) fundações públicas.

d) empresas públicas.

e) fundações autárquicas.

ANOTAÇÕES/COMENTÁRIOS

(a) Autarquias – Autarquia é uma PJ de direito público, é criada ou extinta por lei, tem finalidade própria, não tem fins lucrativos, é sujeita a controle pela administração direta. Tem como objetivo desenvolver atividades típicas de estado, não se pode dar a qualquer pessoa. Regime da autarquia é praticamente o mesmo da administração direta.

(b) Sociedades de economia mista – São pessoas jurídicas de direito privado, com finalidade de prestar serviços públicos ou exploração de atividade econômica. Possuem um regime jurídico híbrido, que varia conforme a finalidade do ente.

(c) Fundações públicas – Fundação é um patrimônio personalizado, é um patrimônio destacado por um fundador para uma finalidade específica. A fundação pública é estudada pelo Direito Administrativo. Está na administração pública. A fundação pública de direito privado é chamada de Fundação Governamental. O regime desta fundação é o regime híbrido. É uma mistura de regime público e regime privado. Segue o mesmo modelo da EP e da SEM.

(d) Empresas públicas – Artigo 37, XIX da CF. XIX – "somente por lei específica poderá ser criada autarquia e autorizada a instituição de empresa pública, de sociedade de economia mista e de fundação, cabendo à lei complementar, neste último caso, definir as áreas de sua atuação; (Redação dada pela Emenda Constitucional nº 19, de 1998)". A empresa pública, que possui capital exclusivamente público, pode adotar qualquer modalidade empresarial, diferentemente da sociedade de economia mista, que possui capital misto, que obrigatoriamente tem que se organizar por meio de S/A.

(e) Fundações públicas – Fundação é um patrimônio personalizado, é um patrimônio destacado por um fundador para uma finalidade específica. A fundação pública é estudada pelo Direito Administrativo. Está na administração pública. A fundação pública de direito público é uma espécie do gênero autarquia. É a chamada Autarquia Fundacional. Tem um papel assistencial. O regime jurídico desta fundação é o mesmo da autarquia, é regime público.

Para responder, tem que estudar: lei.

Gabarito: D

44. (PC/RJ/Delegado/2002) Com relação aos órgãos públicos, analise as afirmativas:

I. Os órgãos públicos classificados como independentes podem ter personalidade jurídica própria.

II. A doutrina e a jurisprudência reconhecem que alguns órgãos públicos têm capacidade processual para impetrar mandado de segurança.

III. De acordo com a classificação dos órgãos públicos quanto a sua posição estatal, adotada por Hely Lopes Meirelles, as Secretarias de Estado são consideradas órgãos autônomos.

São verdadeiras somente as afirmativas:

a) I e II.
b) I e III.
c) II e III.
d) I, II e III.
e) nenhuma.

ANOTAÇÕES/COMENTÁRIOS

(I) Órgão público é um centro especializado de competência, cuja principal característica é não ter personalidade jurídica. Não podem ser sujeitos de direito, não podem ser sujeitos de obrigação.

(II) Excepcionalmente órgão público pode ir a juízo, mesmo não tendo personalidade jurídica própria. Ocorre em casos de busca de prerrogativas funcionais. Normalmente figura no polo passivo da relação jurídica processual de remédios constitucionais, como no caso de mandado de segurança. Ex.: câmara municipal (órgão público) recebe repasse de verbas oriunda do município (duodécimo). Prefeito não repassa o duodécimo. A câmara municipal pode ir a juízo em busca do repasse das verbas – busca de prerrogativa funcional.

(III) Órgão autônomo goza de autonomia e está subordinado aos órgão independentes e possui amplo poder de decisão. Ex.: ministérios, secretarias estaduais, secretarias municipais, AGU.

Para responder, tem que estudar: teoria/doutrina.

Gabarito: C

45. (PC/RJ/Delegado/2002) Com relação às entidades da Administração Indireta, assinale a alternativa incorreta:

a) Os bens pertencentes às autarquias são considerados bens públicos.
b) A sociedade de economia mista e a empresa pública podem se submeter a procedimentos especiais de licitação diferentes daqueles adotados para a Administração Direta.

c) As autarquias são criadas por lei.

d) A empresa pública, como pessoa jurídica de direito privado, necessariamente vai se organizar na forma de sociedade anônima.

e) De acordo com o conceito previsto na Constituição do Estado do Rio de Janeiro, as fundações públicas são pessoas jurídicas de direito privado.

ANOTAÇÕES/COMENTÁRIOS

(a) Como se trata de pessoa jurídica de direito público, os bens são públicos, submetidos a um regime especial. São inalienáveis de forma relativa, impenhoráveis, insuscetíveis de arresto e sequestro, insuscetíveis de oneração por penhor e hipoteca e imprescritíveis.

(b) Sociedade de economia mista e empresa pública prestadora de serviço público estão sujeitas à licitação, nos termos do artigo 37, I da CF e artigo 1º da Lei 8.666/93. Contudo, a sociedade de economia mista e a empresa pública exploradora de atividade econômica poderão ter regras próprias para licitação e contratos, a teor do que dispõe o artigo 173, § 1º, III da CF.

(c) Artigo 37, XIX, CF: "somente por lei específica poderá ser criada autarquia e autorizada a instituição de empresa pública, de sociedade de economia mista e de fundação, cabendo à lei complementar, neste último caso, definir as áreas de sua atuação".

(d) A empresa pública, que possui capital exclusivamente público, pode adotar qualquer modalidade empresarial, diferentemente da sociedade de economia mista, que possui capital misto, que obrigatoriamente tem que se organizar por meio de S/A.

(e) Artigo 77, § 2º, IV da Constituição do Estado do Rio de Janeiro. "Fundação pública – a entidade dotada de personalidade jurídica de direito privado, sem fins lucrativos, criada em virtude de autorização legislativa, para o desenvolvimento de atividades que não exijam execução por órgãos ou entidades de direito público, com autonomia administrativa, patrimônio próprio gerido pelos respectivos órgãos de direção, e funcionamento custeado por recursos do Estado e de outras fontes.".

Para responder, tem que estudar: lei.

Gabarito: D

46. (PC/RJ/Delegado/2006) O Estado, quando integra um dos pólos de uma relação processual, recebe a denominação de Fazenda Pública, recebendo tratamento jurídico diferenciado. Sobre a matéria, analise as afirmativas a seguir:

I. Não haverá duplo grau obrigatório de jurisdição quando a sentença condenatória contra a Fazenda Pública for de valor certo, não excedente a 60 salários mínimos.

II. No mandado de segurança, quando a autoridade coatora for agente público, o prazo para prestar informações será contado em quádruplo.

III. No Estado do Rio de Janeiro, as sociedades de economia mista vinculadas ao próprio Estado são demandadas nas varas com atribuição para processar e julgar os feitos da Fazenda Pública.

Assinale a alternativa correta:

a) apenas as afirmativas I e II estão corretas.
b) apenas as afirmativas I e III estão corretas.
c) apenas as afirmativas II e III estão corretas.
d) as afirmativas I, II e III estão corretas.
e) todas as afirmativas estão erradas.

ANOTAÇÕES/COMENTÁRIOS

(I) O concurso foi realizado no ano de 2006, sob a égide do CPC de 73, que em seu artigo 475, § 2º previa que não se aplicaria o duplo grau de jurisdição obrigatório nas condenações que não excedessem 60 salários-mínimos. Com a vigência do CPC/2015 a matéria encontra-se regulamentada no artigo 496, que em seu § 3º traz novos limites que impedem a remessa necessária: até 1000 salários-mínimos para a União, autarquias e fundações de direito público; 500 salários-mínimos para Estados, DF e respectivas autarquias e fundações de direito público; 100 salários-mínimos para os Municípios e respectivas autarquias e fundações de direito público.

(II) Atual Lei do Mandado de Segurança (Lei 12.016/06) prevê em seu artigo 7º, I o prazo de 10 dias para prestar informações e não ressalva agentes públicos, assim como a Lei 1533/51 não fazia.

(III) A regra era prevista no artigo 86, I, a, do CODJERJ, que foi parcialmente revogado. Atualmente o tema está regulamentado no artigo 44, V da Lei 6956/2015 (LODJ).

Para responder, tem que estudar: lei.

Gabarito: B

47. (PC/RJ/Delegado/2006) As autarquias têm por finalidade desempenhar as atividades consideradas típicas do Estado quando o Poder Público optar pela descentralização de seus serviços. Algumas autarquias recebem da lei tratamento diferenciado em relação às demais, fato que justifica a utilização de denominação própria. O tratamento jurídico diferenciado é usado, por exemplo, para agências reguladoras e universidades públicas. Tais autarquias são denominadas:

a) autarquias fundacionais.
b) autarquias em regime especial.

c) autarquias regulatórias.
d) autarquias em regime de concessão.
e) agências executivas.

ANOTAÇÕES/COMENTÁRIOS

(a) Autarquias fundacionais: trata-se da fundação pública de direito público, uma espécie do gênero de autarquia. Aplicável o regime jurídico de direito público.

(b) Autarquias em regime especial: consoante o disposto no enunciado a assertiva encontra-se correta. O regime especial, basicamente, circunscreve-se: na nomeação especial do dirigente com ato complexo (nomeação do presidente e aprovação do Senado); no mandato de prazo fixo do dirigente; no período de quarentena do dirigente após deixar o cargo.

(c) Autarquias regulatórias: em verdade, o nome correto é agência reguladora, que é uma espécie de autarquia de regime especial. Outras espécies muito comuns de autarquia de regime especial são as universidades públicas.

(d) Autarquias em regime de concessão: nome não usado. Pretende confundir o candidato com a autarquia em regime especial.

(e) Agências executivas: nada mais é do que uma autarquia ou uma fundação que precisa melhorar sua eficiência, melhorar seus serviços. A agência executiva é um status temporário, em que a velha autarquia e a velha fundação buscam melhorar a eficiência. A agência executiva se materializa em um CONTRATO DE GESTÃO celebrado entre a administração direta e a autarquia ou fundação. O objetivo desse contrato é executar um plano estratégico de reestruturação que busca a eficiência (artigo 51 da Lei 9649/98)

Para responder, tem que estudar: lei.

Gabarito: B

6. INTERVENÇÃO DO ESTADO NA PROPRIEDADE

48. (Funcab/PC/RJ/Delegado/2012) Quanto à disciplina das requisições e demais modalidades de intervenção do Estado na propriedade, assinale a alternativa correta:

a) o objeto das requisições abrange somente os bens móveis e os serviços particulares, excluindo-se os bens imóveis, cuja intervenção se dará na forma de ocupação temporária.
b) a requisição é direito pessoal, ao contrário da servidão, que é direito real, e tem como pressuposto constitucional o perigo público iminente.
c) a requisição, quando causar diminuição patrimonial do particular, estará sujeita à prévia indenização nos termos da Constituição Federal.

d) segundo a legislação aplicável, a requisição temo prazo máximo de 30 dias, prorrogáveis por igual período em caso de justificada necessidade.

e) não podem os entes federativos instituir servidões administrativas sobre os imóveis, uns dos outros.

ANOTAÇÕES/COMENTÁRIOS

(a) A requisição administrativa está prevista no artigo 5º, XXV da CF. Tem como fundamento o iminente perigo, podendo ocorrer em tempo de guerra ou de paz. Pode recair sobre bens móveis, imóveis e inclusive sobre serviços.

(b) A requisição pressupõe iminente perigo. Cuida-se de direito pessoal que decorre da intervenção do Estado na propriedade. Já a servidão é instituto de Direito Civil, sendo considerado um Direito Real, nos termos do artigo 1225, III do CC.

(c) A indenização é possível se houver dano. A indenização é ulterior (primeiro usa, depois devolve, depois indeniza).

(d) A requisição é temporária e deve durar enquanto durar o iminente perigo. Não há prazo determinado.

(e) Na servidão administrativa aplicam-se, no que couber, as regras da desapropriação previstas no Decreto-Lei 3.365/41. A servidão encontra amparo no artigo Art. 40. "O expropriante poderá constituir servidões, mediante indenização na forma desta lei.". Destarte, a teor do que dispõe o artigo 2º, § 2º do mencionado diploma legal, é possível que os entes federativos instituam servidões nos imóveis uns dos outros: "§ 2º Os bens do domínio dos Estados, Municípios, Distrito Federal e Territórios poderão ser desapropriados pela União, e os dos Municípios pelos Estados, mas, em qualquer caso, ao ato deverá preceder autorização legislativa.".

Para responder, tem que estudar: lei.

Gabarito: B

49. (UFRJ/PC/RJ/Delegado/2001) São várias as formas de intervenção do Estado na propriedade privada. A modalidade que tem caráter geral, alcançando todos os bens que estão na situação jurídica ou de fato prevista no ato instituidor, e que gera, para os proprietários, obrigações positivas ou negativas, com o fim de condicionar o exercício de direito de propriedade ao bem-estar social, é:

a) servidão administrativa.

b) requisição.

c) limitação administrativa.

d) ocupação temporária.

e) apossamento administrativo.

ANOTAÇÕES/COMENTÁRIOS

(a) Servidão administrativa – É um ônus real (direito de natureza real) de uso imposto pela Administração à propriedade particular para assegurar a realização e conservação de obras ou serviços públicos ou de utilidades públicas, mediante indenização dos prejuízos suportados pelo proprietário. Prevista no art. 40, do DL 3.365/41 (Lei da Desapropriação).

(b) Requisição administrativa – É o instrumento de intervenção estatal mediante o qual o Poder Público faz uso, compulsória e temporariamente, da propriedade particular (bens móveis, imóveis ou serviços), por motivos de iminente perigo público, assegurada ao proprietário indenização ulterior, se houver dano. Previsão legal no Art. 5º, XXV, da CR e art. 1.228, § 3º, do CC/02 (requisição civil).

(c) Limitação administrativa – Restrição à propriedade em caráter geral e abstrato, atingindo proprietários indeterminados. É concretizado através do poder de polícia, aqui se percebe nitidamente o caráter de busca pelo bem-estar social. Exemplo: limitação de andares. Esta medida irá restringir o CARÁTER ABSOLUTO da propriedade. Conforme definição de Marçal Justen Filho, a "Limitação Administrativa à propriedade consiste numa alteração do regime jurídico privatístico da propriedade, produzida por ato administrativo unilateral de cunho geral, impondo restrição das faculdades de usar e fruir de bem imóvel, aplicável a todos os bens de uma mesma espécie, que usualmente não gera direito de indenização ao particular".

(d) Ocupação temporária – Ocorre em imóvel não edificado ao lado de obra pública. A ideia é guardar os materiais a serem utilizados na obra. (Artigo 36 do DL 3.365/41). Ocorre também em casos de pesquisa arqueológica ou minérios. Serve para evitar a desapropriação desnecessária.

(e) Apossamento administrativo – fato da administração, consistente na irregular apropriação de um bem de terceiro pelo Poder Público.

Para responder, tem que estudar: lei.

Gabarito: C

50. (UFRJ/PC/RJ/Delegado/2001) Existem situações nas quais a Administração Pública ocupa um bem pertencente a um particular, sem processo regular de desapropriação, mas atribuindo destinação pública ao bem ocupado. A doutrina e a jurisprudência têm entendido que o proprietário não poderá reivindicar o bem, mas tão somente postular indenização, denominando essa situação:

a) desapropriação indireta.
b) retrocessão.
c) tredestinação.
d) caducidade.
e) investidura.

ANOTAÇÕES/COMENTÁRIOS

(a) Desapropriação indireta: Requisitos para ocorrência de desapropriação indireta (STJ e STF): Apossamento do bem pelo Estado; Destinação pública (afetação); Irreversibilidade da situação. Se o Estado já tiver dado destinação pública ao bem (afetação) a ação cabível é a AÇÃO DE DESAPROPRIAÇÃO INDIRETA. Quando o patrimônio já foi afetado não cabe mais devolução do bem (artigo 35 do Dec.-Lei 3365/41).

(b) Retrocessão: Quando há tredestinação ilícita, pode ocorrer o exercício da chamada retrocessão, prevista no art. 519 do CC. "Art. 519. Se a coisa expropriada para fins de necessidade ou utilidade pública, ou por interesse social, não tiver o destino para que se desapropriou, ou não for utilizada em obras ou serviços públicos, caberá ao expropriado direito de preferência, pelo preço atual da coisa". RETROCESSÃO tem natureza jurídica de DIREITO REAL, direito do expropriado de reaver o bem usado indevidamente pelo poder expropriante.

(c) Tredestinação: É a destinação desconforme com o plano inicialmente previsto no ato expropriatório. É o desvio de finalidade e vício de motivo na desapropriação. Ocorre quando o Poder Público desapropria um bem com um fundamento (motivo), mas acaba dando destinação diversa a ele.

(d) Caducidade: extinção da concessão de serviço público por descumprimento de cláusula contratual por parte do contratado. Deve ser precedida de processo administrativo possibilitando-se o contraditório e a ampla defesa. É concretizada por decreto do Chefe do executivo. Aqui, também deve ser paga indenização ao particular relativa aos investimentos realizados nos bens reversíveis. No entanto, dessa indenização (que não precisa ser prévia) devem ser abatidos as eventuais multas cobradas pela Administração, assim como os prejuízos causados pelo descumprimento contratual (artigos 35 e 38 da Lei 8987/95).

(e) Investidura: a alienação aos proprietários de imóveis lindeiros de área remanescente ou resultante de obra pública, área esta que se tornar inaproveitável isoladamente, por preço nunca inferior ao da avaliação e desde que esse não ultrapasse a 50% (cinquenta por cento) do valor constante da alínea "a" do inciso II do art. 23 desta lei; (Previsto na Lei 8.666/93, artigo 17, I, "d" e § 3º).

Para responder, tem que estudar: lei.

Gabarito: A

51. (PC/RJ/Delegado/2002) A alienação pelo Poder Público aos proprietários de imóveis lindeiros de área remanescente de obra pública que se tornou inaproveitável isoladamente é denominada:

a) retrocessão.

b) reversão.

c) investidura.

d) tredestinação.

e) caducidade.

ANOTAÇÕES/COMENTÁRIOS

(a) Retrocessão: Quando há tredestinação ilícita, pode ocorrer o exercício da chamada retrocessão, prevista no art. 519 do CC. "Art. 519. Se a coisa expropriada para fins de necessidade ou utilidade pública, ou por interesse social, não tiver o destino para que se desapropriou, ou não for utilizada em obras ou serviços públicos, caberá ao expropriado direito de preferência, pelo preço atual da coisa". RETROCESSÃO tem natureza jurídica de DIREITO REAL, direito do expropriado de reaver o bem usado indevidamente pelo poder expropriante.

(b) Reversão: É a transferência de bens do concessionário para o patrimônio do concedente em virtude da extinção do contrato. Na verdade, os bens nunca foram do concedente; passam a sê-lo quando se encerra a concessão. Nem sempre há de se exigir a reversão. A reversão pode ser onerosa ou gratuita. Onerosa é quando o concedente é obrigado a indenizar o concessionário, pois os bens foram adquiridos com seu exclusivo capital. Na reversão gratuita a fixação da tarifa já levou em conta o ressarcimento do concessionário pelos recursos empregados na aquisição de bens, portanto, o concedente tem direito à propriedade dos bens sem qualquer ônus. Os bens da reversão são somente os empregados para execução do serviço. É indispensável o ajuste no contrato (artigos 35 e 36 da Lei 8987/95).

(c) Investidura: a alienação aos proprietários de imóveis lindeiros de área remanescente ou resultante de obra pública, área esta que se tornar inaproveitável isoladamente, por preço nunca inferior ao da avaliação e desde que esse não ultrapasse a 50% (cinquenta por cento) do valor constante da alínea "a" do inciso II do art. 23 desta lei; (Previsto na Lei 8.666/93, artigo 17, I, d e § 3º).

(d) Tredestinação: É a destinação desconforme com o plano inicialmente previsto no ato expropriatório. É o desvio de finalidade e vício de motivo na desapropriação. Ocorre quando o Poder Público desapropria um bem com um fundamento (motivo), mas acaba dando destinação diversa a ele.

(e) Caducidade: extinção da concessão de serviço público por descumprimento de cláusula contratual por parte do contratado. Deve ser precedida de processo administrativo possibilitando-se o contraditório e a ampla defesa. É concretizada por decreto do Chefe do executivo. Aqui, também deve ser paga indenização ao particular relativa aos investimentos realizados nos bens reversíveis. No entanto, dessa indenização (que não precisa ser prévia) devem ser abatidos as eventuais multas cobradas pela Administração, assim como os prejuízos causados pelo descumprimento contratual (artigos 35 e 38 da Lei 8987/95).

Para responder, tem que estudar: lei.

Gabarito: C

52. (PC/RJ/Delegado/2006) Na desapropriação, a Administração Pública deverá indicar o destino que será dado ao bem desapropriado. Se o Poder

Público der ao bem destinação que manifestamente não é pública, haverá grave ilegalidade, passível de controle. O desvio de finalidade na desapropriação denomina-se:

a) retrocessão.
b) tredestinação.
c) desapropriação indireta.
d) caducidade.
e) afetação.

ANOTAÇÕES/COMENTÁRIOS

(a) Retrocessão: Quando há tredestinação ilícita, pode ocorrer o exercício da chamada retrocessão, prevista no art. 519 do CC. "Art. 519. Se a coisa expropriada para fins de necessidade ou utilidade pública, ou por interesse social, não tiver o destino para que se desapropriou, ou não for utilizada em obras ou serviços públicos, caberá ao expropriado direito de preferência, pelo preço atual da coisa". RETROCESSÃO tem natureza jurídica de DIREITO REAL, direito do expropriado de reaver o bem usado indevidamente pelo poder expropriante.

(b) Tredestinação: É a destinação desconforme com o plano inicialmente previsto no ato expropriatório. É o desvio de finalidade e vício de motivo na desapropriação. Ocorre quando o Poder Público desapropria um bem com um fundamento (motivo), mas acaba dando destinação diversa a ele.

(c) Desapropriação indireta: É a forma de intervenção na qual o Poder Público, sem conduzir o regular processo expropriatório, se apossa ou esgota o conteúdo econômico de um bem alheio. É uma forma de desapropriação totalmente reprovada pela doutrina, porquanto não é realizado o pagamento de indenização prévio e tampouco a emissão da declaração de interesse público no bem. Por isso, é considerado como verdadeiro esbulho possessório.

(d) Caducidade: Trata-se do prazo dentro do qual a Administração DEVERÁ efetivar a desapropriação administrativa ou judicialmente (prazo que ocorra a citação válida na ação). Nos casos de utilidade/necessidade pública: 05 anos (DL, art. 10); Nos casos de interesse social: 02 anos (art. 3º da Lei 4.132/62 – interesse social geral; art. 3º da LC 76/93 – interesse social para fins de reforma agrária).

(e) Afetação: Mudança da finalidade. Dar ao bem uma finalidade pública. Bem afetado é bem destinado a uma finalidade pública. (Diogenes Gasparini chamava de consagração). Torna o bem INALIENÁVEL. O bem ganha maior proteção. Em razão disso a afetação pode ser feita da qualquer maneira. A simples mudança dos móveis para nova sede da prefeitura já o torna afetado e, por conseguinte, inalienável. Pode, portanto, a afetação ser feita por lei, por ato ou o próprio uso.

Para responder, tem que estudar: lei.

Gabarito: B

53. (PC/RJ/Delegado/2006) Sobre a desapropriação, não é correto afirmar que:

a) consagrou-se na Constituição o princípio da justa e prévia indenização em dinheiro, com a ressalva dos casos nos quais a indenização será feita em títulos públicos. O legislador ordinário não poderá criar novas exceções a essa regra.

b) a Constituição, ao exteriorizar a partilha de competências legislativas entre os entes estatais, indica que somente a União poderá legislar sobre desapropriação.

c) na ação de desapropriação, a contestação só pode versar sobre o valor da indenização e sobre a ocorrência de vício processual.

d) na indenização, podem ser cumulados juros compensatórios com juros moratórios.

e) o bem público, por estar sujeito a um regime jurídico próprio, não pode ser desapropriado.

ANOTAÇÕES/COMENTÁRIOS

(a) Em regra, a desapropriação é INDENIZÁVEL, devendo o pagamento ser realizado em DINHEIRO. (CF, art. 5º, XXIV). Exceções: 1 – DESAPROPRIAÇÃO CONFISCATÓRIA". Art. 243 da CF. A CR usa o termo "expropriação" (glebas onde forem localizadas culturas ilegais de plantas psicotrópicas); 2 – DESAPROPRIAÇÃO SANCIONATÓRIA (desapropriação extraordinária) previstos na CF (não cumprimento da função social da propriedade), o pagamento será feito em títulos da dívida pública (desapropriação de imóveis urbanos – art. 182, § 4º, III da CF) ou em títulos da dívida agrária (desapropriação de imóveis rurais – art. 184 da CR).

(b) Competência PRIVATIVA da União (art. 22, II da CF). Essa competência pode ser delegada, por meio de lei complementar, a Estados e DF.

(c) Artigo 20 do Decreto-Lei n. 3.365/4. "A contestação só poderá versar sobre vício do processo judicial ou impugnação do preço; qualquer outra questão deverá ser decidida por ação direta.".

(d) Juros compensatórios na desapropriação são aqueles fixados com o objetivo de compensar o proprietário em razão da ocorrência de imissão provisória na posse (Súmulas 618 do STF e 408 do STJ). Juros moratórios servem para compensar a mora. Previsão no artigo 15-B do DL 3.365/4.

(e) Artigo 2º, § 2º do Dec.-Lei 3365/41. "Os bens do domínio dos Estados, Municípios, Distrito Federal e Territórios poderão ser desapropriados pela União, e os dos Municípios pelos Estados, mas, em qualquer caso, ao ato deverá preceder autorização legislativa.".

Para responder, tem que estudar: lei e súmula.

Gabarito: E

54. (PC/RJ/Delegado/2006) Sobre as diversas formas de intervenção do Estado na propriedade, não é correto afirmar que:

a) a limitação administrativa, em princípio, não gera direito a indenização.

b) adota-se, na implantação da servidão administrativa, procedimento semelhante ao da desapropriação.

c) a requisição é uma forma de intervenção do Estado na propriedade que tem o atributo da auto-executoriedade.

d) o tombamento pode ser determinado de forma provisória durante o procedimento administrativo para sua implantação.

e) em princípio, a limitação administrativa estabelecida pelo município sobre questões urbanísticas não é oponível à União.

ANOTAÇÕES/COMENTÁRIOS

(a) Por se tratar de restrição à propriedade em caráter geral e abstrato, atingindo proprietários indeterminados e concretizado através do poder de polícia, não há direito a indenização.

(b) Prevista no art. 40, do DL 3.365/41 (Lei da Desapropriação). "Art. 40. O expropriante poderá constituir servidões, mediante indenização na forma desta lei.".

(c) Tendo em vista se tratar de instrumento de intervenção estatal mediante o qual o Poder Público faz uso, compulsória e temporariamente, da propriedade particular (bens móveis, imóveis ou serviços), por motivos de iminente perigo público, pode ser decretada de imediato pela Administração, sem necessidade de autorização judicial, ou seja, o ato administrativo que formaliza a requisição é dotado de autoexecutoriedade.

(d) O tombamento é PROVISÓRIO enquanto está em curso o procedimento instaurado pela Administração; concluído o processo e inscrito o ato no respectivo Registro Público ("Livro do Tombo"), o tombamento passa a ser DEFINITIVO. STJ já proferiu decisão considerando que o tombamento provisório não é fase procedimental, mas sim 'medida assecuratória de preservação do bem' até a conclusão dos pareceres e inscrição no livro respectivo (RMS 8252/SP 2ª Turma – outubro/2002).

(e) As limitações administrativas podem ser instituídas por qualquer das pessoas federativas (União, Estados, Distrito Federal e Municípios), a depender do rol de competências constitucionais de cada uma delas, mas sempre através de lei ou ato normativo de caráter geral. Assim, se houver uma limitação administrativa no Plano Diretor de determinado Município, todos os imóveis situados na área urbana do referido Município deverão observar a limitação legal, inclusive aqueles pertencentes às demais pessoas políticas. (SANTOS, Mauro Sérgio dos. Curso de Direito Administrativo. Rio de Janeiro-RJ: Forense, 2012, p. 755)

Para responder, tem que estudar: jurisprudência e teoria/doutrina.

Gabarito: E

7. LICITAÇÕES E CONTRATOS

55. (Funcab/PC/RJ/Delegado/2012) Acerca dos contratos administrativos, assinale a alternativa incorreta:

a) as Constituições Estaduais não podem condicionar a celebração de contratos da Administração à prévia autorização do Poder Legislativo, quando a Constituição Federal não o fizer.

b) em razão do regime jurídico de direito público que regula os contratos administrativos, a Administração desfrutará de posição de supremacia em relação ao particular contratado.

c) enquanto no contrato administrativo os interesses dos contratantes são opostos e diversos, no convênio administrativo, os interesses são paralelos e comuns, tendo como elemento fundamental a cooperação e não o lucro.

d) a Administração é subsidiariamente responsável pelos encargos trabalhistas da contratada quando esta for inadimplente, contudo, não poderá haver oneração do objeto do contrato.

e) a Administração pode obrigar o contratado a aceitar, nas mesmas condições, acréscimos ou supressões em obras, serviços ou compras até 25% do valor originário do contrato, ou até 50% de acréscimo, no caso de reforma de edifício ou equipamento.

ANOTAÇÕES/COMENTÁRIOS

(a) Nos termos do que dispõe o artigo 2º da CF, os Poderes Legislativo, Executivo e Judiciário são independentes e harmônicos entre si. Neste passo, uma autorização prévia do Poder Legislativo para assinatura de contratos administrativos criaria uma indevida ingerência de um poder em outro, além de inviabilizar a realização de muitas obras e serviços públicos. Ter-se-ia um jogo político dentro do Poder Legislativo para contratação pelo Poder Executivo. Apenas em casos determinados a CF prevê, e a Constituição Estadual por simetria também, casos de autorização prévia pelo Poder Legislativo. Fora destes casos seria ofensa à separação de poderes.

(b) Cláusula exorbitante é aquela que exorbita, é aquela que extrapola o comum dos contratos. Conferem à administração algumas prerrogativas, alguns privilégios. Dentre as cláusulas exorbitantes está a possibilidade de alteração unilateral do contrato, rescisão unilateral do contrato, fiscalização do cumprimento do contrato, ocupação temporária dos bens da contratada e aplicação de penalidades.

(c) Nos convênios administrativos existe ajuste entre entidades estatais, autárquicas e paraestatais de diferentes espécies com vistas a ser alcançado determinado objetivo de interesse público. As vontades são convergentes ao interesse coletivo. Noutra senda, os contratos administrativos possuem características próprias. São elas: presença da administração pública, contrato formal, de adesão, consensual, comutativo e personalíssimo.

Nos contratos, o contratante, em regra, visa o lucro, enquanto a administração visa realizar o interesse público.

(d) Cabe ao contratado o passivo trabalhista e não à Administração. Em caso de inadimplência, a transferência de responsabilidade está vedada, nos termos do artigo 71, § 1º da Lei 8.666/93. "Art. 71. O contratado é responsável pelos encargos trabalhistas, previdenciários, fiscais e comerciais resultantes da execução do contrato. § 1º A inadimplência do contratado, com referência aos encargos trabalhistas, fiscais e comerciais não transfere à Administração Pública a responsabilidade por seu pagamento, nem poderá onerar o objeto do contrato ou restringir a regularização e o uso das obras e edificações, inclusive perante o Registro de Imóveis.".

(e) Artigo 65, § 1º da Lei 8.666/93: "O contratado fica obrigado a aceitar, nas mesmas condições contratuais, os acréscimos ou supressões que se fizerem nas obras, serviços ou compras, até 25% (vinte e cinco por cento) do valor inicial atualizado do contrato, e, no caso particular de reforma de edifício ou de equipamento, até o limite de 50% (cinqüenta por cento) para os seus acréscimos.".

Para responder, tem que estudar: lei.

Gabarito: D

56. (Funcab/PC/RJ/Delegado/2012) Considere as seguintes afirmações acerca da disciplina dos contratos administrativos.

I. a principal distinção entre os contratos e os convênios administrativos reside no fato de que os convênios se caracterizam pela comunhão de interesses dos convenentes, enquanto os contratos se caracterizam pela contraposição dos interesses do contratante e do contratado.

II. são características dos contratos administrativos, dentre outras, a instabilidade, o desequilíbrio, a comutatividade e o formalismo.

III. tanto as cláusulas regulamentares (de serviço), quanto as cláusulas econômicas (financeiras) dos contratos administrativos podem ser alteradas unilateralmente pela Administração Pública, desde que respeitados os limites estabelecidos pela Lei n. 8.666/1993.

IV. de acordo com o entendimento adotado pelo Tribunal de Contas da União (TCU), os limites percentualmente estabelecidos na Lei n. 8.666/1993 para a alteração unilateral dos contratos administrativos aplicam-se apenas às alterações quantitativas, estando as alterações qualitativas limitadas apenas pela impossibilidade de descaracterização do objeto contratual.

A análise do conteúdo de tais afirmações evidencia que:

a) estão corretas as afirmativas II, III e IV e incorreta a afirmativa I.
b) estão corretas as afirmativas I, II e III, e incorreta a afirmativa IV.
c) estão corretas as afirmativas I e IV, e incorretas as afirmativas II e III.
d) estão corretas as afirmativas II e IV, e incorretas as afirmativas I e III.
e) estão corretas as afirmativas I e II, e incorretas as afirmativas III e IV.

ANOTAÇÕES/COMENTÁRIOS

(I) Nos convênios administrativos existe ajuste entre entidades estatais, autárquicas e paraestatais de diferentes espécies com vistas a ser alcançado determinado objetivo de interesse público. As vontades são convergentes ao interesse coletivo. Noutra senda, os contratos administrativos possuem características próprias. São elas: presença da administração pública, contrato formal, de adesão, consensual, comutativo e personalíssimo. Nos contratos, o contratante, em regra, visa o lucro, enquanto a administração visa realizar o interesse público.

(II) Conforme já salientado acima, a comutatividade e o formalismo são características dos contratos administrativos. Ademais, a instabilidade e o desequilíbrio decorrem das cláusulas exorbitantes, que conferem poder desigual entre as partes. Dentre as cláusulas que causam instabilidade na relação contratual está a possibilidade de alteração unilateral do contrato, rescisão unilateral do contrato, fiscalização do cumprimento do contrato, ocupação temporária dos bens da contratada e aplicação de penalidades.

(III) Artigo 58, § 1º da Lei 8.666/93: "As cláusulas econômico-financeiras e monetárias dos contratos administrativos não poderão ser alteradas sem prévia concordância do contratado.".

(IV) Artigo 65 da Lei 8.666/93. Art. 58, I c/c art. 65, I, "a" e "b" e § 1º da Lei 8.666/93. Nas alterações unilaterais qualitativas, consubstanciadas no art. 65, I, a, da aludida Lei, não há referência expressa a esses limites, pois os contratos podem ser alterados "quando houver modificação do projeto ou das especificações, para melhor adequação técnica aos seus objetivos". Parecer DC 0215-18/99-P, Decisão 215/1999 – Plenário: "No que concerne à segunda questão colocada pela autoridade, sobre se as alterações qualitativas estão sujeitas aos limites estabelecidos na lei de licitações, deve-se primeiramente afirmar que a lei vigente, ao suprimir a anterior possibilidade de as alterações quantitativas ultrapassassem os limites de 25 e 50%, demostrou claramente sua intenção de coibir as práticas abusivas até então efetivadas com base no Decreto-lei nº 2.300/86. Embora não digam respeito diretamente às alteraçoes qualitativas, visto que o novo e atual tratamento a elas reservado pela lei vigente possui características e finalidades próprias (6) entendo que é um claro sinal de que o aditamento de alterações qualitativas ao objeto fora dos limites legais deve ser considerado sob o ângulo da estrita excepcionalidade, com a fixação necessária de limites implícitos e explícitos à atividade discricionária dela decorrente.".

Para responder, tem que estudar: lei.

Gabarito: E

57. (Ceperj/PC/RJ/Delegado/2009) Os tipos de licitação melhor técnica e técnica e preço devem ser utilizados quando:

a) o valor da contratação for superior a R$ 600.000,00 (seiscentos mil reais).
b) os serviços apresentarem natureza predominantemente intelectual.
c) a licitação for internacional.
d) for adotada a modalidade tomada de preços.
e) houver comprometimento da segurança nacional.

ANOTAÇÕES/COMENTÁRIOS

(a) Os valores estão relacionados com as modalidades de licitação (concorrência, tomada de preços e convite). Não se confunde as outras três modalidades de licitação (leilão, concurso e pregão), que estão relacionadas com o objeto do contrato. Tampouco se confunde com os tipos de licitação previstos no artigo 45 da Lei de Licitações (melhor técnica, melhor preço e melhor técnica e preço).

(b) Artigo 46 da Lei 8.666/93: "Art. 46. Os tipos de licitação 'melhor técnica' ou 'técnica e preço' serão utilizados exclusivamente para serviços de natureza predominantemente intelectual, em especial na elaboração de projetos, cálculos, fiscalização, supervisão e gerenciamento e de engenharia consultiva em geral e, em particular, para a elaboração de estudos técnicos preliminares e projetos básicos e executivos, ressalvado o disposto no § 4º do artigo anterior.".

(c) Licitação internacional é aquela que tem a participação de empresas estrangeiras. Pode ser tomada de preço ou convite: TOMADA DE PREÇO: I – O valor tem que ser o da tomada de preço; II – Existir cadastro de empresas estrangeiras (banco de dados). CONVITE: I – O valor tem que ser o do convite; II – Não existir fornecedor no país.

(d) Tomada de preços: Pode ser usada no critério VALOR. Artigo 23 da Lei 8.666/93. OBRAS E SERVIÇOS DE ENGENHARIA: ≥ R$ 150.000 R$ e < R$ 1.500.000. OUTROS BENS E SERVIÇOS: ≥ R$ 80.000 e < R$ 650.000. Na época de realização da prova vigia a redação original do artigo 23 da Lei 8.666/93. Atualmente os valores foram atualizados pelo Decreto 9.412/2018, que prevê os seguintes parâmetros: OBRAS E SERVIÇOS DE ENGENHARIA: entre 330.000 e 3.300.000; OUTROS BENS E SERVIÇOS: entre 176.000 e 1.430.000.

(e) Artigo 24, IX da Lei 8.666/93: "Art. 24. É dispensável a licitação: (...) IX – quando houver possibilidade de comprometimento da segurança nacional, nos casos estabelecidos em decreto do Presidente da República, ouvido o Conselho de Defesa Nacional".

Para responder, tem que estudar: lei.

Gabarito: B

58. (Funcab/PC/RJ/Delegado/2012) Tem início a fase externa do pregão presencial com a convocação dos interessados e deverá observar, entre outras, a seguinte regra:

a) a convocação dos interessados deverá ser efetuada por meio de intimação por via postal.

b) não havendo pelo menos três ofertas com preços até 10% superiores à oferta de valor mais baixo, deverá ser o objeto do pregão adjudicado ao licitante como menor lance.

c) o prazo fixado para a apresentação das propostas, contado a partir da publicação do aviso, não será inferior a 8 dias úteis.

d) o acolhimento de recurso importará a invalidação do certame.

e) se o licitante vencedor, convocado dentro do prazo de validade da sua proposta, não celebrar o contrato no prazo, será excluído do certame, devendo reabrir-se o prazo para apresentação de propostas, por parte dos demais licitantes.

ANOTAÇÕES/COMENTÁRIOS

(a) Artigo 4º, I da Lei 10520/02: "a convocação dos interessados será efetuada por meio de publicação de aviso em diário oficial do respectivo ente federado ou, não existindo, em jornal de circulação local, e facultativamente, por meios eletrônicos e conforme o vulto da licitação, em jornal de grande circulação, nos termos do regulamento de que trata o art. 2º;".

(b) Artigo 4º, IX e X da Lei 10520/02: "IX – não havendo pelo menos 3 (três) ofertas nas condições definidas no inciso anterior, poderão os autores das melhores propostas, até o máximo de 3 (três), oferecer novos lances verbais e sucessivos, quaisquer que sejam os preços oferecidos; X – para julgamento e classificação das propostas, será adotado o critério de menor preço, observados os prazos máximos para fornecimento, as especificações técnicas e parâmetros mínimos de desempenho e qualidade definidos no edital".

(c) Artigo 4º, V da Lei 10520/02: "V – o prazo fixado para a apresentação das propostas, contado a partir da publicação do aviso, não será inferior a 8 (oito) dias úteis".

(d) Artigo 4º, XIX da Lei 10520/02: "XIX – o acolhimento de recurso importará a invalidação apenas dos atos insuscetíveis de aproveitamento".

(e) Artigo 4º, XXIII e XVI da Lei 10520/02: "XXIII – se o licitante vencedor, convocado dentro do prazo de validade da sua proposta, não celebrar o contrato, aplicar-se-á o disposto no inciso XVI. XVI – se a oferta não for aceitável ou se o licitante desatender às exigências habilitatórias, o pregoeiro examinará as ofertas subseqüentes e a qualificação dos licitantes, na ordem de classificação, e assim sucessivamente, até a apuração de uma que atenda ao edital, sendo o respectivo licitante declarado vencedor".

Para responder, tem que estudar: lei.

Gabarito: C

59. (UFRJ/PC/RJ/Delegado/2001) Vários autores de direito administrativo, inclusive a professora Maria Sylvia Zanella Di Pietro, relacionam entre as causas de mutabilidade do contrato administrativo as "medidas de ordem geral, não relacionadas diretamente com o contrato, mas que nele repercutem, provocando desequilíbrio econômico-financeiro em detrimento do contratado." Essa causa de mutabilidade dos contratos administrativos denomina-se:

a) fato da administração.
b) interferências imprevistas.
c) fato do príncipe.
d) limitação administrativa.
e) caducidade.

ANOTAÇÕES/COMENTÁRIOS

(a) Fato da administração – É atuação do poder público específica, que atinge o contrato de forma direta, atinge o objeto principal do contrato. Ex.: contrato para construção de uma ponte, mas para isso era necessário desapropriar uma determinada casa. No entanto, a própria administração nega a desapropriação daquela casa. A ponte não poderá ser construída.

(b) Interferências imprevistas – É uma situação que já existe ao tempo da celebração do contrato, mas que só pode ser descoberta, que só pode ser identificada quando da sua execução. Está geralmente ligada a situações da natureza. Ex.: contrato para construção de um edifício. Quando se inicia a execução da construção descobre-se que o solo é muito arenoso e passa um lençol freático. Em razão disso o alicerce do edifício deve ser muito mais reforçado.

(c) Fato do príncipe – Atuação do poder público, geral e abstrata, que atinge o contrato de forma indireta e reflexa Ex.: o aumento do ISS não impede a coleta de lixo, impede que seja feita no mesmo preço. Por isso é geral e abstrata e atinge de forma indireta.

(d) Limitação administrativa – Espécie de intervenção do Estado na propriedade, feita em caráter geral e abstrato, atingindo proprietários indeterminados. Ex.: proibição de construir acima de 8 andares na orla da praia.

(e) Caducidade – Extinção de contrato de concessão de serviço público por descumprimento de cláusula contratual (artigos 36 e seguintes da Lei 8.987/95).

Para responder, tem que estudar: teoria/doutrina.

Gabarito: C

60. (UFRJ/PC/RJ/Delegado/2001) Sobre a licitação, analise as seguintes afirmativas:

I. Para alienação de bens móveis, é usada a modalidade licitatória do leilão.

II. A inexigibilidade de licitação decorre de situações nas quais a licitação em tese seria possível, mas por avaliação do legislador ela não é realizada.

III. A licitação não pode ser revogada, somente anulada.

A(s) afirmativa(s) verdadeira(s) é/são somente:

a) I

b) I e II

c) I e III

d) II e III

e) I, II e III

ANOTAÇÕES/COMENTÁRIOS

(I) Artigo 17, § 6º da Lei 8.666/93: "Para a venda de bens móveis avaliados, isolada ou globalmente, em quantia não superior ao limite previsto no art. 23, inciso II, alínea "b" desta Lei, a Administração poderá permitir o leilão.".

(II) Nos termos do artigo 25 da Lei 8.666/93. Necessário se estar diante de competição inviável. O rol do artigo 25 é meramente exemplificativo já que seria impossível a lei prever todos os casos em que se está diante de inviabilidade de competição.

(III) Artigo 49, *caput* da Lei 8.666/93: "A autoridade competente para a aprovação do procedimento somente poderá revogar a licitação por razões de interesse público decorrente de fato superveniente devidamente comprovado, pertinente e suficiente para justificar tal conduta, devendo anulá-la por ilegalidade, de ofício ou por provocação de terceiros, mediante parecer escrito e devidamente fundamentado".

Para responder, tem que estudar: lei.

Gabarito: A

61. (PC/RJ/Delegado/2002) Com relação aos contratos administrativos, analise as afirmativas a seguir:

I. Estados e municípios não podem legislar sobre contratos administrativos.

II. A Administração Pública pode celebrar contratos regidos predominantemente pelo direito privado.

III. Aplica-se aos contratos administrativos o princípio da liberdade das formas existente no direito privado.

A(s) afirmativa(s) verdadeira(s) é/são somente:

a) I.

b) II.

c) III.

d) I e II.

e) II e III.

ANOTAÇÕES/COMENTÁRIOS

(I) Nos termos do que dispõe o artigo 22, XXVII da CF cabe à União legislar sobre normas gerais de licitações e contratos administrativos (Ex.: Lei 8.666/93, Lei 10520/02, Lei 9887/95). Já a União, os Estados e Municípios podem legislar sobre normas especiais.

(II) O contrato administrativo Vínculo jurídico (ato jurídico) bilateral em que sujeito ativo e sujeito passivo se comprometem a uma prestação e a uma contraprestação, com objetivo de satisfazer o interesse público. Para satisfazer o interesse público é necessária a presença do poder público e estar submetido ao regime jurídico público. Noutro passo, o chamado Contrato da Administração é o contrato celebrado pela administração, sujeito ao regime de direito privado, sem as chamadas cláusulas exorbitantes. Em verdade, no contrato da administração, esta atua como se particular fosse (ex.: contrato de locação).

(III) São características do contrato administrativo: presença da administração pública; contrato formal; contrato consensual; contrato comutativo; contrato de adesão; contrato personalíssimo. Desta forma, não se aplica o princípio da liberdade das formas.

Para responder, tem que estudar: lei.

Gabarito: B

62. (PC/RJ/Delegado/2002) Com relação à licitação, analise as afirmativas a seguir:

I. Nos casos de guerra ou de grave perturbação da ordem, a licitação é inexigível.

II. O cidadão é parte legítima para impugnar o edital de licitação por irregularidade, devendo protocolar o pedido até cinco dias úteis antes da data fixada para abertura dos envelopes de habilitação.

III. De acordo com a lei de licitações, a revogação da licitação somente poderá ocorrer por razões de interesse público decorrente de fato superveniente devidamente comprovado, pertinente e suficiente para justificar tal.

a) I e II.

b) I e III.

c) II e III.

d) I, II e III.

e) nenhuma.

ANOTAÇÕES/COMENTÁRIOS

(I) Trata-se de hipótese de licitação dispensável, conforme preceitua o artigo 24, III da Lei 8.666/93. Licitação dispensada – a competição é viável, mas o administrador não pode licitar, nem se ele quiser (artigo 17 da Lei 8.666). Licitação dispensável – a competição é viável, mas a lei diz que não precisa, o administrador decide se vai fazer ou não (artigo 24). Licitação inexigível – a competição é inviável (artigo 25).

(II) Artigo 41, § 1º da Lei 8.666/93: "Qualquer cidadão é parte legítima para impugnar edital de licitação por irregularidade na aplicação desta Lei, devendo protocolar o pedido até 5 (cinco) dias úteis antes da data fixada para a abertura dos envelopes de habilitação, devendo a Administração julgar e responder à impugnação em até 3 (três) dias úteis, sem prejuízo da faculdade prevista no § 1º do art. 113.".

(III) Artigo 49, *caput* da Lei 8.666/93: "A autoridade competente para a aprovação do procedimento somente poderá revogar a licitação por razões de interesse público decorrente de fato superveniente devidamente comprovado, pertinente e suficiente para justificar tal conduta, devendo anulá-la por ilegalidade, de ofício ou por provocação de terceiros, mediante parecer escrito e devidamente fundamentado.".

Para responder, tem que estudar: lei.

Gabarito: C

63. (PC/RJ/Delegado/2006) Em relação ao procedimento licitatório e às modalidades de licitação, não é correto afirmar que:

a) na alienação de bens imóveis, a Administração Pública, em princípio, deve lançar mão da concorrência.

b) a inexigibilidade de licitação decorre da impossibilidade de competição e a enumeração, na lei dos casos de sua aplicação, é feita de forma exemplificativa.

c) a Administração Pública, em regra, não precisa realizar licitação para adquirir bem imóvel.

d) o concurso é a modalidade licitatória usada para escolha de projetos artísticos e arquitetônicos.

e) em razão de expressa previsão na Constituição, somente a União pode legislar sobre licitações e contratos administrativos.

ANOTAÇÕES/COMENTÁRIOS

(a) Correta, consoante o disposto no artigo 17, I da Lei 8.666/93. Seja para comprar seja para vender a modalidade será a concorrência, com exceção aos imóveis provenientes de decisão judicial ou dação em pagamento, quando também será admitida a modalidade de leilão, conforme o disposto no artigo 19 da Lei de Licitações.

(b) Correta, a teor do que dispõe o artigo 25 da Lei 8.666/93. Necessário se estar diante de competição inviável. O rol do artigo 25 é meramente exemplificativo já que seria impossível a lei prever todos os casos em que se está diante de inviabilidade de competição.

(c) Trata-se de hipótese de licitação dispensável, nos termos do artigo 24, VIII da Lei 8.666/93 (a lei diz que não precisa, o administrador decide se vai fazer ou não). Caso opte por fazer, a modalidade a ser seguida será concorrência.

(d) Correta, nos termos do artigo 22, § 4º da Lei 8.666/93. "Concurso é a modalidade de licitação entre quaisquer interessados para escolha de trabalho técnico, científico ou artístico, mediante a instituição de prêmios ou remuneração aos vencedores, conforme critérios constantes de edital publicado na imprensa oficial com antecedência mínima de 45 (quarenta e cinco) dias.".

(e) O artigo 22, XXVII da CF prevê que a União tem competência para legislar sobre normas gerais de licitação e contratos administrativos. Não obstante, a própria União, Estados, DF e Municípios tem competência para legislar sobre normas específicas.

Para responder, tem que estudar: lei.

Gabarito: E

8. PROCESSO ADMINISTRATIVO

64. (Ceperj/PC/RJ/Delegado/2009) Recurso hierárquico impróprio é aquele que:

a) é interposto contra decisão de dirigente de entidade da Administração Indireta para autoridade à qual está vinculada na Administração Direta.

b) a avocação do processo administrativo é feita pela chefia do órgão administrativo.

c) o pedido de revisão das decisões proferidas em processos disciplinares é encaminhado para a própria autoridade sancionadora.

d) é uma espécie de recurso dirigido à autoridade superior de outro ente federativo.

e) tem o pedido de reconsideração apresentado a qualquer autoridade de uma estrutura administrativa.

ANOTAÇÕES/COMENTÁRIOS

(a) Recurso Hierárquico: É o recurso dirigido à autoridade superior àquela que proferiu a decisão. Se a autoridade superior estiver dentro do mesmo órgão da autoridade julgadora, esse recurso é chamado de RECURSO HIERÁRQUICO PRÓPRIO. Do contrário, é denominado RECURSO HIERÁRQUICO IMPRÓPRIO.

(b) Avocação: superior hierárquico chamando para si parcela de atribuições de um subordinado. Artigo 15, Lei 9.784/99: "Art. 15. Será permitida, em caráter excepcional e por motivos relevantes devidamente justificados, a avocação temporária de competência atribuída a órgão hierarquicamente inferior.". Não se trata de recurso hierárquico impróprio.

(c) Os processos administrativos de que resultem sanções poderão ser revistos, a qualquer tempo, a pedido ou de ofício, quando surgirem fatos novos ou circunstâncias relevantes suscetíveis de justificar a inadequação da sanção aplicada. Lei 9.784/99, art. 65: "Os processos administrativos de que resultem sanções poderão ser revistos, a qualquer tempo, a pedido ou de ofício, quando surgirem fatos novos ou circunstâncias relevantes suscetíveis de justificar a inadequação da sanção aplicada. Parágrafo único. Da revisão do processo não poderá resultar agravamento da sanção".

(d) O recurso hierárquico é dirigido à autoridade superior àquela que proferiu a decisão, mas por óbvio nunca de outro ente federativo, em virtude do pacto federativo.

(e) É pedido de reexame do ato à própria autoridade que o realizou. É um recurso que só pode ser exercido uma vez. Exemplo: art. 109, III da Lei 8.666/93. Prazo: Utiliza-se o prazo de 01 ano, em analogia ao prazo de reclamação.

Para responder, tem que estudar: lei.

Gabarito: A

65. (UFRJ/PC/RJ/Delegado/2001) De acordo com o Estatuto dos Funcionários Públicos Civis do Estado do Rio de Janeiro, a punição de suspensão não poderá exceder o prazo de:

a) 60 dias.
b) 90 dias.
c) 120 dias.
d) 150 dias.
e) 180 dias.

ANOTAÇÕES/COMENTÁRIOS

(a, b, c, d) Vide comentário à alternativa E.

(c) Artigo 50, § 1º do Decreto-Lei 220/75 do Estado do Rio de Janeiro e artigo 296, § 1º do Decreto 2.479/79 do Estado do Rio de Janeiro.

Para responder, tem que estudar: lei.

Gabarito: E

66. (PC/RJ/Delegado/2002) De acordo com o Estatuto dos Funcionários Públicos Civis do Estado do Rio de Janeiro, o prazo de prescrição para a punição de advertência será de:

a) 90 dias.
b) 120 dias.
c) 150 dias.
d) 180 dias.
e) 2 anos.

ANOTAÇÕES/COMENTÁRIOS

(a, b, c, d) Vide comentário à alternativa E.

(e) Artigo 57, I do Decreto-Lei 220/75.

Para responder, tem que estudar: lei.

Gabarito: E

67. (PC/RJ/Delegado/2002) Com relação ao processo administrativo disciplinar adotado no Estado do Rio de Janeiro, no Estatuto dos Funcionários Públicos Civis, analise as afirmativas a seguir:

I. É possível a aplicação da punição suspensão por até trinta dias nos autos de sindicância.

II. A exoneração será aplicada nas faltas graves superiores as que ensejam a punição de suspensão.

III. A aplicação da punição de advertência dispensa a instauração formal de sindicância ou processo administrativo.

A(s) afirmativa(s) verdadeira(s) é/são somente:

a) I.
b) II.
c) III.
d) I e II.
e) I e III.

ANOTAÇÕES/COMENTÁRIOS

(I) Artigo 319 do Decreto 2.479/79. "Recebido o relatório, caso tenha sido configurada irregularidade e identificado o seu autor, a autoridade que houver promovido a sindicância aplicará, de imediato, a pena disciplinar cabível, ressalvada a hipótese prevista no artigo 313.". A pena na sindicância está limitada à suspensão por 30 dias. Penas mais severas devem ser feitas no PAD (artigo 320 e seguintes do Decreto 2.479/79).

(II) Nos termos do artigo 61, I do Decreto 2.479/79 a exoneração é uma forma de vacância do cargo público e não consta do rol do artigo 292 do mesmo decreto, que apresenta as espécies de penas disciplinares.

(III) Em atenção ao princípio do devido processo legal previsto no artigo 5º, LIV e princípio da ampla defesa previsto no artigo 5º, LV, ambos da CF, necessária se faz a instauração de procedimento apuratório (sindicância e/ou PAD).

Para responder, tem que estudar: lei.

Gabarito: A

9. RESPONSABILIDADE CIVIL DO ESTADO

68. (UFRJ/PC/RJ/Delegado/2001) Com relação à responsabilidade civil do Estado, analise as seguintes afirmativas:

I. A teoria do risco administrativo também se aplica para as pessoas jurídicas de direito privado prestadoras de serviços públicos.

II. O agente público causador do dano responde objetivamente perante o Estado.

III. A responsabilidade por dano nuclear depende da demonstração de culpa.

A(s) afirmativa(s) verdadeira(s) é/são somente:

a) I

b) I e II

c) I e III

d) II e III

e) I, II e III

ANOTAÇÕES/COMENTÁRIOS

(I) A teoria adotada atualmente no Brasil, em regra, é a TEORIA DO RISCO ADMINISTRATIVO que admite excludente e excepcionalmente a TEORIA DO RISCO INTEGRAL, que não admite excludente (ex.: material bélico, nuclear e ambiental). Artigo 37, § 6º da CF. "As pessoas jurídicas de direito público e as de direito privado prestadoras de serviços públicos responderão pelos danos que seus agentes, nessa qualidade, causarem a terceiros, assegurado o direito de regresso contra o responsável nos casos de dolo ou culpa.".

(II) Só responde se houver dolo ou culpa, nos termos do artigo 37, § 6º da CF.

(III) A responsabilidade por dano nuclear independe da demonstração de culpa, além de não admitir excludentes (teoria do risco integral).

Para responder, tem que estudar: lei.

Gabarito: A

69. (PC/RJ/Delegado/2002) A respeito das regras atuais aplicáveis à responsabilidade patrimonial do Estado, analise as afirmativas a seguir:

I. Não se aplica mais a responsabilidade subjetiva do Estado, mas tão somente a responsabilidade objetiva com fundamento na teoria do risco administrativo.

II. A culpa administrativa, também chamada de culpa anônima, prevê a responsabilidade do Estado independentemente da identificação do agente causador do dano.

III. As empresas públicas e sociedades de economia mista criadas para desempenho de atividade econômica ou para prestação de serviços públicos responderão objetivamente pelos danos causados por seus agentes, na forma prevista na Constituição.

A(s) afirmativa(s) verdadeira(s) é/são somente:

a) I.

b) II.

c) III.

d) I e II.

e) II e III.

ANOTAÇÕES/COMENTÁRIOS

(I) A teoria adotada atualmente no Brasil, em regra, é a TEORIA DO RISCO ADMINISTRATIVO que admite excludente e excepcionalmente a TEORIA DO RISCO INTEGRAL, que não admite excludente (ex.: material bélico, nuclear e ambiental).

(II) A culpa do serviço ou culpa anônima foi uma teoria que surgiu no direito francês. Foi chamada de "faute du service". A vítima não precisava mais indicar a pessoa do agente, bastava indicar a falha no serviço.

(III) Nos termos do artigo 37, § 6º da CF estão sujeitas à responsabilidade civil as pessoas jurídicas de direito público e as pessoas jurídicas de direito privado prestadoras de serviço público. Estão fora do rol as pessoas jurídicas de direito privado exploradoras de atividade econômica.

Para responder, tem que estudar: lei.

Gabarito: B

70. (PC/RJ/Delegado/2006) A Constituição consagra como regra a responsabilidade patrimonial do Estado por danos resultantes da sua atividade administrativa. Sobre o tema, assinale a alternativa correta:

a) a teoria adotada na Constituição para disciplinar a responsabilidade do Estado por danos causados por ato de seus agentes é a da culpa administrativa.

b) de acordo com o texto constitucional, foi assegurada ao Estado a possibilidade de cobrar regressivamente de seus agentes, independentemente da constatação da existência de culpa ou dolo.

c) a comprovação, na ação de indenização, de que o dano foi resultante de evento da natureza, de ato de terceiro ou de culpa concorrente da vítima exclui a responsabilidade do Estado.

d) as autarquias estão sujeitas a regras especiais de responsabilidade, diferentes das que são aplicadas ao Estado.

e) a teoria adotada na Constituição Federal para disciplinar a responsabilidade patrimonial do Estado aplica-se também aos danos decorrentes da atuação dos órgãos do Poder Judiciário no desempenho da função administrativa.

ANOTAÇÕES/COMENTÁRIOS

(a) A teoria adotada atualmente no Brasil, em regra, é a TEORIA DO RISCO ADMINISTRATIVO que admite excludente e excepcionalmente a TEORIA DO RISCO INTEGRAL, que não admite excludente (ex.: material bélico, nuclear e ambiental).

(b) Nos termos do artigo 37, § 6º da CF existe a possibilidade de direito de regresso contra o causador do dano, desde que comprovado o dolo ou a culpa." As pessoas jurídicas de direito público e as de direito privado prestadoras de serviços públicos responderão pelos danos que seus agentes, nessa qualidade, causarem a terceiros, assegurado o direito de regresso contra o responsável nos casos de dolo ou culpa.".

(c) A culpa concorrente da vítima não exclui a responsabilidade do Estado. Deveras, a concorrência da vítima para o evento danoso servira para aferir o valor da indenização a ser paga pelo Estado. Assim, o Estado terá que arcar proporcionalmente à sua responsabilidade para o evento danoso. STJ já decidiu que, no caso concreto, em não sendo possível aferir até onde foi a culpa de cada um, cabe ao Estado arcar com 50% do valor da indenização.

(d) Nos termos do que preceitua o artigo 37, § 6º da CF, são responsáveis: Administração Direta, Autarquias, Fundações Públicas de Direito Público – independentemente da atividade, independentemente da finalidade.

(e) O artigo 37, § 6º da CF inaugura a cláusula de responsabilidade civil extracontratual do Estado. A norma é aplicável às pessoas jurídicas de direito público e as de direito privado prestadoras de serviço público. Dentre as pessoas jurídicas de direito público estão incluídos os três poderes, em suas funções administrativas.

Para responder, tem que estudar: jurisprudência e teoria/doutrina.

Gabarito: E

71. (UFRJ/PC/RJ/Delegado/2001) Delegado de Polícia Civil aceita trabalhar como segurança particular em uma empresa de transporte de valores. Estando de plantão em feriado prolongado, é solicitado para acompanhar um comboio com grande quantidade de numerário, o que faz utilizando uma viatura da Secretaria de Polícia Civil. Durante o trajeto vem a atropelar e matar um transeunte inocente. Diante do exposto, analise a veracidade das assertivas abaixo:

I. Segundo a jurisprudência do Supremo Tribunal Federal a absolvição, transitada em julgado por insuficiência de provas, na esfera criminal, impede qualquer sanção disciplinar ou civil contra o servidor público em razão do mesmo ato.

II. A responsabilidade administrativa será afastada no caso de absolvição criminal, transitada em julgado, que negue a existência do fato ou sua autoria.

III. As sanções civis, penais e administrativas poderão cumular-se, sendo independentes entre si.

IV. A pessoas jurídicas de direito público e as de direito privado prestadoras de serviços públicos responderão pelos danos que seus agentes, nessa qualidade, causarem a terceiros, assegurado o direito de regresso contra o responsável nos casos de dolo ou culpa.

As assertivas corretas são somente:

a) I e II

b) I, II e IV

c) II, III e IV

d) II e IV

e) I, II, III e IV

ANOTAÇÕES/COMENTÁRIOS

(I) A sentença penal absolutória somente influenciará em outras instâncias quando em sua fundamentação houver a negação da autoria do agente público ou quando o fato não existiu.

(II) Assertiva conforme doutrina e jurisprudência.

(III) Um único ato cometido por servidor pode repercutir, simultaneamente, nas esferas administrativa, penal e civil. Além disso, há expressa previsão legal no art. 125 da Lei 8.112/90. Atentar que essa lei trata sobre o regime jurídico dos servidores públicos civis da União, das autarquias e das fundações públicas federais.

(IV) Art. 37, § 6º da CF. O § 6° do art. 37 da CF consagra a responsabilidade objetiva do Estado, que é aquela fundada na teoria do risco segundo a qual o Estado responde pelos danos causados por seus agentes independentemente de culpa.

Para responder, tem que estudar: lei e jurisprudência.

Gabarito: C

10. SERVIÇOS PÚBLICOS

72. (Funcab/PC/RJ/Delegado/2012) Quanto à permissão do serviço público, considere as afirmativas abaixo e assinale a alternativa correta.

I. resulta de delegação negocial.
II. dispensa licitação prévia.
III. só pode ser firmada com pessoa física ou jurídica.
IV. o permissionário está sujeito à responsabilidade civil objetiva.

a) apenas estão corretas as afirmativas I, II e III.
b) apenas estão incorretas as afirmativas III e IV.
c) apenas estão corretas as afirmativas I, III e IV.
d) apenas estão incorretas as afirmativas I e IV.
e) apenas estão corretas as afirmativas II e IV.

ANOTAÇÕES/COMENTÁRIOS

(I) A permissão de serviço público é transferência por delegação de serviço público (transfere só a execução) feita a pessoa física ou jurídica. Formaliza-se por meio de contrato administrativo, logo tem natureza jurídica contratual. Assim, está correta a afirmativa quando apresenta a expressão "negocial".

(II) Artigo 175, caput da CF: "Incumbe ao Poder Público, na forma da lei, diretamente ou sob regime de concessão ou permissão, sempre através de licitação, a prestação de serviços públicos.". A modalidade de licitação dependerá do valor do contrato.

(III) Artigo 2º, IV da Lei 8.987/95: "permissão de serviço público: a delegação, a título precário, mediante licitação, da prestação de serviços públicos, feita pelo poder concedente à pessoa física ou jurídica que demonstre capacidade para seu desempenho, por sua conta e risco.".

(IV) A teor do que dispõe o artigo 37, § 6º da CF: "As pessoas jurídicas de direito público e as de direito privado prestadoras de serviços públicos responderão pelos danos que seus agentes, nessa qualidade, causarem a terceiros, assegurado o direito de regresso contra o responsável nos casos de dolo ou culpa.". Assim, a permissionária, como prestadora de serviço público, responde objetivamente (independente de culpa) pelos danos causados.

Para responder, tem que estudar: lei.

Gabarito: C

73. (UFRJ/PC/RJ/Delegado/2001) Na hipótese de delegação da prestação de serviço público, o retorno do serviço ao poder concedente após o término do prazo de delegação é chamado de:

a) reversão.
b) encampação.
c) caducidade.
d) anulação.
e) revogação.

ANOTAÇÕES/COMENTÁRIOS

(a) Reversão: É a transferência de bens do concessionário para o patrimônio do concedente em virtude da extinção do contrato. Na verdade, os bens nunca foram do concedente, passam a sê-lo quando se encerra a concessão. Nem sempre há de se exigir a reversão. A reversão pode ser onerosa ou gratuita. Onerosa é quando o concedente é obrigado a indenizar o concessionário, pois os bens foram adquiridos com seu exclusivo capital. Na reversão gratuita a fixação da tarifa já levou em conta o ressarcimento do concessionário pelos recursos empregados na aquisição de bens, portanto, o concedente tem direito à propriedade dos bens sem qualquer ônus. Os bens da reversão são somente os empregados para execução do serviço. É indispensável o ajuste no contrato (artigo 35 e 36 da Lei 8987/95).

(b) Encampação: rescisão unilateral por parte do poder público do contrato de concessão de serviço público, por razões de interesse público supervenientes. É necessário, para tanto, autorização legislativa (edição de lei específica – que também é necessária na criação da concessão) além de prévio pagamento de indenização relativa aos investimentos realizados pelo particular sobre os bens reversíveis (artigos 35 e 37 da Lei 8.987/95).

(c) Caducidade: extinção da concessão de serviço público por descumprimento de cláusula contratual por parte do contratado. Deve ser precedida de processo administrativo possibilitando-se o contraditório e a ampla defesa. É concretizada por decreto do Chefe do executivo. Aqui, também deve ser paga indenização ao particular relativa aos investimentos realizados nos bens reversíveis. No entanto, dessa indenização (que não precisa ser prévia) devem ser abatidos as eventuais multas cobradas pela Administração, assim como os prejuízos causados pelo descumprimento contratual (artigos 35 e 38 da Lei 8.987/95).

(d) Anulação: desfazimento do contrato por ilegalidade.

(e) Termo “revogação” inadequado para a matéria abordada na questão.

Para responder, tem que estudar: lei.

Gabarito: A

74. (PC/RJ/Delegado/2002) Com relação aos serviços públicos, analise as afirmativas a seguir:

I. Os serviços públicos individuais obrigatórios são remunerados por tarifa, sempre fixada pelo Poder Público.

II. Atualmente não existem distinções entre permissão e concessão de serviço público.

III. A concessão de serviço público só pode ser formalizada com pessoas jurídicas ou consórcio de empresas.

A(s) afirmativa(s) verdadeira(s) é/são somente:

a) I.

b) II.

c) III.

d) I e II.

e) II e III.

ANOTAÇÕES/COMENTÁRIOS

(I) Serviço individual compulsório é mantido por meio de TAXA. Há a possibilidade de cobrança pelo simples fato de o serviço estar à disposição. Ex.: saneamento básico – paga-se a taxa mínima mesmo não tendo utilizado nada. Já a TARIFA remunera o serviço individual e facultativo. Só paga se e pelo que utilizar. É o caso concessionárias e permissionárias. Ex.: transporte público, pedágio, etc. (Lei 8.987/95).

(II) A CONCESSÃO DE SERVIÇO PÚBLICO pode ser comum (Lei 8.987/95) ou especial (Lei 11.079/04). A concessão comum é uma delegação de serviço público (forma de descentralizar), em que se transfere apenas a execução do serviço. A delegação é transferência do serviço feita pelo poder concedente a pessoa jurídica ou a consórcio de empresas (artigo 2º, II da Lei 8.987/95). Já a PERMISSÃO DE SERVIÇO PÚBLICO é a transferência por delegação de serviço público (transfere só a execução) feita a pessoa física ou jurídica. Tem previsão legal apenas em dois artigos da Lei 8.987/95: artigos 2º, IV e 40.

(III) Artigo 2º, II da Lei 8.987/95: "concessão de serviço público: a delegação de sua prestação, feita pelo poder concedente, mediante licitação, na modalidade de concorrência, à pessoa jurídica ou consórcio de empresas que demonstre capacidade para seu desempenho, por sua conta e risco e por prazo determinado;".

Para responder, tem que estudar: lei.

Gabarito: C

75. (PC/RJ/Delegado/2006) A Lei nº 11.079/04 dispõe sobre as parcerias Público-Privadas. Sobre a matéria, analise as afirmativas a seguir:

I. Na parceria público-privada, o concessionário prestará o serviço objeto da delegação por sua conta e risco.

II. O contrato de parceria público-privada deverá estabelecer as punições que serão aplicadas à Administração Pública e ao parceiro privado na hipótese de inadimplemento.

III. A vigência do contrato não poderá ser superior a 35 anos.

Assinale a alternativa correta:

a) apenas as afirmativas I e II estão corretas.
b) apenas as afirmativas I e III estão corretas.
c) apenas as afirmativas II e III estão corretas.
d) as afirmativas I, II e III estão corretas.
e) todas as afirmativas estão erradas.

ANOTAÇÕES/COMENTÁRIOS

(I) Uma das características da PPP é o compartilhamento dos riscos entre o parceiro público e o parceiro privado (artigos 4º, VI e 5º, III da Lei 11.079/04).

(II) Artigo 5º, II da Lei 11.079/04.

(III) Artigo 5º, I da Lei 11.079/04.

Para responder, tem que estudar: lei.

Gabarito: C

76. (PC/RJ/Delegado/2006) A extinção da concessão de serviço público em razão da inexecução total ou parcial do contrato por parte do concessionário recebeu, na legislação aplicável à matéria, a denominação de:

a) caducidade.
b) encampação.
c) reversão.
d) resilição.
e) anulação.

ANOTAÇÕES/COMENTÁRIOS

(a) Caducidade: extinção da concessão de serviço público por descumprimento de cláusula contratual por parte do contratado. Deve ser precedida de processo administrativo possibilitando-se o contraditório e a ampla defesa. É concretizada por decreto do Chefe do executivo. Aqui, também deve ser paga indenização ao particular relativa aos investimentos realizados nos bens reversíveis. No entanto, dessa indenização (que não precisa ser prévia) devem ser abatidos as eventuais multas cobradas pela Administração, assim como os prejuízos causados pelo descumprimento contratual (artigos 35 e 38 da Lei 8987/95).

(b) Encampação: rescisão unilateral por parte do poder público do contrato de concessão de serviço público, por razões de interesse público supervenientes. É necessário, para tanto, autorização legislativa (edição de lei específica – que também é necessária na criação da concessão) além de prévio pagamento de indenização relativa aos investimentos realizados pelo particular sobre os bens reversíveis (artigos 35 e 37 da Lei 8987/95).

(c) Reversão: É a transferência de bens do concessionário para o patrimônio do concedente em virtude da extinção do contrato. Na verdade, os bens nunca foram do concedente, passam a sê-lo quando se encerra a concessão. Nem sempre há de se exigir a reversão. A reversão pode ser onerosa ou gratuita. Onerosa é quando o concedente é obrigado a indenizar o concessionário, pois os bens foram adquiridos com seu exclusivo capital. Na reversão gratuita a fixação da tarifa já levou em conta o ressarcimento do concessionário pelos recursos empregados na aquisição de bens, portanto, o concedente tem direito à propriedade dos bens sem qualquer ônus. Os bens da reversão são somente os empregados para execução do serviço. É indispensável o ajuste no contrato (artigos 35 e 36 da Lei 8.987/95).

(d) Resilição: é o desfazimento de um contrato em decorrência de manifestação de vontade, de uma ou de ambas as partes. A resilição pode ser bilateral (distrato, art. 472, CC) ou unilateral (denúncia, art. 473, CC).

(e) Anulação: desfazimento do contrato por ilegalidade.

Para responder, tem que estudar: lei.

Gabarito: A

11. TEORIA, PODERES E PRINCÍPIOS

77. (Funcab/PC/RJ/Delegado/2012) Para a doutrina contemporânea do Direito Administrativo, levando em conta a eficácia normativa da Constituição, deve a Administração Pública evitar que suas ações estejam inspiradas na:

a) imperatividade.

b) subsidiariedade.

c) consensualidade.

d) promoção dos direitos fundamentais.

e) aproximação coma sociedade civil.

ANOTAÇÕES/COMENTÁRIOS

(a) Este fenômeno está relacionado à chamada privatização do direito público e publicização do direito privado. Essa dicotomia de direito público e direito privado remonta ao Direito Romano e a doutrina contemporânea tem feito uma releitura. Deveras, com o advento da Lei Maior em 1988 os dogmas do direito público, dentre eles a imperatividade, tem perdido espaço para a consensualidade. Deste modo, o exercício do poder extroverso do Estado, como manifestação de sua imperatividade deve ser feito de modo comedido, em casos indispensáveis. Sempre que possível a administração deve se pautar pelo acordo de vontades com o particular.

(b) O princípio da subsidiariedade vem sedo trabalhado pela moderna doutrina administrativista, como por exemplo, Diogo de Figueiredo Moreira. Tal princípio traz ideias de vertente liberal. Traz a ideia que o Estado deve intervir nas relações privadas, como órgão regulador e fiscalizador, apenas nos casos indispensáveis, que em virtude da complexidade, necessita da força imperativa do Estado. Neste passo, partindo da premissa que o indivíduo é o gestor de seu próprio destino, cabe a ele decidir os rumos de sua história, sem a necessidade de imposição da força estatal.

(c) Cuida-se de moderno princípio de Direito Administrativo em que o consenso deve prevalecer também nas relações do particular com o Estado, dando àquele voz ativa na relação. As relações unicamente verticais entre o Estado e o cidadão cedem espaço às relações horizontais e pactuais entre as partes.

(d) A promoção dos direitos fundamentais deve ser sempre o desiderato do Estado.

(e) A ultrapassada ideia que o Estado é autossuficiente tem caído em desuso. Atualmente o Estado cada vez mais abre os olhos ao particular, dando-lhe voz ativa, com efetiva participação na formação da vontade coletiva.

Para responder, tem que estudar: teoria/doutrina.

Gabarito: A

78. (Funcab/PC/RJ/Delegado/2012) Os poderes administrativos encerram as prerrogativas de direito público outorgadas aos agentes do Estado. Sobre o tema, analise as afirmativas a seguir e assinale a alternativa correta.

I. nem toda omissão administrativa se qualifica como ilegal.

II. agindo com abuso de poder, a invalidação da conduta abusiva pode dar-se por mandado de segurança.

III. o desvio de poder é modalidade de abuso em que o agente atua fora dos limites de sua competência.

IV. no excesso de poder, o agente atua dentro dos limites de sua competência.

Estão corretas apenas as afirmativas:

a) I e II.

b) III e IV.

c) I, II e III.

d) I e IV.

e) I e III.

ANOTAÇÕES/COMENTÁRIOS

(I) A moderna doutrina subdivide as omissões em genéricas e específicas. Apenas as omissões genéricas são legais. Trata-se, pois, da margem de liberdade que possui o administrador para avaliar as medidas que devem ser tomadas em cada caso concreto. Já as omissões específicas constituem atos ilegais e abusivos dos administradores. Tal omissão é tratada pela doutrina como silêncio administrativo, que deve ser combatido por meio de impetração de mandado de segurança. O direito de petição previsto na constituição abrange o direito de pedir e também o direito de obter resposta.

(II) Artigo 5º, LXIX da CF e artigo 1º, Lei 12.016/09.

(III) A espécie de abuso de poder em que o agente atua fora dos limites de sua competência denomina-se excesso de poder. O desvio de poder (desvio de finalidade) revela um vício ideológico, um vício subjetivo, um defeito na vontade. Ex.: autoridade competente para prender recebe ordem de prisão e espera para efetivá-la no momento do casamento ou no momento da posse em um cargo público, o que denota intenção de vingança (artigo 2º, parágrafo único, "e" da Lei 4.717/65 – Lei da Ação Popular).

(IV) Conforme salientado acima, no excesso de poder o administrador vai além das suas prerrogativas, é um passo a mais, vai além das regras de competência.

Para responder, tem que estudar: lei.

Gabarito: A

79. (Funcab/PC/RJ/Delegado/2012) Sobre o poder de polícia, é correto afirmar:

a) por ter natureza eminentemente sancionatória, deve sempre ser exercido nos estritos limites da lei.

b) embora não seja a regra, admite-se sua delegação a particulares, incluindo as atividades materiais acessórias e conexas, bem ainda a coerção e a imposição de sanções.

c) excepcionalmente, se presente interesse público relevante, as medidas de poder de polícia podem gerar efeitos retroativos e infirmar os efeitos produzidos por atos praticados anteriormente.

d) orienta-se a prevenir lesão a direitos e a valores tutelados juridicamente, possuindo cunho em iminentemente preventivo.

e) desenvolve-se por meio de quatro categorias de providências: a regulamentação (edição de normas gerais), a emissão de decisões particulares, a coerção fática propriamente dita e o sancionamento *a posteriori*.

ANOTAÇÕES/COMENTÁRIOS

(a) O poder de polícia não tem natureza eminentemente sancionatória. Deveras, a sanção é consequência do descumprimento das ordens de polícia, como forma de impor determinados deveres, sempre com finalidade de harmonizar o interesse privado ao interesse público.

(b) Sobre a delegação do poder de polícia, inicialmente, é bom lembrar que o STF já decidiu, na ADI 1717 que o poder de polícia não pode estar nas mãos dos particulares (caso dos conselhos de classe). Em regra, o poder de polícia não pode ser delegado, sob pena de se comprometer a segurança jurídica. Atualmente, doutrina e jurisprudência inclinam-se no sentido de admitir a delegação dos atos materiais (instrumentais) de polícia ao particular (ex.: pardais eletrônicos). Por outro lado, atos jurídicos de polícia, nestes incluídos as coerções e sanções não podem ser delegados.

(c) A teor do que dispõe o artigo art. 5º, XXXVI da CF, nem mesmo a lei pode ferir ato jurídico perfeito. Portanto, com muito mais razão, atos decorrentes da manifestação do exercício do poder de polícia não podem afrontar este princípio.

(d) A ordem, o consentimento e a fiscalização tem caráter preventivo. Apenas a sanção de polícia possui caráter punitivo.

(e) Conforme ensinamentos de Marçal Justen Filho, existem três categorias de providências jurídicas: regulamentação, emissão de decisões particulares e a coerção fática propriamente dita. Assim, o sancionamento *a posteriori* não pertence ao rol de providências.

Para responder, tem que estudar: lei.

Gabarito: D

80. (Funcab/PC/RJ/Delegado/2012) Em matéria de discricionariedade administrativa, é correto afirmar:

a) há discricionariedade quando a norma restringe a autonomia de escolhas da autoridade administrativa.

b) a intensidade da vinculação e da discricionariedade é variável, havendo graus diversos de autonomia, que variam caso a caso.

c) em atenção à Separação de Poderes e à legitimidade democrática dos representantes eleitos, o mérito da escolha administrativa feita no exercício da discricionariedade não está sujeito a controle jurisdicional.

d) o exercício da discricionariedade consiste na aplicação concreta da lei através da atividade interpretativa do aplicador.

e) a omissão legislativa também é fonte da discricionariedade, tanto quanto a criação intencional, pela norma, da margem de autonomia para o aplicador.

ANOTAÇÕES/COMENTÁRIOS

(a) Há discricionariedade quando a norma amplia, e não restringe a autonomia de escolhas da autoridade administrativa.

(b) Parte da doutrina mais atualizada vem fazendo uma desconstrução da classificação de ato vinculado e ato discricionário. Um poder não é absolutamente vinculado, nem absolutamente discricionário. Do mesmo modo, os atos administrativos não são estanques. Isso significa que mesmo em um ato administrativo vinculado, sempre vai haver uma parcela de discricionariedade, um mínimo de liberdade. Por exemplo, o administrador tem liberdade temporal para praticar um ato quando a lei prevê balizas mínimas e máximas do início e término de sua contagem.

(c) Doutrina contemporânea, na esteira dos julgados mais recentes dos tribunais superiores, tem admitido, por vias transversas, e de forma excepcional, o controle do mérito administrativo pelo Poder Judiciário. Com supedâneo na legalidade em sentido amplo (lei + princípios) pode o Poder Judiciário avaliar razoabilidade e proporcionalidade do ato. Logo, em última análise, há, de fato, o controle do mérito (por se tratar de tema controverso, a questão melhor seria abordada em provas discursivas).

(d) O exercício da discricionariedade revela-se pela liberdade que tem o administrador em atuar, dentro dos limites da lei, no mérito administrativo, fazendo seu juízo de valor, observando a conveniência e oportunidade. Trata-se, pois, de alternativas que tem o administrador de atuar em margens ampliadas de avaliação no motivo e objeto do ato. Assim, a discricionariedade não se revela pela liberdade na interpretação legislativa.

(e) Não se pode perder de vista que ao contrário do Direito Civil que apregoa que a legalidade deve ser vista sob a ótica de não contradição à lei, o Direito Administrativo preceitua a legalidade como critério de subordinação à lei. Neste passo a omissão legislativa não se revela como fonte de discricionariedade.

Para responder, tem que estudar: teoria/doutrina.

Gabarito: B

81. (Ceperj/PC/RJ/Delegado/2009) No que diz respeito aos poderes administrativos, considere as proposições abaixo, e assinale a alternativa correta:

I. a disciplina funcional resulta do sistema hierárquico. Com efeito, se aos agentes superiores é dado o poder de fiscalizar as atividades dos de nível inferior, deflui daí o efeito de poderem eles exigir que a conduta destes seja adequada aos mandamentos legais, sob pena de, se tal não ocorrer, serem os infratores sujeitos às respectivas infrações.

II. poder regulamentar é a prerrogativa conferida à Administração Pública de editar atos gerais para complementar as leis e permitir a sua efetiva aplicação.

III. a faculdade conferida ao administrador de extrapolar os limites legais ou agir em desacordo com o ordenamento jurídico decorre do poder de polícia.

IV. pelo atributo da coercibilidade, o poder de polícia é sempre executado de forma imediata com vistas a atender o interesse do Administrador Público, sem dependência de ordem judicial.

a) estão corretas as proposições I, II e III.
b) estão incorretas as proposições I, III e IV.
c) estão incorretas as proposições III e IV.
d) estão corretas as proposições II e III.
e) estão incorretas as proposições I e II.

ANOTAÇÕES/COMENTÁRIOS

(I) A disciplina funcional resulta do Poder Disciplinar, e não do Poder Hierárquico. Do Poder Disciplinar decorre a prerrogativa que tem o Estado para aplicar sanção em razão de infração funcional. O administrador aplica sanção para aqueles que estão no exercício de uma função pública, atinge aquele que está na intimidade da administração. Do Poder Hierárquico decorre a possibilidade de escalonar, estruturar, organizar os quadros da administração. Sobre a sanção, ela é manifestação do exercício de poder hierárquico, mas também de exercício do poder disciplinar. Neste passo, as sanções são manifestações diretas da disciplina, e indiretamente da hierarquia.

(II) O administrador, no exercício do poder normativo (regulamentar), normatiza, regulamenta, disciplina, para complementar a lei, para permitir a sua fiel execução.

(III) O Poder de Polícia é a prerrogativa, instrumento que tem o Estado para perseguir, compatibilizar os interesses. Compatibilizar o interesse público com o interesse privado. Absolutamente incorreto afirmar que é cabível extrapolar os limites legais e agir em desacordo com o ordenamento jurídico.

(IV) Juntamente com a discricionariedade e a autoexecutoriedade, a coercibilidade constitui um atributo do Poder de Polícia. Significa dizer que o Poder de Polícia é obrigatório e imperativo. Ocorre que a coercibilidade não se presta a atender ao interesse do administrador público e sim à supremacia do interesse público.

Para responder, tem que estudar: teoria/doutrina.

Gabarito: B

82. (Funcab/PC/RJ/Delegado/2012) No que se refere aos princípios que orientam a atividade administrativa, assinale a alternativa correta:

a) ao contrário do princípio da legalidade que é um princípio-fim, os princípios da publicidade e da impessoalidade são princípios-meio.

b) são alguns dos princípios constitucionais explícitos: eficiência, impessoalidade, proporcionalidade, legalidade e moralidade.

c) o princípio da razoabilidade incide sobre o exercício das funções públicas, exceto sobre a função legislativa.

d) o Poder Executivo, no exercício de sua atividade típica, não se sujeita ao princípio da segurança jurídica que predomina na atividade jurisdicional, razão que leva a moderna doutrina administrativista a defender a inexistência de coisa julgada administrativa.

e) assim como ocorre na esfera judicial, em que certos atos podem ter sua publicidade restrita em virtude da preservação da intimidade das partes, alguns atos administrativos também poderão ter sua publicidade restrita com amparo em dispositivo da Constituição Federal.

ANOTAÇÕES/COMENTÁRIOS

(a) Os princípios da legalidade e da impessoalidade já se encontravam no artigo 37 da Constituição Federal, em sua redação original. Ambos podem ser considerados como princípio-fim, haja vista que constituem a própria essência do Estado. Já o princípio da publicidade foi inserido no mencionado dispositivo após a reforma trazida com a EC 19/1998. Tal princípio pode ser considerado como um princípio-meio, já que se revela como um condutor para a realização dos demais princípios. Apenas com a publicidade é possível realizar, com plenitude, os objetivos do Estado.

(b) O princípio da proporcionalidade não se encontra no rol do artigo 37 da CF. Pode ser considerado como princípio implícito, sendo extraído da cláusula do devido processo legal previsto no artigo 5º, LIV da CF, em seu aspecto subjetivo.

(c) Cabe também ao Poder Legislativo em sua função legiferante, e, sobretudo nela, observar o princípio da razoabilidade e proporcionalidade.

(d) Cabe ao Poder Executivo, em qualquer atividade, mesmo em sua atividade típica, observar o princípio da segurança jurídica. A própria Lei 9.784/99, em seu artigo 2º, prevê expressamente este dever. Noutro passo, a coisa julgada administrativa é a imodificabilidade/irretratabilidade do ato perante a Administração Pública. É a preclusão de efeitos internos.

(e) Consoante o disposto no art. 5º, XXXIII da CF. "XXXIII – todos têm direito a receber dos órgãos públicos informações de seu interesse particular, ou de interesse coletivo ou geral, que serão prestadas no prazo da lei, sob pena de responsabilidade, ressalvadas aquelas cujo sigilo seja imprescindível à segurança da sociedade e do Estado;".

Para responder, tem que estudar: lei.

Gabarito: E

83. (UFRJ/PC/RJ/Delegado/2001) Um dos princípios aplicáveis ao processo administrativo permite a simplificação dos atos que integram as suas diversas etapas. Esse é o princípio da/do:

a) atualidade.

b) eficácia.

c) informalismo.

d) continuidade.

e) legalidade.

ANOTAÇÕES/COMENTÁRIOS

(a, b, d, e) Vide comentário à alternativa C.

(c) Apesar de possuir, obrigatoriamente, uma forma (processo escrito, registrado etc.), o processo administrativo deve seguir somente as formalidades estritamente necessárias, sem exageros. Não se exigem formas especiais para a prática dos atos processuais, sobretudo no que diz respeito aos atos praticados pelo interessado. Frise-se: A informalidade é a regra geral, porém no caso de lei prever uma forma específica para determinado ato, a sua inobservância pode gerar nulidade (se causar prejuízo, obviamente). Por fim, a informalidade não pode ser exacerbada, a ponto de ser confundida com desleixo ou desídia do Administrador; em outras palavras, o processo deve seguir uma formalidade mínima que garanta segurança e credibilidade aos administrados. Veja que o informalismo é para a parte. Não há formato a ser observado para cada peça para o administrado. (Lei 9784/99).

Para responder, tem que estudar: lei.

Gabarito: C

84. (UFRJ/PC/RJ/Delegado/2001) O exercício do poder de polícia constitui um dos fatos geradores do seguinte tributo:

a) taxa.
b) contribuição de melhoria.
c) imposto.
d) tarifa.
e) empréstimo compulsório.

ANOTAÇÕES/COMENTÁRIOS

(a) Taxa – Diferentemente dos impostos, as taxas são tributos vinculados a uma ação estatal específica (tributos retributivos ou contraprestacionais – contrário dos impostos: contributivos). Essa atuação pode ser de dois tipos: I – Serviço público prestado ao contribuinte de forma específica e divisível. II – Exercício efetivo do poder de polícia (artigos 145, II da CF e 77 e seguintes do CTN).

(b) Contribuição de melhoria – Tal como as taxas, é uma espécie de tributo vinculado a uma atuação estatal (tributo retributivo). Essa atuação corresponde à valorização de imóvel decorrente de obras públicas. Não é qualquer benefício ao dono do imóvel que autoriza a cobrança: a valorização do imóvel é imprescindível (artigos 145, III da CF e 81 do CTN).

(c) Imposto – É um tributo não vinculado, ou seja, o fato gerador dos impostos não está vinculado a nenhuma atuação estatal. Não há no pagamento de impostos uma contraprestação específica estatal, vale dizer, não se sabe, ao certo, qual a DESTINAÇÃO do dinheiro. Em virtude disso, as receitas dos impostos também não serão vinculadas, ou seja, o dinheiro não custeará nenhuma despesa específica, mas sim despesas gerais (artigos 145, I da CF e 16 do CTN).

(d) Tarifa – As taxas não se confundem com os preços públicos. Primeiramente, importa referir que "tarifa" é expressão sinônima de "preço público", ambos não se relacionando com a espécie tributária "taxa". A grande diferenciação existente entre taxa e tarifa reside no fato de que aquela é de natureza tributária, estando permeada por normas de direito público. A tarifa é regida pelo direito privado, não se sujeitando às normas e princípio de natureza tributária. O preço público ou tarifa é a contraprestação advinda de uma RELAÇÃO CONTRATUAL, ainda que realizada com o Estado. Paga-se preço público, derivado de contrato e não pela imposição legal, havendo, portanto, igualdade entre as partes e disposição do objeto do negócio. Ademais, é inerente a cobrança de preço público àquelas atividades que, mesmo sendo prestada pelo ente estatal, estejam no campo da exploração de atividade econômica de gênese privada.

(e) Empréstimo compulsório – Previsto nos artigos 148 da CF e 15 do CTN. "Art. 148. A União, mediante lei complementar, poderá instituir empréstimos compulsórios: I – para atender a despesas extraordinárias, decorrentes de calamidade pública, de guerra externa ou sua iminência; II – no caso de investimento público de caráter urgente e de relevante interesse nacional, observado o disposto no art. 150, III, 'b'. Parágrafo único. A aplicação dos recursos provenientes de empréstimo compulsório será vinculada à despesa que fundamentou sua instituição".

Para responder, tem que estudar: lei.

Gabarito: A

85. (PC/RJ/Delegado/2002) Com relação aos princípios aplicáveis à Administração Pública, analise as afirmativas a seguir:

I. O princípio da motivação somente é exigido para as decisões administrativas dos tribunais.

II. A lesão ao princípio da moralidade administrativa justifica a propositura da ação popular.

III. Como regra, o princípio da segurança jurídica veda, nos processos administrativos, a aplicação retroativa por parte da Administração Pública de nova interpretação.

A(s) afirmativa(s) verdadeira(s) é/são somente:

a) I e II.

b) I e III.

c) II e III.

d) I, II e III.

e) III.

ANOTAÇÕES/COMENTÁRIOS

(I) A motivação é a exposição dos motivos, ou seja, é a demonstração de que os pressupostos de fato realmente existiram. É a justificativa do ato a coerência do ato. O administrador faz um raciocínio lógico que justifica a prática do ato – correlação lógica entre os elementos do ato e a previsão legal. Não se confunde com motivo, que é o fundamento fático ou de direito que justifica a prática do ato. Ex.: passeata tumultuosa: ato – dissolução da passeata; motivo – tumulto.

(II) Segundo o Princípio da Moralidade o administrador deve agir de forma correta, e também deve agir com boa administração. Deve ser o melhor administrador possível. Não deve fazer o mínimo, deve fazer o melhor possível. Logo, em havendo ofensa a tal princípio, é cabível o ajuizamento de ação popular, prevista na Lei 4717/65.

(III) Segundo a Lei 9784/99, que regulamenta o processo administrativo no âmbito da administração pública federal, em seu artigo 2º. XIII prevê norma que garante segurança jurídica: "interpretação da norma administrativa da forma que melhor garanta o atendimento do fim público a que se dirige, vedada aplicação retroativa de nova interpretação (segurança jurídica).".

Para responder, tem que estudar: lei.

Gabarito: C

86. (PC/RJ/Delegado/2002) Com relação ao poder de polícia, analise as afirmativas a seguir enumeradas:

I. Uma das características do poder de polícia é a auto-executoriedade.

II. A licença é ato discricionário que reflete o exercício do poder de polícia.

III. O poder de polícia pode ser exercido no âmbito de cada ente estatal de acordo com suas atribuições constitucionais.

A(s) afirmativa(s) verdadeira(s) é/são somente:

a) I e II.

b) I e III.

c) II e III.

d) I, II e III.

e) III.

ANOTAÇÕES/COMENTÁRIOS

(I) São atributos (características) do Poder de Polícia: discricionariedade, autoexecutoriedade e coercibilidade. Autoexecutoriedade: é a atuação independentemente do poder judiciário. Subdivide-se em exigiblidade, que significa que o Estado tem o poder de decidir sem o poder judiciário e executoriedade, que significa que o Estado tem o poder de executar sem a intervenção do Poder Judiciário.

(II) Licença é manifestação do exercício do poder de polícia vinculado, e não discricionário. Preenchidos os requisitos legais, o administrador é obrigado a praticar o ato.

(III) Poder de polícia é a prerrogativa, instrumento que tem o Estado para perseguir, compatibilizar os interesses. Desta forma, todos os entes estatais, em todas as esferas, podem exercer o poder de polícia, de acordo com as repartições de competência previstas em lei.

Para responder, tem que estudar: teoria/doutrina.

Gabarito: B

87. (PC/RJ/Delegado/2006) Através do exercício da polícia administrativa, o Estado pode limitar e condicionar o exercício dos direitos relativos à liberdade e à propriedade em nome do interesse público. Sobre a matéria, analise as afirmativas a seguir:

I. Todos os entes estatais são competentes para exercer o poder de polícia de acordo com suas áreas específicas de atuação.

II. Em regra, os atos relativos ao poder de polícia têm os atributos da imperatividade e da auto-executoriedade.

III. O Poder Judiciário não pode controlar os atos relativos ao exercício do poder de polícia.

Assinale a alternativa correta:

a) apenas as afirmativas I e II estão corretas.

b) apenas as afirmativas I e III estao corretas.

c) apenas as afirmativas II e III estão corretas.

d) as afirmativas I, II e III estão corretas.

e) todas as afirmativas estão erradas.

ANOTAÇÕES/COMENTÁRIOS

(I) O poder de polícia está previsto expressamente no artigo 78 do CTN. É a prerrogativa do poder público de, calcado na lei, definir parâmetros de uso e gozo dos direitos de liberdade e propriedade individuais, na busca do interesse público e bem-estar social. Poder de Polícia Originário é aquele exercido por órgãos e agentes da Administração DIRETA. Poder de Polícia Delegado é o poder que, mediante lei, foi repassado à pessoa jurídica da Administração INDIRETA, cuja competência deve ser restrita a execução de restrições já previstas em lei, jamais função inovadora. Doutrina e jurisprudência admitem a delegação aos particulares apenas dos atos materiais (instrumentais) de polícia.

(II) Imperatividade: significa obrigatoriedade e coercibilidade. É cabível nos atos em que há uma obrigação de fazer e de não fazer. Autoexecutoriedade: é a atuação independentemente do poder judiciário. Subdivide-se em exigibilidade, que significa que o Estado tem o poder de decidir sem o poder judiciário e executoriedade, que significa que o Estado tem o poder de executar sem a intervenção do Poder Judiciário.

(III) Vige no Brasil o SISTEMA DA JURISDIÇÃO ÚNICA (Sistema Inglês) (artigo 5º, XXXV, CF), de modo que toda decisão do Poder Público pode ser revista pelo Poder Judiciário. É possível apenas a análise de legalidade da decisão tomada, já o mérito só pode ser revisto pelo próprio Estado.

Para responder, tem que estudar: teoria/doutrina.

Gabarito: A

2

DIREITO CIVIL

1. DAS PESSOAS

1. **(Funcab/PC/RJ/Delegado/2012)** De acordo com o Código Civil, é correto afirmar:

   a) o preso não tem domicílio necessário.

   b) a personalidade civil da pessoa começa desde a concepção.

   c) são absolutamente incapazes de exercer pessoalmente os atos da vida civil os excepcionais, sem desenvolvimento mental completo.

   d) são incapazes, relativamente a certos atos, ou à maneira de os exercer os maiores de dezesseis e menores de vinte e um anos.

   e) pode ser declarada a morte presumida, sem decretação de ausência, se for extremamente provável a morte de quem estava em perigo de vida.

ANOTAÇÕES/COMENTÁRIOS

(a) O preso tem domicílio necessário, conforme o Art. 76 do CC.

(b) Considerando-se apenas a letra da lei (art. 2º, CC), o Código Civil de 2002 adota a teoria natalista, onde a personalidade civil da pessoa começa com o nascimento com vida.

(c) Atenção à alteração trazida pela Lei 13.146/2015 (Estatuto da Pessoa com Deficiência), que modificou os artigos relativos à incapacidade. Com a mudança legislativa, absolutamente incapazes, agora, só os menores de dezesseis anos, uma vez que os demais incisos do art. 3º do CC foram revogados.

(d) São relativamente incapazes os maiores de dezesseis e menores de dezoito anos, como apregoa o art. 4º, I do CC. Como dito na alternativa anterior, deve-se prestar atenção à alteração legislativa trazida pela Lei 13.146/2015 (Estatuto da Pessoa com Deficiência). O art. 4º sofreu modificações em seus incisos II e III, além do parágrafo único.

(e) Reproduz exatamente o que diz o art. 7º, I do CC.

Para responder, tem que estudar: lei.

Gabarito: E

2. **(Funcab/PC/RJ/Delegado/2012)** No que tange à disciplina dos direitos da personalidade no Código Civil, assinale a alternativa incorreta:

a) salvo por exigência médica, é defeso o ato de disposição do próprio corpo, quando importar diminuição permanente da integridade física, ou contrariar os bons costumes.

b) pode a pessoa ser constrangida a submeter-se, com risco de vida, a tratamento médico ou à intervenção cirúrgica.

c) o nome da pessoa não pode ser empregado por outrem em publicações ou representações que a exponham ao desprezo público, ainda quando não haja intenção difamatória.

d) salvo se autorizadas, ou se necessárias à administração da justiça ou à manutenção da ordem pública, a divulgação de escritos, a transmissão da palavra, ou a publicação, a exposição ou a utilização da imagem de uma pessoa poderão ser proibidas, a seu requerimento e sem prejuízo da indenização que couber, se lhe atingirem a honra, a boa fama ou a respeitabilidade, ou se se destinarem a fins comerciais.

e) a vida privada da pessoa natural é inviolável, e o juiz, a requerimento do interessado, adotará as providências necessárias para impedir ou fazer cessar ato contrário a esta norma.

ANOTAÇÕES/COMENTÁRIOS

(a) CC. Art. 13 – Salvo por exigência médica, é defeso o ato de disposição do próprio corpo, quando importar diminuição permanente da integridade física, ou contrariar os bons costumes.

(b) CC. Art. 15 – Ninguém pode ser constrangido a submeter-se, com risco de vida, a tratamento médico ou a intervenção cirúrgica.

(c) CC. Art. 17 – O nome da pessoa não pode ser empregado por outrem em publicações ou representações que a exponham ao desprezo público, ainda quando não haja intenção difamatória.

(d) CC. Art. 20 – Salvo se autorizadas, ou se necessárias à administração da justiça ou à manutenção da ordem pública, a divulgação de escritos, a transmissão da palavra, ou a publicação, a exposição ou a utilização da imagem de uma pessoa poderão ser proibidas, a seu requerimento e sem prejuízo da indenização que couber, se lhe atingirem a honra, a boa fama ou a respeitabilidade, ou se se destinarem a fins comerciais.

(e) CC. Art. 21 – A vida privada da pessoa natural é inviolável, e o juiz, a requerimento do interessado, adotará as providências necessárias para impedir ou fazer cessar ato contrário a esta norma.

Para responder, tem que estudar: lei.

Gabarito: B

3. **(PC/RJ/Delegado/2002)** Por ocasião da separação judicial de Antônio e Maria, ficou determinado pelo juiz que a guarda do filho do casal, Eduardo, então com 18 anos de idade, ficaria com o pai. Por considerar que o filho já tinha maturidade suficiente para dirigir sua pessoa e administrar seus bens, Antônio elaborou um instrumento particular de emancipação e o encaminhou para o registro competente, sem que a mãe do menor tivesse conhecimento. Na hipótese a emancipação:

   a) é válida, pois cabe prioritariamente ao pai emancipar o filho.
   b) é válida, pois o pai, por estar com a guarda do filho, detém a exclusividade do pátrio poder.
   c) é válida, pois qualquer dos pais pode emancipar o filho, independentemente da vontade do outro.
   d) não é válida, pois o pátrio poder deve ser exercido em igualdade de condições pelo pai e pela mãe.
   e) não é válida porque somente pode ser feita por instrumento público.

ANOTAÇÕES/COMENTÁRIOS

(a, b, c, e) Vide comentário abaixo.

(d) Questão formulada quando em vigor o CC/16. Com o CC/02, a maioridade passou a ser adquirida aos 18 anos e não mais aos 21 anos (CC. Art. 5º). E, no que se refere à emancipação voluntária, diz o inciso I do parágrafo único do art. 5º: "I – pela concessão dos pais, ou de um deles na falta do outro, mediante instrumento público, independentemente de homologação judicial, ou por sentença do juiz, ouvido o tutor, se o menor tiver dezesseis anos completos".

Para responder, tem que estudar: lei.

Gabarito: D

4. **(PC/RJ/Delegado/2002)** Irmãos são parentes:

   a) de terceiro grau na linha reta.
   b) de terceiro grau na linha colateral.
   c) de primeiro grau na linha reta.

d) de primeiro grau na linha colateral.

e) de segundo grau na linha colateral.

ANOTAÇÕES/COMENTÁRIOS

(a, b, c, d) Vide comentário abaixo.

(e) Questão formulada quando em vigor o CC/16. A resposta correta seria a de letra E. CC/02. Art. 1.592. "São parentes em linha colateral ou transversal, até o quarto grau, as pessoas provenientes de um só tronco, sem descenderem uma da outra". CC/02. Art. 1.594. "Contam-se, na linha reta, os graus de parentesco pelo número de gerações, e, na colateral, também pelo número delas, subindo de um dos parentes até ao ascendente comum, e descendo até encontrar o outro parente".

Para responder, tem que estudar: lei.

Gabarito: E

5. **(PC/RJ/Delegado/2002)** Os silvícolas, no direito brasileiro:

a) são sempre considerados absolutamente incapazes.

b) são considerados absolutamente incapazes, quando não tiverem condições de dirigir sua pessoa e administrar seus bens.

c) são considerados relativamente incapazes, quando não tiverem condições de dirigir sua pessoa e administrar seus bens.

d) não possuem personalidade jurídica, se não registrados.

e) não possuem capacidade de fato, se não registrados.

ANOTAÇÕES/COMENTÁRIOS

(a, b, d, e) Vide comentário abaixo.

(c) Questão formulada quando em vigor o CC/16. A resposta correta seria a de letra C. Quem falava em silvícolas era o CC/16, não sendo mais utilizado o mesmo termo pelo CC/02. Cumpre dizer que o art. 4º e seu parágrafo único do CC/02 sofreram alterações por conta da Lei 13.146/05 (Estatuto da Pessoa com Deficiência).

Para responder, tem que estudar: lei.

Gabarito: C

6. **(PC/RJ/Delegado/2002)** A regra, no direito brasileiro, é que o nome civil:

a) somente pode ser alterado na hipótese de erro gráfico.

b) somente pode ser alterado na hipótese de expor seu titular ao ridículo ou a constrangimento.
c) não pode ser alterado em hipótese alguma.
d) de regra não pode ser alterado, exceto quando a lei o autoriza.
e) pode ser alterado em qualquer hipótese, tratando-se de um direito potestativo do titular.

ANOTAÇÕES/COMENTÁRIOS

(a, b, c, e) Vide comentário abaixo.

(d) Questão formulada quando em vigor o CC/16. A resposta correta é a de letra D, pois o nome, como direito da personalidade, é regido pela regra da sua inalterabilidade relativa, objetivando a proteção da pessoa humana. Desse modo, o nome civil pode ser alterado em situações excepcionais previstas em lei ou quando há decisão judicial que assim o determine.

Para responder, tem que estudar: teoria/doutrina.

Gabarito: D

7. (PC/RJ/Delegado/2006) Cessa para os menores a incapacidade nas seguintes hipóteses, exceto:

a) pela concessão dos pais, ou de um deles na falta do outro, mediante instrumento particular, independentemente de homologação judicial.
b) pelo casamento.
c) pelo exercício de emprego público efetivo.
d) pela colação de grau em curso de ensino superior.
e) pelo estabelecimento civil ou comercial, ou pela existência de relação de emprego, desde que, em função deles, o menor com dezesseis anos completos tenha economia própria.

ANOTAÇÕES/COMENTÁRIOS

(a) CC. Art. 5º. "A menoridade cessa aos dezoito anos completos, quando a pessoa fica habilitada à prática de todos os atos da vida civil. Parágrafo único. Cessará, para os menores, a incapacidade: I – pela concessão dos pais, ou de um deles na falta do outro, mediante instrumento PÚBLICO, independentemente de homologação judicial, ou por sentença do juiz, ouvido o tutor, se o menor tiver dezesseis anos completos".

(b) CC. Art. 5º. "A menoridade cessa aos dezoito anos completos, quando a pessoa fica habilitada à prática de todos os atos da vida civil. Parágrafo único. Cessará, para os menores, a incapacidade: (...) II – pelo casamento".

(c) CC. Art. 5º. "A menoridade cessa aos dezoito anos completos, quando a pessoa fica habilitada à prática de todos os atos da vida civil. Parágrafo único. Cessará, para os menores, a incapacidade: (...) III – pelo exercício de emprego público efetivo".

(d) CC. Art. 5º. "A menoridade cessa aos dezoito anos completos, quando a pessoa fica habilitada à prática de todos os atos da vida civil. Parágrafo único. Cessará, para os menores, a incapacidade: (...) IV – pela colação de grau em curso de ensino superior".

(e) CC. Art. 5º. "A menoridade cessa aos dezoito anos completos, quando a pessoa fica habilitada à prática de todos os atos da vida civil. Parágrafo único. Cessará, para os menores, a incapacidade: (...) V – pelo estabelecimento civil ou comercial, ou pela existência de relação de emprego, desde que, em função deles, o menor com dezesseis anos completos tenha economia própria".

Para responder, tem que estudar: lei.

Gabarito: A

2. DOS FATOS JURÍDICOS

8. (Ceperj/PC/RJ/Delegado/2009) Ao ver que sua embarcação naufragava, Mévio, avistando Caio em outro barco, prometeu-lhe quantia vultosa para que ele o salvasse. Analisando a questão proposta, responda qual é a afirmativa correta:

a) trata-se do defeito do negócio jurídico denominado lesão, pois, no caso em apreço, uma pessoa, sob premente necessidade, se obriga a prestação manifestamente desproporcional ao valor da prestação oposta.

b) trata-se do defeito do negócio jurídico denominado coação, pois, no caso em apreço, uma pessoa sob fundado temor de dano iminente e considerável à sua pessoa, emite declaração de vontade.

c) trata-se do defeito do negócio jurídico denominado estado de perigo, pois, no caso em apreço, alguém premido da necessidade de salvar-se de grave dano conhecido pela outra parte, assume obrigação excessivamente onerosa.

d) trata-se do defeito do negócio jurídico denominado onerosidade excessiva, pois, no caso em apreço, uma pessoa assume obrigação excessivamente onerosa, com extrema vantagem para a outra pessoa.

e) no caso em apreço, pode-se afirmar que não estão presentes os defeitos do negócio jurídico disciplinados pelo Código Civil.

ANOTAÇÕES/COMENTÁRIOS

(a) Esta alternativa reproduz o artigo 157 do CC, não sendo a opção correta, pois a lesão ocorre quando há exagerada desproporção entre as prestações existentes, isto é, uma das partes obrigadas obtém lucro desproporcional, aproveitando-se da falta de malícia ou da situação de necessidade do outro contratante.

(b) Esta alternativa reproduz o artigo 151 do CC, não sendo a opção correta, pois a coação ocorre quando uma das partes contratantes sofre intimidação moral para que pratique o ato.

(c) Esta alternativa reproduz o artigo 156 do CC, sendo a opção correta, pois o estado de perigo ocorre quando o agente, diante de perigo iminente, não causado pela outra parte e conhecido por ela, assume obrigação excessivamente onerosa, que normalmente não assumiria, para salvar a si ou a algum ente ao qual seja ligado por laço afetivo.

(d) A onerosidade excessiva não é um defeito do negócio jurídico, mas sim uma forma de extinção contratual prevista no artigo 478 do CC.

(e) Esta resposta não está correta, pois está presente o defeito do negócio jurídico chamado estado de perigo, previsto no artigo 156 do CC.

Para responder, tem que estudar: lei.

Gabarito: C

9. **(Ceperj/PC/RJ/Delegado/2009)** No Código Civil de 2002, a simulação é considerada hipótese de nulidade, não sendo mais disciplinada entre as causas de anulação dos negócios, conforme estabelecia o Código Civil anterior. Assim, é correto afirmar que:

   a) assim como no regime anterior, o Código Civil de 2002 prevê expressamente que a simulação inocente não gera a invalidade.
   b) haverá simulação nos negócios jurídicos quando aparentarem conferir ou transmitir direitos a pessoas diversas daquelas às quais realmente se conferem, ou transmitem, quando contiverem declaração, confissão, condição ou cláusula não verdadeira ou, ainda, quando os instrumentos particulares forem antedatados ou pós-datados.
   c) na simulação, bem como na reserva mental, o declarante manifesta vontade para a realização de negócio que não deseja, mas sem o conhecimento da outra parte.
   d) para a caracterização da simulação maliciosa, exige-se a intenção de prejudicar e o efetivo prejuízo de terceiro.
   e) é nulo o negócio jurídico simulado e não subsistirá o que se dissimulou, mesmo se válido for na substância e na forma.

ANOTAÇÕES/COMENTÁRIOS

(a) O Código Civil de 2002 não prevê a distinção entre simulação maliciosa e inocente, tratando de ambas em seu artigo 167, sendo elas, portanto, causa de nulidade.

(b) Resposta correta, reproduzindo as hipóteses elencadas no artigo 167, § 1º do CC.

(c) A reserva mental, prevista no artigo 110 do CC, ocorre quando um dos agentes emite declaração de vontade, mas guarda para si o verdadeiro intento de não cumprir o que está declarando, podendo a outra parte conhecer ou não da reserva mental. Em caso positivo, poderá existir a simulação, sendo o negócio jurídico nulo de pleno direito, conforme o artigo 167, CC.

(d) O erro da assertiva encontra-se em exigir o efetivo prejuízo de terceiro, bastando o intento de prejudicar outrem.

(e) CC. Art. 167. É nulo o negócio jurídico simulado, MAS subsistirá o que se dissimulou, se válido for na substância e na forma.

Para responder, tem que estudar: lei.

Gabarito: B

---

10. (PC/RJ/Delegado/2006) São corretas as seguintes afirmativas quanto à prescrição, exceto:

a) a prescrição ocorre em dez anos, quando a lei não lhe haja fixado prazo menor.

b) o despacho do juiz, mesmo incompetente, que ordena a citação promovida pelo interessado no prazo e na forma da lei processual interrompe a prescrição.

c) a prescrição pode ser interrompida por qualquer interessado.

d) o juiz não pode suprir, de ofício, a alegação de prescrição, salvo se favorecer pessoa absolutamente incapaz.

e) os prazos de prescrição não podem ser alterados por acordo das partes.

ANOTAÇÕES/COMENTÁRIOS

(a) CC. Art. 205. "A prescrição ocorre em dez anos, quando a lei não lhe haja fixado prazo menor".

(b) CC. Art. 202. "A interrupção da prescrição, que somente poderá ocorrer uma vez, dar-se-á: I – por despacho do juiz, mesmo incompetente, que ordenar a citação, se o interessado a promover no prazo e na forma da lei processual".

(c) CC. Art. 203. "A prescrição pode ser interrompida por qualquer interessado".

(d) O art. 194, CC, foi revogado pela Lei 11.280/06.

(e) CC. Art. 192. "Os prazos de prescrição não podem ser alterados por acordo das partes".

Para responder, tem que estudar: lei.

Gabarito: D

3. DO DIREITO DAS OBRIGAÇÕES

11. (PC/RJ/Delegado/2006) Com relação à teoria geral dos contratos, é correto afirmar:

a) o contrato sobre herança de pessoa viva somente produz efeitos a partir da morte do "de cujus".

b) a boa-fé objetiva serve para distinguir o contratante que descumpre sua obrigação com dolo daquele que descumpre sem intenção.

c) vige no direito brasileiro o princípio "pacta sunt servanda", não se admitindo, em hipótese alguma, a revisão judicial do contrato.

d) a proteção contra os vícios redibitórios somente se aplica aos contratos gratuitos.

e) o distrato deve ser feito da mesma forma que é exigida para o contrato.

ANOTAÇÕES/COMENTÁRIOS

(a) O CC é muito claro em seu art. 426 ao dizer que a herança de pessoa viva não pode ser objeto contratual.

(b) A assertiva está se referindo à boa-fé subjetiva. A boa-fé objetiva é aquela que exige lealdade das partes durante toda a vigência do contrato, é a exigência da boa conduta dos contratantes, conforme o art. 422, CC.

(c) O "pacta sunt servanda" era admitido durante a vigência do CC/16. Com a entrada em vigor do CC/02, esse princípio foi superado, passando a ser possível a revisão judicial do contrato, de acordo com o art. 317, CC.

(d) De acordo com o art. 441, CC, a proteção contra os vícios redibitórios aplica-se aos contratos comutativos, não sendo, portanto, um elemento natural dos contratos gratuitos. Entretanto, é permitido que as partes contratantes estipulem tal garantia, caso queiram.

(e) Esta alternativa traz a reprodução praticamente literal do que prevê o art. 472, CC.

Para responder, tem que estudar: lei.

Gabarito: E

12. (PC/RJ/Delegado/2006) Com relação à interpretação dos contratos, não é correto afirmar que:

a) os contratos devem ser interpretados conforme a boa-fé objetiva.

b) nos contratos de adesão, as cláusulas ambíguas ou contraditórias devem ser interpretadas a favor do aderente.

c) os contratos onerosos devem ser interpretados restritivamente.
d) nas declarações de vontade, deve-se atender mais à intenção nelas consubstanciada do que ao sentido literal da linguagem.
e) o silêncio importa anuência, quando as circunstâncias ou os usos o autorizarem, e não for necessária a declaração de vontade expressa.

ANOTAÇÕES/COMENTÁRIOS

(a) Os contratos devem ser interpretados conforme a boa-fé objetiva, de acordo com o art. 422, CC.

(b) CC. Art. 423. "Quando houver no contrato de adesão cláusulas ambíguas ou contraditórias, dever-se-á adotar a interpretação mais favorável ao aderente".

(c) Os contratos que devem ser interpretados restritivamente, conforme o art. 114, CC, são os benéficos/gratuitos.

(d) CC. Art. 112. "Nas declarações de vontade se atenderá mais à intenção nelas consubstanciada do que ao sentido literal da linguagem".

(e) CC. Art. 111. "O silêncio importa anuência, quando as circunstâncias ou os usos o autorizarem, e não for necessária a declaração de vontade expressa".

Para responder, tem que estudar: lei.

Gabarito: C

13. (Ceperj/PC/RJ/Delegado/2009) Assinale a alternativa correta, se houver:

a) na obrigação de dar coisa certa o devedor sempre responde pelo perecimento da coisa antes da tradição.
b) a obrigação de dar coisa certa engloba os acessórios da coisa ainda que não mencionados, salvo se o contrário resultar do título ou das circunstâncias do caso.
c) na obrigação de restituir coisa certa, o credor está obrigado a receber a coisa de volta, ainda que deteriorada por culpa do devedor sem direito a indenização em razão da regra "res perit domino"
d) a obrigação é indivisível em existindo pluralidade de devedores e somente quando a coisa não for suscetível de divisão cômoda.
e) nenhuma das alternativas acima.

ANOTAÇÕES/COMENTÁRIOS

(a) CC. Art. 234. "Se, no caso do artigo antecedente, a coisa se perder, sem culpa do devedor, antes da tradição, ou pendente a condição suspensiva, fica resolvida a obrigação para ambas as partes; se a perda resultar de culpa do devedor, responderá este pelo equivalente e mais perdas e danos".

(b) CC. Art. 233. "A obrigação de dar coisa certa abrange os acessórios dela embora não mencionados, salvo se o contrário resultar do título ou das circunstâncias do caso".

(c) CC. Art. 240. "Se a coisa restituível se deteriorar sem culpa do devedor, recebê-la-á o credor, tal qual se ache, sem direito a indenização; se por culpa do devedor, observar-se-á o disposto no art. 239". CC. Art. 239. "Se a coisa se perder por culpa do devedor, responderá este pelo equivalente, mais perdas e danos".

(d) CC. Art. 258. "A obrigação é indivisível quando a prestação tem por objeto uma coisa ou um fato não suscetíveis de divisão, por sua natureza, por motivo de ordem econômica, ou dada a razão determinante do negócio jurídico".

(e) Incorreta, pois a alternativa B está correta.

Para responder, tem que estudar: lei.

Gabarito: B

14. (Funcab/PC/RJ/Delegado/2012) É modalidade de extinção direta de dívida pecuniária:

a) pagamento.
b) dação em pagamento.
c) confusão.
d) compensação.
e) novação.

ANOTAÇÕES/COMENTÁRIOS

(a) O pagamento é a modalidade de extinção direta de dívida pecuniária, onde ele é a realização pontual da prestação pelo devedor, satisfazendo, assim, os interesses do credor de forma direta. As demais formas, tidas como indiretas, nada mais são que qualquer outra modalidade que possa ser utilizada para extinguir dívida pecuniária, ainda que de modo forçado, seja pela conversão em perdas e danos, pela impossibilidade da prestação, etc.

(b, c, d, e) Vide comentário acima.

Para responder, tem que estudar: teoria/doutrina.

Gabarito: A

15. (Ceperj/PC/RJ/Delegado/2009) Quanto ao contrato de compra e venda, é incorreto afirmar que:

a) a compra e venda pode ter por objeto coisa atual ou futura.

b) ineficaz é o contrato de compra e venda, quando se deixa ao arbítrio exclusivo de uma das partes a fixação do preço.
c) até o momento da tradição, os riscos da coisa correm por conta do vendedor e os do preço por conta do comprador.
d) é anulável a venda de ascendente a descendente, salvo se os outros descendentes e o cônjuge do alienante expressamente houverem consentido.
e) é lícita a compra e venda entre cônjuges, com relação a bens excluídos da comunhão.

ANOTAÇÕES/COMENTÁRIOS

(a) CC. Art. 483. "A compra e venda pode ter por objeto coisa atual ou futura. Neste caso, ficará sem efeito o contrato se esta não vier a existir, salvo se a intenção das partes era de concluir contrato aleatório".

(b) CC. Art. 489. "NULO é o contrato de compra e venda, quando se deixa ao arbítrio exclusivo de uma das partes a fixação do preço".

(c) CC. Art. 492. "Até o momento da tradição, os riscos da coisa correm por conta do vendedor, e os do preço por conta do comprador".

(d) CC. Art. 496. "É anulável a venda de ascendente a descendente, salvo se os outros descendentes e o cônjuge do alienante expressamente houverem consentido".

(e) CC. Art. 499. "É lícita a compra e venda entre cônjuges, com relação a bens excluídos da comunhão".

Para responder, tem que estudar: lei.

Gabarito: B

16. (Funcab/PC/RJ/Delegado/2012) Em 11 de janeiro de 2010, Caio celebrou contrato de seguro de vida com a Seguradora Boa Passagem S.A. Em 2 de fevereiro de 2012, Caio, desgostoso da vida, lança-se do alto de um edifício e vem a falecer. Sua mulher, Isabela, beneficiária do seguro, procura a Seguradora, que afirma que não pagará o seguro porque o contrato continha cláusula excluindo o pagamento em caso de suicídio. À luz da disciplina do seguro de vida no Código Civil, é correto afirmar:

a) Isabela não tem direito ao recebimento do seguro porque prevalece, neste particular, a autonomia das partes.
b) Isabela não tem direito ao recebimento do seguro porque o pagamento do seguro de vida não é devido em casos de morte voluntária (suicídio).
c) Isabela não tem direito ao pagamento do seguro porque o suicídio ocorreu nos primeiros três anos de vigência do contrato.

d) Isabela tem direito ao recebimento do seguro porque a cláusula que afasta o pagamento do seguro de vida em caso de suicídio é nula, ressalvada a hipótese de suicídio ocorrido nos primeiros dois anos de vigência inicial do contrato, ou da sua recondução depois de suspenso.

e) Isabela tem direito ao recebimento do seguro porque a cláusula que afasta o pagamento do seguro de vida em caso de suicídio é anulável, desde que o beneficiário proponha ação anulatória até dois anos após a data do suicídio.

ANOTAÇÕES/COMENTÁRIOS

(a, b, c, e) Vide comentário abaixo.

(d) CC, Art. 798. "O beneficiário não tem direito ao capital estipulado quando o segurado se suicida nos primeiros dois anos de vigência inicial do contrato, ou da sua recondução depois de suspenso, observado o disposto no parágrafo único do artigo antecedente. Parágrafo único. Ressalvada a hipótese prevista neste artigo, é NULA a cláusula contratual que exclui o pagamento do capital por suicídio do segurado". À época desta prova, discutia-se acerca da premeditação. Se a morte não tivesse sido premeditada, independentemente do prazo objetivo, o seguro deveria ser pago, pois dessa forma entendiam os Tribunais Superiores. Ocorre que este entendimento foi superado, e hoje é pacífica a adoção única do critério objetivo trazido pelo artigo 798, não se questionando premeditação ou não. Inclusive, há Súmula recente do STJ consolidando tal entendimento: Súmula 610 do STJ: "O suicídio não é coberto nos dois primeiros anos de vigência do contrato de seguro de vida, ressalvado o direito do beneficiário à devolução do montante da reserva técnica formada".

Para responder, tem que estudar: lei e súmula.

Gabarito: D

17. (Ceperj/PC/RJ/Delegado/2009) Considere as seguintes afirmações sobre responsabilidade civil e indique a assertiva incorreta:

a) o incapaz responde pelos prejuízos que causar, exceto se ficar privado do necessário, assim como as pessoas que dele dependem.

b) são também responsáveis pela reparação civil os que gratuitamente houverem participado nos produtos do crime, até a concorrente quantia.

c) a indenização por injúria, difamação ou calúnia consistirá na reparação do dano que delas resulte ao ofendido.

d) súmula do Superior Tribunal de Justiça adota entendimento de que não é possível a cumulação das indenizações de dano estético e dano moral.

e) a responsabilidade civil é independente da criminal, não se podendo questionar mais sobre a existência do fato, ou sobre quem seja seu autor, quando estas questões se acharem decididas no juízo criminal.

ANOTAÇÕES/COMENTÁRIOS

(a) CC. Art. 928. "O incapaz responde pelos prejuízos que causar, se as pessoas por ele responsáveis não tiverem obrigação de fazê-lo ou não dispuserem de meios suficientes. Parágrafo único. A indenização prevista neste artigo, que deverá ser eqüitativa, não terá lugar se privar do necessário o incapaz ou as pessoas que dele dependem".

(b) CC. Art. 932. "São também responsáveis pela reparação civil: (...) V – os que gratuitamente houverem participado nos produtos do crime, até a concorrente quantia".

(c) CC. Art. 953. "A indenização por injúria, difamação ou calúnia consistirá na reparação do dano que delas resulte ao ofendido".

(d) STJ, Súmula 387. "É lícita a cumulação das indenizações de dano estético e dano moral".

(e) CC. Art. 935. "A responsabilidade civil é independente da criminal, não se podendo questionar mais sobre a existência do fato, ou sobre quem seja o seu autor, quando estas questões se acharem decididas no juízo criminal".

Para responder, tem que estudar: lei e súmula.

Gabarito: D

18. (PC/RJ/Delegado/2002) Adriano vendeu um aparelho de fax para Liliane pelo preço correspondente a quatrocentos reais, a serem pagos em oito parcelas fixas de cinquenta reais. Foi convencionado que o aparelho seria entregue cinco dias após a celebração do contrato. Pode-se afirmar que a propriedade do bem:

a) somente será transmitida por ocasião do pagamento integral do preço.
b) somente será transmitida no momento da entrega do aparelho ao comprador.
c) está transmitida desde a celebração do contrato.
d) somente será transmitida quando ao menos a metade do preço tiver sido pago.
e) será transmitida por ocasião do pagamento da primeira parcela, eis que neste momento é que se considera perfeito o contrato.

ANOTAÇÕES/COMENTÁRIOS

(a, c, d, e) Vide comentário abaixo.

(b) Questão formulada quando em vigor o CC/16. A resposta correta seria a de letra B. CC/02. Art. 493. "A tradição da coisa vendida, na falta de estipulação expressa, dar-se-á no lugar onde ela se encontrava, ao tempo da venda".

Para responder, tem que estudar: lei.

Gabarito: B

19. (PC/RJ/Delegado/2002) A responsabilidade civil decorrente do fato do serviço, nas relações de consumo, é:

a) de regra objetiva.

b) sempre subjetiva.

c) de regra subjetiva, podendo ser objetiva quando a lei expressamente dispõe neste sentido.

d) subjetiva, porém com culpa presumida.

e) subjetiva ou objetiva, conforme entendimento do juiz.

ANOTAÇÕES/COMENTÁRIOS

(a) Questão formulada quando em vigor o CC/16. A resposta correta seria a de letra A. CDC. Art. 14. "O fornecedor de serviços responde, independentemente da existência de culpa, pela reparação dos danos causados aos consumidores por defeitos relativos à prestação dos serviços, bem como por informações insuficientes ou inadequadas sobre sua fruição e riscos".

(b, c, d, e) Vide comentário acima.

Para responder, tem que estudar: lei.

Gabarito: A

20. (PC/RJ/Delegado/2002) O contrato de compra e venda celebrado sob a égide do Código Civil de 1916, cujo pagamento deva ser feito na vigência do novo Código Civil, deverá ser regido:

a) somente pelo novo Código Civil.

b) somente pelo Código Civil de 1916.

c) pelo Código Civil de 1916, até o início da vigência do Novo Código Civil, momento a partir do qual será regido por este Estatuto Legal.

d) pelo Novo Código Civil, apenas nos aspectos pertinentes ao pagamento, permanecendo aplicável, no resto, o Código Civil de 1916.

e) pelo novo Código Civil apenas nos aspectos processuais.

ANOTAÇÕES/COMENTÁRIOS

(a, c, d, e) Vide comentário abaixo.

(b) Questão formulada quando em vigor o CC/16. CC/02, art. 2.035. A validade dos negócios e demais atos jurídicos, constituídos antes da entrada em vigor deste Código, obedece ao disposto nas leis anteriores, referidas no art. 2.045, mas os seus efeitos, produzidos após a vigência deste Código, aos preceitos dele se subordinam, salvo se houver sido prevista pelas partes determinada forma de execução". No que se refere ao aspecto de sua validade, o CC/02 não poderá atingir negócios celebrados antes da sua vigência. Porém, quanto à sua eficácia, caso esta ultrapasse o âmbito temporal de vigência do novo código, será por este regido.

Para responder, tem que estudar: lei.

Gabarito: B

21. (PC/RJ/Delegado/2002) Após receber em doação um imóvel de Cláudio, Tício, de forma ingrata, atentou contra a vida do doador. É correto afirmar, neste caso, que:

a) Cláudio pode requerer judicialmente a revogação da doação, sendo o prazo de que dispõe para este fim de natureza decadencial.
b) Cláudio pode requerer judicialmente a anulação da doação, sendo o prazo de que dispõe para este fim de natureza decadencial.
c) Cláudio pode requerer extrajudicialmente a revogação da doação, sendo o prazo de que dispõe para este fim de natureza prescricional.
d) Cláudio pode requerer judicialmente a revogação da doação, inexistindo prazo para este fim.
e) Cláudio não pode requerer nem a revogação nem a anulação da doação.

ANOTAÇÕES/COMENTÁRIOS

(a) Questão formulada quando em vigor o CC/16. A resposta correta é letra A. CC/02. Art. 557. "Podem ser revogadas por ingratidão as doações: I – se o donatário atentou contra a vida do doador ou cometeu crime de homicídio doloso contra ele"; e CC/02. Art. 559. "A revogação por qualquer desses motivos deverá ser pleiteada dentro de um ano, a contar de quando chegue ao conhecimento do doador o fato que a autorizar, e de ter sido o donatário o seu autor".

(b, c, d, e) Vide comentário acima.

Para responder, tem que estudar: lei.

Gabarito: A

22. (PC/RJ/Delegado/2002) O comodatário, no direito brasileiro, é:

a) mero detentor do bem comodado.
b) possuidor indireto do bem comodado.
c) possuidor direto do bem comodado.
d) equivalente, em direitos e deveres sobre o bem comodado, ao usufrutuário.
e) depositário do bem comodado.

ANOTAÇÕES/COMENTÁRIOS

(a, b, d, e) Vide comentário abaixo.

(c) Questão formulada quando em vigor o CC/16. De acordo com a doutrina, no contrato de comodato, o comodante se mantém com a propriedade da coisa, mas transfere provisoriamente a posse direta da coisa para o comodatário.

Para responder, tem que estudar: teoria/doutrina.

Gabarito: C

23. (PC/RJ/Delegado/2006) Ao celebrar com Pedro contrato de compra e venda de certo imóvel, João, casado em regime de comunhão universal de bens, compromete-se expressamente a obter, em momento posterior, a outorga uxória de Maria. Ocorre, entretanto, que Maria se nega a concordar com a venda e pleiteia em juízo a anulação do contrato. Deste modo, Pedro promove ação de indenização por perdas e danos contra João, em virtude do descumprimento de sua promessa de obter a anuência da mulher. A correta solução do caso seria:

a) anular a venda, assegurando a Pedro o direito de ser indenizado por João.
b) anular a venda, negando a Pedro o direito de ser indenizado por João.
c) manter a venda, impondo a João o dever de indenizar Maria.
d) manter a venda, impondo a Pedro o dever de indenizar Maria.
e) manter a venda, sem que qualquer dos envolvidos tenha direito à indenização.

ANOTAÇÕES/COMENTÁRIOS

(a, c, d, e) Vide comentário abaixo.

(b) A solução seria anular o contrato de compra e venda, pois não se pode alienar bem imóvel sem o consentimento do outro cônjuge, a não ser que casados em regime de separação absoluta de bens, conforme o art. 1.647, I, CC. Ademais, Pedro não tem o direito de ser indenizado por João, por força do parágrafo único do art. 439, CC.

Para responder, tem que estudar: lei.

Gabarito: B

24. (PC/RJ/Delegado/2006) Avalie as afirmações a seguir, a respeito da relação entre responsabilidade criminal e civil:

I. Diante de decisão penal condenatória, transitada em julgado, não é mais possível questionar sobre a existência do fato ou sobre quem seja seu autor perante o juízo cível.

II. Diante de decisão penal absolutória, transitada em julgado, não é mais possível propor a ação indenizatória em face do réu perante o juízo cível.

III. Diante de decisão penal absolutória, transitada em julgado, que reconheceu a ausência de provas quanto à autoria do crime, não é mais possível propor a ação indenizatória em face do réu perante o juízo cível.

Assinale a alternativa correta:

a) apenas a afirmativa I está correta.
b) apenas a afirmativa II está correta.
c) apenas as afirmativas I e II estão corretas.
d) apenas as afirmativas II e III estão corretas.
e) todas as afirmativas estão corretas.

ANOTAÇÕES/COMENTÁRIOS

(I) Conforme o art. 935, CC, que diz: A responsabilidade civil é independente da criminal, não se podendo questionar mais sobre a existência do fato, ou sobre quem seja o seu autor, quando estas questões se acharem decididas no juízo criminal.

(II, III) Conforme o dispositivo acima mencionado, nem toda decisão na esfera penal fará coisa julgada na cível, somente aquelas em que o juiz penal definiu se o fato existiu ou não, se determinou ou afastou a autoria em relação à pessoa específica ou se a conduta fora considerada lícita ou ilícita. Em não fazendo coisa julgada na esfera cível, a questão indenizatória ainda pode ser tratada mesmo assim, pois se pode estar diante de um ato ilícito. Cumpre dizer que, no caso da sentença penal absolutória por ausência de provas, essas podem vir a ser apresentadas na esfera cível.

Para responder, tem que estudar: lei.

Gabarito: A

25. (UFRJ/PC/RJ/Delegado/2001) Eduardo, quatorze anos de idade, filho de pais divorciados, estando sob a guarda de sua mãe, foge do colégio durante o período do recreio e, na companhia de dois outros estudantes, lança uma pedra contra um coletivo, provocando a quebra do vidro da janela e atingindo gravemente um passageiro. Pode-se afirmar, nesse caso, que:

a) apenas a mãe tem responsabilidade civil pelo dano causado.
b) apenas o pai tem responsabilidade civil pelo dano causado.
c) o pai e a mãe têm responsabilidade solidária pelo dano causado.
d) nem o pai nem a mãe podem ser responsabilizados pelo dano causado.
e) o pai e a mãe têm responsabilidade civil pelo dano causado, sendo que em proporções diferentes, já que a guarda era da mãe.

ANOTAÇÕES/COMENTÁRIOS

(a, b, c, e) Ver justificativa da assertiva “d”.

(d) De início, cabe salientar que o adolescente responde por ato infracional. Além disso, os pais não respondem civilmente, pois o adolescente não estava sob sua autoridade e em sua companhia, conforme preceitua o artigo 932, inc. I do CC.

Para responder, tem que estudar: lei.

Gabarito: D

26. (UFRJ/PC/RJ/Delegado/2001) Adriano alugou para Cláudio um computador e uma impressora de propriedade de Lívia, que se encontravam em seu poder em decorrência de um contrato de comodato. Ao término do prazo pactuado para a locação, Adriano notificou Cláudio para que restituísse os aparelhos, tendo Cláudio se recusado a devolver sob o argumento de que Adriano não era o proprietário do bem. Pode-se afirmar que:

a) assiste razão a Cláudio, pois os bens somente devem ser restituídos à proprietária.
b) Adriano somente poderá reaver os bens se estiver em companhia de Lívia.
c) Cláudio está descumprindo sem justificativa a obrigação contratual de restituir o bem locado.
d) Adriano tem o direito de, sozinho, reaver o bem através da força física.
e) Adriano tem o direito de, na companhia de Lívia, reaver o bem através da força física.

ANOTAÇÕES/COMENTÁRIOS

(a, b, d, e) Ver justificativa da assertiva "c".

(c) Comodato é o empréstimo gratuito de coisas não fungíveis. Perfaz com a tradição do objeto (arts. 579/585). Adriano tinha a posse legítima do bem e poderia locar o mesmo se essa possibilidade estivesse prevista no contrato de comodato. Dessa forma, o Cláudio tinha que devolver o bem para Adriano, devido o contrato feito entre ambos. Além disso, Adriano poderia reaver o bem sem a necessidade de estar na companhia de Lívia. Ele não poderia reaver o bem através da força física, devendo ingressar judicialmente para reaver o bem.

Para responder, tem que estudar: lei.

Gabarito: C

4. DO DIREITO DAS COISAS

27. (Funcab/PC/RJ/Delegado/2012) No tocante à posse no Código Civil, é correto afirmar:

a) o possuidor de boa-fé responde pela perda ou deterioração da coisa, a que não der causa.

b) o possuidor turbado, ou esbulhado, poderá manter-se ou restituir-se por sua própria força, contanto que o faça logo; os atos de defesa ou de desforço, podem ir além do indispensável à manutenção ou restituição da posse.

c) se duas ou mais pessoas possuírem coisa indivisa, poderá cada uma exercer sobre ela atos possessórios, excluindo os dos outros compossuidores.

d) a posse direta, de pessoa que tem a coisa em seu poder, temporariamente, em virtude de direito pessoal, ou real, não anula a indireta, de quem aquela foi havida, podendo o possuidor direto defender a sua posse contra o indireto.

e) não induzem posse os atos de mera permissão ou tolerância assim como não autorizam a sua aquisição os atos violentos, ou clandestinos, mesmo depois de cessar a violência ou a clandestinidade.

ANOTAÇÕES/COMENTÁRIOS

(a) CC. Art. 1.217. "O possuidor de boa-fé não responde pela perda ou deterioração da coisa, a que não der causa".

(b) CC. Art. 1.210. "O possuidor tem direito a ser mantido na posse em caso de turbação, restituído no de esbulho, e segurado de violência iminente, se tiver justo receio de ser molestado. § 1º. O possuidor turbado, ou esbulhado, poderá manter-se ou restituir-se por sua própria força, contanto que o faça logo; os atos de defesa, ou de desforço, não podem ir além do indispensável à manutenção, ou restituição da posse".

(c) CC. Art. 1.199. "Se duas ou mais pessoas possuírem coisa indivisa, poderá cada uma exercer sobre ela atos possessórios, contanto que não excluam os dos outros compossuidores".

(d) CC. Art. 1.197. "A posse direta, de pessoa que tem a coisa em seu poder, temporariamente, em virtude de direito pessoal, ou real, não anula a indireta, de quem aquela foi havida, podendo o possuidor direto defender a sua posse contra o indireto".

(e) CC. Art. 1.208. "Não induzem posse os atos de mera permissão ou tolerância assim como não autorizam a sua aquisição os atos violentos, ou clandestinos, senão depois de cessar a violência ou a clandestinidade".

Para responder, tem que estudar: lei.

Gabarito: D

28. (Ceperj/PC/RJ/Delegado/2009) Assinale a alternativa correta, se houver:

a) ao possuidor de má-fé é deferido o direito ao recebimento das despesas que realizou para produção e custeio dos bens no objeto possuído.

b) o possuidor de má-fé tem direito de retenção, mas somente quanto às benfeitorias necessárias.

c) em matéria de proteção possessória, o CC/02 manteve a exceção de domínio.

d) o possuidor de boa-fé, em razão dela, tem direito de retenção por toda e qualquer benfeitoria que tenha introduzido na coisa.

e) nenhuma das respostas acima.

ANOTAÇÕES/COMENTÁRIOS

(a) CC. Art. 1.216. "O possuidor de má-fé responde por todos os frutos colhidos e percebidos, bem como pelos que, por culpa sua, deixou de perceber, desde o momento em que se constituiu de má-fé; TEM DIREITO ÀS DESPESAS DA PRODUÇÃO E CUSTEIO" (destacamos).

(b) CC. Art. 1.220. "Ao possuidor de má-fé serão ressarcidas somente as benfeitorias necessárias; não LHE ASSISTE O DIREITO DE RETENÇÃO PELA IMPORTÂNCIA DESTAS, nem o de levantar as voluptuárias" (destacamos).

(c) O CC/02 não trata mais da matéria.

(d) CC. Art. 1.219. "O possuidor de boa-fé tem direito à indenização das benfeitorias necessárias e úteis, bem como, quanto às voluptuárias, se não lhe forem pagas, a levantá-las, quando o puder sem detrimento da coisa, E PODERÁ EXERCER O DIREITO DE RETENÇÃO PELO VALOR DAS BENFEITORIAS NECESSÁRIAS E ÚTEIS" (destacamos).

(e) A alternativa A está correta.

Para responder, tem que estudar: lei.

Gabarito: A

29. (Ceperj/PC/RJ/Delegado/2009) Assinale a alternativa incorreta:

a) a propriedade do solo abrange o solo, o subsolo e o espaço aéreo, exceto as jazidas, minas e demais recursos minerais.

b) com relação ao direito de superfície para a propriedade urbana aplicam-se as regras do Estatuto da Cidade e, nas demais situações, aplica-se o C. Civil.

c) na usucapião a propriedade só se considera adquirida após o trânsito em julgado da sentença, considerando a natureza constitutiva da decisão.

d) os frutos e produtos de coisa ainda quando separados, presume-se pertencer ao proprietário da coisa.

e) a propriedade imóvel se adquire pela transcrição do título no RGI e dos móveis pela simples tradição da coisa.

ANOTAÇÕES/COMENTÁRIOS

(a) CC. Art. 1.229. "A propriedade do solo abrange a do espaço aéreo e subsolo correspondentes, em altura e profundidade úteis ao seu exercício, não podendo o proprietário opor-se a atividades que sejam realizadas, por terceiros, a uma altura ou profundidade tais, que não tenha ele interesse legítimo em impedi-las". CC. Art. 1.230. "A propriedade do solo não abrange as jazidas, minas e demais recursos minerais, os potenciais de energia hidráulica, os monumentos arqueológicos e outros bens referidos por leis especiais".

(b) Enunciado 93, I Jornada de Direito Civil. "As normas previstas no Código Civil sobre direito de superfície não revogam as relativas a direito de superfície constantes do Estatuto da Cidade (Lei n. 10.257/01) por ser instrumento de política de desenvolvimento urbano".

(c) CC. Art. 1.241. "Poderá o possuidor requerer ao juiz seja DECLARADA adquirida, mediante usucapião, a propriedade imóvel" (destacamos). A sentença judicial na ação de usucapião tem natureza jurídica meramente declaratória, uma vez que a aquisição da propriedade já fora constituída com o preenchimento dos requisitos previstos em lei.

(d) CC. Art. 1.232. "Os frutos e mais produtos da coisa pertencem, ainda quando separados, ao seu proprietário, salvo se, por preceito jurídico especial, couberem a outrem".

(e) CC. Art. 1.245. "Transfere-se entre vivos a propriedade mediante o registro do título translativo no Registro de Imóveis" – propriedade de imóveis. CC. Art. 1.267. "A propriedade das coisas não se transfere pelos negócios jurídicos antes da tradição" – propriedade de móveis.

Para responder, tem que estudar: lei.

Gabarito: C

30. (Funcab/PC/RJ/Delegado/2012) A propósito do direito de vizinhança no Código Civil, é incorreto afirmar:

a) o proprietário ou o possuidor de um prédio tem o direito de fazer cessar as interferências prejudiciais à segurança, ao sossego e à saúde dos que o habitam, provocadas pela utilização de propriedade vizinha.

b) proíbem-se as interferências considerando-se a natureza da utilização, a localização do prédio, atendidas as normas que distribuem as edificações em zonas, e os limites ordinários de tolerância dos moradores da vizinhança.

c) o proprietário ou o possuidor tem direito a exigir do dono do prédio vizinho a demolição, ou a reparação deste, quando ameace ruína, bem como lhe preste caução pelo dano iminente.

d) o proprietário ou o possuidor de um prédio, em que alguém tenha direito de fazer obras, pode, no caso de dano iminente, exigir do autor delas as necessárias garantias contra o prejuízo eventual.

e) quando decisão judicial determinar sejam toleradas as interferências, não poderá o vizinho exigir a sua redução, ou eliminação, quando estas se tornarem possíveis.

ANOTAÇÕES/COMENTÁRIOS

(a) CC. Art. 1.277. "O proprietário ou o possuidor de um prédio tem o direito de fazer cessar as interferências prejudiciais à segurança, ao sossego e à saúde dos que o habitam, provocadas pela utilização de propriedade vizinha".

(b) CC. Art. 1.277. "Parágrafo único. Proíbem-se as interferências considerando-se a natureza da utilização, a localização do prédio, atendidas as normas que distribuem as edificações em zonas, e os limites ordinários de tolerância dos moradores da vizinhança".

(c) CC. Art. 1.280. "O proprietário ou o possuidor tem direito a exigir do dono do prédio vizinho a demolição, ou a reparação deste, quando ameace ruína, bem como que lhe preste caução pelo dano iminente".

(d) CC. Art. 1.281. "O proprietário ou o possuidor de um prédio, em que alguém tenha direito de fazer obras, pode, no caso de dano iminente, exigir do autor delas as necessárias garantias contra o prejuízo eventual".

(e) CC. Art. 1.279. "Ainda que por decisão judicial devam ser toleradas as interferências, PODERÁ o vizinho exigir a sua redução, ou eliminação, quando estas se tornarem possíveis" (destacamos).

Para responder, tem que estudar: lei.

Gabarito: E

31. (PC/RJ/Delegado/2002) Silvio, valendo-se de violência física, expulsa André da casa onde residia, apoderando-se do imóvel e passando a utilizá-lo para sua moradia. Diante da inércia de André, pode-se afirmar que Silvio:

a) passou a ser possuidor do bem, podendo, inclusive, contar o prazo de sua posse para fins de usucapião, a partir da cessação da violência.

b) jamais poderá ser considerado possuidor do bem.

c) poderá ser considerado possuidor do bem, mas jamais poderá adquiri-lo por usucapião, por ser titular de mera posse violenta.

d) poderá ser considerado possuidor do bem, mas jamais poderá adquiri-lo por usucapião, por ser titular de mera posse precária.

e) passou a ser mero detentor, e somente será possuidor após vinte anos.

ANOTAÇÕES/COMENTÁRIOS

(a) Questão formulada quando em vigor o CC/16. CC/02. Art. 1.208. "Não induzem posse os atos de mera permissão ou tolerância assim como não autorizam a sua aquisição os atos violentos, ou clandestinos, senão depois de cessar a violência ou a clandestinidade". A posse será injusta em relação a André, mas justa em relação a terceiros, conforme a doutrina majoritária. Segundo este entendimento, a posse injusta passa a ser justa depois de um ano e dia, por interpretação do art. 558 do CPC/15.

(b, c, d, e) Vide comentário acima.

Para responder, tem que estudar: lei.

Gabarito: A

---

32. (PC/RJ/Delegado/2002) André constitui usufruto de um apartamento pelo prazo de dez anos em favor de Lauro. Ocorre que Lauro falece após três anos. É correto afirmar que:

a) Verônica, única filha de Lauro, herda o usufruto, podendo exercê-lo pelo prazo que resta.

b) Verônica, única filha de Lauro, herda o usufruto, podendo exercê-lo pela metade do prazo que resta.

c) extingue-se o usufruto, voltando André a ter a propriedade plena do imóvel.

d) o direito de uso e gozo do bem é atribuído a Verônica, única filha de Lauro, mas a posse retorna para André.

e) o direito de uso e gozo do bem é atribuído a André, mas a posse fica com Verônica, única filha de Lauro.

ANOTAÇÕES/COMENTÁRIOS

(a, b, d, e) Vide comentário abaixo.

(c) Questão formulada quando em vigor o CC/16. A resposta correta seria a de letra C. CC/02. "Art. 1.410. O usufruto extingue-se, cancelando-se o registro no Cartório de Registro de Imóveis: I – pela renúncia ou morte do usufrutuário".

Para responder, tem que estudar: lei.

Gabarito: C

33. (PC/RJ/Delegado/2002) A autodefesa da posse, no direito brasileiro:

a) pode ser exercida até um ano e um dia após a turbação ou o esbulho.
b) pode ser exercida até uma semana após a turbação ou o esbulho.
c) pode ser exercida até um dia após a turbação ou o esbulho.
d) pode ser exercida no prazo necessário para que o possuidor consiga viabilizar o êxito de sua reação.
e) deve ser exercida no momento exato do esbulho ou da turbação.

ANOTAÇÕES/COMENTÁRIOS

(a, b, c, e) Vide comentário abaixo.

(d) Questão formulada quando em vigor o CC/16. A resposta correta é a de letra D, pois, conforme o art. 1.210, § 1º, CC/02, pode-se utilizar a autodefesa da posse, naqueles casos, desde que se faça LOGO, sem, contudo, definir um prazo exato para a prática dos atos de defesa ou de desforço.

Para responder, tem que estudar: lei.

Gabarito: D

34. (PC/RJ/Delegado/2006) Assinale a alternativa em que não se apresenta uma característica dos direitos reais no direito brasileiro:

a) ambulatoriedade do dever.
b) direito de sequela.
c) oponibilidade "erga omnes".
d) publicidade.
e) possibilidade de serem criados pela autonomia privada.

ANOTAÇÕES/COMENTÁRIOS

(a, b, c, d) Vide comentário abaixo.

(e) Todas as alternativas trazem características dos direitos reais, exceto a letra E, pois eles são típicos, por uma questão de segurança jurídica, embora nem todos estejam previstos no rol do art. 1.225, CC.

Para responder, tem que estudar: teoria/doutrina.

Gabarito: E

35. (PC/RJ/Delegado/2006) Para a configuração da usucapião ordinária, é necessária:

a) posse mansa, pacífica, contínua, com justo título e construção de obras de interesse público relevante.
b) posse mansa, pacífica, contínua, sem justo título e com boa-fé.
c) posse mansa, pacífica, contínua, com justo título e com boa-fé.
d) posse mansa, pacífica, contínua, em terreno no qual se tenha estabelecido moradia para elevado número de pessoas.
e) posse mansa, pacífica, contínua e tendencialmente perpétua.

ANOTAÇÕES/COMENTÁRIOS

(a, b, d, e) Vide comentário abaixo.

(c) A assertiva correta é a de letra C. CC. Art. 1.242. "Adquire também a propriedade do imóvel aquele que, contínua e incontestadamente, com justo título e boa-fé, o possuir por dez anos".

Para responder, tem que estudar: lei.

Gabarito: C

36. (PC/RJ/Delegado/2006) Assinale a alternativa em que não se apresenta um modo de aquisição da propriedade no direito brasileiro:
a) contrato de compra e venda.
b) registro do título translativo no Registro de Imóveis competente.
c) tradição.
d) acessão.
e) usucapião.

ANOTAÇÕES/COMENTÁRIOS

(a) Somente o contrato de compra e venda não é previsto dentro do Livro III, Título III, Capítulos II e III do Código Civil. As demais modalidades apontadas nas assertivas acima são todas formas de aquisição da propriedade, seja ela móvel ou imóvel.

(b, c, d, e) Vide comentário acima.

Para responder, tem que estudar: lei.

Gabarito: A

37. (PC/RJ/Delegado/2006) Avalie as afirmativas a seguir:

I. O possuidor de má-fé tem o direito de ser reembolsado pelas benfeitorias necessárias.

II. O possuidor de má-fé não tem direito a reembolso das despesas com produção e custeio dos frutos.

III. O possuidor de boa-fé tem direito, enquanto ela durar, aos frutos percebidos.

Assinale a alternativa correta:

a) apenas a afirmativa I está correta.

b) apenas a afirmativa II está correta.

c) apenas as afirmativas I e II estão corretas.

d) apenas as afirmativas I e III estão corretas.

e) todas as afirmativas estão corretas.

ANOTAÇÕES/COMENTÁRIOS

(I) apregoa o art. 1.220, CC. "Ao possuidor de má-fé serão ressarcidas somente as benfeitorias necessárias; não lhe assiste o direito de retenção pela importância destas, nem o de levantar as voluptuárias".

(II) o art. 1.216, CC afirma que o possuidor de má-fé TEM direito a reembolso das despesas com produção e custeio dos frutos.

(III) reproduz literalmente o *caput* do art. 1214, CC.

Para responder, tem que estudar: lei.

Gabarito: D

38. (UFRJ/PC/RJ/Delegado/2001) Sérgio adquiriu um automóvel em uma revendedora, sem ter conhecimento de que o carro era produto de furto. Em posse da documentação de transferência do veículo, Sérgio não teve maiores dificuldades para regularizar sua compra, já que o chassi e os documentos tinham sido adulterados junto ao órgão competente. Com o automóvel em seu nome, devidamente vistoriado, Sérgio permaneceu utilizando-o normalmente durante três anos e quatro meses, ocasião em que foi vítima de uma colisão, tendo o veículo sido vistoriado por agentes policiais que constataram a adulteração. Apreendido o carro e apresentado a Antônio, pessoa indicada como vítima do furto e como verdadeiro proprietário do bem, é correto afirmar que:

a) Sérgio pode alegar que passou a ser proprietário do carro em virtude de usucapião.

b) Sérgio não pode alegar usucapião porque o prazo legal não chegou a se completar.

c) Sérgio não pode alegar usucapião porque não propôs a competente ação.

d) Sérgio não pode alegar usucapião porque a previsão legal não inclui veículos.

e) Sérgio passou a ser proprietário, não em decorrência de usucapião, mas sim em virtude da compra e venda, desde o momento que conseguiu regularizar o veículo, que, inclusive, foi vistoriado.

ANOTAÇÕES/COMENTÁRIOS

(a) Como ainda não havia ocorrido a transmissão da propriedade, essa ocorrerá com a usucapião.

(b) Art. 1.260 do CC prevê o prazo de 3 anos para aquisição.

(c) O usucapião ocorre com lapso temporal e os demais requisitos, sendo a sentença declaratória.

(d) Os arts. 1.260, 1.261, 1.262 do CC dispõem sobre usucapião de bem móvel.

(e) A aquisição se deu por usucapião.

Para responder, tem que estudar: lei.

Gabarito: A

5. DO DIREITO DE FAMÍLIA

39. (Ceperj/PC/RJ/Delegado/2009) Acerca do poder familiar no Código Civil, é incorreta a seguinte afirmação:

a) os filhos estão sujeitos ao poder familiar, enquanto menores.

b) a separação judicial, o divórcio e a dissolução da união estável não alteram as relações entre pais e filhos, senão quanto ao direito, que aos primeiros cabe, de terem em sua companhia os segundos.

c) durante o casamento e a união estável, compete o poder familiar aos pais; na falta ou impedimento de um deles, o outro o exercerá com exclusividade.

d) compete aos pais, quanto à pessoa dos filhos menores, dirigir-lhes a criação e a educação.

e) extingue-se o poder familiar do pai ou da mãe condenados por sentença irrecorrível.

ANOTAÇÕES/COMENTÁRIOS

(a) CC. Art. 1.630. "Os filhos estão sujeitos ao poder familiar, enquanto menores".

(b) CC. Art. 1.632. "A separação judicial, o divórcio e a dissolução da união estável não alteram as relações entre pais e filhos senão quanto ao direito, que aos primeiros cabe, de terem em sua companhia os segundos".

(c) CC. Art. 1.631. "Durante o casamento e a união estável, compete o poder familiar aos pais; na falta ou impedimento de um deles, o outro o exercerá com exclusividade".

(d) Alternativa desatualizada, tendo em vista a alteração trazida pela Lei 13.058/2014. Segue a nova redação do art. 1.634: "Compete a ambos os pais, qualquer que seja a sua situação conjugal, o pleno exercício do poder familiar, que consiste em, quanto aos filhos: I – dirigir-lhes a criação e a educação".

(e) CC. Art. 1.637. "Se o pai, ou a mãe, abusar de sua autoridade, faltando aos deveres a eles inerentes ou arruinando os bens dos filhos, cabe ao juiz, requerendo algum parente, ou o Ministério Público, adotar a medida que lhe pareça reclamada pela segurança do menor e seus haveres, até suspendendo o poder familiar, quando convenha. Parágrafo único. SUSPENDE-SE igualmente o exercício do poder familiar ao pai ou à mãe CONDENADOS POR SENTENÇA IRRECORRÍVEL, em virtude de crime cuja pena exceda a dois anos de prisão" (destacamos).

Para responder, tem que estudar: lei.

Gabarito: E

40. (Funcab/PC/RJ/Delegado/2012) De acordo como Código Civil, na união estável, salvo contrato escrito entre os companheiros, aplica-se às relações patrimoniais, no que couber, o regime:

a) da participação final nos aquestos.

b) da comunhão universal.

c) da comunhão parcial de bens.

d) da separação de bens.

e) dotal.

ANOTAÇÕES/COMENTÁRIOS

(a, b, d, e) Vide comentário abaixo.

(c) A resposta correta é a afirmativa de letra C. CC. Art. 1.725. "Na união estável, salvo contrato escrito entre os companheiros, aplica-se às relações patrimoniais, no que couber, o regime da COMUNHÃO PARCIAL DE BENS" (destacamos).

Para responder, tem que estudar: lei.

Gabarito: C

41. (Ceperj/PC/RJ/Delegado/2009) A respeito dos alimentos no Código Civil em vigor, assinale a alternativa incorreta:

a) o cônjuge declarado culpado na ação de separação judicial pode pedir alimentos ao outro.

b) a obrigação de prestar alimentos pode ser transmitida aos herdeiros.

c) é possível que a pessoa que necessite dos alimentos não venha a pedi-los, mas a renúncia direito a alimentos não é permitida.

d) os alimentos devem ser fixados na proporção das necessidades do reclamante e dos recursos da pessoa obrigada.

e) a pessoa obrigada a suprir alimentos, poderá pensionar o alimentando, ou dar-lhe hospedagem e sustento, deixando, assim, de prestar o necessário à sua educação, quando menor.

ANOTAÇÕES/COMENTÁRIOS

(a) CC. Art. 1.694. "Podem os parentes, os cônjuges ou companheiros pedir uns aos outros os alimentos de que necessitem para viver de modo compatível com a sua condição social, inclusive para atender às necessidades de sua educação. (...) § 2º. Os alimentos serão apenas os indispensáveis à subsistência, quando a situação de necessidade resultar de culpa de quem os pleiteia".

(b) CC. Art. 1.700. "A obrigação de prestar alimentos transmite-se aos herdeiros do devedor, na forma do art. 1.694".

(c) CC. Art. 1.707. "Pode o credor não exercer, porém lhe é vedado renunciar o direito a alimentos, sendo o respectivo crédito insuscetível de cessão, compensação ou penhora".

(d) CC. Art. 1.694. "Podem os parentes, os cônjuges ou companheiros pedir uns aos outros os alimentos de que necessitem para viver de modo compatível com a sua condição social, inclusive para atender às necessidades de sua educação. § 1º Os alimentos devem ser fixados na proporção das necessidades do reclamante e dos recursos da pessoa obrigada".

(e) CC. Art. 1.701. "A pessoa obrigada a suprir alimentos poderá pensionar o alimentando, ou dar-lhe hospedagem e sustento, SEM PREJUÍZO DO DEVER DE PRESTAR O NECESSÁRIO À SUA EDUCAÇÃO, quando menor" (destacamos).

Para responder, tem que estudar: lei.

Gabarito: E

42. (Funcab/PC/RJ/Delegado/2012) Assinale a alternativa incorreta:

a) de acordo com o art. 5º, inc. II da Lei n. 11.340/2006. Lei de Violência Doméstica e Familiar, entende-se por família, a comunidade formada por indivíduos que são ou se consideram aparentados, unidos por laços naturais, por afinidade ou por vontade expressa.

b) de acordo com o Código Civil, podem os parentes, os cônjuges ou companheiros pedir uns aos outros os alimentos de que necessitem para viver de modo compatível com a sua condição social.

c) nos termos do Código Civil, as relações não eventuais entre o homem e a mulher, impedidos de casar, constituem união estável.

d) de acordo como Código Civil, o domicílio do casal será escolhido por ambos os cônjuges, mas um e outro podem ausentar-se do domicílio conjugal para atender a encargos públicos, ao exercício de sua profissão, ou a interesses particulares relevantes.

e) à luz do Código Civil, contam-se, na linha reta, os graus de parentesco pelo número de gerações, e, na colateral, também pelo número delas, subindo de um dos parentes até ao ascendente comum, e descendo até encontrar o outro parente.

ANOTAÇÕES/COMENTÁRIOS

(a) Lei 11.340/2006. Art. 5º. "Para os efeitos desta Lei, configura violência doméstica e familiar contra a mulher qualquer ação ou omissão baseada no gênero que lhe cause morte, lesão, sofrimento físico, sexual ou psicológico e dano moral ou patrimonial: (...) II – no âmbito da família, compreendida como a comunidade formada por indivíduos que são ou se consideram aparentados, unidos por laços naturais, por afinidade ou por vontade expressa".

(b) CC. Art. 1.694. "Podem os parentes, os cônjuges ou companheiros pedir uns aos outros os alimentos de que necessitem para viver de modo compatível com a sua condição social, inclusive para atender às necessidades de sua educação".

(c) CC. Art. 1.727. "As relações não eventuais entre o homem e a mulher, impedidos de casar, constituem CONCUBINATO" (destacamos).

(d) CC. Art. 1.569. "O domicílio do casal será escolhido por ambos os cônjuges, mas um e outro podem ausentar-se do domicílio conjugal para atender a encargos públicos, ao exercício de sua profissão, ou a interesses particulares relevantes".

(e) CC. Art. 1.594. "Contam-se, na linha reta, os graus de parentesco pelo número de gerações, e, na colateral, também pelo número delas, subindo de um dos parentes até ao ascendente comum, e descendo até encontrar o outro parente".

Para responder, tem que estudar: lei.

Gabarito: C

43. (PC/RJ/Delegado/2002) Em tema de casamento, pode-se afirmar que:

a) a separação judicial dissolve a sociedade conjugal, enquanto que o divórcio extingue o próprio matrimônio.

b) a separação judicial extingue o matrimônio, enquanto que o divórcio apenas dissolve a sociedade conjugal.
c) tanto a separação judicial quanto o divórcio apenas dissolvem a sociedade conjugal, sendo que a anulação é que extingue o casamento.
d) tanto a separação judicial quanto o divórcio extinguem o casamento.
e) divórcio e separação judicial são sinônimos.

ANOTAÇÕES/COMENTÁRIOS

(b, c, d, e) Vide comentário abaixo.

(a) Questão formulada quando em vigor o CC/16. Atualmente, a maior parte da doutrina entende não mais existir a separação judicial, desde a entrada em vigor da EC 66/2010. Entretanto, o CC/02, em seu art. 1.571, ainda a cita como uma das formas de dissolução da sociedade conjugal, dentre outras, enquanto seu § 1º afirma que o casamento se dissolve pela morte de um dos cônjuges ou pelo divórcio.

Para responder, tem que estudar: lei.

Gabarito: A

44. (PC/RJ/Delegado/2006) Em relação ao vínculo conjugal, é correto afirmar que:

a) é nulo o pacto antenupcial se não lhe seguir o casamento e é ineficaz se não for feito por escritura pública.
b) é necessária a outorga conjugai para alienação imobiliária em todo e qualquer regime de bens, exceto o de separação absoluta.
c) o regime de separação de bens é obrigatório nos casos de os nubentes não observarem os impedimentos e as causas suspensivas da celebração do casamento, da pessoa maior de sessenta anos e de todos que dependerem de suprimento judicial para casar.
d) mesmo para a aquisição de coisas necessárias à economia doméstica, é necessária a autorização do outro cônjuge.
e) uma das inovações do Código Civil de 2002 foi a dispensa de outorga conjugai para que um dos cônjuges possa prestar fiança.

ANOTAÇÕES/COMENTÁRIOS

(a) CC. Art. 1.653. "É nulo o pacto antenupcial se não for feito por escritura pública, e ineficaz se não lhe seguir o casamento".

(b) CC. Art. 1.647. "Ressalvado o disposto no art. 1.648, nenhum dos cônjuges pode, sem autorização do outro, exceto no regime da separação absoluta: I – alienar ou gravar de ônus real os bens imóveis".

(c) CC. Art. 1.641. "É obrigatório o regime da separação de bens no casamento: I – das pessoas que o contraírem com inobservância das causas suspensivas da celebração do casamento; II – da pessoa maior de 70 (setenta) anos; III – de todos os que dependerem, para casar, de suprimento judicial". – Questão parcialmente desatualizada, tendo em vista a alteração trazida pela Lei 12.344/2010, que modificou a redação no inciso II, passando de pessoa maior de 60 (sessenta) anos para pessoa maior de 70 (setenta) anos.

(d) CC. Art. 1.643. "Podem os cônjuges, independentemente de autorização um do outro: I – comprar, ainda a crédito, as coisas necessárias à economia doméstica".

(e) CC. Art. 1.647. "Ressalvado o disposto no art. 1.648, nenhum dos cônjuges pode, sem autorização do outro, exceto no regime da separação absoluta: (...) III – prestar fiança ou aval".

Para responder, tem que estudar: lei.

Gabarito: B

6. DO DIREITO DAS SUCESSÕES

45. (Ceperj/PC/RJ/Delegado/2009) Em relação à sucessão, é correto dizer:

a) a abertura da sucessão ocorre no momento da morte do autor da herança, assim como a abertura do inventário.
b) os herdeiros não têm, automaticamente, a propriedade e o direito à posse dos bens a partir do falecimento, já que dependem de ato processual específico.
c) mesmo havendo herdeiros necessários, o testador poderá dispor da totalidade da herança.
d) quanto aos sucessores do indigno, pode-se afirmar que assim como os do renunciante, sucedem por direito próprio e partilham por cabeça.
e) a partir do Código Civil de 2002, o cônjuge saiu da condição de herdeiro que poderia ser afastado por disposição testamentária, para ser elevado à categoria de herdeiro necessário.

ANOTAÇÕES/COMENTÁRIOS

(a) CPC de 2015. Art. 611. "O processo de inventário e de partilha deve ser instaurado dentro de 2 (DOIS) MESES, a contar da abertura da sucessão, ultimando-se nos 12 (doze) meses subsequentes, podendo o juiz prorrogar esses prazos, de ofício ou a requerimento de parte" (destacamos). Apesar do art. 1786, CC, que apregoa o prazo de 30 dias para abertura do inventário, prevalece a norma trazida pelo atual CPC, por se tratar de prazo processual.

(b) CC. Art. 1.784. "Aberta a sucessão, a herança transmite-se, desde logo, aos herdeiros legítimos e testamentários".

(c) CC. Art. 1.789. "Havendo herdeiros necessários, o testador só poderá dispor da metade da herança".

(d) CC. Art. 1.811. "Ninguém pode suceder, REPRESENTANDO HERDEIRO RENUNCIANTE. Se, porém, ele for o único legítimo da sua classe, ou se todos os outros da mesma classe renunciarem a herança, poderão os filhos vir à sucessão, por direito próprio, e por cabeça" (destacamos).

(e) CC. Art. 1.845. "São herdeiros necessários os descendentes, os ascendentes e o cônjuge".

Para responder, tem que estudar: lei.

Gabarito: E

46. (PC/RJ/Delegado/2002) Na hipótese da sucessão "mortis causa", pode-se dizer que:

a) os bens do falecido são transmitidos aos herdeiros tão logo transitada em julgado a sentença de partilha.
b) os bens do falecido são transmitidos aos herdeiros tão logo requerida a abertura do inventário.
c) os bens do falecido são transmitidos aos herdeiros tão logo eles requeiram a liberação por alvará.
d) os bens do falecido são transmitidos aos herdeiros após trinta dias da abertura da sucessão.
e) os bens são transmitidos aos herdeiros por ocasião da abertura da sucessão.

ANOTAÇÕES/COMENTÁRIOS

(a, b, c, d) Vide comentário abaixo.

(e) Questão formulada quando em vigor o CC/16. A resposta correta é letra E. CC/02. Art. 1.784. "Aberta a sucessão, a herança transmite-se, desde logo, aos herdeiros legítimos e testamentários".

Para responder, tem que estudar: lei.

Gabarito: E

7. DIREITO COMERCIAL

47. (Funcab/PC/RJ/Delegado/2012) No que tange à falência, prevista na Lei n. 11.101/2005, é correto afirmar:

a) o juízo da falência é indivisível e competente para conhecer todas as ações sobre bens, interesses e negócios do falido, inclusive as causas trabalhistas, fiscais e aquelas não reguladas pela Lei n. 11.101/2005, em que o falido figurar como autor ou litisconsorte ativo.

b) promove o afastamento do devedor de suas atividades, visando a preservar e otimizar a utilização produtiva dos bens, ativos e recursos produtivos, inclusive os intangíveis, da empresa.

c) a decretação da falência não determina o vencimento antecipado das dívidas do devedor e dos sócios ilimitada e solidariamente responsáveis.

d) a decisão que decreta a falência da sociedade com sócios ilimitadamente responsáveis não acarreta a falência destes.

e) o proprietário de bem arrecadado no processo de falência ou que se encontre em poder do devedor na data da decretação da falência não poderá pedir a sua restituição.

ANOTAÇÕES/COMENTÁRIOS

(a) Lei 11.101/2005. Art. 76. "O juízo da falência é indivisível e competente para conhecer todas as ações sobre bens, interesses e negócios do falido, RESSALVADAS as causas trabalhistas, fiscais e aquelas não reguladas nesta Lei em que o falido figurar como autor ou litisconsorte ativo" (destacamos).

(b) Lei 11.101/2005. Art. 75. "A falência, ao promover o afastamento do devedor de suas atividades, visa a preservar e otimizar a utilização produtiva dos bens, ativos e recursos produtivos, inclusive os intangíveis, da empresa" (destacamos).

(c) Lei 11.101/2005. Art. 77. "A decretação da falência DETERMINA o vencimento antecipado das dívidas do devedor e dos sócios ilimitada e solidariamente responsáveis, com o abatimento proporcional dos juros, e converte todos os créditos em moeda estrangeira para a moeda do País, pelo câmbio do dia da decisão judicial, para todos os efeitos desta Lei" (destacamos).

(d) Lei 11.101/2005. Art. 81. "A decisão que decreta a falência da sociedade com sócios ilimitadamente responsáveis TAMBÉM acarreta a falência destes, que ficam sujeitos aos mesmos efeitos jurídicos produzidos em relação à sociedade falida e, por isso, deverão ser citados para apresentar contestação, se assim o desejarem" (destacamos).

(e) Lei 11.101/2005. Art. 85. "O proprietário de bem arrecadado no processo de falência ou que se encontre em poder do devedor na data da decretação da falência PODERÁ pedir sua restituição" (destacamos).

Para responder, tem que estudar: lei.

Gabarito: B

8. DIREITO DO CONSUMIDOR

48. (PC/RJ/Delegado/2006) Em relação às cláusulas abusivas nos contratos celebrados entre fornecedores e consumidores, não é correto afirmar que é nula de pleno direito a cláusula que:

a) exonere a responsabilidade do fornecedor por vícios do produto ou serviço.
b) deixe ao fornecedor a opção de concluir ou não o contrato, embora obrigando o consumidor.
c) institua a utilização compulsória de arbitragem.
d) permita ao fornecedor variar unilateralmente o preço cobrado do consumidor.
e) preveja a possibilidade de qualquer uma das partes denunciar unilateralmente o contrato.

ANOTAÇÕES/COMENTÁRIOS

(a, b, c, d) Vide comentário abaixo.

(e) Todas as afirmativas são hipóteses de cláusulas abusivas nulas de pleno direito, previstas no art. 51, CDC e seus incisos, exceto a de letra E. Cumpre dizer que o rol do art. 51 é meramente exemplificativo, pois caso haja uma cláusula contratual que viole o princípio da boa-fé objetiva, será da mesma forma abusiva e nula de pleno direito.

Para responder, tem que estudar: lei.

Gabarito: E

49. (PC/RJ/Delegado/2006) Avalie as afirmativas a seguir, em relação à responsabilidade do fornecedor pelos danos causados ao consumidor por defeito do produto:

I. O fabricante se exonera da responsabilidade quando provar que não agiu com culpa.

II. O fabricante se exonera da responsabilidade quando provar a culpa exclusiva de terceiro.

III. O fabricante se exonera da responsabilidade quando provar a culpa exclusiva do consumidor.

Assinale a alternativa correta:

a) apenas a afirmativa I está correta.
b) apenas a afirmativa II está correta.
c) apenas as afirmativas I e II estão corretas.
d) apenas as afirmativas II e III estão corretas.
e) todas as afirmativas estão corretas.

ANOTAÇÕES/COMENTÁRIOS

(I) Incorreta.

(II, III) Conforme o artigo 14, *caput* e § 3º, CDC.

Para responder, tem que estudar: lei.

Gabarito: D

3

DIREITO CONSTITUCIONAL

1. DOS PRINCÍPIOS FUNDAMENTAIS

1. **(Funcab/PC/RJ/Delegado/2012)** Quanto aos Princípios Fundamentais da República Federativa do Brasil, elencados na Constituição Federal, é correto afirmar como fundamento e objetivo, respectivamente:
   a) pluralismo político e promoção do bem de todos.
   b) independência nacional e construção de uma sociedade livre, justa e solidária.
   c) defesa da paz e igualdade entre os Estados.
   d) soberania da União e garantia do desenvolvimento nacional.
   e) livre-iniciativa e eliminação das desigualdades sociais e econômicas.

ANOTAÇÕES/COMENTÁRIOS

(a) Artigo 1º da CF trata dos fundamentos e o artigo 3º da CF trata dos objetivos fundamentais. Percebe-se que é pura transcrição da CF. Sugerimos o uso do método mnemônico: *So-Ci-Di-Val-Plu* para decorar os fundamentos. O artigo 1º traz as diretrizes (princípio materiais estruturantes) para toda ordem constitucional: princípio republicano, princípio federativo e princípio do Estado democrático de direito. Cabe lembrar que o Brasil adota como forma de Estado, a federação, como forma de governo, a república, como sistema de governo, o presidencialismo e como regime de governo, a democracia. Já o art. 3° da CF traz os objetivos fundamentais que almejam à promoção e concretização dos fundamentos da República Federativa do Brasil (CF, art. 1º). Finalidades a serem promovidas pelos poderes públicos.

(b) Independência nacional é princípio que rege o Brasil nas relações internacionais. Art. 4º da CF.

(c) São princípios que regem o Brasil nas relações internacionais. Art. 4º da CF.

(d) O artigo 1º da CF dispõe somente sobre a soberania e não soberania da União.

(e) O artigo 2º da CF dispõe sobre a eliminação das desigualdades sociais e regionais e não econômicas.

Para responder, tem que estudar: lei.

Gabarito: A

2. DOS DIREITOS E GARANTIAS FUNDAMENTAIS

2. **(Funcab/PC/RJ/Delegado/2012)** O art. 5º da Constituição Federal de 1988 enuncia a maior parte dos direitos fundamentais de primeira geração albergados em nosso ordenamento constitucional. Tomando por base as decisões recentes do Supremo Tribunal Federal, é incorreto afirmar:

a) só é lícito o uso de algemas em caso de resistência e de fundado receio de fuga ou de perigo à integridade física própria ou alheia, por parte do preso ou de terceiros, justificada a excepcionalidade por escrito, sob pena de responsabilidade disciplinar, civil e penal do agente ou da autoridade e de nulidade da prisão ou do ato processual a que se refere, sem prejuízo da responsabilidade civil do Estado.

b) é ilícita a prisão civil do depositário infiel, qualquer que seja a modalidade de depósito.

c) é direito do defensor, no interesse do representado, ter acesso amplo aos elementos de prova que, já documentados em procedimento investigatório realizado por órgão com competência de polícia judiciária, digam respeito ao exercício do direito de defesa.

d) não cabe "habeas corpus" quando já extinta a pena privativa de liberdade.

e) a prisão do depositário judicial pode ser decretada no próprio processo em que se constitui o encargo, independentemente da propositura de ação de depósito.

ANOTAÇÕES/COMENTÁRIOS

(a) Súmula vinculante 11 do STF. Precedente representativo: "Manter o acusado em audiência, com algema, sem que demonstrada, ante práticas anteriores, a periculosidade, significa colocar a defesa, antecipadamente, em patamar inferior, não bastasse a situação de todo degradante. O julgamento no Júri é procedido por pessoas leigas, que tiram as mais variadas ilações do quadro verificado. A permanência do réu algemado indica, à primeira visão, cuidar-se de criminoso da mais alta periculosidade, desequilibrando o julgamento a ocorrer, ficando os jurados sugestionados" [HC 91.952, voto do rel. min. Marco Aurélio, P, j. 7-8-2008, DJE 241 de 19-12-2008].

(b) Súmula vinculante 25 do STF. Após conferir status supralegal aos tratados e convenções internacionais de direitos humanos não aprovados na forma estabelecida pelo art. 5°, § 3° da Constituição (RE 466.343/SP), o Supremo Tribunal Federal decidiu que "a subscrição pelo Brasil do Pacto de São José da Costa Rica, limitando a prisão civil por dívida ao descumprimento inescusável de prestação alimentícia, implicou a derrogação das normas estritamente legais referentes à prisão do depositário Infiel" (HC 87.585). Esse entendimento de que "é ilícita a prisão civil de depositário infiel, qualquer que seja a modalidade do depósito", foi consagrado na Súmula Vinculante 25/STF.

(c) Súmula vinculante 14 do STF. Cabe salientar que a Lei 13.245/2016 altera o art. 7º, inciso XIV e acrescenta o inciso XXI a este artigo do Estatuto da OAB (Lei nº 8.906/94). Depois da alteração do art. 7º, inciso XIV do Estatuto da OAB (Lei nº 8.906/94), segundo certa doutrina, a interpretação dessa súmula vinculante deve ser ampliada para abranger qualquer procedimento investigatório realizado por qualquer instituição. Assim, a súmula não mais está restrita aos autos de "procedimento investigatório realizado por órgão com competência de polícia judiciária", como prevê a literalidade do seu texto.

(d) Súmula 695 do STF. Segundo a jurisprudência do STJ e do STF, se a pena já foi cumprida, não cabe o habeas corpus porque não existe mais qualquer risco à liberdade de locomoção.

(e) O STF mudou de entendimento e cancelou a súmula 619, entendendo inaplicável a prisão civil ao depositário infiel. Vide súmula vinculante 25.

Para responder, tem que estudar: súmula.

Gabarito: E

3. (Funcab/PC/RJ/Delegado/2012) Acerca dos direitos individuais e coletivos, é correto afirmar o seguinte:

a) a propriedade particular não poderá ser usada por autoridade competente, mesmo no caso de iminente perigo público.

b) a prática do racismo constitui crime inafiançável, imprescritível, sujeito à pena de detenção, nos termos da lei.

c) o brasileiro naturalizado não poderá ser extraditado pela prática de crime comum antes da naturalização, ou de comprovado envolvimento em tráfico ilícito de entorpecentes e drogas afins, na forma da lei.

d) o sigilo da fonte será resguardado, quando necessário ao exercício profissional e assegurado a todos o acesso à informação.

e) o sigilo das informações imprescindíveis à segurança da sociedade e do Estado não excepciona o direito do indivíduo de receber dos órgãos públicos informações de interesse particular, ou de interesse coletivo ou geral, devendo ser prestadas no prazo da lei, sob pena de responsabilidade.

ANOTAÇÕES/COMENTÁRIOS

(a) Pode ser utilizada. Trata-se de Requisição administrativa. "É a utilização coativa de bens ou serviços particulares pelo Poder Público por ato de execução imediata e direta da autoridade requisitante e indenização ulterior, para atendimento de necessidades coletivas urgentes e transitórias. Art. 5º, inc. XXV da CF.

(b) Sujeito à pena de reclusão. Art. 5º, inc. XLII da CF. Ver Lei 7.716/89.

(c) Pode ser extraditado. Art. 5º, inc. LI da CF.

(d) Art. 5º, inc. XIV da CF.

(e) Esse sigilo excepciona o referido direito. Art. 5º, inc. XXXIII da CF.

Para responder, tem que estudar: lei.

Gabarito: D

4. **(Funcab/PC/RJ/Delegado/2012)** Sobre o princípio da motivação das decisões judiciais, assinale a alternativa correta:

a) trata-se de uma garantia contra possíveis excessos do Estado-Juiz.

b) trata-se de uma prerrogativa do cidadão com base no princípio constitucional do contraditório.

c) trata-se de uma prerrogativa do cidadão, correlacionada com a garantia do "habeas corpus".

d) trata-se de uma garantia contra possíveis excessos do Estado-Juiz, vinculada tão somente às decisões judiciais e administrativas dos Tribunais que ocorram em sessão pública.

e) trata-se tanto de uma prerrogativa do cidadão com base no princípio constitucional do contraditório como uma garantia contra possíveis excessos do Estado-Juiz, vinculada tão somente às decisões administrativas dos Tribunais.

ANOTAÇÕES/COMENTÁRIOS

(a) A motivação das decisões significa que o juiz deverá mostrar às partes e aos demais interessados como se convenceu para chegar àquela conclusão, evitando dessa maneira, excessos do Estado-Juiz. Ver artigo 93, inc. IX da CF.

(b) Essa prerrogativa está relacionada de modo direto com outras garantias constitucionais, não somente o contraditório.

(c) Não está relacionado somente ao "habeas corpus".

(d, e) Aplica-se a qualquer grau de jurisdição. Ver artigo 93, inc. IX da CF.

Para responder, tem que estudar: teoria/doutrina.

Gabarito: A

5. **(Funcab/PC/RJ/Delegado/2012)** Assinale, dentre as opções abaixo, aquela que indica uma característica incorreta dos direitos e garantias tidos como fundamentais previstos na Constituição da República:

a) históricos.

b) cumuláveis ou concorrentes.

c) inalienáveis.

d) absolutos.

e) irrenunciáveis.

ANOTAÇÕES/COMENTÁRIOS

(a) São históricos, porque foram conquistados ao longo dos tempos.

(b) São concorrentes, porque existem simultaneamente. Não se excluem.

(c) São inalienáveis, porque são intransferíveis e inegociáveis.

(d) Os direitos fundamentais não são absolutos, são relativos, pois existem limites ao seu exercício.

(e) Podem até não estar sendo exercidos, mas não podem ser renunciados.

Para responder, tem que estudar: teoria/doutrina.

Gabarito: D

6. **(Funcab/PC/RJ/Delegado/2012)** O art. 5º, LVI da Constituição Federal de 1988 trata da vedação da prova ilícita. Tomando por base as decisões do Supremo Tribunal Federal, é incorreto afirmar:

a) é lícita a prova obtida por meio de gravação de conversa própria, feita por um dos interlocutores, se quem está gravando está sendo vítima de proposta criminosa do outro.

b) exige-se a comprovação da legitimidade das interceptações telefônicas, com a fiel observância de todos os requisitos legais, não entendendo, porém, que exista ofensa ao direito ao silêncio e ao direito a não autoincriminação nas gravações obtidas mediante os requisitos constitucionais e legais para a realização de interceptação telefônica.

c) é incabível a utilização de prova emprestada obtida mediante interceptação telefônica, judicialmente autorizada, para fins de subsidiar apurações de cunho disciplinar.

d) a prova ilícita originária contamina todas as demais provas obtidas a partir dela; é a denominada teoria dos frutos da árvore envenenada.

e) a confissão sob prisão ilegal é prova ilícita e, portanto, invalida a condenação nela fundada.

ANOTAÇÕES/COMENTÁRIOS

(a) Gravação Ambiental por um dos Interlocutores é prova Admissível (RE 583937, QO/RJ, rel. Min. Cezar Peluso, 19.11.2009)

(b) Não há violação, os direitos fundamentais não são absolutos e podem ser afastados em determinadas situações como no caso em tela.

(c) É cabível, conforme posição do STF e STJ (ver súmula 591 do STJ).

(d) As provas ilícitas acabam por contaminar todas as demais provas que dela sejam consequências

(e) Trata-se da aplicação direta da teoria dos frutos da árvore envenenada. Se a prisão é ilegal, as provas levantadas mediante confissão durante o respectivo período são ilícitas, porque a confissão ocorreu em decorrência da prisão ilícita.

Para responder, tem que estudar: súmula.

Gabarito: C

7. **(Funcab/PC/RJ/Delegado/2012)** Quanto ao direito de nacionalidade, previsto na Constituição da República, é correto afirmar:

   a) será declarada a perda da nacionalidade do brasileiro residente em Estado estrangeiro que adquire outra nacionalidade em função de imposição de naturalização, pela norma estrangeira, como condição para permanência em seu território ou para o exercício de direitos civis.
   b) o cargo de militar das Forças Armadas é privativo de brasileiro nato.
   c) aos portugueses com residência permanente no País, se houver reciprocidade em favor de brasileiros, serão atribuídos os direitos inerentes ao brasileiro, salvo os casos previstos na Constituição.
   d) em respeito ao princípio da origem territorial, todos os nascidos na República Federativa do Brasil, ainda que de pais estrangeiros, mesmo que estes estejam a serviço de seu país serão considerados brasileiros natos.
   e) os estrangeiros de qualquer nacionalidade residentes na República Federativa do Brasil há mais de 20 anos ininterruptos, desde que requeiram a nacionalidade brasileira, serão considerados brasileiros naturalizados.

ANOTAÇÕES/COMENTÁRIOS

(a) Não será declarada. Art. 12, § 4º, inc. II, alínea "b" da CF. Este inciso trata da hipótese conhecida como naturalização voluntária. Em regra, a aquisição de outra nacionalidade acarreta a perda da nacionalidade brasileira. Na alínea "b", a manutenção da nacionalidade brasileira se deve ao fato de a naturalização em outro país não ter ocorrido de forma voluntária, mas por imposição de norma estrangeira. Assim, por se tratar de uma imposição heterônoma ("involuntária") e não de uma vontade do indivíduo em adquirir uma nova nacionalidade, não ocorrerá a perda da nacionalidade brasileira. Por fim, cabe lembrar que a nacionalidade é definida como um vínculo jurídico-político entre o Estado e o indivíduo.

(b) O art. 12 § 3º, inc. VI da CF restringiu apenas ao cargo de oficial das Forças Armadas a exigência de ser ocupado privativamente por brasileiro nato, e não a todos os militares.

(c) Art. 12, § 1º da CF. Tal situação é conhecida como quase nacionalidade, pois, apesar de manter sua nacionalidade de origem, o português é equiparado ao brasileiro naturalizado.

(d) Não podem estar a serviço. Art. 12, inc. I, alínea "a" da CF. Neste dispositivo foi adotado o critério territorial ("jus soli"), pois é considerado brasileiro nato o nascido em território nacional, independentemente da origem dos ascendentes ou de qualquer outro requisito. Foram excluídos do critério territorial, os nascidos no território brasileiro, mas filhos de pais estrangeiros a serviço de seu país.

(e) Há mais de quinze anos ininterruptos e sem condenação penal. Art. 12, inc. II, alínea "b" da CF. Esse inciso II do art. 12 da CF trata da nacionalidade secundária, que é adquirida por um ato de vontade do indivíduo que opta por uma determinada nacionalidade, que se efetiva, em regra, com a naturalização. A alínea "a" trata da naturalização ordinária. Já a alínea "b" trata da naturalização extraordinária.

Para responder, tem que estudar: lei.

Gabarito: C

8. (Ceperj/PC/RJ/Delegado/2009) Com relação ao atual texto expresso da Constituição da República analise as seguintes proposições:

I. a iniciativa popular, expressão do exercício de soberania popular, pode ser realizada através de apresentação à Câmara dos Deputados de projeto de lei subscrito por, no mínimo, um por cento do eleitorado nacional, distribuído pelo menos por cinco Estados, com não menos de três décimos por cento dos eleitores de cada um deles.

II. podem alistar-se como eleitores, durante o período do serviço militar obrigatório, os conscritos.

III. partidos políticos que se propõem a disputar apenas eleições estaduais devem registrar os seus estatutos perante o Tribunal Regional Eleitoral da correspondente unidade da Federação.

IV. domicílio eleitoral na circunscrição, filiação partidária e idade mínima são condições de elegibilidade, previstas expressamente no texto da atual Constituição da República.

V. condenação criminal transitada em julgado, enquanto durarem os seus efeitos, e improbidade administrativa, nos termos do art. 37 § 4º da CR, são hipóteses de incidência de suspensão dos direitos políticos.

Assinale a alternativa que corresponde à relação completa de proposições corretas:

a) I, IV e V.
b) I, II e V.
c) III, IV e V.
d) II, IV e V.
e) II, III e IV.

ANOTAÇÕES/COMENTÁRIOS

(I) Art. 14, inc. III c /c art. 61, § 2º, ambos da CF. Cabe salientar que o projeto de lei de iniciativa popular deverá circunscrever-se a um só assunto e não poderá ser rejeitado por vício de forma. Em relação a iniciativa popular de emenda à Constituição Estadual, o STF entendeu que essa possiblidade é compatível com a Constituição Federal, encontrando fundamento no art. 1º, parágrafo único, no art. 14, II e III e no art. 49, VI, da CF/88. Embora a Constituição Federal não autorize proposta de iniciativa popular para emendas ao próprio texto, mas apenas para normas infraconstitucionais, não há impedimento para que as Constituições Estaduais prevejam a possibilidade, ampliando a competência constante da Carta Federal. STF. Plenário. ADI 825/AP, Rel. Min. Alexandre de Moraes, julgado em 25/10/2018 (Info 921).

(II) Art. 14, § 2º da CF. Também abrange o conceito de conscrito, os médicos, dentistas, farmacêuticos e veterinários que prestam serviço militar obrigatório, nos termos da Lei 5.292/1967. Já em relação aos estrangeiros, cabe lembrar que aos portugueses com residência permanente no país, caso haja reciprocidade de Portugal em relação aos brasileiros lá residentes, são assegurados os mesmos direitos políticos inerentes ao brasileiro naturalizado (CF, art. 12, § 1º).

(III) Art. 17, § 2º da CF. Os partidos políticos são pessoas jurídicas de direito privado, logo adquirem personalidade jurídica, com a inscrição do ato constitutivo no respectivo registro (arts. 44, V, e 45 do CC e art. 7º da Lei 9.096/1995). Após isso, os partidos devem registrar seus estatutos no Tribunal Superior Eleitoral.

(IV) Art. 14, § 3 º da CF. O direito de pleitear, mediante eleição, certos mandatos políticos é chamado de capacidade eleitoral passiva (elegibilidade). Desde que preencha os requisitos constitucionalmente previstos, todo cidadão tem o direito de ser votado.

(V) Art. 15, incs. III e V da CF. Já a privação definitiva dos direitos políticos (perda), ocorre nas hipóteses previstas nos incisos I e IV.

Para responder, tem que estudar: lei.

Gabarito: A

9. **(UFRJ/PC/RJ/Delegado/2001)** Quanto às duas classes de nacionalidade existentes no Direito Pátrio, assinale a alternativa correta:

a) É constitucionalmente possível que um brasileiro nato venha a ser extraditado passivamente.
b) A norma infraconstitucional poderá estabelecer distinções de tratamento entre o brasileiro nato e o naturalizado.
c) Não existem hipóteses de conflitos positivos de nacionalidade previstos no texto constitucional atual.
d) A Constituição da República não permite a extradição ativa de brasileiro naturalizado.
e) O reconhecimento de nacionalidade originária por lei estrangeira impede a manutenção da nacionalidade brasileira.

ANOTAÇÕES/COMENTÁRIOS

(a) A extradição ativa ocorre quando o requerimento de entrega é feito pelo Brasil ao Estado estrangeiro. Já a extradição passiva, ocorre quando um determinado país solicita a extradição de um indivíduo foragido que se encontra em território brasileiro. O brasileiro nato não pode ser extraditado. Entretanto, caso ele opte, voluntariamente, por outra Nação, poderá estar sujeito à perda da nacionalidade e, consequentemente, à extradição. Ver Lei 13.445/07 que institui a lei da migração. Em Recente decisão, o STF afirmou que se um brasileiro nato que mora nos EUA e possui o *green card* decidir adquirir a nacionalidade norte-americana, ele irá perder a nacionalidade brasileira (não se enquadra na previsão do art. 12, § 4, inciso II, alínea "b" da CF). A aquisição da cidadania americana ocorreu por livre e espontânea vontade. Dessa forma, perdendo a nacionalidade, ele perde os direitos e garantias inerentes ao brasileiro nato, podendo ser extraditado. STF. 1ª Turma. MS 33864, 2016 (Info 822). STF. 1ª Turma. Ext. 1462, 2017 (Info 859)

(b) Art. 12, § 2º e § 3º da CF.

(c) Indivíduos com mais de uma nacionalidade. É possível, pois o Brasil adotou os critérios da territorialidade e da nacionalidade (art. 12, inc. I da CF).

(d) É possível a extradição ativa de brasileiro naturalizado, vide a classificação feita acima.

(e) Não impede, vide art. 12, § 4º, inc. II, alínea "a" da CF.

Para responder, tem que estudar: lei e jurisprudência.

Gabarito: A

10. (UFRJ/PC/RJ/Delegado/2001) Acerca da identificação criminal na Constituição, assinale a alternativa correta:

a) No texto constitucional a identificação criminal equivale à identificação civil, sendo lícito ao Delegado de Polícia Civil identificar criminalmente todos aqueles que estão civilmente identificados.

b) As hipóteses de identificação criminal se subsumem exclusivamente ao juízo de discricionariedade do Delegado de Polícia Civil que preside o inquérito policial.

c) A aplicação do princípio da razoabilidade permite a identificação criminal sempre que houver fundada suspeita de adulteração no documento apresentado pelo civilmente identificado.

d) Configura ofensa aos princípios do contraditório e da ampla defesa a identificação criminal do civilmente identificado, em qualquer hipótese.

e) A aplicação do princípio da proporcionalidade apenas torna possível a identificação criminal na hipótese de o indiciado não estar civilmente identificado.

ANOTAÇÕES/COMENTÁRIOS

(a, b, d, e) Vide comentário à alternativa C.

(c) Segundo a Constituição Federal, o civilmente identificado não será submetido a identificação criminal, salvo nas hipóteses previstas em lei (art. 5, LVIII). A Lei 12.037/09 trata sobre o tema. A hipótese ventilada na assertiva está prevista no art. 3º da referida lei que dispõe sobre as hipóteses em que o identificado civilmente poderá também ser identificado criminalmente.

Para responder, tem que estudar: lei.

Gabarito: C

11. (UFRJ/PC/RJ/Delegado/2001) Assevera o artigo 5º da Constituição da República que:

a) as associações só podem ser dissolvidas por decisão judicial transitada em julgado.

b) a liberdade de reunião, por ser um direito individual de expressão coletiva, está submetida a uma reserva legal simples.

c) os tratados internacionais que versem sobre direitos e garantias fundamentais terão aplicação imediata e incondicionada em todo território nacional.

d) o princípio da presunção da inocência ilide a prisão cautelar caso o preso não seja informado de seus direitos, entre os quais o de permanecer calado.

e) a interceptação de comunicação telefônica está submetida a uma reserva legal qualificada.

ANOTAÇÕES/COMENTÁRIOS

(a) Faltou a expressão "compulsoriamente". Art. 5, inc. XIX da CF.

(b) Não está submetida. Art. 5º, inc. XVI da CF. A liberdade de reunião pode ser exercida em qualquer local (reservado ou aberto ao público) independentemente de autorização dos poderes públicos. As Restrições (intervenções restritivas) estão previstas na CF de forma explícitas e implícitas.

(c) O art. 5º, § 1º da CF não trata sobre tratados internacionais: "§1º. As normas definidoras dos direitos e garantias fundamentais têm aplicação imediata".

(d) O preso será informado de seus direitos, entre os quais o de permanecer calado (art. 5º, inc. LXIII da CF). Entretanto, isso não ilide que a prisão cautelar seja decretada.

(e) Art. 5º, inc. XII da CF. Reserva legal qualificada é aquela em que a Constituição, além de estabelecer a reserva de lei, ainda estipula os requisitos e condições que a lei necessariamente deve observar.

Para responder, tem que estudar: lei.

Gabarito: E

12. (PC/RJ/Delegado/2002) Relativamente aos Direitos Políticos, é incorreto afirmar que:

a) não cabe "habeas corpus" contra suspensão dos direitos políticos como consequência de condenação criminal transitada em julgado.
b) a inelegibilidade reflexa não atinge os cônjuges, parentes consanguíneos ou afins até segundo grau ou por adoção do Vice-Presidente da República, vice-governador e vice-prefeito.
c) o militar alistável é elegível, atendidas condições constitucionalmente previstas.
d) a inelegibilidade absoluta é a que decorre da inalistabilidade e a dos analfabetos.
e) o mandato eletivo poderá ser impugnado ante a Justiça Eleitoral no prazo de 15 (quinze) dias contados da declaração do resultado da eleição.

ANOTAÇÕES/COMENTÁRIOS

(a) Sendo o "habeas corpus" instrumento constitucional destinado à salvaguarda do direito de locomoção, não há como examinar a alegação de constrangimento ilegal resultante da perda de direitos políticos, visto que a decisão nesse sentido não implica ameaça à liberdade de ir e vir.

(b) Art. 14, § 7º da CF. Esse dispositivo não menciona vices, logo a inelegibilidade reflexa não os alcança, salvo a exceção expressa no final do dispositivo ora mencionado.

(c) Art. 14, § 8º da CF.

(d) Art. 14, § 4º da CF. A inelegibilidade absoluta está ligada a características pessoais, atingindo todos os cargos eletivos. Além disso, não pode ser afastada por meio da desincompatibilização. Por ter caráter excepcional, apenas a Constituição pode prever tais hipóteses, como o faz em relação aos inalistáveis (estrangeiros e conscritos) e aos analfabetos, de acordo com o artigo 14, 4º da CF.

(e) Contados da diplomação. Art. 14, § 10 da CF.

Para responder, tem que estudar: lei.

Gabarito: E

13. (PC/RJ/Delegado/2006) Avalie as afirmativas a seguir:

I. Conceder-se-á "habeas-corpus" sempre que alguém sofrer ou se achar ameaçado de sofrer violência ou coação em sua liberdade de locomoção, por ilegalidade ou abuso de poder cometido por delegado de polícia.

II. Conceder-se-á mandado de segurança para proteger direito líquido e certo, não amparado por "habeas-corpus" ou "habeas-data", quando o responsável pela ilegalidade ou abuso de poder for delegado de polícia ou agente de pessoa jurídica no exercício de atribuições do Poder Público.

III. O mandado de segurança coletivo pode ser impetrado por delegado de polícia com representação no Congresso Nacional e por organização sindical, entidade de classe ou associação legalmente constituída e em funcionamento há pelo menos um ano, em defesa dos interesses de seus membros ou associados.

Assinale a alternativa correta:

a) todas as afirmativas estão erradas.

b) todas as afirmativas estão corretas.

c) apenas as afirmativas I e II estão corretas.

d) apenas a afirmativa III está correta.

e) apenas a afirmativa I está correta.

ANOTAÇÕES/COMENTÁRIOS

(I) Art. 5º, inc. LXVIII, da CF.

(II) Art. 5º, inc. LXIX da CF.

(III) Não pode ser impetrado por Delegado de Polícia, vide art. 5º, inc. LXX da CF.

Para responder, tem que estudar: lei.

Gabarito: C

14. (PC/RJ/Delegado/2006) Avalie as afirmativas a seguir:

I. No procedimento administrativo do inquérito policial, salvo nos casos de relaxamento de prisão e liberdade provisória, são assegurados a razoável duração do processo e os meios que garantam a celeridade de sua tramitação.

II. As normas constitucionais originárias definidoras dos direitos e garantias fundamentais têm aplicação imediata.

III. Os tratados e convenções internacionais sobre direitos humanos que forem aprovados pelo Supremo Tribunal Federal serão equivalentes às emendas constitucionais.

IV. O Delegado de Polícia só poderá restringir a publicidade dos atos processuais quando a defesa da intimidade ou o interesse social o exigirem.

Assinale a alternativa correta:

a) todas as afirmativas estão erradas.

b) todas as afirmativas estão corretas.

c) apenas as afirmativas I, II e III estão corretas.

d) apenas as afirmativas II e IV estão corretas.

e) apenas a afirmativa II está correta.

ANOTAÇÕES/COMENTÁRIOS

(I) Segundo posição majoritária, a duração razoável do processo, aplica-se ao inquérito policial, mesmo nos casos de relaxamento de prisão e liberdade provisória. Ver art. 5º, LXXVIII da CF.

(II) Art. 5º, § 1º da CF.

(III) Art. 5º, § 3º da CF. Que forem aprovados, em cada Casa do Congresso Nacional, em dois turnos, por três quintos dos votos dos respectivos membros e não pelo STF.

(IV) Só a lei pode restringir (art. 5º, inc. LX da CF)

Para responder, tem que estudar: lei.

Gabarito: E

15. (PC/RJ/Delegado/2006) De acordo com a jurisprudência do Supremo Tribunal Federal, interpretando os direitos e as garantias constitucionais fundamentais, é correto afirmar que:

a) a liberdade de expressão é garantia constitucional absoluta, não se sujeitando a limites.

b) a quebra do sigilo fiscal, bancário e telefônico de pessoa sujeita a investigação pode ser decretada pela comissão parlamentar de inquérito e pela autoridade policial, desde que esteja fundamentada e que indique a necessidade objetiva da adoção dessa medida.

c) exceto nos casos de flagrante delito, desastre ou prestação de socorro, só a determinação judicial autoriza, e durante o dia, a entrada de alguém, autoridade ou não, no domicílio de outrem, sem o consentimento do morador.

d) o conceito de casa, para os fins de garantia constitucional do art. 5° da Constituição, reveste-se de caráter restrito, não compreendendo qualquer compartimento privado onde alguém exerce profissão ou atividade.

e) os princípios constitucionais que garantem o livre acesso ao Poder Judiciário, o contraditório e a ampla defesa, são absolutos e hão de ser exercidos, pelos jurisdicionados, por meio das normas processuais que regem a matéria, constituindo negativa de prestação jurisdicional e cerceamento de defesa a inadmissão de recursos, ainda que não observados os procedimentos das normas instrumentais.

ANOTAÇÕES/COMENTÁRIOS

(a) Os direitos fundamentais não tem caráter absoluto, pois encontram limites nos demais direitos igualmente consagrados pelo texto constitucional.

(b) A CPI, conforme já visto, tem o poder de fazer a quebra desses sigilos. Já o Delegado de polícia não tem o poder de quebrar esses sigilos. Lembrando que a Lei 12.830/2013 (investigação criminal conduzida por Delegado de Polícia) prevê, em seu artigo art. 2º, § 2º, que: durante a investigação criminal, cabe ao delegado de polícia a requisição de perícia, informações, documentos e dados que interessem à apuração dos fatos. Esses dados não podem ser aqueles que estão protegidos pela cláusula de reserva de jurisdição.

(c) Art. 5º, inc. XI da CF.

(d) O conceito de casa compreende qualquer compartimento habitado e qualquer aposento coletivo como, por exemplo, os quartos de hotel, pensão, motel e hospedaria ou, ainda, qualquer outro local privado não aberto ao público, onde alguém exerce profissão ou atividade.

(e) Como visto, não existem direitos absolutos.

Para responder, tem que estudar: lei e jurisprudência.

Gabarito: C

16. (PC/RJ/Delegado/2006) De acordo com a jurisprudência do Supremo Tribunal Federal, interpretando os direitos e as garantias fundamentais da Constituição da República Federativa do Brasil, não é correto afirmar que:

a) a competência constitucional do tribunal do júri prevalece sobre o foro por prerrogativa de função estabelecido exclusivamente pela Constituição Estadual.

b) em se tratando de crimes dolosos contra a vida, os Delegados de Polícia hão de ser processados e julgados pelo Júri.

c) desde que acompanhadas de mandado de busca de coisa certa, a interdição de estabelecimento e/ou a apreensão de mercadorias podem ser realizadas por Delegados de Polícia, como meio coercitivo para cobrança de tributos estaduais.

d) a gravação de conversa entre dois interlocutores, feita por um deles, sem autorização judicial e sem o conhecimento do outro, com a finalidade de documentá-la para futura comprovação, não é ilícita, principalmente quando constitui exercício de defesa.

e) salvo nas hipóteses previstas em lei, a identificação criminal não deverá ser realizada se apresentada, ao Delegado de Polícia, a identidade civil do indiciado.

ANOTAÇÕES/COMENTÁRIOS

(a) Súmula Vinculante 45 do STF.

(b) Não há previsão constitucional de foro por prerrogativa de função para Delegados.

(c) Apesar de ser quase unânime que o Delegado possa fazer esse tipo de interdição e de apreensão, o mesmo não pode fazer como meio coercitivo para cobrança de tributos estaduais, que foge totalmente da sua alçada.

(d) Inicialmente, é importante destacar o significado de alguns termos.

Interceptação telefônica: consiste na captação da comunicação telefônica alheia feita por um terceiro, sem o conhecimento de nenhum dos interlocutores. Dá-se mediante prévia autorização judicial.

Escuta telefônica: é a captação da comunicação telefônica por terceiro, com o conhecimento de um dos interlocutores.

Gravação telefônica: é a gravação da comunicação telefônica por um dos comunicadores, geralmente feita sem o conhecimento do outro.

Interceptação ambiental: é a captação de uma comunicação no próprio ambiente em que se dá por um terceiro sem o conhecimento dos comunicadores.

Escuta ambiental: é a captação de uma comunicação no ambiente em que ocorre, feita por terceiro, com o conhecimento de um dos comunicadores.

Gravação ambiental: é a captação de uma comunicação no ambiente em que ocorre, feita por um dos comunicadores.

O caso em epígrafe é de gravação ambiental, o que é aceito pelo STF.

(e) Há exceções, conforme a Lei 12.037/09.

Para responder, tem que estudar: súmula.

Gabarito: C

3. DA ORGANIZAÇÃO DO ESTADO

17. (Funcab/PC/RJ/Delegado/2012) De acordo com a distribuição das competências legislativas entre os entes da Federação, prevista na Constituição da República, é correto afirmar:

a) a União tem competência privativa para legislar sobre proteção à infância e à juventude.
b) a União pode delegar aos Estados, por meio de Lei Ordinária, assuntos de sua competência legislativa privativa.
c) a União, os Estados e o Distrito Federal possuem competência concorrente para legislar sobre sistema de consórcios e sorteios.
d) a competência para legislar sobre a organização, garantias, direitos e deveres das polícias civis é privativa dos Estados e do Distrito Federal.
e) compete à União legislar privativamente sobre trânsito e transporte.

ANOTAÇÕES/COMENTÁRIOS

(a) Competência concorrente. O art. 24 da CF define as matérias de competência concorrente da União, Estados e Distrito Federal. Em relação àquelas matérias, a competência da União limitar-se-á a estabelecer normas gerais. Em caso de inércia da União, inexistindo lei federal elaborada pela União sobre norma geral, os Estados e o Distrito Federal (art. 24, *caput*, c/c o art. 32, § 1.º) poderão suplementar a União e legislar, também, sobre as normas gerais, exercendo a competência legislativa plena. Art. 24, inc. XV da CF.

(b) Por meio de Lei Complementar. Art. 22, parágrafo único da CF.

(c) Competência privativa da União. Art. 22, inc. XX, da CF.

(d) Competência concorrente. Art. 24, inc. XVI, da CF.

(e) Art. 22, inc. XI, da CF

Para responder, tem que estudar: lei.

Gabarito: E

18. (Ceperj/PC/RJ/Delegado/2009) Qual das situações abaixo não constitui causa de intervenção da União nos Estados ou no Distrito Federal:

a) manter a integridade nacional.
b) repelir invasão estrangeira ou de uma unidade da Federação em outras.
c) garantir o livre exercício de qualquer dos Poderes nas unidades da Federação.
d) prover a execução de lei federal, ordem ou decisão judicial.
e) violar as regras do sistema financeiro nacional.

ANOTAÇÕES/COMENTÁRIOS

(a) Art. 34, inc. I da CF. Como regra geral, a Constituição estabelece o princípio da não intervenção (CF, art. 34). Entretanto, em caráter excepcional, é possível a supressão temporária da autonomia de um ente federativo com a finalidade de restaurar a ordem pública, a normalidade das instituições democráticas e preservar o pacto federativo e a independência e harmonia entre os poderes.

(b) Art. 34, inc. II da CF.

(c) Art. 34, inc. IV da CF.

(d) Art. 34, inc. VI da CF.

(e) Art. 34 da CF. Não há essa previsão no dispositivo constitucional.

Para responder, tem que estudar: lei.

Gabarito: E

19. (UFRJ/PC/RJ/Delegado/2001) Acerca dos princípios constitucionais aplicáveis à segurança pública, assine a alternativa correta:

a) Os estados-membros possuem competência legislativa plena para legislar acerca da segurança pública, sendo de competência da Assembléia Legislativa, em conjunto com o Governador do Estado, deliberar sobre a política de segurança.

b) O problema da segurança pública é de âmbito nacional, tendo em vista a ponderação de interesses na Constituição, competindo, portanto, à União, e somente a ela, legislar sobre o tema.

c) Acerca de garantias, direitos e deveres das polícias civis, o estado-membro limitar-se-á a estabelecer normas gerais.

d) Compete privativamente à União legislar sobre normas gerais de efetivo, material bélico, garantias, convocação e mobilização das polícias militares e corpos de bombeiros militares.

e) Aos servidores públicos militares, incluindo os membros das polícias militares e dos corpos de bombeiros militares, é lícita a sindicalização, sendo vedado o direito à greve.

ANOTAÇÕES/COMENTÁRIOS

(a) Não possuem competência legislativa plena, pois não podem contrariar certas normais gerais estipuladas pela União. Art. 24, inc. XVI, art. 42 e art. 144, § 6º, todos da CF.

(b) Não compete somente à União legislar sobre segurança pública.

(c) Art. 24, inc. XVI da CF. "Compete à União, aos Estados e ao Distrito Federal legislar concorrentemente. (...) § 1º No âmbito da legislação concorrente, a competência da União limitar-se-á a estabelecer normas gerais".

(d) Art. 22, inc. XXI da CF.

(e) Art. 142, inc. IV da CF. "IV – ao militar são proibidas a sindicalização e a greve".

Para responder, tem que estudar: lei.

Gabarito: D

20. (PC/RJ/Delegado/2002) Quando trata da organização da segurança pública, José Afonso da Silva (*Curso de Direito Constitucional Positivo*. 18. ed. São Paulo: Malheiros. p. 757) diz que: "Há contudo uma repartição de competências nessa matéria entre a União e os Estados, de tal sorte que o princípio que rege é o de que o problema da segurança pública é de competência e responsabilidade de cada unidade da Federação (...)." Assim, é correto afirmar que é competência:

a) concorrente executar os serviços de polícia marítima, aeroportuária e de fronteiras, tendo em vista o fortalecimento do princípio federativo.
b) privativa da União legislar sobre normas gerais de organização, efetivos, material bélico, garantias, convocação e mobilização das polícias militares e corpos de bombeiros militares.
c) exclusiva da União legislar sobre competência da polícia federal e das polícias rodoviária e ferroviária federais.
d) privativa da União organizar e manter a polícia civil, a polícia militar e o corpo de bombeiros militar do Distrito Federal.
e) comum a organização, garantias, direitos e deveres das polícias civis.

ANOTAÇÕES/COMENTÁRIOS

(a) Competência da União. art. 21, inc. XXII da CF.

(b) Art. 22, inc. XXI da CF.

(c) Competência privativa da União. Art. 22, inc. XXII da CF.

(d) Do Distrito Federal. Art. 21, XIV da CF.

(e) Competência concorrente. Art. 24, inc. XVI da CF.

Para responder, tem que estudar: lei.

Gabarito: B

21. (PC/RJ/Delegado/2006) Legislar sobre a organização, as garantias, os direitos e deveres das polícias civis, nos termos da Constituição da República Federativa do Brasil, compete:

a) privativamente à União.
b) concorrentemente à União, aos Estados e ao Distrito Federal.
c) privativamente aos Estados.

d) concorrentemente à União, aos Estados, ao Distrito Federal e aos Municípios.
e) privativamente aos Estados e ao Distrito Federal.

ANOTAÇÕES/COMENTÁRIOS

(a, c, d, e) Vide comentário à alternativa B

(b) Art. 24, inc. XVI da CF. Atentar para: "§ 1º. No âmbito da legislação concorrente, a competência da União limitar-se-á a estabelecer normas gerais. § 2º. A competência da União para legislar sobre normas gerais não exclui a competência suplementar dos Estados. § 3º. Inexistindo lei federal sobre normas gerais, os Estados exercerão a competência legislativa plena, para atender a suas peculiaridades. § 4º. A superveniência de lei federal sobre normas gerais suspende a eficácia da lei estadual, no que lhe for contrário".

Para responder, tem que estudar: lei.

Gabarito: B

4. DA ORGANIZAÇÃO DOS PODERES

22. (Funcab/PC/RJ/Delegado/2012) Acerca da organização do Poder Legislativo, é correto o que se afirma em:

a) os Deputados e Senadores não serão obrigados a testemunhar sobre informações recebidas ou prestadas em razão do exercício do mandato, nem sobre as pessoas que lhes confiaram ou deles receberam informações.
b) compete exclusivamente ao Congresso Nacional autorizar, por dois terços dos seus membros, a instauração de processo contra o Presidente e o Vice-Presidente da República e os Ministros de Estado.
c) compete privativamente à Câmara dos Deputados sustar os atos normativos do Poder Executivo que exorbitem do poder regulamentar ou dos limites de delegação legislativa.
d) compete privativamente ao Senado Federal apreciar os atos de concessão e renovação de concessão de emissoras de rádio e televisão.
e) as imunidades de Deputados ou Senadores subsistirão durante o estado de sítio, só podendo ser suspensas mediante o voto da maioria absoluta dos membros da Casa respectiva, nos casos de atos praticados fora do recinto do Congresso Nacional, que sejam incompatíveis coma execução da medida.

ANOTAÇÕES/COMENTÁRIOS

(a) Art. 53, § 6º da CF.

(b) Competência da Câmara dos Deputados. Art. 51, inc. I da CF.

(c) Competência do Congresso Nacional. Art. 49, inc. V da CF.

(d) Competência do Congresso Nacional. Art. 49, inc. XII da CF.

(e) Voto de dois terços dos membros da Casa respectiva. Art. 53, § 8º da CF. Lembrando que as imunidades parlamentares são prerrogativas inerentes à função parlamentar, que garantem o exercício do mandato parlamentar, com plena liberdade.

Para responder, tem que estudar: lei.

Gabarito: A

23. **(Funcab/PC/RJ/Delegado/2012)** O art. 58, § 3º, da Constituição Federal de 1988 consagrou, no Poder Legislativo, as Comissões Parlamentares de Inquérito. No que se refere ao poder investigatório da Comissão, é correto afirmar:

a) pode ouvir testemunhas, inclusive com a possibilidade de condução coercitiva.

b) não pode quebrar o sigilo bancário, fiscal e de dados de pessoa que esteja sendo investigada.

c) pode determinar quaisquer buscas e apreensões imprescindíveis à elucidação do objeto da investigação, desde que fundamente sua decisão.

d) pode determinar a aplicação de medidas cautelares, tais como indisponibilidade de bens, arrestos e sequestros, na hipótese de fundado receio de remessa para o exterior dos bens, públicos ou privados, adquiridos pela organização criminosa investigada.

e) no interesse da investigação, possuem competência para decretar todas as espécies de prisões cautelares, desde que haja prejuízo para a garantia da ordem pública, conveniência da instrução criminal e aplicação da lei penal.

ANOTAÇÕES/COMENTÁRIOS

(a) As comissões podem determinar a oitiva de qualquer pessoa, funcionário público ou particular, desde que seja necessário para a investigação. Art. 58, § 2º, inc. V da CF.

(b) Quebra dos sigilos bancário, fiscal e telefônico tem natureza probatória e é inerente ao poder investigatório das Comissões Parlamentares de inquérito.

(c) Segundo art. 58, § 3º da CF, as CPIs terão poderes de investigação próprios das autoridades judiciais, além de outros previstos nos regimentos das respectivas Casas. Estão excluídos de seus poderes as matérias de reserva de jurisdição (art. 5°, incisos XI, XII e LXI, da CF), como por exemplo, diligência de busca domiciliar, quebra do sigilo das comunicações telefônicas (interceptação telefônica) e ordem de prisão, salvo no caso de flagrante delito, por exemplo, por crime de falso testemunho.

(d) Tais medidas estão submetidas a cláusula de reserva de jurisdição.

(e) As Comissões Parlamentares de Inquérito não possuem competência constitucional para decretação de prisões temporárias, preventivas ou quaisquer outras hipóteses, salvo as prisões em flagrante delito, uma vez que a Constituição Federal reservou ao Poder Judiciário a função de zelar pelo "status libertatis" individual do cidadão.

Para responder, tem que estudar: lei e jurisprudência.

Gabarito: A

24. (Funcab/PC/RJ/Delegado/2012) Acerca das Reuniões ou Sessões do Poder Legislativo, qual das hipóteses abaixo não possui previsão constitucional?

a) sessão extraordinária.

b) sessão ordinária.

c) sessão conjunta.

d) sessão preparatória.

e) sessão interventiva.

ANOTAÇÕES/COMENTÁRIOS

(a) Art. 57, § 6º da CF. A sessão legislativa extraordinária é aquela que ocorre durante o recesso parlamentar quando convocada nos termos do art. 57, § 6°, da Constituição.

(b) Art. 57 da CF. O Congresso Nacional reunir-se-á, anualmente, na Capital Federal, de 2 de fevereiro a 17 de julho e de 1º de agosto a 22 de dezembro. Nessa sessão legislativa, os parlamentares se reúnem ordinariamente.

(c) Art. 57, § 3º da CF. A Câmara dos Deputados e o Senado Federal reunir-se-ão em sessão conjunta, em determinadas hipóteses.

(d) Art. 57, § 4º da CF. Embora a sessão legislativa ordinária só começa em 2 de fevereiro, cada uma das Casas reunir-se-á em sessões preparatórias, a partir de 1.º de fevereiro, no primeiro ano da legislatura, para a posse de seus membros e eleição das respectivas Mesas, para mandato de 2 anos, vedada a recondução para o mesmo cargo na eleição imediatamente subsequente.

(e) Não possui previsão constitucional.

Para responder, tem que estudar: lei.

Gabarito: E

25. (Funcab/PC/RJ/Delegado/2012) Dentre as espécies normativas mencionadas nas opções abaixo, aponte a que admite a figura da iniciativa popular:

a) leis delegadas.
b) medidas provisórias.
c) resoluções.
d) leis complementares.
e) decretos legislativos.

ANOTAÇÕES/COMENTÁRIOS

(a) Art. 68 da CF. Será elaborada pelo Presidente da República, após prévia solicitação ao Congresso Nacional, que delimitará o assunto sobre o qual pretende legislar. Essa delegação será realizada por meio de resolução, que especificará seu conteúdo e os termos de seu exercício. Lembrando que certas matérias não podem ser delegadas, conforme art. 68, § 1º da CF.

(b) Art. 62 da CF. A medida provisória é um ato monocrático, unipessoal, com força de lei, editado pelo Presidente da República, em casos de relevância e urgência, que deve submeter, posteriormente, ao Congresso Nacional.

(c) Art. 51 e 52 da CF. As matérias de competência privativa da Câmara dos Deputados (art. 51), do Senado Federal (art. 52) e algumas de competência do Congresso Nacional serão regulamentadas por meio de resoluções

(d) Art. 61 da CF. Observação: o sistema brasileiro não admitiu expressamente a iniciativa popular para propostas de emendas à Constituição Federal. Entretanto, como já visto anteriormente, o STF afirma que a iniciativa popular de emenda à Constituição Estadual é compatível com a Constituição Federal, encontrando fundamento no art. 1º, parágrafo único, no art. 14, II e III e no art. 49, VI, da CF/88.

(e) Art. 49 da CF. As competências exclusivas do Congresso Nacional, alinhadas nos incisos I a XVII do art. 49 da CF/88 são regulamentadas através do instrumento normativo chamado de decreto legislativo.

Para responder, tem que estudar: lei.

Gabarito: D

26. (Ceperj/PC/RJ/Delegado/2009) Analise as seguintes assertivas quanto ao processo legislativo previsto na Constituição Federal de 1988 e assinale a alternativa correta.

I. a iniciativa legislativa para a proposição de emenda constitucional é concorrente.

II. em regra, o processo legislativo da emenda constitucional inicia-se na Câmara dos Deputados ou no Senado Federal, em homenagem ao princípio democrático.

III. não poderá haver emendas parlamentares em projeto de lei cuja iniciativa seja exclusiva do chefe do Poder Executivo.

IV. a matéria constante de projeto de lei rejeitado somente poderá constituir objeto de novo projeto, na mesma sessão legislativa, mediante proposta da maioria absoluta dos membros de qualquer das Casas do Congresso Nacional.

a) as opções I e IV estão erradas.
b) as opções I e II estão corretas.
c) as opções II e III estão corretas.
d) as opções III e IV estão corretas.
e) as opções I e IV estão corretas.

ANOTAÇÕES/COMENTÁRIOS

(I) Art. 60 da CF. Concorrente, ou seja, iniciativa de qualquer um dos legitimados elecandos nesse artigo. Lembrando que as emendas constitucionais são fruto do poder constituinte derivado reformador.

(II) A proposta de EC inicia-se em lugares diversos, conforme a situação. Se da Câmara dos deputados ou Presidente da República, inicia-se na Câmara. Se do Senado ou das Assembléias Legislativas, inicia-se no Senado.

(III) Pode haver emenda parlamentar, que somente é vedada quanto à Lei Delegada (art. 68, § 3º), existindo a possibilidade em relação as demais iniciativas do Presidente da República (vide arts. 64, § 3º e 65, pár. único). Lembrando que para ter essa emenda, deve-se cumprir dois requisitos: a) haja pertinência temática (a emenda não trate sobre assunto diferente do projeto original); e b) a emenda não acarrete aumento de despesas originalmente previstas (art. 63, I, da CF)

(IV) Art. 67 da CF. Logo, em regra, a Constituição proíbe a reapresentação de projeto de lei na mesma sessão legislativa (no mesmo ano) em que foi rejeitado.

Para responder, tem que estudar: lei.

Gabarito: E

27. (Ceperj/PC/RJ/Delegado/2009) Os Tribunais de Contas:

a) integram o Poder Judiciário.
b) são órgãos auxiliares do Poder Legislativo.
c) podem ser criados nas capitais de Estados que deles não dispõem.
d) revestem-se de natureza autárquica.
e) atuam diretamente no controle financeiro interno da Administração Pública.

ANOTAÇÕES/COMENTÁRIOS

(a) Não estão elencados no rol dos órgãos desse Poder (art. 92 da CF).

(b) Embora tenha sido previsto na Constituição no capítulo referente ao Poder Legislativo, o Tribunal de Contas não o integra, tampouco está a ele subordinado. É um órgão de natureza técnica, independente e autônomo. O Tribunal de Contas, apesar dessa autonomia, em determinadas atribuições, é auxiliar desse Poder Legislativo. (Art. 71 da CF).

(c) Sua criação é uma obrigação e não uma faculdade. Art. 75, Parágrafo único, da CF.

(d) Não pertencem à Administração Pública Indireta.

(e) A fiscalização em si, no caso do controle externo, fica a cargo Poder Legislativo, sendo que o Tribunal de Contas atua como órgão auxiliar (Art. 71 da CF). O controle interno é exercido por cada Poder, por meio de seus próprios órgãos.

Para responder, tem que estudar: lei.

Gabarito: B

28. (Funcab/PC/RJ/Delegado/2012) No que se refere às garantias do Poder Judiciário, com destaque à vitaliciedade conectada à noção de independência, marque a alternativa correta:

a) diz-se garantia de independência dos órgãos judiciários porque, com a vitaliciedade, ocorre a estabilidade perpétua do magistrado.

b) diz-se garantia de independência dos órgãos judiciários porque, com a vitaliciedade, os magistrados só perdem o cargo havendo sentença judicial transitada em julgado.

c) diz-se garantia de independência dos órgãos judiciários porque a vitaliciedade se adquire tão logo ocorra o exercício do cargo.

d) diz-se garantia de independência dos órgãos judiciários porque a vitaliciedade só se aplica ao juiz de carreira, não se estendendo aos advogados que integram a carreira da magistratura pela regra do quinto constitucional.

e) diz-se garantia de independência dos órgãos judiciários porque, com a vitaliciedade, o magistrado só perde o cargo quando ocorre decisão da mais Alta Corte do País.

ANOTAÇÕES/COMENTÁRIOS

(a, c, d, e) Ver comentário da assertiva b.

(b) Art. 95, inc. I da CF. Art. 95. Os juízes gozam das seguintes garantias: I – vitaliciedade, que, no primeiro grau, só será adquirida após dois anos de exercício, dependendo a perda do cargo, nesse período, de deliberação do tribunal a que o juiz estiver vinculado, e, nos demais casos, de sentença judicial transitada em julgado. A vitaliciedade consiste numa garantia do Juiz contra a perda do cargo, visando permitir que o Juiz atue com independência no exercício da função jurisdicional, não se submetendo a pressões internas ou externas, tampouco a ameaças de demissão pelo fato de decidir de determinada maneira.

Para responder, tem que estudar: lei.

Gabarito: B

29. (Funcab/PC/RJ/Delegado/2012) Considerando as normas constitucionais que regulam a competência da Justiça Federal, é correto afirmar que cabe aos juízes federais processar e julgar:

a) os crimes políticos e todas as infrações penais praticadas em detrimento de bens, serviços ou interesse da União ou de suas entidades autárquicas ou empresas públicas, ressalvada a competência da Justiça Militar e da Justiça Eleitoral.

b) os crimes praticados contra o trabalhador que não importem grave violação de direitos humanos.

c) as infrações penais cuja prática tenha repercussão interestadual e exija repressão uniforme.

d) os crimes cometidos em rodovias federais.

e) os crimes cometidos a bordo de navios ou aeronaves, ressalvada a competência da Justiça Militar.

ANOTAÇÕES/COMENTÁRIOS

(a) Artigo 109, inc IV da CF. Falta a expressão "excluídas as contravenções" e há também a inclusão da palavra "todas" antes de "infrações penais.

(b) Art. 109, inc. VI e Art. 109, §5º, ambos da CF. Examinador misturou esses dois artigos.

(c) Tal afirmação está relacionada com o Art. 144 §1º, inc. I da CF, que trata da Atribuição da Polícia Federal. Tais infrações, apesar de serem atribuição da Polícia Federal para investigar, não necessariamente, serão julgadas pela Justiça Federal. Ver Lei 10.446/2002.

(d) Art. 109 da CF não faz menção a essa hipótese.

(e) Art. 109, inc. IX da CF.

Para responder, tem que estudar: lei.

Gabarito: E

30. (UFRJ/PC/RJ/Delegado/2001) O crescente movimento pela internacionalização da Amazônia fez com que parlamentares apresentassem à Câmara dos Deputados projeto de emenda constitucional alvitrando atender àquele interesse e a matéria foi enviada para Comissão de Constituição e Justiça. Tendo em vista o poder de reforma da Constituição Brasileira, pode-se afirmar que:

a) a existência de limitações ao poder de reforma é incompatível com o princípio da supremacia da Constituição.
b) a Constituição brasileira admite limitações procedimentais, circunstanciais e substanciais ao poder de reforma de seu texto.
c) a Constituição da República apenas admite limitações explícitas ao poder de reforma de seu texto.
d) as limitações formais ao poder de reforma indicam o caráter flexível da Constituição da República.
e) os temas petrificados não permitem ao Poder Constituído a alteração de seu conteúdo em nenhuma hipótese.

ANOTAÇÕES/COMENTÁRIOS

(a) A Contituição, por ter supremacia em relação às outras normas, necessita que haja limitações para sua reforma.

(b) Art. 60 da CF. O poder constituinte derivado é condicionado, submetendo-se a algumas limitações, expressamente previstas, ou decorrentes do sistema (implícitas). As limitações expressas ou explícitas podem ser: formais ou procedimentais (art. 60, I, II,III e §2º, §3º e§5º da CF), circunstanciais (art. 60, §1º da CF) e materiais (art. 60, §4º da CF).

(c) As limitações materiais implícitas são aquelas limitações não previstas expressamente no texto da Lei maior, mas que são deduzidas dos regimes e princípios que ele adota.

(d) Indicam um caráter mais rígido na modificação da Constituição.

(e) As cláusulas pétreas podem ser modificadas para ser fortificadas, desde que não tendam a serem abolidas. Ver art. 60, § 4º da CF.

Para responder, tem que estudar: teoria/doutrina.

Gabarito: B

31. (UFRJ/PC/RJ/Delegado/2001) Tendo em vista o Princípio da Simetria Constitucional, assinale a alternativa correta:

a) A Constituição da República veda expressamente que as Constituições estaduais instituam, em seu âmbito, a ação declaratória de constitucionalidade.
b) Segundo a jurisprudência do Supremo Tribunal Federal, a emenda parlamentar de membro ou comissão da Assembléia Legislativa do Estado deve guardar pertinência temática com o conteúdo do projeto de lei de iniciativa privativa do Governador do Estado.
c) A Constituição Estadual pode atribuir ao Defensor Público Geral do Estado a competência para propor representação interventiva estadual em município.

d) A Constituição da República autoriza expressamente que o constituinte estadual institua, no seu âmbito, a ação declaratória de constitucionalidade.

e) Segundo a jurisprudência do Supremo Tribunal Federal, as constituições estaduais estão autorizadas a instituir hipóteses de intervenção estadual diversas daquelas previstas na Carta da República.

ANOTAÇÕES/COMENTÁRIOS

(a) Não há esse tipo de vedação expressa na CF. Cabe afirmar que o objeto da referida ação é lei ou ato normativo federal. Ver. art. 102, I, "a" da CF.

(b) A atividade legiferante, própria do Poder Legislativo, confere ao parlamentar a prerrogativa de emendar todo e qualquer projeto de lei, mas o exercício desse poder de emenda sofre duas limitações de extração constitucional, nas proposições que veiculem matéria de iniciativa reservada a outro Poder, caso em que as emendas parlamentares não podem implicar aumento de despesa pública e devem guardar pertinência temática com a matéria versada no projeto de lei.

(c) O art. 35, IV, da CF dispõe que a intervenção estadual deve ser decretada pelo Governador de Estado. As regras previstas nas Constituições Estaduais e nos regimentos internos dos tribunais locais, devem, por simetria, seguir o modelo federal.

(d) Não há essa autorização expressa, o que existe é a autorização expressa para representação de inconstitucionalidade (art. 125, §2º da CF).

(e) A Constituição de 1988 autorizou a intervenção dos Estados-membros em seus Municípios, nas hipóteses taxativamente previstas em seu art. 35. As Constituições Estaduais não podem estabelecer outras hipóteses, que são normas de repetição obrigatória.

Para responder, tem que estudar: lei e jurisprudência.

Gabarito: B

32. (UFRJ/PC/RJ/Delegado/2001) Acerca das Comissões Parlamentares de Inquérito, assinale a alternativa correta.

a) Segundo a jurisprudência do Supremo Tribunal Federal, se afigura lícito afirmar que uma Comissão Parlamentar de Inquérito tenha poderes para determinar a quebra de sigilo telefônico e fiscal.

b) Segundo a jurisprudência do Supremo Tribunal Federal, ao indiciado ou à testemunha em uma Comissão Parlamentar de Inquérito não se aplica o privilégio contra a auto-incriminação.

c) Entende o Supremo Tribunal Federal que uma Comissão Parlamentar de Inquérito pode, em qualquer hipótese, decretar a prisão de qualquer pessoa relacionada ao fato investigado.

d) O Supremo Tribunal Federal não é competente para processar e julgar o "habeas corpus" contra ato de Comissão Parlamentar de Inquérito constituída por qualquer uma das Casas do Congresso Nacional.

e) É corrente na jurisprudência do Supremo Tribunal Federal que a Comissão Parlamentar de Inquérito tem como função institucional investigar irregularidades perpetradas pelo Poder Público e, se for o caso, aplicar as punições previstas em lei.

ANOTAÇÕES/COMENTÁRIOS

(a) Posição do STF. Ver Art. 58, § 3º da CF.

(b) É unânime que o investigado tem o direito ao silêncio (Nemo tenetur se detegere), ou seja, aplica-se o privilégio contra a auto-incriminação. Já em relação a testemunha, há discussão, entretanto, para maioria e também em decisões recentes do STF, é aplicado à testemunha.

(c) Em respeito ao postulado da reserva constitucional de jurisdição, a CPI não pode praticar determinados atos de jurisdição exclusivos de autoridade judicial, como a decretação de prisão.

(d) O STF tem competência originária para processar e julgar mandado de segurança e "habeas corpus" contra atos da CPI. "... a Comissão Parlamentar de Inquérito, enquanto projeção orgânica do Poder Legislativo da União, nada mais é senão a longa manus do próprio Congresso Nacional ou das Casas que o compõem, sujeitando-se, em consequência, em tema de mandado de segurança ou de habeas corpus, ao controle jurisdicional originário do Supremo Tribunal Federal (CF, art. 102, I, 'd' e 'i')" (MS 23.452, 2000).

(e) A CPI deve ter por objeto a apuração de fato determinado e suas conclusões, se for o caso, serão encaminhadas ao Ministério Público, para que promova a responsabilidade civil ou criminal dos infratores. Art. 58, § 3º da CF.

Para responder, tem que estudar: lei e jurisprudência.

Gabarito: A

33. (PC/RJ/Delegado/2002) A fiscalização das contas públicas fica a cargo do Poder Legislativo por determinação constitucional. A respeito do tema, pode-se afirmar corretamente que:

a) compete ao Tribunal de Contas da União apreciar as contas prestadas anualmente pelo Presidente da República, mediante parecer definitivo que deverá ser elaborado em até noventa dias a contar de seu recebimento.

b) o Tribunal de Contas da União é integrado por nove Ministros, tem sede no Distrito Federal e jurisdição em todo território nacional, respondendo, em última instância, pela fiscalização das contas de todas as entidades federativas.

c) segundo a jurisprudência do Supremo Tribunal Federal, o Tribunal de Contas da União, no exercício de suas atribuições, não tem competência para apreciar a constitucionalidade das leis e dos atos do poder público.

d) o Tribunal de Contas da União tem competência para fiscalizar a aplicação de quaisquer recursos repassados pela União mediante convênio, acordo, ajuste ou outros instrumentos congêneres, a Estado, ao Distrito Federal ou a Município.

e) compete ao Tribunal de Contas da União apreciar as contas prestadas anualmente pelo Presidente da República, mediante parecer que deverá ser elaborado no prazo de sessenta dias a contar de seu recebimento da Câmara dos Deputados ou do Senado Federal.

ANOTAÇÕES/COMENTÁRIOS

(a) Parecer prévio que deverá ser elaborado em sessenta dias (art. 71, inc. I da CF).

(b) Art. 71 e 73, ambos da CF.

(c) O Tribunal de Contas, no exercício de suas atribuições, pode apreciar a constitucionalidade das leis e dos atos do Poder Público. Súmula 347 do STF.

(d) Art. 71, inc. VI da CF.

(e) A parte final da assertiva está incorreta. Art. 71, inc. I da CF

Para responder, tem que estudar: lei e súmula.

Gabarito: D

34. (PC/RJ/Delegado/2002) Sobre crimes de responsabilidade (ou infrações político-administrativas) dos Chefes do Executivo, é correto dizer que:

a) é condição específica de procedibilidade a autorização do Congresso Nacional para que o Presidente da República possa ser julgado pelo Senado Federal.

b) compete ao Tribunal de Justiça processar e julgar o Prefeito.

c) é condição específica de prosseguibilidade a autorização da Assembléia Legislativa para que o Governador do Estado seja processado e julgado.

d) é imprescindível a suspensão do Presidente para que seja instaurado o processo.

e) enquanto não sobrevier sentença condenatória o Presidente da República não estará sujeito à prisão.

ANOTAÇÕES/COMENTÁRIOS

(a) autorização por dois terços da Câmara dos Deputados. Art. 86 da CF.

(b) Cabe ao Tribunal de Justiça julgar o Prefeito. Art. 29, inc. X da CF.

(c) Por simetria, vide art. 86 da CF. Entretanto, atentar que não há necessidade de prévia autorização da Assembleia Legislativa para que o STJ receba denúncia ou queixa e instaure ação penal contra Governador de Estado, por crime comum. STF (ADIs 4798, 4764 e 4797).

(d) Ficará suspenso após a instauração do processo pelo Senado Federal. Art. 86, § 1º, inc. II da CF.

(e) Isso ocorre nas infrações comuns. Art. 86, § 3º da CF.

Para responder, tem que estudar: lei.

Gabarito: C

35. (PC/RJ/Delegado/2002) Das Comissões Parlamentares de Inquérito, é correto dizer que:

a) não sofrem limitação quanto à sua criação, podendo ainda, a Câmara dos Deputados e o Senado Federal, criar, em conjunto ou separadamente, tantas Comissões quantas julgarem necessárias para realizar as investigações.

b) sua criação depende de três requisitos: (1) requerimento de pelo menos um terço dos membros de cada Casa, ou de ambas; (2) ter por objeto a apuração de fato determinado; (3) ter prazo certo de funcionamento, o que não impede prorrogações sucessivas dentro da mesma legislatura.

c) a expressão "poderes de investigação próprios das autoridades judiciais", ante a inexistência como regra no ordenamento jurídico brasileiro do juiz-investigador, deve ser entendida como todos os poderes que possuem os magistrados durante a instrução processual penal.

d) é possível a prisão em flagrante por delito de falso testemunho, a condução coercitiva de cidadãos para prestarem esclarecimentos, a decretação da prisão preventiva do investigado, a apuração de fatos conexos ao principal, a possibilidade de quebra de sigilo bancário, fiscal de dados e registros telefônicos.

e) é possível a decretação de medidas prisionais que não sejam em flagrante delito, uma vez que o poder geral de cautela não será apenas exercido por juízes togados.

ANOTAÇÕES/COMENTÁRIOS

(a) São criadas pela Câmara dos Deputados e pelo Senado Federal, em conjunto ou separadamente, entretanto, tem limites quanto à sua criação. Ver assertiva "b".

(b) Art. 58, § 3º da CF.

(c, e) A CPI não possui poderes que estão submetidos à cláusula constitucional da reserva de jurisdição, como, por exemplo, o poder de determinar a interceptação da comunicação telefônica, de determinar busca e apreensão domiciliar, de decretar prisões, de ordenar sequestro de bens, entre outros.

(d) Os poderes da CPIs são os seguintes: notificar testemunhas e determinar sua condução coercitiva, prender em flagrante (somente não pode prender o investigado por falso testemunho, uma vez que se trata de investigado e não de testemunha), requisitar perícias, exames, vistorias, documentos (poder de requisição) e afastar sigilo bancário, fiscal e telefônico (dados), sem necessidade de autorização judicial.

Para responder, tem que estudar: lei e jurisprudência.

Gabarito: B

36. (PC/RJ/Delegado/2002) Sabe-se sobre o funcionamento do Poder Legislativo que:

a) haverá convocação obrigatória de sessão legislativa extraordinária se o projeto de lei de diretrizes orçamentárias não tiver sido aprovado na sessão legislativa ordinária.
b) a Comissão Representativa continuará em funcionamento conjuntamente com o Congresso convocado extraordinariamente, para exercer as atribuições que lhe sejam cometidas no período.
c) a competência das Comissões, em razão da matéria de discutir e votar projeto de lei que dispensar, na forma do regimento, a competência do Plenário é forma de delegação interna.
d) a competência das Comissões para solicitar o depoimento de "qualquer autoridade" inclui o Presidente da República, o Presidente do Supremo Tribunal Federal, o Presidente da Câmara dos Deputados e o Presidente do Senado Federal.
e) havendo medidas provisórias em vigor na data de convocação extraordinária do Congresso Nacional, serão elas automaticamente excluídas da pauta de convocação.

ANOTAÇÕES/COMENTÁRIOS

(a) Se a LDO não for aprovada, o Congresso Nacional não pode entrar em recesso. Ver também o Art. 57, § 6º da CF.

(b) Art. 58, § 4º da CF.

(c) Art. 58, § 2º, inc. I da CF. Para alguns doutrinadores, essa delegação é chamada de de delegação interna corporis.

(d) Determinadas autoridades, em virtude da função que ocupam, não estão obrigadas a comparecer perante comissões de inquérito, devido ao postulado da separação de poderes e o princípio federativo. Assim, o Presidente da República e seu Vice, os Ministros do STF, por exemplo, não poderão ser convocados a prestar depoimentos nas CPis, pois, do contrário, haveria uma subordinação dos demais poderes ao Legislativo

(e) Serão elas automaticamente incluídas. Art. 57, § 8º da CF.

Para responder, tem que estudar: lei.

Gabarito: B

37. (PC/RJ/Delegado/2002) Assinale a afirmativa correta sobre a nomogênese legal:

a) O desrespeito às normas de processo legislativo constitucionalmente previstas acarretará a inconstitucionalidade material superveniente da lei ou ato normativo preexistente, possibilitando controle de constitucionalidade através de arguição de descumprimento de preceito fundamental.

b) As regras básicas de processo legislativo previstas na constituição federal não são, no entendimento do Supremo Tribunal Federal, modelos obrigatórios às Constituições Estaduais.

c) Há três espécies de processos ou procedimentos legislativos, o comum ou ordinário, o sumário e os especiais; os dois primeiros se diferenciam na medida em que o procedimento sumário exige prazo para que as Casas do Congresso Nacional deliberem, sendo certo que o prazo correrá durante o recesso.

d) A iniciativa popular a projetos de emenda constitucional gera vício de inconstitucionalidade formal subjetiva, acarretando necessariamente a inconstitucionalidade de todo o projeto.

e) A sanção do projeto supre a falta de iniciativa do Poder Executivo.

ANOTAÇÕES/COMENTÁRIOS

(a) A inconstitucionalidade é formal, cabendo ação direta de inconstitucionalidade. A inconstitucionalidade formal, ou nomodinâmica, ocorre quando a lei ou ato normativo infraconstitucional contiver algum vício em sua "forma", ou seja, em seu processo de formação, vale dizer, no processo legislativo de sua elaboração, ou, ainda, em razão de sua elaboração por autoridade incompetente.

(b) De acordo com o princípio da simetria as regras do processo legislativo federal se aplicam ao processo legislativo estadual ou municipal, de tal forma que a Constituição Estadual e a Lei Orgânica Municipal sejam simétricas à Constituição Federal . Logo, o eixo central é a Constituição Federal , portanto, as constituições estaduais e as Leis Orgânicas Municipais devem se estruturar em conformidade com a Federal.

(c) São três espécies: comum ou ordinário, sumário e procedimentos especiais. O procedimento comum ou ordinário destina-se à elaboração das leis ordinárias. O procedimento sumário apresenta como característica a existência de um prazo dentro do qual deve o Congresso Nacional deliberar sobre assuntos pré-determinados. Já os procedimentos especiais são empregados na elaboração das emendas constitucionais, das leis complementares, das leis delegadas, das medidas provisórias, dos decretos-legislativos, das resoluções e das leis financeiras.

(d) O sistema brasileiro não admitiu expressamente a iniciativa popular para propostas de emendas à Constituição (PEC).

(e) O desrespeito à prerrogativa de iniciar o processo de positivação formal do direito traduz vício jurídico de gravidade inquestionável, cuja ocorrência reflete típica hipótese de inconstitucionalidade formal. Nem mesmo a aquiescência do Chefe do Executivo mediante sanção ao projeto de lei, ainda quando dele seja a prerrogativa usurpada, tem o condão de sanar esse defeito jurídico radical. A Súmula 5 do STF não mais prevalece.

Para responder, tem que estudar: lei e jurisprudência.

Gabarito: D

38. (PC/RJ/Delegado/2002) Acerca das medidas provisórias, é correto afirmar que:

a) aprovado o projeto de lei de conversão alterando o texto original da medida provisória, esta manter-se-á integralmente em vigor até que seja sancionado ou vetado o projeto.

b) é vedada a reedição, em qualquer hipótese, de medida provisória que tenha sido rejeitada ou que tenha perdido sua eficácia por decurso de prazo.

c) é vedada a revogação de medida provisória editada após o advento da Emenda Constitucional nº 32/01.

d) é vedada a edição de medidas provisórias sobre matérias relativas a direitos individuais e sociais.

e) o âmbito de incidência material constitucionalmente vedado à medida provisória é idêntico ao da lei delegada.

ANOTAÇÕES/COMENTÁRIOS

(a) Art.62, § 12 da CF.

(b) Não é em qualquer hipótese, e sim, na mesma sessão legislativa. Art. 62, § 10 da CF.

(c) Como qualquer outro ato legislativo, a Medida Provisória é passível de revogação. Ver as regras previstas no Art. 62 da CF.

(d) As vedações estão no art. 62, § 1º da CF.

(e) É diferente. As matérias vedadas para as leis delegadas estão previstas no art. 68, §1º da CF. Já em relação as medidas provisórias, as vedações estão no art. 62, § 1º da CF.

Para responder, tem que estudar: lei.

Gabarito: A

39. (PC/RJ/Delegado/2002) Acerca da estrutura e da competência constitucional do Poder Judiciário, é correto afirmar que:

a) todos os Ministros do Supremo Tribunal Federal e do Superior Tribunal de Justiça devem ser brasileiros natos.

b) é competência originária do Supremo Tribunal Federal processar e julgar o Chefe de Polícia Civil do Estado em crimes de responsabilidade.

c) compete originariamente ao Superior Tribunal de Justiça nas infrações penais comuns e nos crimes de responsabilidade, julgar os desembargadores dos Tribunais de Justiça do Estado e do Distrito Federal.

d) compete ao Supremo Tribunal Federal, nas infrações penais comuns e nos crimes de responsabilidade, julgar o Procurador Geral da República, os Ministros de Estado e os Comandantes das Forças Armadas.

e) compete ao Supremo Tribunal Federal processar e julgar, originariamente, os mandados de segurança e os "habeas data" contra ato de Ministro de Estado, dos Comandantes da Marinha, do Exército e da Aeronáutica.

ANOTAÇÕES/COMENTÁRIOS

(a) Somente para Ministros do STF, segundo art. 12, § 3º da CF.

(b) Art. 102, inc. I, alínea "c" da CF.

(c) Art. 105, inc. I, alínea "a" da CF.

(d) Art. 102, inc. I, alínea "c" da CF.

(e) Art. 102, inc. I, alínea "d" da CF.

Para responder, tem que estudar: lei.

Gabarito: C

5. DA DEFESA DO ESTADO E DAS INSTITUIÇÕES DEMOCRÁTICAS

40. (Funcab/PC/RJ/Delegado/2012) De acordo com as normas constitucionais que disciplinam o estado de defesa, é correto afirmar:

a) o Presidente da República, ouvidos o Conselho da República e o Conselho de Defesa Nacional, solicitará ao Congresso Nacional autorização para a decretação do estado de defesa, expondo os motivos determinantes do pedido, devendo o Congresso Nacional decidir por maioria absoluta.

b) o tempo de duração do estado de defesa não será superior a trinta dias, podendo ser prorrogado tantas vezes, por igual período, se persistirem as razões que justifiquem a sua decretação.

c) a restrição ao direito de reunião, ainda que exercida no seio das associações, encontra-se entre as medidas coercitivas a serem indicadas no decreto que institui o estado de defesa, nos termos e limites da lei.

d) na vigência do estado de defesa, não há vedação quanto à incomunicabilidade do preso.

e) enquanto perdurar o estado de defesa, a prisão ou detenção de qualquer pessoa, sem a autorização do Poder Judiciário, poderá ser superior a dez dias, até o limite de trinta dias.

ANOTAÇÕES/COMENTÁRIOS

(a) Art. 136 da CF. Presidente não solicita, ele decreta.

(b) art. 136 § 2º da CF. Pode ser prorrogado por uma vez.

(c) Art.136, §1º, inc. I, alínea "a"

(d) Art.136, §3 º, inc. IV da CF. É vedado incomunicabilidade do preso.

(e) Art.136, §3 º, inc. III da CF. Não pode ser superior a 30 dias.

O sistema constitucional das crises surge quando ocorre qualquer violação da normalidade constitucional. Esse sistema é definido por por Aricê Amaral Santos como "... o conjunto ordenado de normas constitucionais que, informadas pelos princípios da necessidade e da temporariedade, têm por objeto as situações de crises e por finalidade a mantença ou o restabelecimento da normalidade constitucional". A Constituição prevê duas espécies de estados de exceção: o Estado de Defesa (art. 136 da CF) e o Estado de Sírio (art. 137 da CF). No estado de defesa, o presidente da república decretará, sem necessidade prévia de deliberação do Congresso Nacional. Depois de decretado, é que se submete à aprovação do Congresso Nacional. No estado de sítio, o presidente da república solicita ao Congresso Nacional a autorização para decretar o estado de sítio. A autorização do Congresso Nacional é prévia.

Para responder, tem que estudar: lei.

Gabarito: C

41. (Ceperj/PC/RJ/Delegado/2009) Com relação ao atual texto expresso da Constituição da República, analise as seguintes proposições:

I. é permitida na disciplina excepcional do estado de sítio a decretação de restrições relativas à liberdade de imprensa, radiodifusão e televisão, na forma da lei.

II. é exclusivamente do Presidente da República o poder de decretar os estados de defesa e de sítio, sendo que somente nesta última hipótese (decretação do estado de sítio) é que precisará de autorização prévia do Congresso Nacional.

III. em nenhuma hipótese o estado de sítio poderá ser decretado por mais de trinta dias, nem prorrogado, de cada vez, por prazo superior.

IV. durante a vigência do estado de defesa não se admite prisão determinada por outra autoridade que não seja a judicial.

V. somente no estado de sítio ocorre a vedação à incomunicabilidade do preso.

Assinale a alternativa que corresponde à relação completa de proposições corretas:

a) I e II.

b) II e IV.

c) II, III e IV.

d) IV e V.

e) II, III e V.

ANOTAÇÕES/COMENTÁRIOS

(I) Art. 139, inc. III da CF. Transcrição do artigo.

(II) Arts. 136 e 137 da CF. Como já visto, no estado de defesa, o presidente da república decreta. Já no estado de sítio, o presidente da república solicita ao Congresso Nacional.

(III) Essa vedação só ocorre para o estado de sítio, no caso do art. 137, I, da CF (art. 138,§ 1º da CF)

(IV) A prisão por crime contra o Estado pode ser determinada pelo executor da medida (art. 136, § 3º, inc. I da CF)

(V) Art. 136, § 3º, inc. IV da CF. Essa vedação está expressa para o Estado de defesa.

Para responder, tem que estudar: lei.

Gabarito: A

42. (UFRJ/PC/RJ/Delegado/2001) São estados de legalidade extraordinária previstos na Constituição da República Federativa do Brasil:

a) Estado de Defesa; Estado de Sítio; Estado de Emergência.

b) Estado Democrático de Direito; Estado de Necessidade; Estado Federal.
c) Intervenção Econômica; Intervenção Federal; Intervenção Estadual.
d) Intervenção Federal; Estado de Defesa; Estado de Sítio.
e) Ressarcimento ao Erário; Suspensão de Direitos Políticos; Perda da Função Pública.

ANOTAÇÕES/COMENTÁRIOS

(a) Estado de Emergência não tem previsão constitucional e nem legal.

(b) Estado Democrático de Direito é previsto na Constituição Federal no seu artigo 1º. Estado de Necessidade está relacionado ao direito penal. Estado Federal não está relacionado com legalidade extraordinária.

(c) Pode acontecer do Estado intervir na economia, mas não existe um estado de legalidade extraordinária chamado de Intervenção econômica. Intervenção Federal tem previsão no artigo 34 da CF, já a intervenção estadual tem previsão no art. 35 da CF.

(d) Arts. 34, 136 e 137, todos da CF, respectivamente.

(e) Não são formas de estados de legalidade extraordinária.

Para responder, tem que estudar: lei.

Gabarito: D

43. (UFRJ/PC/RJ/Delegado/2001) Tendo em vista os estados de legalidade extraordinária, assinale a alternativa correta:

a) Um dos pressupostos materiais que ensejam a decretação do Estado de Sítio é a necessidade de prontamente restabelecer, em âmbito nacional, a ordem pública ou a paz social, ameaçadas por grave e iminente instabilidade institucional.
b) É requisito essencial para o ensejo de um estado de legalidade extraordinária a oitiva com expressa concordância do Conselho da República e do Conselho de Defesa Nacional.
c) É possível a prorrogação do Estado de Defesa a cada trinta dias e enquanto persistirem as razões que justificaram a sua decretação.
d) Durante o período de vigência de um estado de legalidade extraordinária, o alcance do "habeas corpus" é suprimido.
e) Na vigência do estado de defesa, é possível a detenção de qualquer civil em prédio militar.

ANOTAÇÕES/COMENTÁRIOS

(a) Segundo a banca, essa assertiva está correta, entretanto, tal texto se assemelha ao conceito de Estado de Defesa que ocorre em locais restritos e determinados e não em âmbito nacional (art. 136 da CF). Percebe-se que essa assertiva deveria ser considerada errada.

(b) Esses conselhos só são ouvidos, não é necessário concordância. Lembrando que no Estado de Defesa, o Presidente Decreta e no Estado de Sítio, o Presidente Solicita.

(c) Pode ser prorrogado uma vez. Art. 136, § 2º, da CF.

(d) Não há esse tipo de previsão na CF.

(e) Não há esse tipo de previsão na CF. O mais próximo é relativo ao Estado de Sítio (Art. 139, inc. II da CF).

Para responder, tem que estudar: lei.

Gabarito: A

44. (PC/RJ/Delegado/2002) Sobre Defesa do Estado e das Instituições Democráticas, pode-se afirmar corretamente que:

a) há previsão constitucional e legal de atuação direta das Forças Armadas no combate ao tráfico de substâncias entorpecentes ou drogas afins.

b) a declaração do estado de guerra depende da oitiva formal do Congresso Nacional.

c) mesmo que o congressista queira incorporar-se às Forças Armadas, ainda que em tempo de guerra, não poderá fazê-lo por sua exclusiva vontade, salvo se renunciar ao mandato.

d) o Presidente do Congresso Nacional designará Comissão composta de cinco de seus membros para acompanhar e fiscalizar a execução das medidas referentes ao Estado de Sítio.

e) sob nenhuma circunstância poderá o indivíduo alegar imperativo de consciência para eximir-se de obrigação militar.

ANOTAÇÕES/COMENTÁRIOS

(a) Não há esse tipo de previsão nos artigos 142 e 143 da CF.

(b) A declaração do estado de guerra é uma das hipóteses do estado de sítio. Art. 137, inc. II da CF.

(c) Art. 53, § 7º da CF. § 7º A incorporação às Forças Armadas de Deputados e Senadores, embora militares e ainda que em tempo de guerra, dependerá de prévia licença da Casa respectiva.

(d) Não há esse tipo de previsão no art. 137 da CF.

(e) A Constituição Federal prevê a atribuição de serviço alternativo aos que alegarem imperativo de consciência com base em crença religiosa, filosófica ou política Art. 143, § 1º da CF.

Para responder, tem que estudar: lei.

Gabarito: C

45. (PC/RJ/Delegado/2006) Analise as afirmativas a seguir, relativas à segurança, com base na Constituição da República Federativa do Brasil e na jurisprudência do Supremo Tribunal Federal:

I. A segurança pública, que inclui a vigilância intramuros nos estabelecimentos penais, dever do Estado, direito e responsabilidade de todos, é exercida para a preservação da ordem pública.

II. A segurança pública, dever do Estado, é exercida para a preservação da ordem pública através dos seguintes órgãos estaduais: polícia civil, polícia militar, corpo de bombeiros e polícia penitenciária.

III. Às polícias civis, dirigidas por delegados de polícia federal de carreira, incumbem, ressalvada a competência da União, as funções de polícia judiciária e de apuração de infrações penais.

IV. Às polícias civis, privativamente, compete reprimir o tráfico ilícito de entorpecentes e drogas afins, o contrabando e o descaminho.

V. São crimes de responsabilidade os atos do Presidente da República e do Governador do Estado que atentem contra a Constituição Federal, o livre exercício do Poder Legislativo, do Poder Judiciário, do Ministério Público, o exercício dos direitos políticos, individuais e sociais, e a segurança.

Assinale a alternativa correta:

a) todas as afirmativas estão erradas.

b) apenas as afirmativas I, III, IV e V estão corretas.

c) apenas as afirmativas III e IV estão corretas.

d) apenas as afirmativas II e IV estão corretas.

e) apenas as afirmativas I, III e IV estão corretas.

ANOTAÇÕES/COMENTÁRIOS

(I, II) Artigo 144 e incisos da CF.

(III) Art. 144, § 4º da CF. Note-se que devem ser dirigidas por delegados de polícia de carreira e há a exceção quanto apuração de infrações penais militares.

(IV) Cabe à polícia federal, vide art. 144, § 1º, inc. II da CF. A segurança pública é exercida para a preservação da ordem pública e da incolumidade das pessoas e do patrimônio, através, exclusivamente, dos seguintes órgãos: polícia federal, polícia rodoviária federal, polícia ferroviária federal, polícias civis, polícias militares e corpos de bombeiros militares. Esse rol ao artigo 144 é taxativo.

(V) Art. 85 da CF. Esse artigo trata dos crimes de responsabilidade cometidos pelo presidente. Lembrando que Constituição Federal de 1988 prevê dois tipos de responsabilidade do Presidente da República: uma responsabilidade política (crimes de responsabilidade, infrações de natureza político-administraiva) e uma responsabilidade penal.

Para responder, tem que estudar: lei.

Gabarito: A

46. (PC/RJ/Delegado/2006) O Presidente da República pode decretar estado de defesa para preservar, em locais restritos e determinados, a ordem pública ameaçada por grave e iminente instabilidade institucional ou atingidas por calamidades de grandes proporções na natureza. O ato que instituir o estado de defesa indicará, nos limites da lei, as medidas coercitivas a vigorar, inclusive restrições aos seguintes direitos, exceto o:

a) de reunião, ainda que exercida no seio das associações.
b) de sigilo de correspondência.
c) de sigilo de comunicação telefônica.
d) de incomunicabilidade do preso.
e) de ocupação e uso temporário de bens e serviços públicos, na hipótese de calamidade pública.

ANOTAÇÕES/COMENTÁRIOS

(a) Art. 136, § 1º, inc. I, alínea "a" da CF. Lembrando que o Presidente Decreta o Estado de Defesa e Solicita o Estado de Sítio.

(b) Art. 136, § 1º, inc. I, alínea "b" da CF

(c) Art. 136, § 1º, inc. I, alínea"c" da CF

(d) Art. 136, § 3º, inc. IV da CF

(e) Art. 136, § 1º, inc. II da CF

Para responder, tem que estudar: lei.

Gabarito: D

47. (PC/RJ/Delegado/2006) Na vigência do estado de sítio decretado com fundamento na comoção grave de repercussão nacional ou ocorrência de fatos que comprovem a ineficácia de medida tomada durante o estado de defesa, poderão ser tomadas contra as pessoas as seguintes medidas, exceto:

a) obrigação de permanência em localidade determinada.
b) restrições relativas à inviolabilidade da correspondência, ao sigilo das comunicações, à prestação de informações e à liberdade de imprensa, radiodifusão e televisão.
c) suspensão dos direitos políticos.
d) busca e apreensão em domicílio.
e) detenção em edifício não destinado a acusados ou condenados por crimes comuns.

ANOTAÇÕES/COMENTÁRIOS

(a) Art. 139, inc. I da CF.

(b) Art. 139, inc. III da CF.

(c) Não há essa previsão.

(d) Art. 139, inc. V da CF.

(e) Art. 139, inc. II da CF.

Para responder, tem que estudar: lei.

Gabarito: C

6. DA ORDEM SOCIAL

48. (Ceperj/PC/RJ/Delegado/2009) Acerca das normas de proteção ao Meio Ambiente assinale a alternativa incorreta.

a) é competência comum da União, dos Estados, do Distrito Federal e dos Municípios proteger o meio ambiente e combater a poluição em qualquer de suas formas.

b) a Defensoria Pública tem legitimidade para propor ação civil pública para responsabilização pelos danos causados ao meio ambiente.

c) compete à União legislar sobre normas suplementares de proteção do meio ambiente que não exclui a competência concorrente dos Estados e do Distrito Federal.

d) compete à União, aos Estados e ao Distrito Federal legislar concorrentemente sobre florestas, caça, pesca, fauna, conservação da natureza, defesa do solo e dos recursos naturais, proteção do meio ambiente e controle da poluição.

e) a licença ambiental corresponde ao ato administrativo pelo qual o órgão ambiental estabelece as condições, restrições e medidas de controle ambiental que deverão ser obedecidas pelo empreendedor, pessoa física ou jurídica, para localizar, instalar, ampliar e operar empreendimentos ou atividades utilizadoras dos recursos ambientais consideradas efetiva ou potencialmente poluidoras, ou que de qualquer forma, possam causar degradação ambiental.

ANOTAÇÕES/COMENTÁRIOS

(a) Artigo 23, VI da CF: "VI – É competência comum da União, dos Estados, do Distrito Federal e dos Municípios: VI – proteger o meio ambiente e combater a poluição em qualquer de suas formas;".

(b) Artigo 5º, II da Lei 7347/85: "Art. 5º Têm legitimidade para propor a ação principal e a ação cautelar: II – a Defensoria Pública; (Redação dada pela Lei nº 11.448, de 2007).".

(c) Compete à União legislar sobre normas gerais e o Estados possuem competência suplementar. Artigo 24 da CF. "Art. 24. Compete à União, aos Estados e ao Distrito Federal legislar concorrentemente sobre: VI – florestas, caça, pesca, fauna, conservação da natureza, defesa do solo e dos recursos naturais, proteção do meio ambiente e controle da poluição; § 1º – No âmbito da legislação concorrente, a competência da União limitar-se-á a estabelecer normas gerais. § 2º – A competência da União para legislar sobre normas gerais não exclui a competência suplementar dos Estados."

(d) Artigo 24, VI da CF. (ver acima).

(e) Resolução 237 do CONAMA, artigo 1º, II: "Licença Ambiental: ato administrativo pelo qual o órgão ambiental competente, estabelece as condições, restrições e medidas de controle ambiental que deverão ser obedecidas pelo empreendedor, pessoa física ou jurídica, para localizar, instalar, ampliar e operar empreendimentos ou atividades utilizadoras dos recursos ambientais consideradas efetiva ou potencialmente poluidoras ou aquelas que, sob qualquer forma, possam causar degradação ambiental.".

Para responder, tem que estudar: lei.

Gabarito: C

49. (UFRJ/PC/RJ/Delegado/2001) A Constituição da República dispõe que a ordem social objetiva o bem-estar e a justiça social. Sendo a comunicação social, o meio ambiente e a proteção à infância e à adolescência indispensáveis à consecução daqueles objetivos, assinale a alternativa correta:

a) A publicação de veículo impresso de comunicação depende de licença de autoridade policial.

b) Apenas as pessoas físicas ou naturais estarão sujeitas a sanções penais e administrativas em virtude da prática de condutas e atividades consideradas lesivas ao meio ambiente.

c) São penalmente imputáveis os menores de dezoito anos, sujeitos à normas da legislação especial.

d) Os programas de amparo aos idosos serão executados preferencialmente em estabelecimentos mantidos pelo Poder Público, instituídos especificamente para esse fim.

e) O Estado assegurará a assistência à família na pessoa de cada um dos que a integram, criando mecanismos para coibir a violência no âmbito de suas relações.

ANOTAÇÕES/COMENTÁRIOS

(a) Independe de licença de autoridade. Art. 220, § 6º da CF.

(b) Pessoas jurídicas também. Art. 225, § 3º da CF.

(c) São penalmente inimputáveis os menores de dezoito anos. Art. 228 da CF.

(d) Preferencialmente em seus lares. Art. 230, § 1º da CF.

(e) Art. 226, § 8º da CF.

Para responder, tem que estudar: lei.

Gabarito: E

50. (PC/RJ/Delegado/2006) Conforme o direito constitucional positivo, é correto afirmar:

a) às instituições que exercem funções essenciais à justiça, compete exercer o controle externo da atividade policial, na forma da Constituição do Estado do Rio de Janeiro.

b) as Comissões Parlamentares de Inquérito estaduais terão poderes de investigação próprios das autoridades policiais.

c) os atos de improbidade administrativa importarão a suspensão dos direitos políticos, a perda da função pública, o banimento e a indisponibilidade dos bens.

d) a comunicação social, a manifestação do pensamento e a informação não sofrerão qualquer restrição, sendo expressamente vedada toda e qualquer censura de natureza política, ideológica e artística.

e) a propaganda comercial de tabaco, bebidas alcoólicas, plantas psicotrópicas, agrotóxicos, medicamentos e terapias estará sujeita a restrições legais e conterá advertência sobre os malefícios decorrentes de seu uso; a publicação dessa propaganda em veículo impresso de comunicação depende de licença de autoridade administrativa.

ANOTAÇÕES/COMENTÁRIOS

(a) Compete ao Ministério Público o controle externo da atividade policial (art. 129, VII da CF).

(b) Art. 58, § 3º da CF. A Constituição Federal dispõe que as comissões parlamentares de inquérito possuem de poderes de investigação próprios das autoridades judiciais, entretanto, esses poderes não são ilimitados, tampouco alcançam todas as matérias de competência dos membros do Poder Judiciário

(c) Não prevê o banimento. Prevê ainda ressarcimento ao erário. Art. 37, § 4º da CF.

(d) Art. 220 da CF.

(e) Art. 220, § 4º § 6º da CF. O dispositivo constitucional não menciona plantas psicotrópicas e a publicação independe de licença de autoridade.

Para responder, tem que estudar: lei.

Gabarito: D

51. (PC/RJ/Delegado/2006) De acordo com a Constituição da República Federativa do Brasil, é correto afirmar que:

a) as ações ou omissões consideradas lesivas ao meio ambiente sujeitarão os infratores, ainda que criança, adolescente ou idoso, a sanções penais e administrativas.

b) é assegurado à criança e ao adolescente, o direito à proteção especial, que abrange a garantia de pleno e formal conhecimento da atribuição de ato infracional, igualdade e defesa técnica por profissional habilitado, de acordo com o que dispuser a legislação tutelar específica, podendo inclusive a defesa ser patrocinada pela Defensoria Pública.

c) são penalmente inimputáveis os menores de dezesseis anos, sujeitos às normas da legislação especial, conforme prevê recente emenda constitucional.

d) os programas de amparo aos idosos serão executados preferencialmente nas delegacias especializadas.

e) aos maiores de sessenta anos, é garantida a gratuidade dos transportes coletivos urbanos.

ANOTAÇÕES/COMENTÁRIOS

(a) Sujeitarão os infratores, pessoas físicas ou jurídicas. Art. 225, § 3º da CF. Além disso, criança não comete ato infracional.

(b) Art. 227, § 3º, inc. IV da CF.

(c) São penalmente inimputáveis os menores de dezoito anos. Art. 228 da CF.

(d) Preferencialmente em seus lares. Art. 230, § 1º da CF.

(e) Aos maiores de sessenta e cinco anos. Art. 230, § 2º, da CF.

Para responder, tem que estudar: lei.

Gabarito: B

7. DIREITO PROCESSUAL CONSTITUCIONAL

52. (Ceperj/PC/RJ/Delegado/2009) Assinale a alternativa correta:

a) a legitimidade do Presidente da República para propositura de Ação Direta de Inconstitucionalidade deve obedecer à pertinência temática.

b) os partidos políticos têm legitimidade para propor Ação Direta de Inconstitucionalidade em relação a quaisquer matérias, devendo, entretanto, obedecer ao requisito da pertinência temática.

c) a Confederação sindical ou entidade de classe de âmbito nacional somente possui legitimidade para propor Ação Declaratória de Constitucionalidade.

d) a legitimidade do Procurador-Geral da República para a propositura de Ação Declaratória de Constitucionalidade é universal.

e) a Mesa da Assembleia legislativa ou da Câmara Legislativa do Distrito Federal não possui legitimidade para propor Ação Direta de Inconstitucionalidade e Ação Declaratória de Constitucionalidade.

ANOTAÇÕES/COMENTÁRIOS

(a) Presidente da República é legitimado universal, logo não precisa demonstrar pertinência temática (relação de pertinência entre o ato impugnado e a atividade por ele desempenhada).

(b) Partidos políticos também são legitimados universais (ver art. 103 da CF)

(c) Pode propor Ação Direta de Inconstitucionalidade, ação declaratória de constitucionalidade, Ação Direta de Inconstitucionalidade por omissão e argüição de descumprimento de preceito fundamental.

(d) Art. 103 da CF. Procurador-Geral da República é legitimado universal. Olhar também leis 9882/99 e 9868/99.

(e) Art. 103 da CF e Art 102, § 1º da CF c/c art. Art. 2º, inc. I da lei 9882. A Mesa da Assembleia legislativa ou da Câmara Legislativa do Distrito Federal podem propor Ação Direta de Inconstitucionalidade, ação declaratória de constitucionalidade, Ação Direta de Inconstitucionalidade por omissão e argüição de descumprimento de preceito fundamental.

Para responder, tem que estudar: lei.

Gabarito: D

53. (Funcab/PC/RJ/Delegado/2012) Acerca do instrumento hábil para realizar o controle de constitucionalidade de lei ou ato normativo municipal em face do texto federal, assinale a alternativa correta.

a) arguição de descumprimento de preceito fundamental, incluindo nesse raciocínio, a hipótese do veto imotivado.

b) arguição de descumprimento de preceito fundamental, incluindo nesse raciocínio, os atos legislativos em fase de formação.

c) fiscalização difusa, exercida, no caso concreto, por qualquer juiz ou tribunal.

d) fiscalização difusa exercida no caso concreto, pelo Tribunal de Justiça ou pelo Tribunal de Justiça Militar dos Estados, nesta última hipótese, nos casos em que houver.

e) arguição de descumprimento de preceito fundamental, pela fiscalização difusa exercida no caso concreto, pelo Tribunal de Justiça e pela ação direta de controle de constitucionalidade, nos casos em que a lei ou ato normativo municipal se referirem a ato que tenha repercussão geral.

ANOTAÇÕES/COMENTÁRIOS

(a) Não cabe ADPF contra Veto, mesmo que imotivado. STF já decidiu ser incabível propor ADPF contra veto do poder executivo, por se tratar de ato político insuscetível de ser enquadrado como ato do poder público descrito no art. 1º da Lei n. 9882/99.

(b) Não cabe ADPF contra atos legislativos em fase de formação. Ver Lei 9.882/99

(c) A Constituição Federal de 1988 adotou duas modalidades de controle de constitucionalidade: o concentrado e o difuso. O primeiro é monopolizado pelo STF, ao tempo que o segundo pode ser realizado por qualquer juiz ou tribunal. Cabe salientar que as Constituições Estaduais podem prever controle abstrato de constitucionalidade no âmbito estadual (Art. 125, § 2º da CF).

(d) Controle difuso pode ser exercido por qualquer juiz ou Tribunal, e não apenas por esse.

(e) Não cabe ADPF, nem cabe ação direta de controle de constitucionalidade em face de lei municipal que contraria lei federal. Além disso, o controle difuso pode ser exercido por qualquer juiz ou tribunal.

Para responder, tem que estudar: lei.

Gabarito: C

54. (Ceperj/PC/RJ/Delegado/2009) Assinale a alternativa correta:

a) o "habeas data" destina-se a assegurar o conhecimento de quaisquer informações relativas à pessoa do impetrante, exclusivamente constantes de registros ou bancos de dados de entidades governamentais, bem como para retificação de dados, quando não se prefira fazê-la por processo sigiloso, judicial ou administrativo.

b) somente o brasileiro nato é parte legítima para propor ação popular.

c) qualquer partido político possui legitimidade para propor mandado de segurança coletivo.

d) o mandado de injunção será concedido sempre que a falta de norma regulamentadora torne inviável o exercício dos direitos e liberdades constitucionais e das prerrogativas inerentes à nacionalidade, à soberania e à cidadania.

e) são gratuitas as ações de "habeas data", "habeas corpus" e mandado de segurança e, na forma da lei, os atos necessários ao exercício da cidadania.

ANOTAÇÕES/COMENTÁRIOS

(a) Art. 5º, inc. LXXII da CF. Conceder-se-á habeas data: a) para assegurar o conhecimento de informações relativas à pessoa do impetrante, constantes de registros ou bancos de dados de entidades governamentais ou de caráter público; b) para a retificação de dados, quando não se prefira fazê-lo por processo sigiloso, judicial ou administrativo;

(b) Qualquer cidadão pode propor, inclusive estrangeiros. Art. 5º, caput e inc. LXXIII, ambos da CF.

(c) Deve ter representação no Congresso Nacional. Art. 5º, inc. LXX da CF.

(d) Art. 5º, inc. LXXI da CF. Atentar para lei nº 13.300, de 23 de junho de 2016 que disciplina o processo e o julgamento dos mandados de injunção individual e coletivo e dá outras providências.

(e) Mandado de segurança não é gratuito. Art. 5º, inc. LXXVII da CF

Para responder, tem que estudar: lei.

Gabarito: D

55. (Funcab/PC/RJ/Delegado/2012) A jurisprudência do Supremo Tribunal Federal fixou entendimentos sobre o mandado de segurança. Com base nessas orientações, é correto afirmar:

a) é constitucional a lei que fixa prazo prescricional para impetração demandado de segurança.

b) controvérsia sobre matéria de direito impede concessão demandado de segurança.

c) a concessão de mandado de segurança produz efeitos patrimoniais em relação a período pretérito, os quais somente devem ser reclamados pela via judicial própria.

d) praticado o ato por autoridade, no exercício de competência delegada, contra ela cabe o mandado de segurança ou a medida judicial.

e) é cabível mandado de segurança contra decisão judicial com trânsito em julgado.

ANOTAÇÕES/COMENTÁRIOS

(a) É prazo decadencial. Súmula nº 632 do STF. Lembrando que a prescrição é a perda de uma pretensão de exigir de alguém um determinado comportamento em razão do decurso do tempo. Já a decadência é a perda de um direito que não foi exercido pelo seu titular no prazo previsto em lei. Perde-se o direito em si, em razão do decurso do tempo.

(b) Não impede a concessão. Súmula nº 625 do STF. O Mandado de Segurança é uma ação constitucional prevista no artigo 5º, inciso LXIX da Constituição Federal, regulado com mais detalhamento na Lei 12.016 de 2009. O mandado de segurança é uma forma de tutela jurisdicional dos direitos subjetivos ameaçados ou violados por uma autoridade pública ou no exercício de uma função desta natureza.

(c) Não produz esse efeito. Súmula nº 271 do STF.

(d) Súmula nº 510 do STF.

(e) É incabível. Súmula nº 268 do STF.

Para responder, tem que estudar: súmula.

Gabarito: D

56. (Funcab/PC/RJ/Delegado/2012) Com base nas orientações do Supremo Tribunal Federal, no que se refere às ações constitucionais, é correto afirmar:

a) é cabível a impetração do mandado de injunção mesmo que já exista norma regulamentadora de direito previsto na Constituição Federal, desde que essa norma seja flagrantemente inconstitucional.

b) a entidade de classe tem legitimação para o mandado de segurança ainda quando a pretensão veiculada interesse apenas a uma parte da respectiva categoria.

c) é incabível o mandado de injunção coletivo, por ausência de previsão constitucional.

d) os tribunais do Poder Judiciário não têm competência originária para julgamento de ação popular, mesmo que proposta contra atos de autoridades que dispõem de foro por prerrogativa de função, exceto no caso do Presidente da República em que a competência originária é do Supremo Tribunal Federal.

e) é cabível o mandado de injunção se a Constituição Federal outorga mera faculdade ao legislador para regulamentar direito previsto em algum de seus dispositivos.

ANOTAÇÕES/COMENTÁRIOS

(a) Art.5º, inc. LXXI, da CF . Conceder-se-á mandado de injunção sempre que a falta de norma regulamentadora torne inviável o exercício dos direitos e liberdades constitucionais e das prerrogativas inerentes à nacionalidade, à soberania e à cidadania.

(b) Súmula nº 630 do STF:

(c) Não há previsão constitucional, mas há previsão na Lei 13.300 de 2016.

(d) Segundo orientação do STF, o foro especial por prerrogativa de função não alcança as ações populares ajuizadas contra as autoridades detentoras dessa prerrogativa, ainda quando propostas contra atos de autoridades que dispõem de foro por prerrogativa de função perante tais tribunais. Ver art. 5º da Lei 4.717/1965.

(e) Essa não é a posição do STF. É pressuposto do mandado de injunção o dever de legislar, e não a mera faculdade.

Para responder, tem que estudar: lei e jurisprudência.

Gabarito: B

57. (Ceperj/PC/RJ/Delegado/2009) O remédio constitucional adequado para postular judicialmente a emissão de certidão de antecedentes criminais é:

a) a ação popular.
b) o "habeas corpus".
c) o mandado de injunção.
d) o "habeas data".
e) o mandado de segurança.

ANOTAÇÕES/COMENTÁRIOS

(a) Art. 5º, inc. LXXIII da CF. "Qualquer cidadão é parte legítima para propor ação popular que vise a anular ato lesivo ao patrimônio público ou de entidade de que o Estado participe, à moralidade administrativa, ao meio ambiente e ao patrimônio histórico e cultural, ficando o autor, salvo comprovadamá-fé, isento de custas judiciais e do ônus da sucumbência".

(b) Art. 5º, inc. LXVIII da CF. Está ligado ao direito de locomoção.

(c) Art. 5º, inc. LXXI da CF. Está ligado à falta de norma regulamentadora relacionado à nacionalidade, à soberania e à cidadania.

(d) Art. 5º, inc. LXXII da CF. Se o pedido for para assegurar o conhecimento de informações relativas à pessoa do impetrante, o remédio será o habeas data. Essa garantia não se confunde com o direito de obter certidões (art. 5.º, XXXIV, "b"), ou informações de interesse particular, coletivo ou geral (art. 5.º, XXXIII). Havendo recusa no fornecimento de certidões (para a defesa de direitos ou esclarecimento de situações de interesse pessoal, próprio ou de terceiros), ou informações de terceiros, o remédio próprio é o mandado de segurança, e não o habeas data.

(e) O direito de certidão foi consagrado como o direito líquido e certo de qualquer pessoa à obtenção de certidão para defesa de um direito, desde que demonstrado seu legítimo interesse. Art. 5º, inc. XXXIV da CF. Assim, violado esse direito, cabe Mandado de segurança (Art. 5, inc. LXIX da CF).

Para responder, tem que estudar: lei.

Gabarito: E

58. (Ceperj/PC/RJ/Delegado/2009) De acordo com a jurisprudência recente do Supremo Tribunal Federal:

a) o julgamento da ação direta de inconstitucionalidade é precedido de exame da repercussão geral da questão constitucional de fundo.

b) admite-se a reclamação para o controle concentrado de constitucionalidade de lei idêntica a outra já declarada inconstitucional pelo STF em ação direta de inconstitucionalidade.

c) o Governador do Estado está dispensado da demonstração de pertinência temática para o ajuizamento de ação direta de inconstitucionalidade.

d) a decisão no mandado de injunção possui efeitos idênticos aos da decisão proferida em sede de ação direta de inconstitucionalidade por omissão.

e) é cabível a ação declaratória de constitucionalidade de leis estaduais, em razão do caráter dúplice da decisão em controle abstrato de constitucionalidade das leis.

ANOTAÇÕES/COMENTÁRIOS

(a) Exame de repercussão geral existe somente nos Recursos Extraordinários. Art. 102, §3º da CF.

(b) Desatualizada. O efeito vinculante não atinge o Poder Legislativo, ou seja, ele não estará impedido de, diante do novo processo legislativo, editar norma com conteúdo idêntico à que foi declarada inconstitucional. Logo, não cabe reclamação.

(c) O Governador do Estado é legitimado especial e, portanto, deve comprovar a pertinência temática.

(d) No Mandado de Injunção (artigo 5º, inciso LXXI, da CF), a decisão proferida pelo Supremo Tribunal Federal, adota a denominada corrente concretista, pela qual o Judiciário gera direito novo aplicável até que o legislador atue positivamente, ou seja, o STF se posiciona como típico legislador positivo. Já na Ação Direta de Inconstitucionalidade por Omissão (artigo 103, § 2º, da CF), a decisão dada pelo Supremo Tribunal Federal é meramente declaratória, devendo-se dar ciência ao Poder competente para adotar as providências necessárias, entretanto se for órgão administrativo, deve fazer em trinta dias (artigo 103, parágrafo 2º da CF).

(e) Busca-se através dessa ação, declarar a constitucionalidade de lei ou ato normativo federal e não estadual. Art. 102, inc. I, alínea "a" da CF.

Para responder, tem que estudar: jurisprudência e teoria/doutrina.

Gabarito: B

59. (UFRJ/PC/RJ/Delegado/2001) A Assembléia Legislativa do Estado do Rio de Janeiro aprova projeto de lei ordinária instituindo um novo delito de trânsito com pena de reclusão cominada ao infrator. O Governador do Estado do Rio de Janeiro sanciona tacitamente o projeto, transformando-o em lei, que entra em vigor na data de sua publicação. Dias depois é conduzido à Delegacia de Polícia Civil um cidadão acusado da prática de delito previsto na referida lei. Diante do exposto, analise a veracidade das assertivas abaixo:

I. O Governador do Estado poderá propor ação direta de constitucionalidade no Supremo Tribunal Federal buscando expurgar a lei estadual do ordenamento jurídico nacional.

II. O Delegado de Polícia está impedido de proceder lavratura do auto de prisão em flagrante uma vez que a citada lei é inconstitucional.

III. Nesta hipótese o Defensor Público Geral do Estado poderá propor ação direta de inconstitucionalidade perante o Tribunal de Justiça do Estado do Rio de Janeiro.

IV. O Procurador-Geral da República poderá propor argüição de descumprimento de preceito fundamental para questionar a lei referida no Tribunal de Justiça do Estado do Rio de Janeiro.

V. Caso o Delegado de Polícia não proceda à lavratura do auto de prisão em flagrante, estará sujeito às sanções legais e disciplinares cabíveis na espécie.

A(s) assertiva(s) correta(s) é/são somente:

a) I e II

b) I, III e V

c) I e V

d) II e IV

e) V

ANOTAÇÕES/COMENTÁRIOS

(I) Desatualizada. Antes da EC nº 45, o Governador não podia propor, mas com advento dessa emenda, passou a existir essa possibilidade (art. 103, inc. V da CF).

(II) O delegado não pode deixar de lavrar o flagrante enquanto a lei não é julgada inconstitucional pelo STF.

(III) Não há tal previsão no art. 103 da CF.

(IV) Trata-se de uma ação do controle concentrado de constitucionalidade, de competência exclusiva do Supremo Tribunal Federal. Ver a lei Lei nº 9.882/99.

(V) Como visto, o delegado deve aplicar a lei enquanto não há declaração de inconstitucionalidade pelo STF.

Para responder, tem que estudar: lei.

Gabarito: E

60. (UFRJ/PC/RJ/Delegado/2001) Os legitimados ativos para propositura de ação direta de inconstitucionalidade no Supremo Tribunal Federal são:

a) Mesa da Assembléia Legislativa; partido político com representação na Assembléia Legislativa; Procurador Geral da República.

b) Conselho Federal da Ordem dos Advogados do Brasil; entidade de classe de âmbito regional; Mesa do Senado Federal.

c) Mesa da Câmara Legislativa; Governador do Distrito Federal; Governador de Estado.

d) Governador de Estado; Governador do Distrito Federal; Prefeito de capital.

e) Procurador-Geral da República; Mesa da Câmara dos Deputados; Mesa da Câmara de Vereadores.

ANOTAÇÕES/COMENTÁRIOS

(a, b, d, e) Vide comentário à alternativa C.

(c) Os legitimados estão no Art. 103 da CF. Lembrando que os legitimados dividem-se em universais e especiais. Os legitimados ativos universais podem propor independentemente da existência de pertinência temática. Enquadram-se nesta categoria o Presidente da República, a mesa do Senado Federal, a Mesa da Câmara dos Deputados, o Procurador-Geral da República, o Conselho Federal da Ordem dos Advogados do Brasil e partido político com representação no Congresso Nacional. Os legitimados ativos especiais são aqueles dos quais se exige pertinência temática como requisito implícito de legitimação, ou seja, o nexo entre a norma questionada e os objetivos institucionais específicos do órgão ou entidade. São eles: Mesa de Assembleia Legislativa e da Câmara Legislativa do Distrito Federal, Governador de Estado e do Distrito Federal e confederações sindicais e entidades de classe de âmbito nacional

Para responder, tem que estudar: lei.

Gabarito: C

61. (PC/RJ/Delegado/2002) Sobre controle de constitucionalidade das leis e dos atos normativos, é correto afirmar que:

a) segundo a jurisprudência do Supremo Tribunal Federal, não se admite o litisconsórcio ativo em qualquer modalidade de controle abstrato de constitucionalidade.

b) segundo a jurisprudência do Supremo Tribunal Federal, os Chefes dos Poderes Executivo e Legislativo cometem crime de responsabilidade se determinarem o não cumprimento de lei que considerarem inconstitucional até que se ultime manifestação do Poder Judiciário.

c) segundo a jurisprudência do Supremo Tribunal Federal, é inadmissível que o controle difuso de constitucionalidade recaia sobre projeto de lei mesmo que durante a sua tramitação seja inobservado o devido processo legislativo constitucional.

d) segundo a jurisprudência do Supremo Tribunal Federal, o recurso extraordinário pode ser excepcionalmente utilizado no controle abstrato, na hipótese de ofensa reflexa a dispositivo de Carta da República que é de repetição obrigatória no âmbito das constituições estaduais.

e) segundo a jurisprudência do Supremo Tribunal Federal, a perda superveniente de representação parlamentar no Congresso Nacional não tem efeito desqualificador da legitimidade ativa do Partido Político para o processo de controle normativo abstrato, desde que a agremiação partidária, quando do ajuizamento da ação direta de inconstitucionalidade, atendesse, plenamente, ao que determina o art. 103, VIII, da Constituição.

ANOTAÇÕES/COMENTÁRIOS

(a) Segundo o STF, a Constituição Federal, ao ampliar o rol das pessoas ativamente legitimadas para o exercício da ação direta de inconstitucionalidade, tornou viável, a partir da institucionalização dessa legitimidade concorrente, a formação de litisconsórcio ativo no processo objetivo de controle normativo abstrato, desde que, para efeito da sua instauração, os litisconsortes disponham, autonomamente, de qualidade para agir.

(b) Segundo a corte, os Poderes Executivo e Legislativo, por sua Chefia, podem determinar aos seus órgãos subordinados que deixem de aplicar administrativamente as leis ou atos com força de lei que considerem inconstitucionais

(c) O Supremo Tribunal Federal pode analisar a constitucionalidade, ou não, de determinada sequência de atos durante a elaboração de uma emenda constitucional, de lei ordinária ou mesmo durante a aprovação ou rejeição de uma medida provisória, para garantir aos parlamentares o exercício de seu direito líquido e certo a somente participar da atividade legiferante ocorrida em acordo com as normas constitucionais.

(d) Pode surgir situação em que o parâmetro da CE nada mais é que uma norma de observância obrigatória ou compulsória pelos Estados-Membros (norma de reprodução obrigatória). Assim, se a lei estadual, ou mesmo a municipal, viola a CE, no fundo, ela também pode estar violando a CF. Como o TJ não tem essa atribuição de análise, há a possibilidade de se interpor recurso extraordinário contra o acórdão do TJ em controle abstrato estadual para que o STF analise qual a interpretação da lei estadual ou municipal perante a CF.

(e) Desatualizada. Está correto, "a aferição da legitimidade deve ser feita no momento da propositura da ação..." (ADI 2159 AgR, 12.08.2004).

Para responder, tem que estudar: súmula.

Gabarito: D

8. TEORIA CONSTITUCIONAL

62. (Ceperj/PC/RJ/Delegado/2009) Diz-se que a Constituição brasileira de 1988 é rígida porque:

a) não admite a ocorrência do fenômeno da mutação constitucional.

b) classifica como inafiançáveis os crimes de racismo e tortura, entre outros.

c) prevê, para sua reforma, a adoção de procedimento mais complexo, em tese, do que o adotado para a modificação das leis.

d) estabelece penalidades severas para os crimes de responsabilidade.

e) foi promulgada por Assembleia Nacional Constituinte convocada na forma de Emenda à Constituição anterior.

ANOTAÇÕES/COMENTÁRIOS

(a) As mutações não são alterações no texto constitucional materialmente perceptíveis, mas alterações no significado e sentido interpretativo desse texto. A transformação está na interpretação daquela norma, continuando o texto inalterado.

(b) Racismo e tortura são inafiançáveis, art. 5º, inc. XLII e XLIII, respectivamente, mas não é por isso que a CF de 1989 é rígida.

(c, d, e) Constituições rígidas exigem para a sua alteração um processo legislativo mais solene, mais dificultoso do que o processo de alteração das normas não constitucionais.

Para responder, tem que estudar: teoria/doutrina.

Gabarito: C

63. (Funcab/PC/RJ/Delegado/2012) Com base nas lições de Canotilho, os princípios de interpretação constitucional foram desenvolvidos a partir do método hermenêutico-concretizador e se tornaram referência obrigatória da teoria da interpretação constitucional. Segundo a Doutrina, há um princípio que tem por finalidade impedir que o intérprete-concretizador da Constituição modifique aquele sistema de repartição e divisão das funções constitucionais, para evitar que a interpretação constitucional chegue a resultados que perturbem o esquema organizatório-funcional nela estabelecido, como é o caso da separação dos poderes. A definição exposta corresponde ao Princípio:

a) da Justeza ou da Conformidade Funcional.

b) da Máxima Efetividade.

c) da Harmonização.

d) da Força Normativa da Constituição.

e) do Efeito Integrador.

ANOTAÇÕES/COMENTÁRIOS

(a) A definição exposta corresponde ao Princípio da Justeza ou da Conformidade Funcional.

(b) Deve ser entendido no sentido de a norma constitucional ter a mais ampla efetividade social.

(c) Os bens jurídicos constitucionalizados deverão coexistir de forma harmônica na hipótese de eventual conflito ou concorrência entre eles, buscando evitar o sacrifício (total) de um princípio quando em choque com o outro.

(d) Ao solucionar conflitos, os aplicadores da Constituição devem conferir a máxima efetividade às normas constitucionais.

(e) Conforme ensina Canotilho, "... na resolução dos problemas jurídico-constitucionais deve dar-se primazia aos critérios ou pontos de vista que favoreçam a integração política e social e o reforço da unidade política".

Para responder, tem que estudar: teoria/doutrina.

Gabarito: A

64. (Ceperj/PC/RJ/Delegado/2009) Segundo o professor Canotilho, a densificação do sentido constitucional dos direitos, liberdades e garantias é mais fácil do que a determinação do sentido específico do enunciado "dignidade da pessoa humana". O eminente constitucionalista português afirma que pela análise dos direitos fundamentais, constitucionalmente consagrados, deduz-se que a raiz antropológica se reconduz ao homem como pessoa, como cidadão, como trabalhador e como administrado (Canotilho, J. J. Gomes. Direito Constitucional e Teoria da Constituição. 7ª edição, Almedina, 2003, p. 249). Sobre a busca por uma "integração pragmática" do princípio da dignidade humana é correto afirmar:

a) a teoria dos três componentes é adequada às sugestões normativas da Constituição. Compõem a dignidade humana: 1) a integridade física e espiritual do homem; 2) o livre desenvolvimento da personalidade; 3) a garantia da autonomia individual através da vinculação dos poderes públicos a conteúdo, formas e procedimentos do Estado de Direito. Por tal razão o indiciado não pode ser algemado.

b) a teoria dos cinco componentes é adequada às sugestões normativas da Constituição. Compõem a dignidade humana: 1) a integridade física e espiritual do homem; 2) o livre desenvolvimento da personalidade; 3) a libertação da angustia da existência; 4) a garantia da autonomia individual através da vinculação dos poderes públicos a conteúdo, formas e procedimentos do Estado de Direito; 5) na igualdade de tratamento perante a lei. Decorre daí que o sigilo no inquérito policial não visa apenas à função utilitarista para assegurar a eficiência da investigação, mas também a tutela da dignidade do indiciado.

c) a teoria dos quatro componentes é adequada às sugestões normativas da Constituição. Compõem a dignidade humana: 1) a integridade física e espiritual do homem; 2) o livre desenvolvimento da personalidade; 3) a garantia da autonomia individual através da vinculação dos poderes públicos a conteúdo, formas e procedimentos do Estado de Direito; 4) na igualdade de tratamento perante a lei. Decorre daí a necessidade de se garantir o sigilo total do inquérito policial.

d) a dignidade humana tem sua densificação em dois elementos: 1) a integridade física e espiritual do homem; 2) a garantia da autonomia individual através da vinculação dos poderes públicos a conteúdo, formas e processos do Estado de Direito, não se aplicando ao inquérito por ser este um procedimento administrativo desprovido de contraditório.

e) o princípio da dignidade humana é norma programática, ou seja, sua eficácia é limitada e consiste em inspirar os programas estatais inclusive à atividade legislativa relativamente ao processo penal.

ANOTAÇÕES/COMENTÁRIOS

(a, c, d, e) Vide comentário à alternativa B.

(b) De acordo com Canotilho, diferentemente do que ocorre com os direitos fundamentais (que têm sentido prático mais alcançável), o princípio da dignidade se apresenta de forma mais difícil de ser concretizado. Para Canotilho, a teoria dos 5 componentes traria essa concretude. Dessa forma, o sigilo do inquérito, não só assegura eficiência da investigação, como também, protege o indivíduo que está sendo investigado.

Para responder, tem que estudar: teoria/doutrina.

Gabarito: B

65. (Funcab/PC/RJ/Delegado/2012) No que se refere às três funções do Estado, quando o Executivo, através do Presidente da República, adota medida provisória com força de lei; o Judiciário elabora seu regimento interno; o Legislativo julga o Presidente da República nos crimes de responsabilidade e, ainda, o Legislativo pratica atos de fiscalização financeira do Executivo, é correto afirmar:

a) ocorrem respectivamente: função atípica do Executivo de natureza legislativa, função atípica do Judiciário de natureza executiva, função atípica do Legislativo de natureza jurisdicional e, por último, função típica do Legislativo.

b) ocorrem respectivamente: função atípica do Executivo de natureza jurisdicional, função atípica do Judiciário de natureza legislativa, função típica do Legislativo e, por último, função atípica do Legislativo de natureza executiva.

c) ocorrem respectivamente: função atípica do Executivo de natureza legislativa, função atípica do Judiciário de natureza legislativa, função atípica do Legislativo de natureza jurisdicional e, por último, função típica do Legislativo.

d) ocorrem respectivamente: função típica do Executivo, função típica do Judiciário, função atípica do Legislativo de natureza executiva e, por último, função atípica do Legislativo de natureza executiva.

e) ocorrem respectivamente: função atípica do Executivo de natureza jurisdicional, função atípica do Judiciário de natureza executiva, função atípica do Legislativo de natureza jurisdicional e, por último, função atípica do Legislativo de natureza executiva.

ANOTAÇÕES/COMENTÁRIOS

(a, c, d, e) Vide comentário à alternativa C.

(c) Na tríplice divisão funcional, as funções legislativas, executivas e judiciais são exercidas, predominantemente, pelos Poderes Legislativo, Executivo e judiciário. Além do exercício dessas funções típicas (predominantes), inerentes à sua natureza, cada órgão exerce, também, outras duas funções atípicas (de natureza típica dos outros dois órgãos), como no caso em tela.

Para responder, tem que estudar: teoria/doutrina.

Gabarito: C

66. (UFRJ/PC/RJ/Delegado/2001) Tendo em vista a supremacia de norma constitucional sobre as demais leis que compõem o ordenamento jurídico do Estado, assinale a afirmativa correta:

a) Toda constituição consuetudinária exige a observância de limitações expressas para a reforma de seu texto.

b) Entende-se como constituição outorgada aquela que é fruto da vontade popular, sendo o povo titular de fato e de direito do Poder Constituinte.

c) Entende-se por constituição dogmática aquela cujo modo de elaboração se perpetua, confundindo-se mesmo com a lenta evolução do Estado que regula.

d) A constituição analítica é aquela cujo texto traz apenas normas que determinam a forma de Estado, a forma de governo e os direitos fundamentais dos cidadãos.

e) A rigidez decorre da existência de limitações implícitas e explícitas ao poder de reforma constitucional.

ANOTAÇÕES/COMENTÁRIOS

(a) A constituição consuetudinária consiste em normas esparsas, não aglutinadas em um texto solene, centrada nos usos e costumes, na prática política e judicial. Seu grande exemplo é a constituição inglesa que não tem um documento escrito.

(b) Constituições outorgadas são impostas unilateralmente por quem detenha, no momento da imposição, o poder político, a força suficiente para tanto, sem participação popular.

(c) São as constituições escritas, elaboradas por um órgão especialmente designado para esse fim, normalmente Assembleia Nacional Constituinte. Esse tipo de Constituição adota a ideia de direito prevalente num dado momento.

(d) Constituição analítica é aquela abrange todos assuntos que entende relevantes. São amplas, extensas, prolixas, detalhadas, como a nossa Constituição de 1988, por exemplo. Difere da sintética (concisa, sumária, sucinta, básica).

(e) Confere com conceito doutrinário sobre o tema. Existe um processo de alteração mais árduo, mais solene e mais dificultoso que o processo de alteração das demais espécies normativas.

Para responder, tem que estudar: teoria/doutrina.

Gabarito: E

---

67. (PC/RJ/Delegado/2002) A interpretação da Constituição é um tema que tem vários desdobramentos, cabendo ao intérprete extrair do texto constitucional o melhor significado da norma. Dentro desse contexto, pode-se afirmar corretamente que:

a) na tarefa de interpretar o texto constitucional, deve-se priorizar os aspectos específicos do texto, ponderando interesses subjetivamente considerados em detrimento de uma análise global.

b) o Princípio da Concordância Prática ou da Harmonização estabelece uma hierarquia para solver conflitos entre direitos e garantias fundamentais, preservando sempre os bens jurídicos mais preciosos em detrimento dos direitos de menor relevância.

c) em razão de ser a Constituição o pressuposto de validade e eficácia de todas as normas jurídicas, admite-se uma presunção de constitucionalidade absoluta das normas infraconstitucionais.

d) o Princípio da Supremacia Constitucional, aplicado indistintamente em constituições rígidas ou flexíveis, situa a Constituição no ápice do ordenamento jurídico nacional.

e) a norma constitucional é imperativa, de ordem pública e deve emanar da vontade popular, sendo essencial que o intérprete lhe confira a mais ampla extensão possível.

ANOTAÇÕES/COMENTÁRIOS

(a) Cabe ao intérprete harmonizar as tensões e as contradições existentes entre normas constitucionais. Cabe ao intérprete manter a unidade constitucional, utilizando da interpretação sistemática, analisando de forma global a Constituição.

(b) Impõe ao intérprete o dever de coordenar e combinar bens jurídicos em colisão, realizando a redução proporcional de cada um deles. O intérprete deve fazer uma concordância prática reduzindo proporcionalmente o âmbito de atuação de cada um para que ambos sejam aplicados em conjunto.

(c) Toda lei possui uma presunção relativa (juris tantum) de ser constitucional. Em se tratando de presunção relativa, admite-se prova em contrário, declarando-se, quando necessário, através dos mecanismos da ADI genérica ou do controle difuso, a inconstitucionalidade da lei ou ato normativo.

(d) O Princípio da Supremacia Constitucional está relacionado com constituições rígidas, já que como a constituição possui essa supremacia, deve ter um processo legislativo mais dificultoso para sua alteração. Nas Constituições flexíveis, não há esse processo mais dificultoso.

(e) Confere com o conceito doutrinário.

Para responder, tem que estudar: teoria/doutrina.

Gabarito: E

68. (PC/RJ/Delegado/2002) A complexidade da vivência social pós-globalização exige cada vez mais a especificação de direitos e garantias fundamentais, objetivando a manutenção da dignidade da pessoa humana, preceito fundamental da nossa Lei Maior. Dentro desse contexto, pode-se afirmar corretamente que:

a) os direitos de 5ª geração representam os advindos da realidade virtual que compreendem o grande desenvolvimento da cibernética na atualidade, implicando o rompimento de fronteiras, estabelecendo conflitos entre países com realidades distintas, via internet.

b) os direitos de 4ª geração são os direitos transindividuais, mas também observados como coletivos ou difusos, basicamente relacionados com os direitos ao meio ambiente equilibrado, ao desenvolvimento econômico e à defesa do consumidor.

c) os direitos de 3ª geração são os direitos de manipulação genética, relacionados à biotecnologia e à bioengenharia, que tratam de questões sobre a vida e a morte e que requerem uma discussão ética prévia.

d) os direitos de 2ª geração são os direitos individuais, preservando a liberdade do indivíduo em detrimento dos abusos legislativos do Estado.

e) os direitos de 1ª geração outorgam limites ao Estado, consagrando os direitos sociais, buscando o atendimento às necessidades mínimas da pessoa humana.

ANOTAÇÕES/COMENTÁRIOS

(a) Os direitos de quinta geração estão relacionados, segundo alguns doutrinadores, à evolução da cibernética e de tecnologias como a realidade virtual e a Internet.

(b) Os direitos de quarta geração compreendem os direitos à democracia, informação e pluralismo, introduzidos no âmbito jurídico pela globalização política.

(c) Os direitos fundamentais de terceira geração, ligados ao valor fraternidade ou solidariedade, são os relacionados ao desenvolvimento ou progresso, ao meio ambiente, à autodeterminação dos povos, bem como ao direito de propriedade sobre o patrimônio comum da humanidade e ao direito de comunicação. São direitos transindividuais, em rol exemplificativo, destinados à proteção do gênero humano.

(d) Os direitos fundamentais de segunda dimensão estão ligados ao valor igualdade, são os direitos sociais, econômicos e culturais. São direitos de titularidade coletiva e com caráter positivo, pois exigem atuações do Estado.

(e) Os direitos fundamentais de primeira dimensão são os ligados ao valor liberdade, são os direitos civis e políticos. São direitos individuais com caráter negativo por exigirem diretamente uma abstenção do Estado, seu principal destinatário.

Para responder, tem que estudar: teoria/doutrina.

Gabarito: A

69. (PC/RJ/Delegado/2006) Certo Poder Constituinte está sujeito a limitações temporais, circunstanciais e materiais. As limitações materiais, também denominadas de cláusulas pétreas, impedem a reforma constitucional sobre determinadas matérias. O referido poder é o:

a) derivado, que é ilimitado e condicionado.
b) originário, que é ilimitado e incondicionado.
c) derivado, que é limitado e incondicionado.
d) originário, que é limitado e condicionado.
e) derivado, que é limitado e condicionado.

ANOTAÇÕES/COMENTÁRIOS

(a, c, d) Vide comentário à alternativa E.

(b) O Poder Constituinte Originário estabelece a Constituição de um novo Estado, organizando-se e criando os poderes destinados a reger os interesses de uma sociedade. Não deriva de nenhum outro, não sofre qualquer limite e não se subordina a nenhuma condição.

(e) O poder Constituinte Derivado, também chamado Instituído ou de segundo grau, é secundário, pois deriva do poder originário. Encontra limitações por ela impostas: explícitas e implícitas. É limitado, pois está subordinado a regras, ou seja, encontra limitações no texto constitucional. É condicionado, pois seu exercício deve seguir as regras previamente estabelecidas no texto da CF, ou seja, condicionado a regras formais do procedimento legislativo.

Para responder, tem que estudar: teoria/doutrina.

Gabarito: E

70. (PC/RJ/Delegado/2006) Na interpretação constitucional, encontramos particularidades, tais como: superioridade hierárquica, natureza cia linguagem, conteúdo específico e caráter político. De acordo com a doutrina, notadamente de Gomes Canotilho, são princípios específicos de exegese da Constituição da Republica Federativa do Brasil, exceto o:

a) da concordância prática ou harmonização.
b) da unidade da Constituição.
c) da máxima efetividade.
d) do efeito integrador.
e) da eqüidade constitucional.

ANOTAÇÕES/COMENTÁRIOS

(a) Quando houver conflito ou concorrência entre os princípios constitucionais deve-se evitar o sacrifício (total) de uns em relação aos outros. Ou seja, inexistência de hierarquia entre os princípios, ocasionando uma coexistência harmônica entre eles.

(b) O texto da Constituição deve ser interpretado de forma a evitar contradições (antinomias) entre suas normas.

(c) O intérprete deve extrair da norma constitucional o sentido que lhe dê maior eficácia, a mais ampla efetividade social.

(d) Na resolução dos problemas jurídico-constitucionais, deve-se dar primazia aos critérios ou pontos de vista que favoreçam a integração política e social e ao reforço da unidade política.

(e) Canotilho não dispõe sobre eqüidade constitucional

Para responder, tem que estudar: teoria/doutrina.

Gabarito: E

4

DIREITO PENAL

1. DO CRIME

1. **(Funcab/PC/RJ/Delegado/2012)** O erro é a falsa representação da realidade ou o falso ou equivocado conhecimento de um objeto. Acerca desse tema, é incorreto afirmar que:

   a) quando o erro do agente recai sobre a existência ou sobre os limites de uma causa de justificação, tem-se o erro de proibição.

   b) no erro de tipo essencial escusável há exclusão da tipicidade.

   c) o Código Penal adotou a teoria estrita da culpabilidade acerca do erro incidente sobre as causas de justificação.

   d) o erro acidental atinge os aspectos ou dados secundários do delito.

   e) no erro de proibição inescusável, o agente poderá ter a pena atenuada.

ANOTAÇÕES/COMENTÁRIOS

(a) A banca queria que o candidato assinalasse a assertiva incorreta.

(b) O erro de tipo escusável ou invensível realmente exclui o dolo e por conseguinte a própria tipicidade.

(c) O Código Penal brasileiro adotou a teoria limitada da culpabilidade e não a teoria estrita como fez sugerir o examinador. O candidato deve ficar atento a essas expressões: teoria estrita da culpabilidade não é sinônimo de teoria limitada da culpabilidade, ao contrário disso são teorias que se contrapõe.

(d) Realmente o erro acidental atinge apenas os elementos secundários do delito.

(e) Ora, no erro de proibição inescusável ou vencível, o que se têm é somente uma atenuação de pena.

Para responder, tem que estudar: teoria/doutrina.

Gabarito: C

2. (Ceperj/PC/RJ/Delegado/2009) Sobre a Teoria do Erro, analise as proposições abaixo e, em seguida, assinale a opção correta.

I. em situação de erro determinado por terceiro, somente responderá pelo crime este terceiro.

II. em situação de erro provocado por terceiro, não se pune o provocador que agiu com negligência.

III. incorre em erro de proibição quem, fundada e concretamente, julga atuar conforme o direito, por supor juridicamente permitida sua atuação.

IV. o cidadão holandês que, em sua primeira visita ao Brasil, desembarca com pequena quantidade de droga ilícita para consumo pessoal, imaginando que tal fosse permitido entre nós, como em seu país de origem, incide em erro de proibição.

V. erro de tipo consiste na ausência ou na falsa representação da realidade, razão pela qual o agente responderá por crime culposo, se culpa existir (erro evitável) e desde que o tipo penal de que se trate preveja a forma culposa.

a) somente uma das proposições está errada.

b) somente duas das proposições estão erradas.

c) somente as proposições IV e V estão corretas.

d) todas as proposições estão corretas.

e) somente as proposições I e IV estão erradas.

ANOTAÇÕES/COMENTÁRIOS

(a) Isso porque existem duas assertivas erradas na questão (I e II).

(b) Isso porque estão incorretos I e II: nem sempre o agente que atuou por conta de provocação poderá se eximir de responsabilidade, isso porque SEMPRE vamos ter que verificar a espécie de erro em que o mesmo incidiu. Como prova disso, basta imaginamos o caso daquele que atua em erro de tipo vencível. Ora, em tal hipótese, se o mesmo tinha condições de perceber que estava atuando em uma situação de erro, deve por seu comportamento responder, desde que o crime praticado admita a modalidade culposa. Exemplo: segurança de uma boate noturna (homem de 26 anos) que tem relações sexuais com uma menina menor de 14, sem que tenha atuado com o zelo de solicitar a mesma sua identidade, no exato momento, em que aquela veio a ingressar no estabelecimento. Já o item II também está errado. O candidato deve ter muito cuidado com o vocábulo negligente. Nem sempre o seu emprego pode ser tido como sinônimo de omissão. Aqui na questão, o examinador utilizou o mesmo como sinônimo de culpa (conduta negligente, ou seja: desprovida de um dever objetivo de cuidado). Logo, o provocador que agiu com negligência (culpa) deve ser punido pelo seu ato (art. 20, § 2º do CP). Exemplo: terceiro que induz uma criança a atirar em outra, sem verificar com a cautela devida se a arma que lhe foi fornecida era realmente de brinquedo.

(c) Isso porque o item III também está correto. Realmente atua em erro de proibição, aquele que desconhece a ilicitude de seu comportamento. Exemplo: pai que mata o estuprador da própria filha, imaginado que a lei autoriza, em tal hipótese, a defesa de sua honra.

(d) Item errado, por conta dos motivos acima expostos (são incorretos I e II).

(e) Item errado, pelos motivos motivos acima.

Para responder, tem que estudar: teoria/doutrina.

Gabarito: B

3. (UFRJ/PC/RJ/Delegado/2001) A única hipótese de causa que afasta a culpabilidade é:

a) erro escusável sobre a posição de garantidor.
b) erro escusável quanto à elementar do fato.
c) legítima defesa de terceiro.
d) coação física irresistível.
e) aberratio ictus.

ANOTAÇÕES/COMENTÁRIOS

(a) De acordo com a doutrina majoritária o erro invencível acerca da condição peculiar de garante importa em erro de proibição mandamental, e este por sua vez acarreta a exclusão da potencial consciência da ilicitude – um dos elementos que formam a própria culpabilidade. Logo, afirmativa encontra-se correta.

(b) O erro escusável quando a uma elementar do fato constituiu erro de tipo invencível, logo, se relaciona com a tipicidade e sempre exclui o dolo, podendo subsistir a culpa. Logo, não guarda nenhuma relação com a culpabilidade.

(c) A legítima defesa de terceiro, assim como a legítima defesa própria excluem a ilicitude, não guardando nenhuma relação com a culpabilidade.

(d) A coação física irresistível exclui a conduta do agente, excluindo por conseguinte a própria tipicidade. Isso porque toda conduta criminosa deve ser necessariamente voluntária, uma vez que um dos elementos do dolo é exatamente a vontade (art. 18, I do CP).

(e) No instituto da "aberratio ictus" ou erro na execução – art. 73 do CP, não temos exclusão de responsabilidade, uma vez que o agente responde pelo cometimento do crime que visou praticar, considerando-se, entretanto, as características da vítima virtual e não as daquela que o agente efetivamente atingiu (art. 20, § 3º do CP).

Para responder, tem que estudar: lei.

Gabarito: A

4. **(UFRJ/PC/RJ/Delegado/2001)** não representa causa de exclusão da ilicitude:

a) ingresso na residência contra a vontade do morador no momento em que há prática de crime em seu interior.
b) abate de animal para saciar a fome da família.
c) obrigação hierárquica.
d) aborto necessário.
e) prisão em flagrante efetuada por particular.

ANOTAÇÕES/COMENTÁRIOS

(a) O ingresso na residência ainda que contra a vontade do morador, não constitui crime quando presente a hipótese flagrancial, tendo em vista atuar o agente amparado pelo estrito cumprimento do dever legal (causa de exclusão da ilicitude).

(b) O abate de animal para saciar a fome da família não constitui crime, haja vista o art. 37, I da Lei 9.605/98.

(c) A obrigação hierárquica não constitui excludente da ilicitude, podendo acarretar, no entanto, a exclusão da culpabilidade (art. 22 do CP).

(d) Lembrando que o examinador queria a opção incorreta. O aborto necessário, que ocorre quando não há outra forma de salvar a vida da gestante, é tido pela doutrina majoritária como estado de necessidade (art. 23, I do CP). Causa que exclui a ilicitude do fato.

(e) A prisão em flagrante efetuada por particular, constitui aquilo que a doutrina denomina de exercício regular de direito "pro magistratu", verdadeira causa de exclusão da ilicitude (art. 23, III do CP). Outros exemplos: retenção das bagagens de um hóspede por parte do responsável de um hotel. Neste caso o gerente não comete crime. Exemplo 2: o desforço imediato do proprietário que perdeu a posse. Ele pode se valer de violência para readquiri-la, desde que não atue em excesso.

Para responder, tem que estudar: lei e teoria/doutrina.

Gabarito: C

5. **(PC/RJ/Delegado/2002)** Em relação ao estudo da tentativa, afirmativas abaixo:

I. Não admitem tentativa os crimes habituais, culposos, preterdolosos ou preterintencionais e omissivos próprios.

II. Crimes unissubsistentes admitem tentativa.

III. É possível a tentativa no delito previsto no artigo 122 do CP ("Art. 122. Induzir ou instigar alguém a suicidar-se ou prestar-lhe auxílio para que o faça").

IV. O crime de extorsão consuma-se com a obtenção da vantagem indevida.

V. É possível a punição por tentativa da prática de "crime-anão".

VI. É possível a punição na modalidade tentada dos delitos previstos no artigo 3º, da Lei n. 4.898, cujo caput enuncia "Art. 3º Constitui abuso de autoridade qualquer atentado: (...)".

VII. Os atos preparatórios em regra não são puníveis.

VIII. No crime falho o agente não consegue esgotar todos os meios que entendia necessários para lograr a consumação da infração penal.

IX. A tentativa branca não é punível.

Considerando as nove afirmativas feitas, pode-se dizer que:

a) apenas uma está correta.
b) apenas duas estão corretas.
c) apenas três estão corretas.
d) apenas quatro estão corretas.
e) existem cinco ou mais afirmativas corretas.

ANOTAÇÕES/COMENTÁRIOS

(I) Os crimes preterintencionais admitem a tentativa. Exemplo: latrocínio (art. 157, § 3º do CP).

(II) Os crimes unissubsistentes não admitem a tentativa, tendo em vista que não se pode fracionar a conduta.

(III) em que pese exista controvérsia sobre o tema, a banca considerou essa assertiva como correta, uma vez que devem existir duas letras corretas, formando com isso o gabarito oficial: letra B. Cabe informar ainda ao candidato que essa doutrina que defende o "conatus" em relação ao art. 122 é defendida no Brasil por Cézar Roberto Bitencourt, Esse autor fundamenta sua posição, dizendo que trata-se de crime MATERIAL.

(IV) O crime de extorsão se consuma com a mera exigência da vantagem indevida. Trata-se de crime formal, nos termos da súmula 96 do STJ. Logo, o recebimento da vantagem é tido como mero exaurimento do fato.

(V) O crime anão (contravenção penal), não é punível na modalidade tentada (art. 4º da LCP).

(VI) O crime do art. 3º da Lei 4.898/65, não admite a modalidade tentada uma vez que se trata de crime de ATENTADO. Ou seja: a conduta correspondente a que seria tentativa já consuma o delito.

(VII) realmente, pelo menos em regra, os atos preparatórios não podem ser puníveis, salvo em raras exceções como ocorre, por exemplo, no crime de associação criminosa (art. 288 do CP).

(VIII) O examinador inverteu os sinônimos. Crime falho é sinônimo de tentativa acabada ou perfeita. Ou seja: nela o agente ESGOTA todos os meios que entendia necessários a consumação da infração penal. Sendo assim, não podemos confundir crime falho com a tentativa imperfeita. Essa sim corresponde a assertiva narrada pelo examinador.

(IX) A tentativa branca assim como a vermelha também é punível. O que pode variar é apenas a intensidade ou quantidade de pena, uma vez que quanto mais o agente se aproxima da consumação maior será a reprimenda.

Para responder, tem que estudar: lei e teoria/doutrina.

Gabarito: B

---

6. (PC/RJ/Delegado/2002) Fato 1: "A", apaixonado por "B", prostituta, e insatisfeito com a recusa desta em praticar cópula carnal, decide estuprá-la. Certo dia, em local ermo, "A", exibindo uma pistola e ameaçando a vítima, determina que "B" tire suas roupas, a fim de consumar o seu intento. Contudo, quando "B" ficou nua, Caio reparou que esta possuía uma marca de nascença na face interna de sua coxa direita, idêntica à que possuía "C", irmã do agressor. Em razão disso, e sem nada mais fazer, determinou que "A" se trajasse e retirasse do local. Fato 2: "A", contudo, manteve seu desiderato de manter conjunção carnal. Para tanto, permaneceu aguardando que outra mulher passasse pelo local. Horas depois, passa por ali "D", pessoa portadora de caracteres físicos femininos de rara graça e beleza. Assim, mais uma vez utilizando-se da arma que portava, "A" ameaçou "D" e lhe determinou que retirasse a roupa. Logo que "D" começou a tirar seu vestido, "A" ouviu a sirene de viaturas da Polícia que, alertada por "B", compareceu ao local. Em virtude do risco de prisão, "A" resolveu não prosseguir em seu intento criminoso e se retirar do local. Perseguido, "A" foi preso logo em seguida. Na Delegacia, veio a ser esclarecido que "D" era, na verdade, pessoa do sexo masculino, um travesti. No que diz respeito às duas intenções da prática de conjunção carnal, assinale a situação penal de "A": (Para efeito desta questão, interessa apenas a análise da hipótese de estupro, devendo ser desconsideradas neste caso a análise do porte/uso da pistola e outros eventuais delitos correlatos, como constrangimento ilegal, importunação ofensiva ao pudor ou atentado violento ao pudor).

a) Tanto no fato 1 quanto no fato 2 houve desistência voluntária, ainda que por motivos diversos.

b) No fato 1 houve arrependimento eficaz e no fato 2 crime impossível.

c) No fato 1 houve desistência voluntária e no fato 2 tentativa (art. 14, II, CP).

d) No fato 1 houve arrependimento eficaz e no fato 2 tentativa.

e) No fato 1 houve desistência voluntária e no fato 2 crime impossível.

ANOTAÇÕES/COMENTÁRIOS

(a) Somente houve desistência voluntária no caso 01. No fato 2, o agente somente não prosseguiu em sua empreitada por conta de fatores externos (ouviu a sirena da polícia). Logo, neste 2º fato, o que se têm é uma hipótese de TENTATIVA.

(b) Item errado, pois o que houve no caso 1 foi apenas uma desistência voluntária.

(c) Item incorreto, uma vez que o certamente se deu no ano de 2001, ou seja: antes da vigência da Lei 12.015/09. Norma que trouxe a possibilidade de estupro em desfavor de pessoas do sexo masculino. Logo, naquela época, o que se tinha era apenas crime impossível, tendo em vista a absoluta impropriedade do objeto (art. 17 do CP).

(d) Item incorreto, por conta dos motivos em epígrafe.

(e) Realmente no fato 1 temos uma hipótese de desistência voluntária: A desistiu de cometer estupro por sua livre e espontânea vontade. Já no fato 2, havia realmente crime impossível na época de elaboração do certame (2001). Isso porque o estupro de pessoas do sexo masculino somente passou a ser possível após as modificações implementadas pela Lei 12.015/09.

Para responder, tem que estudar: lei e teoria/doutrina.

Gabarito: E

7. **(PC/RJ/Delegado/2002)** Uma pessoa está numa fazenda, em época de seca, deitada sobre a folhagem seca, fumando. Quando o cigarro está pela metade, ela o joga no chão, ainda aceso. Sua conduta resulta em um incêndio. Perscrutando-se o elemento subjetivo apenas, não se pode afirmar que houve:

   a) dolo direto, se sua intenção foi causar o incêndio.
   b) dolo eventual, se não ocorreu a intenção, mas aceitou mentalmente o resultado.
   c) culpa inconsciente, se ela sequer chegou a cogitar do risco de o resultado vir a ocorrer.
   d) culpa consciente, se ele cogitou do risco de incêndio, mas creu sinceramente que, por algum motivo, ele não viria a ocorrer.
   e) preterdolo, em virtude da vontade no antecedente (jogar o cigarro) e culpa no consequente (incêndio).

ANOTAÇÕES/COMENTÁRIOS

(a) Ora, se a intenção do agente foi causar incêndio é evidente que houve dolo direto.

(b) Ora, se o agente aceitou mentalmente o resultado significa que atuou como dolo eventual. Lembrando que a banca queria a assertiva incorreta.

(c) A culpa inconsciente dispensa a previsão (cogitação do risco de um resultado danoso se implementar), não obstante exige a previsibilidade do mesmo, ainda que mínima.

(d) Ora, se o agente cogitou a possibilidade de produção do resultado e ainda assim atuou acreditando sinceramente que o mesmo não se implementaria, é possível dizer que houve culpa consciente.

(e) Sendo assim, podemos afirmar que: não exista essa construção no crime de incêndio (dolo ao jogar o cigarro e culpa em relação ao incêndio). Nesse sentido art. 250 c/c 258 ambos do CP.

Para responder, tem que estudar: lei e teoria/doutrina.

Gabarito: E

8. (PC/RJ/Delegado/2002) Considere as hipóteses a seguir:

I. a prisão em flagrante realizada por particular e o direito de retenção.

II. a intervenção médica e cirúrgica e o corte, por parte do agente, de raízes e /ou ramos de árvore do vizinho que invadam seu terreno.

III. o direito de correção do pai ou mãe em relação ao filho(a) e a violência esportiva.

Desde que não ocorra abuso, são exemplos de exercício regular de direito somente:

a) I e II.

b) II e III.

c) I e III.

d) I, II e III.

e) nenhum.

ANOTAÇÕES/COMENTÁRIOS

(I) Realmente a prisão em flagrante pelo particular é exemplo de exercício regular de direito (atuação "pro magistratu"), assim como o direito de retenção decorrentes das benfeitorias úteis e necessárias (art. 1.219 do CC/02).

(II) Ademais, as raízes e /ou ramos de árvore do vizinho que, por ventura, invadam o terreno alheio, podem ser cortadas pelo titular do terreno invadido, desde que o faça até os limites da margem divisória (art. 1.283 do CC/02).

(III) Os pais possuem o direito de correção, desde que o exercem sem excessos ou abusos (art. 1.634, I do CC/02). A violência esportiva também é exemplo de exercício regular de direito. Exemplo: Lutas de MMA e lutas de boxe.

Para responder, tem que estudar: lei e teoria/doutrina.

Gabarito: D

9. (PC/RJ/Delegado/2006) Quanto ao arrependimento eficaz, é correto afirmar que:

a) trata-se de hipótese de tentativa perfeita.
b) é uma causa de diminuição da pena.
c) é também denominado, pela doutrina majoritária, de tentativa inidônea.
d) é causa de exclusão da antijuridicidade.
e) não é aplicável aos crimes cometidos com violência ou grave ameaça à pessoa.

ANOTAÇÕES/COMENTÁRIOS

(a) Alguns autores relacionam a tentativa perfeita (ou crime falho) com o arrependimento eficaz, uma vez que nesta, o agente após esgotar todos os meios de que dispunha ao seu alcance, procura indubitavelmente impedir que o resultado se consume. Ainda segundo esses autores a desistência voluntária se relaciona com a tentativa imperfeita, pois naquela o agente desiste do seu desiderato antes de esgotar todos os meios que tinha a sua disposição.

(b) O que diminui pena é o arrependimento posterior (art. 16 do CP), e não o arrependimento eficaz como fez sugerir o examinador.

(c) Tentativa inidônea ou inadequada é sinônimo de crime impossível (art. 17 do CP). Logo, não guarda nenhuma relação com o instituto do arrependimento posterior. O candidato deve ficar atento, uma vez que parte da doutrina denomina a tentativa inidônea de quase-crime ou crime-oco.

(d) Trata-se de excludente pessoal de tipicidade, uma vez que o agente só responde por aquilo que já havia praticado (art. 15 do CP). Logo, nada tem haver com as excludentes de ilicitude. Não obstante, cabe ainda alertar o candidato acerca da existência de uma segunda corrente, segundo a qual o arrependimento eficaz possui natureza jurídica de excludente de punibilidade, aplicando-se também a mesma tese para a desistência voluntária.

(e) Esse requisito (inexistência de violência ou grave ameaça), diz respeito apenas ao instituto do arrependimento posterior (art. 16 do CP). Logo, não guarda relação com o arrependimento eficaz, assim como em relação a desistência voluntária.

Para responder, tem que estudar: teoria/doutrina.

Gabarito: A

10. (PC/RJ/Delegado/2006) No tocante à culpabilidade, não é correto afirmar que:

a) a obediência hierárquica é causa legal de exclusão da culpabilidade.

b) para alguns doutrinadores, o estado de necessidade exculpante pode ser utilizado como causa supralegal de exclusão da culpabilidade.

c) o erro de proibição inevitável é excludente do potencial conhecimento da ilicitude.

d) a parte geral do Código Penal prevê três hipóteses de exclusão da imputabilidade.

e) a parte geral do Código Penal prevê três hipóteses de capacidade relativa de culpabilidade (ou imputabilidade reduzida).

ANOTAÇÕES/COMENTÁRIOS

(a) Item incorreto, uma vez que o examinador queria que o candidato assinalasse a opção incorreta. A obediência hierárquica é realmente uma causa de exclusão da culpabilidade.

(b) Item incorreto, uma vez que o examinador queria que o candidato assinalasse a opção incorreta. Embora o Código Penal tenha adotado a teoria unitária (que não admite o estado de necessidade exculpante), existe de fato uma corrente que defende o seu emprego a título de causa supralegal de exclusão da culpabilidade.

(c) Item incorreto, uma vez que o examinador queria que o candidato assinalasse a opção incorreta. O erro de proibição inevitável faz com que o agente suponha ser lícita uma conduta que na verdade se mostra proibida. Logo atinge a potencial consciência da ilicitude (capacidade ou possibilidade que o sujeito tem de conhecer o caráter ilícito do fato no momento da prática da conduta).

(d) Item incorreto, pois a banca queria a alternativa incorreta. O código penal (parte geral), adotou de fato três causas que excluem a imputabilidade: 1) doença mental ou desenvolvimento mental incompleto ou retardado (art. 26 do CP). 2) menor idade (art. 27 do CP). 3) embriaguez completa proveniente de caso fortuito ou força maior (art. 28, § 1º do CP).

(e) O código penal prevê apenas duas e não três causas de diminuição ou redução da imputabilidade (p.ú. do art. 26 e § 2º do art. 28, ambos do CP).

Para responder, tem que estudar: lei e teoria/doutrina.

Gabarito: E

2. DA IMPUTABILIDADE PENAL

11. (UFRJ/PC/RJ/Delegado/2001) A única hipótese que configura causa de exclusão da imputabilidade é:

a) embriaguez culposa e completa pelo álcool.

b) paixão.

c) doença mental completa ao tempo da ação que gera a total incapacidade de entender o caráter ilícito do fato.

d) ingestão voluntária de substância entorpecente que retira a plena capacidade de se autodeterminar ao tempo da ação.

e) perturbação da saúde mental que afasta a inteira capacidade de entender o caráter ilícito do fato.

ANOTAÇÕES/COMENTÁRIOS

(a) A embriaguez culposa ainda que completa não tem o condão de afastar a imputabilidade do agente. Sendo assim, somente a embriaguez proveniente de caso fortuito, força maior ou doença mental (art. 26 do CP) pode afastar a responsabilidade penal, sob o prisma da imputabilidade.

(b) A paixão, assim como a emoção não excluem a imputabilidade do agente (art. 28, I do CP).

(c) Realmente a doença mental completa, mostra-se apta a viabilizar a completa supressão da capacidade de entendimento, logo, afasta a imputabilidade do agente, tendo em vista ser a mesma um dos elementos que compõe a culpabilidade (potencial consciência da ilicitude). Nossa doutrina confere a essa hipótese (por analogia), os mesmos efeitos que são conferidos ao art. 26 do CP (regra que trata do doente mental).

(d) Somente a ingestão de substância entorpecente decorrente de caso fortuito ou força maior, que gere a incapacidade total do agente, é que se mostra capaz de afastar a imputabilidade. Nesse sentido art. 45 da Lei 11.343/06.

(e) A simples perturbação da saúde mental não pode ser equiparada a doença mental. Em tal hipótese o mesmo que pode haver é uma mera redução de pena, nos termos do art. 26, p.ú. do CP.

Para responder, tem que estudar: teoria/doutrina.

Gabarito: C

12. (PC/RJ/Delegado/2002) Caio, embriagado, praticou homicídio contra Tício. Durante a prisão em flagrante, Caio resistiu à prisão e ameaçou a Autoridade Policial. A denúncia imputou-lhe a prática de homicídio qualificado pelo motivo fútil, de desobediência e ameaça, acrescidos da agravação da pena por força de embriaguez preordenada. Sobre esse tema, é incorreto afirmar que:

a) a embriaguez apenas excluirá integralmente a imputabilidade de Caio se tiver sido completa e acidental.

b) a embriaguez só se considera preordenada se o agente se embriagou com o fim de praticar o crime.

c) se a embriaguez de Caio tiver sido culposa e incompleta, será cabível a redução da pena.

d) a incompatibilidade entre a embriaguez e a qualificadora do motivo fútil é posição dominante no STJ, desde que a embriaguez tenha comprometido o estado psíquico do agente.

e) se a embriaguez de Caio for considerada patológica, ele será inimputável.

ANOTAÇÕES/COMENTÁRIOS

(a) Ora, a embriaguez completa e acidental realmente afasta a imputabilidade do agente. Logo, se assim fosse isento de pena estaria Caio (art. 28, § 1º do CP).

(b) Ora, de fato preordenada é aquela que se perfaz com a intenção do cometimento de crimes na seqüência.

(c) A embriaguez culposa não atenua a pena, por força de expressa previsão legal (art. 28, § 2º do CP). Sendo assim, podemos concluir que somente aquela decorrente de caso fortuito ou força maior pode isentar de pena ou diminuir a reprimenda.

(d) O tema é bastante controvertido tendo perante a doutrina como em nossos tribunais, no entanto, realmente prevalece no STJ que a embriaguez COMPLETA que retira totalmente a capacidade de autodeterminação do agente afasta o motivo fútil, uma vez que diante daquela não tem o mesmo a capacidade de entender a futilidade de seu ato. Em sentido contrário argumenta-se que incide a teoria da "actio libera in causa", devendo o agente responder pela qualificadora do motivo fútil. Exemplo: homem que mata seu melhor amigo pelo simples fato daquele ter se recusado a se embriagar juntamente com o homicida.

(e) Ora, a embriaguez patológica realmente afasta a responsabilidade do agente, por ser tida com excludente da culpabilidade (art. 26 caput do CP). Nossa doutrina majoritária equipara tal hipótese ao doente mental.

Para responder, tem que estudar: lei.

Gabarito: C

13. (UFRJ/PC/RJ/Delegado/2001) O princípio da "actio libera in causa" adotado na avaliação da imputabilidade penal em casos de embriaguez:

a) aplica-se apenas aos casos da embriaguez pré-ordenada.

b) isenta de responsabilidade as pessoas que cometem crimes em estado de embriaguez.

c) justifica a imputabilidade de quem comete delitos sob estado de embriaguez.

d) é a base da isenção de pena na embriaguez fortuita.

e) não se aplica aos casos de embriaguez culposa.

ANOTAÇÕES/COMENTÁRIOS

(a, e) Também se aplica em outras hipoteses, como na embriaguez culposa.

(b) Esta teoria não se excluirá a imputabilidade.

(c) Correta, apesar da ausencia de consciência no momento da ação ou omissão, no imediato instante que antecedeu o inicio da ingestão da sustância, o autor era livre para não faze – lo, o que permitir imputar a ele o resultado.

(d) A base da isenção de pena na embriaguez fortuita é a ausência de conduta.

Para responder, tem que estudar: teoria/doutrina.

Gabarito: C

3. DO CONCURSO DE PESSOAS

14. (Funcab/PC/RJ/Delegado/2012) Alfredo, querendo matar Epaminondas, sobe até o terraço de um prédio portando um rifle de alta precisão, com silencioso e mira telescópica. Sem ser visto, constata a presença de Gildenis, outro atirador, em prédio vizinho, armado com uma escopeta, também preparado para matar a mesma vítima, tendo Alfredo percebido sua intenção. Quando Epaminondas atravessa a rua, ambos começam a atirar, vindo a vítima a morrer em face, unicamente, dos disparos efetuados por Gildenis. Analisando o caso concreto, leia as assertivas a seguir:

I. há, no caso, autoria colateral incerta.

II. Alfredo e Gildenis devem responder por homicídio consumado, inobstante o disparo fatal ter sido produzido unicamente pela arma de Gildenis.

III. tanto Alfredo, quanto Gildenis, agiam em concurso de pessoas.

IV. Alfredo é o autor direto e Gildenis o autor mediato.

Agora, assinale a opção que contempla a(s) assertiva(s) verdadeira(s):

a) apenas a I.

b) apenas a II.

c) apenas II e III.

d) apenas I e II.

c) I, II, III c IV.

ANOTAÇÕES/COMENTÁRIOS

(a) Item I incorreto. Não há que se falar em autoria colateral incerta, uma vez que foi possível indetificar o agente que efetuou os desparados fatais. Na autoria coleteral incerta não se sabe qual das condutas foi efetivamente responsável pelo resultado. Isso ocorre geralmente quando a perícia não consegue apontar qual dos diparos causou a morte.

(b) Item II correto. O examinador iniciu a questão dando a entender que se tratava de um caso de autoria coleteral, mas no decorrer do texto admitiu a existência de um concurso de agentes (art. 29 do CP). O candidato precisa ter bastante atenção, pois o liame subjetivo dispensa ajuste prévio, logo ao ver Gildenis armado com a intenção de atirar na vítima, Alfredo aderiu a conduta daquele (dando início a um vínculo subjetivo), fato que conduz a incidência do homicídio consumado para ambos em concurso de agentes (coautoria em crime doloso).

(c) Item IIII ncorreto. Isso porque apenas Alfredo aderiu a conduta de Gildenis e não ambos como fez sugerir o examinador. Logo, pode conta disso a banca considerou incorreta essa assertiva. Não obstante, seja esse o gabarito correto, não concordamos totalmente com a banca, uma vez que tecnicamente as circustâncias acabaram criando uma hipótese de concurso de agentes, tendo em vista que o concurso dispensa o ajuste prédio e se instaura ainda que um dos coautores não tivesse a plena ciência da conduta do outro.

(d) Item IV errado. A questão não guarda nenhum tipo de relação com a autoria mediata. Nesta, temos uma pessoa que atua seguindo as ordens de terceiro, que por sua vez, passa a ser tido como autor indireto ou meditado do crime. Ou seja: o autor do crime simplesmente domina a vontade de terceira pessoa que acaba praticando o ilícito sob as ordens daquele.

(e) Assertiva errada. Basta consideramos a explicação acima: devidamente enumerada nos ítens I, II, III e IV. Perceba que os ítens foram enumerados em ordem para faciliar a compreensão.

Para responder, tem que estudar: teoria/doutrina.

Gabarito: B

---

15. (PC/RJ/Delegado/2002) Sobre o tema concurso de pessoas, analise as afirmativas abaixo:

I. São requisitos do concurso a pluralidade de agentes e de condutas, a relevância causal de cada conduta, o liame subjetivo e a identidade de infração penal.

II. É possível a autoria mediata nos crimes de mão própria.

III. O ajuste prévio é requisito da configuração do concurso de pessoas.

IV. É possível a participação dolosa em crime culposo.

V. A autoria colateral incerta no crime culposo configura hipótese de concurso de pessoas.

O número de assertivas incorretas é:

a) 1.
b) 2.
c) 3.
d) 4.
e) 5.

ANOTAÇÕES/COMENTÁRIOS

(I) Realmente são elementos do concurso de agentes: pluralidade de agentes e de condutas, relevância causal de cada conduta, liame subjetivo e unidade de infração penal.

(II) Os crimes de mão própria não admitem a coautoria, uma vez que exigem a presença do próprio executor da conduta. Ou seja: o crime de mão própria pressupõe a atuação do próprio agente, que não pode ser delegada a terceiros.

(III) O ajuste prévio não é requisito essencial a formação do concurso de pessoas. Isso porque o liame subjetivo pode se instaurar independentemente desse elemento. Exemplo: A atira em B e C sem nem mesmo conhecer A também efetua disparo contra B, ao perceber que A estava fazendo mira contra o mesmo. Sendo assim, existe liame entre A e C, embora não tenha havido ajuste prévio.

(IV) A doutrina majoritária não admite essa possibilidade: participação dolosa em crime culposo. Isso porque somente a coautoria é admitida. Exemplo: duas pessoas que empurram uma pedra que acaba caindo sobre a cabeça de uma pessoa. Cabe explicar, por fim, que existe uma corrente minoritária capitaneada por ROGÉRIO GREGO que defende o contrário. Essa corrente cita o exemplo do: passageiro, que induz o motorista do táxi a empregar velocidade excessiva na via. Por conta disso o mesmo acaba atropelando de maneira fatal uma criança de 11 anos que estava atravessando no sinal.

(V) A autoria colateral não se confunde com o concurso de pessoas. Ou seja: autoria colateral não pressupõe liame subjetivo, ao contrário do que ocorre no concurso de agentes.

Para responder, tem que estudar: jurisprudência e teoria/doutrina.

Gabarito: D

16. (PC/RJ/Delegado/2006) Um policial civil, no exercício de suas funções, presenciou uma cena em que uma pessoa subtrai a carteira de um transeunte. O profissional preferiu não agir por entender que estaria havendo uma socialização das riquezas do Estado. Esse policial praticou o delito de:

a) corrupção ativa por omissão.
b) prevaricação.
c) furto qualificado pelo concurso de pessoas.
d) corrupção passiva por omissão.
e) condescendência criminosa.

ANOTAÇÕES/COMENTÁRIOS

(a) O agente garantidor que se omite quando podia ter atuado para impedir o resultado, responde pelo mesmo crime do agente que praticou a conduta (art. 13, § 2º do CP). Logo, assertiva errada.

(b) Item errado, por conta dos mesmos fundamentos em epígrafe.

(c) Realmente o agente garantidor responde pelo delito ao qual deu causa, ou seja: deve responder pelo mesmo crime praticado pelo autor da conduta, porém com um detalhe: o crime para o agente garantidor passa a ser qualificado pelo concurso de pessoas (art. 29 do CP), tendo e vista a existência de liame subjetivo. Destarte, no exemplo acima, deve responder o policial por furto qualificado (art. 155, § 4º, IV do CP), ao passo que o executor da conduta responde por sua modalidade simples (art. 155 caput do CP), uma vez que, este por sua vez, não atuou com liame subjetivo em relação aquele.

(d) Ver comentários em epígrafe.

(e) Item errado, por conta dos motivos acima.

Para responder, tem que estudar: teoria/doutrina.

Gabarito: C

4. DA EXTINÇÃO DA PUNIBILIDADE

17. (Funcab/PC/RJ/Delegado/2012) Mirtes, a fim de se vingar de Anacleto, seu companheiro, que rompera o relacionamento amoroso entre ambos, vai até a Delegacia Especial de Atendimento à Mulher (DEAM) e noticia falsamente crime de violência doméstica, imputando a ele a conduta. Dias depois do início da investigação, arrependida, Mirtes retorna à DEAM, desta feita se desdizendo e confessando a falsidade da imputação. Nesse contexto, Mirtes:

a) poderá ser criminalmente responsabilizada por crime de denunciação caluniosa, não sendo extinta sua punibilidade pela retratação, por ausência de previsão legal específica.

b) poderá ser criminalmente responsabilizada por crime de denunciação caluniosa, não sendo extinta sua punibilidade pela retratação, por se tratar de crime de ação penal pública incondicionada.

c) por ter se retratado, não poderá ser punida por denunciação caluniosa, mas subsistirá a responsabilidade criminal por calúnia.

d) por ter se retratado, não poderá ser punida por denunciação caluniosa, mas subsistirá a responsabilidade criminal por falsa comunicação de crime ou contravenção.

e) não poderá ser punida por crime algum, pois ocorre a extinção de sua punibilidade.

ANOTAÇÕES/COMENTÁRIOS

(a) Realmente não existe previsão legal quando a possibilidade de retratação no crime de denunciação caluniosa. Logo, ao contrário do que ocorre, por exemplo, no crime de calúnia (art. 138 c/c 143, ambos do CP), não há que se falar em retração quando estivermos diante do delito de denunciação caluniosa. Nada obstante, a retratação pode ensejar circustância atenuante (art. 65, III, "b").

(b) O fato do crime ser ou não regido por ação penal pública incondicionada em nada interefere na possibilidade de retratação. Tanto é verdade, que o crime de falso testemunho (art. 342 do CP), admite plenamente a possibilidade de retratação (§ 2º do próprio art. 342). Logo, a primeira parte está correta, porém não corresponde a fundamentação que foi apresentada pelo examinador.

(c) Não existe a possibilidade de retratação para o crime de denunciação caluniosa, uma vez que o instituto pressupõe previsão legal.

(d) Não existe retratação para o crime de denunciação caluniosa. Ademais, não há que se falar em falsa comunicação de crime, uma vez que houve o início da investigação criminal.

(e) Isso por conta dos mesmos motivos acima.

Para responder, tem que estudar: lei.

Gabarito: A

18. (UFRJ/PC/RJ/Delegado/2001) Os termos inicial e final da contagem do prazo na prescrição retroativa são:

a) datas do fato e do recebimento da denúncia.
b) datas da citação do réu e da sentença condenatória.
c) datas da denúncia e da sentença condenatória.
d) datas do fato e da citação válida do réu.
e) datas do fato e da denúncia.

ANOTAÇÕES/COMENTÁRIOS

(a, d) Essa letra "A" corresponde ao gabarito oficial fornecido pela banca ao tempo da realização do certame. Ocorre que o art. 110, § 1º do CP, foi alterado no ano de 2010 pela Lei 12.234/10, que a partir de então, nos diz agora expressamente que a prescrição retroativa em nenhuma hipótese poderá alcançar termo anterior ao recebimento da denúncia ou queixa. Sendo assim, atualmente, temos que o gabarito passa a ser a letra C.

(b) A citação do réu não é marco para a contagem da prescrição, tendo em vista que inexiste previsão legal nesse sentido. Antigamente a citação válida era marco interruptivo da prescrição na seara do processo civil (antigo art. 219, "in fine" do CPC de 73). Ocorre que, atualmente, a citação válida deixou de ser marco interruptivo, não produzindo tais efeitos nem mesmo perante a atual sistemática do processo civil (art. 240, § 1º do NCPC), uma vez que com essa alteração o simples despacho do juiz que ordena a prática desse ato já suspende, por si só, a contagem da prescrição.

(c) Nada obstante, o candidato deve atentar para o fato de que o certame foi elaborado no ano de 2001. Com as alterações implementadas pela Lei 12.234/10 o gabarito corresponde agora a letra C (conforme já explicamos acima).

Para responder, tem que estudar: lei e teoria/doutrina.

Gabarito: A

19. (PC/RJ/Delegado/2002) Extingue a punibilidade:

a) o perdão judicial, nos casos previstos em lei, a abolitio criminis e a insolvência civil.

b) a reparação do dano no peculato culposo, se precedente à sentença irrecorrível, e o casamento da vítima com terceiro, nos crimes contra os costumes.

c) o término da vigência da lei excepcional ou temporária, em virtude de já ter decorrido o período de duração ou a cessação das circunstâncias que a determinaram, em relação aos fatos praticados durante e após sua vigência.

d) o término do prazo da suspensão do processo, desde que não haja sua revogação.

e) a declaração, confissão e pagamento voluntários daquilo que for devido perante a previdência social, na forma determinada em lei ou regulamento.

ANOTAÇÕES/COMENTÁRIOS

(a) A ocorrência da insolvência civil não é tida como causa de extinção da punibilidade.

(b) Na época da elaboração do certame, ainda vigorava a antiga redação do art. 107, incisos VII e VIII do CP, no primeiro tínhamos a extinção de punibilidade lastreada no casamento do agente com a vítima e no inciso VIII a possibilidade de extinção da punibilidade por conta do casamento da vítima com um terceiro, DESDE QUE a vítima deixasse de dar prosseguimento ao inquérito ou ação penal dentro do prazo de 60 dias, a contar da celebração daquele. E, além disso ainda se exigia que o crime contra os costumes fosse praticado sem violência ou grave ameaça.

(c) A lei excepcional, assim como a temporária possuem aquilo que a doutrina denomina de ULTRATIVIDADE. Logo, por conta dessa característica são dotadas de efetiva aplicabilidade mesmo após o término de sua vigência (lei temporária) ou após cessadas as circunstâncias que a determinaram (lei excepcional).

(d) Realmente, uma vez espirado o prazo da suspensão condicional do processo, sem que tenha havido sua revogação, extinta estará a punibilidade, nos termos do § 5º do art. 89 da Lei 9.099/95.

(e) Somente o pagamento, a suspensão ou o parcelamento da dívida tributária é que possuem o condão de ilidir a punibilidade.

Para responder, tem que estudar: lei e teoria/doutrina.

Gabarito: D

20. (PC/RJ/Delegado/2002) A perempção, enquanto causa da extinção da punibilidade, ocorre:

a) em qualquer tipo de ação penal.
b) apenas nas ações penais públicas.
c) na ação penal pública condicionada e na ação penal privada.
d) apenas na ação penal privada.
e) apenas na ação penal privada subsidiária da pública.

ANOTAÇÕES/COMENTÁRIOS

(a) Ver comentários abaixo.

(b) Ver comentários abaixo.

(c) Item errado, por conta dos fundamentos abaixo:

(d) Realmente o instituto jurídico da PEREMPÇÃO é exclusivo da ação penal privada, tendo em vista a inteligência do art. 60 do CPP.

(e) Item errado. Ver comentários em epígrafe.

Para responder, tem que estudar: lei e teoria/doutrina.

Gabarito: D

21. (PC/RJ/Delegado/2006) Em relação à prescrição, não é correto afirmar que:

a) a prescrição retroativa é uma espécie de prescrição da pretensão punitiva.
b) o curso da prescrição é interrompido pela continuação do cumprimento da pena.
c) antes de passar em julgado a sentença final, a prescrição não corre enquanto o agente cumpre pena no estrangeiro.
d) são reduzidos à metade os prazos de prescrição quando o criminoso era, ao tempo do crime, menor de vinte e um ou maior de setenta anos.
e) no caso de evasão do condenado, a prescrição é regulada pelo tempo que resta da pena.

ANOTAÇÕES/COMENTÁRIOS

(a) Realmente a prescrição retroativa é uma subespécie de prescrição da pretensão punitiva em abstrato. Isso porque, embora se baseie na pena em concreto (fixada na sentença), trata-se de decisão que ainda não teve seu transito em julgado de forma definitiva. Ou seja: essa prescrição é contada entre a data do recebimento da denúncia e o transitado em julgado da sentença condenatória apenas para a acusação (§ 1º do art. 110 do CP). Logo, embora considere a pena em concreto fixada na sentença é uma das espécies de prescrição da pretensão punitiva e não da prescrição executória.

(b) O curso da prescrição é realmente interrompido tanto pelo início do cumprimento da pena, como também pela sua continuação (art. 117, V do CP).

(c) Sendo assim, de acordo com o art. 116, II do CP, a prescrição pena em abstrato (antes de passar em julgado a sentença final), não corre enquanto o agente cumpre pena no estrangeiro.

(d) O examinador tentou confundir o candidato, pois a redução de metade do prazo prescricional incide para os menores de 21 anos, na data do fato, e para os maiores de 70 na data da prolação da sentença.

(e) Realmente em havendo caso de fuga a contagem da prescrição é feita com base apenas no tempo que resta de pena. Isso também se aplica aos casos de revogação do livramento condicional. Ver artigo 113 do CP.

Para responder, tem que estudar: lei e teoria/doutrina.

Gabarito: D

5. DOS CRIMES CONTRA A PESSOA

22. (Funcab/PC/RJ/Delegado/2012) Após ter ciência da gravidez de sua namorada Silmara, Nicanor convence a gestante a abortar, orientando-a a procurar uma clínica clandestina. Durante o procedimento abortivo, praticado pelo médico Horácio, Silmara sofre grave lesão, decorrente da imperícia do profissional, perdendo, pois, sua capacidade reprodutiva. Nesse contexto, considerando que a intervenção cirúrgica não era justificada pelo risco de morte para a gestante ou em virtude de estupro prévio, Silmara, Nicanor e Horácio responderão, respectivamente, pelos crimes de:

a) consentimento para o aborto (artigo 124, 2ª parte, CP); consentimento para o aborto (artigo 124, 2ª parte, CP); e aborto praticado por terceiro com consentimento, em concurso de crimes com o delito de lesão corporal qualificada (artigo 126 c/c artigo 129, § 2º, III, ambos do CP).

b) consentimento para o aborto (artigo 124, 2ª parte, CP); aborto provocado por terceiro com consentimento especialmente agravado (artigo 126 c/c artigo 127, ambos do CP); e aborto provocado por terceiro com consentimento especialmente agravado (artigo 126 c/c artigo 127, ambos do CP).

c) consentimento para o aborto (artigo 124, 2ª parte, CP); consentimento para o aborto (artigo 124, 2ª parte, CP); e aborto provocado por terceiro com consentimento especialmente agravado (artigo 126 c/c artigo 127, ambos do CP).

d) autoaborto (artigo 124, 1ª parte, CP); aborto praticado por terceiro com consentimento, em concurso de crimes como delito de lesão corporal qualificada (artigo 126 c/c artigo 129, § 2º, III, ambos do CP); e aborto praticado por terceiro com consentimento, em concurso de crimes com o delito de lesão corporal qualificada (artigo 126 c/c artigo 129, § 2º, III, ambos do CP).

e) autoaborto (artigo 124, 1ª parte, CP); aborto provocado por terceiro com consentimento especialmente agravado (artigo 126 c/c artigo 127, ambos do CP); e aborto provocado por terceiro com consentimento especialmente agravado (artigo 126 c/c artigo 127, ambos do CP).

ANOTAÇÕES/COMENTÁRIOS

(a) Em tal hipótese não se pode admitir concurso de crimes com o art. 129 do CP. Isso ocorre por força de expressa previsão legal (art. 127 do CP – crime qualificado pelo resultado). Ou seja: o resultado lesão corporal majora o crime de aborto, não havendo que se falar em lesão corporal, até mesmo porque o dolo do agente é de praticar abortamento e não de simples lesão. Logo, o item encontra-se incorreto.

(b) A majorante prevista no art. 127 do CP, somente se aplica aos artigos 125 e 126. Jamais vamos ter sua combinação com o art. 124 do CP. Isso se da por força de expressa previsão legal. Ademais, o princípio da auteridade não admite que possamos ter responsabilidade jurídico-penal em desfavor daquele que atenta contra sua própria integridade. Logo, o item encontra-se incorreto.

(c) Silmara deve responder pelo art. 124, 2ª parte uma vez que consentiu com o abortamento de seu próprio feto. Já Nicanor (namorado daquela), atuou como partícipe de sua namorada (mesmo crime de Silmara), porém a título de participação. Já o médico (Horário), por sua vez, deve responder pelo art. 126 do CP, tendo em vista ter sido o executor. Ademais, sua conduta vai ser especiamente agravada já que em tal hipótese incide ainda a majorante de 1/3 contida no art. 127 do CP (lesão grave da vítima – Silmara, pois houve perda da função).

(d) O candidato já poderia eliminar essa assertiva de plano, uma vez que a 1ª parte do art. 124 corresponde ao denominado auto-aborto. Ora, quem praticou a conduta de abortamento foi o médio (Horário), e não a própria gestante. Logo, a assertiva é simplesmente absurda. Já em sua segunda parte – vide os comentários acima.

(e) Item errado, por conta dos mesmos motivos acima elencados.

Para responder, tem que estudar: lei.

Gabarito: C

23. (Funcab/PC/RJ/Delegado/2012) Maria é amiga e "cunhada" de Paula, pois namora Carlos, o irmão desta. Maria descobre que está sendo traída por Carlos e conta a Paula. Esta sugere que Maria simule o suicídio para dar uma lição em Carlos. Realizada a encenação, Carlos encontra Maria caída em sua cama, aparentando estar com os pulsos cortados e morta, tendo uma faca ao seu lado. Certo da morte de sua amada, pois a cena fora perfeitamente simulada, com aptidão para enganar qualquer pessoa, Carlos, desesperado, pega a faca supostamente utilizada por Maria e começa a golpear o corpo da namorada, gritando que ela não poderia ter feito aquilo com ele, haja vista amá-la demais e que, portanto, sua vida teria perdido o sentido. Maria, mesmo esfaqueada, não esboça qualquer reação, pois, para dar uma aura de veracidade à farsa, havia ingerido medicamentos que a fizeram dormir profundamente. Em razão dos golpes desferidos por Carlos, Maria acaba efetivamente morrendo. Assim, pode-se afirmar que Carlos:

a) deve responder pelo crime de homicídio doloso duplamente qualificado, em face de a morte ter ocorrido por motivo torpe e pela impossibilidade de reação da vítima, sendo Paula coautora do mesmo crime, pois o direito penal brasileiro adota a teoria monista mitigada.

b) deve responder por descumprir um dever de cuidado objetivo, que causou um resultado lesivo, já que há previsão expressa do crime na modalidade culposa, considerando Carlos que estava sob erro de tipo vencível; Paula é partícipe do mesmo crime, pois o direito penal brasileiro adota a teoria monista mitigada.

c) não pode responder por crime algum, pois não há responsabilidade penal objetiva no direito penal brasileiro.

d) deve responder pelo crime de vilipêndio a cadáver, haja vista estar em erro sobre o fato, que, pela teoria extremada da culpabilidade, amolda-se ao instituto do erro de proibição.

e) deve ser indiciado pelo crime de destruição, subtração ou ocultação de cadáver, uma vez que, estando sob erro de tipo vencível, fez o cadáver perder a sua forma original.

ANOTAÇÕES/COMENTÁRIOS

(a) Opção incorreta. Carlos estava sob erro de tipo INVENCÍVEL, circunstância que exclui dolo e culpa.

(b) Carlos atuou em erro de tipo invencível, logo, não há que se falar em delito culposo. O erro de tipo invencível exclui dolo e culpa.

(c) Realmente, Carlos, não pode ser responsabilizado já que atuou sem dolo. Ademais, não há que se falar em crime culposo, porquanto o erro de tipo essencial e invencível exclui não apenas o dolo, mas também a culpa.

(d) Isso por conta das mesmas razões acima: Carlos atuou desprovido de dolo e culpa.

(e) Carlos atuou em erro de tipo invencível e não vencível como fez sugerir a banca.

Para responder, tem que estudar: teoria/doutrina.

Gabarito: C

24. (Funcab/PC/RJ/Delegado/2012) Osvaldo, desejando matar, disparou seu revólver contra Arnaldo, que, em razão do susto, desmaiou. Osvaldo, acreditando piamente que Arnaldo estava morto, colocou-o em uma cova rasa que já havia cavado, enterrando-o, vindo a vítima a efetivamente morrer, em face da asfixia. Assim, Osvaldo praticou:

a) homicídio qualificado pela asfixia e homicídio culposo, bem como ocultação de cadáver.
b) homicídio qualificado pela asfixia e ocultação de cadáver.
c) homicídio simples e ocultação de cadáver.
d) homicídio culposo.
e) homicídio simples.

ANOTAÇÕES/COMENTÁRIOS

(a, b) Não há que se falar em homicídio culposo, uma vez que o próprio examinador deixou bem claro que o agente pretendia matar a vítima. Ademais, o sujeito ativo se valeu de um disparo de arma de fogo e não de asfixia, porquanto ao colocar a vítima dentro de uma cova, se tratava de pessoa viva e não cadáver como pressupõe o tipo penal incriminador do art. 211 do CP (ocultação de cadáver). Logo, não poderia Osvaldo responder por tal crime.

(c) Osvaldo não pode responder por ocultação de cadáver uma vez que ao colocar a vítima dentro de uma cova rasa, tratava-se de pessoa viva e não da elementar descrita no art. 211 do CP (cadáver). Sendo assim, nem mesmo o fato de ter cavado o buraco previamente faz com que o mesmo possa responder por tal crime. Elogios a banca que elaborou uma questão que exigiu bastante raciocínio jurídico de seus candidatos.

(d) Não há que se falar em culpa, pois o próprio examinador foi bem claro ao descrever o "animus necandi", no próprio enunciado na questão.

(e) Realmente, Osvaldo, cometeu homicídio doloso simples. Temos aqui, aquilo que a doutrina dennomina de DOLO GERAL ou erro sucessivo. Ou seja: hipótese em que o agente após supor que já tenha alcançado o resultado por ele pretendido, acaba praticando uma nova ação, que somente agora conduz realmente ao resultando que aquele achava já ter produzido. Segundo a doutrina MAJORITÁRIA (no Brasil), deve-se imputar ao agente o resultado efetivamente ocorrido, ou seja: aquilo que realmente se implementou (morte da vítima).

Para responder, tem que estudar: lei.

Gabarito: E

25. (Ceperj/PC/RJ/Delegado/2009) Considerando os delitos contra a pessoa, julgue os itens abaixo.

I. no homicídio preterintencional, o agente responderá por culpa com relação ao resultado morte.

II. Mário e Bruno, pretendendo matar Nilo, mediante o uso de arma de fogo, postaram-se de emboscada, ignorando cada um o comportamento do outro. Ambos atiraram na vítima, que veio a falecer em virtude dos ferimentos ocasionados pelos projéteis disparados pela arma de Bruno. Nessa situação, é correto afirmar que Mário e Bruno são coautores do homicídio perpetrado.

III. o agente que, para livrar um doente, sem possibilidade de cura, de graves sofrimentos físicos e morais, pratica a eutanásia com o consentimento da vítima, deve, em tese, responder por homicídio privilegiado, já que agiu por relevante valor moral, que compreende também os interesses individuais do agente, entre eles a piedade e a compaixão.

IV. Caio e Tício, sob juramento, decidiram morrer na mesma ocasião. Para isso, ambos se trancaram em um quarto hermeticamente fechado e Caio abriu a torneira de um botijão de gás; todavia, apenas Tício morreu. Nessa situação, Caio deverá responder por participação em suicídio.

V. um indivíduo, a título de correção, amarrou sua esposa ao pé da cama, deixando-a em um quarto escuro e fétido. Nesse caso, o indivíduo responderá pelo crime de maus-tratos.

Estão certos apenas os itens:

a) I e III.

b) I, III e V.

c) I, II e V.

d) II e IV.

e) IV e V.

ANOTAÇÕES/COMENTÁRIOS

(a) Realmente no homicídio preterintencional (lesão corporal seguida de morte) temos um crime qualificado pelo resultado. Isso ocorre porque a intenção do agente é provocar lesão corporal, ele não atua como dolo de matar, logo, o resultado sempre advêm de culpa.

(b) A hipótese descrita corresponde aquilo que a doutrina denomina de autoria colateral. Ou seja: não existe liame subjetivo entre Mário e Bruno, uma vez que nenhum dos dois teve ciência do comportamento do outro, nem muito menos ajustaram previamente a conduta a ser por eles perpetrada.

(c) Realmente, aquele que pratica homicídio com tal motivação pode ser beneficiado da atenuente genérica delineada no art. 65, III, "a" do CP.

(d) Caio ao abrir a torneira praticou ato executório, logo deve responder por homicídio e não mera participação em suicídio.

(e) A conduta descrita pelo examinador aprioristicamente considerada realmente constitui crime de maus tratos. No entanto, o marido não pode ser sujeito ativo de maus tratos perante a própria esposa, uma vez que inexiste entre ambos relação de autoridade, guarda ou vigilância, pressupostos essenciais a tipificação do crime ora em apreço. Tais cirscustâncias constituem verdadeira elementar típica do art. 136 do CP.

Para responder, tem que estudar: lei.

Gabarito: A

26. (Funcab/PC/RJ/Delegado/2012) Certo Juiz de Direito encaminha ofício à Delegacia de Polícia visando à instauração de inquérito policial em desfavor de determinado Advogado, porque o causídico, em uma ação penal de iniciativa privada, havia, em sede de razões de apelação, formulado protestos e críticas contra o Magistrado, alegando que este fundamentara sua sentença em argumentos puramente fantasiosos. Resta comprovado na investigação que os termos usados pelo Advogado foram duros e que tinham aptidão para ofender a honra do Magistrado, embora empregados de forma objetiva e impessoal. Assim, o Advogado:

a) deve responder por crime de injúria.
b) deve responder por crime de desacato.
c) deve responder por crime de difamação.
d) deve responder por crime de calúnia.
e) não responde por crime algum.

ANOTAÇÕES/COMENTÁRIOS

(a) Em tal hipótese não há que se falar em crime, tendo em vista a causa de exclusão delineada no art. 142, I do CP. Nesse sentido a doutrina do professor, BRUNO GILABERTE, examinador do concurso de delegado RJ.

(b) Isso porque embora o crime de desacato não seja "acobertado" pelo § 2º do art. 7º da Lei 8.906/94, deve incidir em tal hipótese o art. 142, I do CP (causa LEGAL de exclusão do crime).

(c) Item errado, por conta dos mesmos motivos descritos na letra a.

(d) A calúnia não é abarcada pela causa de exclusão contida no art. 142, I do CP. Não obstante, o fato descrito pela banca examinadora não se amolda ao tipo penal do crime de calúnia, tendo em vista que este corresponde a imputação de fato falso e CRIMINOSO. Logo, resta claro que o agente não pode responder por esse crime.

(Item correto. Nesse sentido art. 142, I do CP: "não constituiu injúria nem difamação a ofensa irrogada em juízo pela parte ou seu procurador". Ademais, ainda podemos invocar o art. 7º,§ 2º,I da Lei 8.906/94. Cabe esclarecer que essa é a posição da banca de delegado RJ (delegado Bruno Gilaberte). Nada obstante, existe uma 2ª corrente que defende entendimento contrário: para esses autores a causa de exclusão prevista no art. 142, I não abarca o magistrado. Argumenta-se que o mesmo não é parte no processo, e por conta disso a norma em análise não o alcançaria. Cabe esclarecer, por fim, que existe um precedente do STF no sentido dessa 2ª orientação (HC 104385 – SP – 2011).

Para responder, tem que estudar: lei.

Gabarito: E

27. (UFRJ/PC/RJ/Delegado/2001) Durante os treinamentos para obtenção da carteira de motorista, na condução de um veículo da própria auto-escola, ao fazer uma manobra sob a orientação direta de seu instrutor, Ana acaba por atropelar Maria e João, que estavam na calçada, provocando em Maria lesões graves que lhe causam a morte e, em João, algumas escoriações. As condutas de Ana e do instrutor, respectivamente, constituem:

a) homicídio culposo com aumento de pena e lesões corporais culposas com aumento de pena, na forma do concurso material para ambos.
b) homicídio culposo com aumento de pena e lesões corporais culposas com aumento de pena, na forma do concurso formal para ambos.
c) homicídio culposo com aumento de pena e lesões corporais culposas com aumento de pena, na forma do concurso material para ela; indiferente penal para ele.
d) indiferente penal para ela; homicídio culposo com aumento de pena e lesões corporais culposas com aumento de pena, na forma do concurso material, para ele.
e) homicídio culposo e lesões corporais culposas, na forma do concurso formal para ambos.

ANOTAÇÕES/COMENTÁRIOS

(a) Não se trata de concurso material, tendo em vista que houve uma única conduta: ao manobrar o veículo, Ana, acabou atropelando Maria e João. Já o instrutor, responde pelo mesmo crime de Ana tendo em vista que tinha o dever legal de impedir o resultado (art. 13, § 2º, "a" do CP).

(b) Realmente Ana com sua conduta acabou atropelando Maria e João, mediante a condução de veículo automotor (art. 303 do CTB). Ocorre que, deve ainda incidir a majorante descrita no, tendo em vista ter sido o fato praticado sobre a calçada (art. 303, § 1º c/c 302, § 1º, II ambos do CTB– Lei 9.503/97).

(c) O instrutor também responde, uma vez que tinha por lei o dever legal de impedir a ocorrência daquele resultado..

(d) Não podemos transferir a responsabilidade daquele que efetivamente pratica a conduta para o seu garante, uma vez que não se admite a responsabilidade penal objetiva no Brasil.

(e) Item errado, uma vez que tanto o homicídio culposo no trânsito como a lesão corporal culposa, são majorados em 1/3 se praticados sobre a calçada.

Para responder, tem que estudar: lei e teoria/doutrina.

Gabarito: B

6. DOS CRIMES CONTRA O PATRIMÔNIO

28. (Funcab/PC/RJ/Delegado/2012) Manoel pediu ao pai, recém-chegado aos 50 anos, que adiantasse a sua legítima, no que não foi atendido, pois este sabia que Manoel se tornara dependente de drogas, logo dilapidaria seu patrimônio como vício. Insatisfeito e aproveitando-se de uma viagem de seu pai, Manoel convidou Antônio e Joaquim, parceiros na utilização de "maconha", a sacarem do poder de seu pai as joias que herdaria, pois com a venda destas lucraria mais de R$ 1.000.000,00. Madalena, amiga de Joaquim, a seu pedido e sabendo dos propósitos dele, ensinou-o a abrir o cofre onde as joias se encontravam. Manoel, para não ser descoberto, no dia da empreitada foi para o clube, possibilitando ser visto por várias pessoas, o que lhe daria um álibi. Antônio e Joaquim dirigiram-se para a residência do pai de Manoel, local em que o primeiro abriu a porta da casa com uma gazua, o que possibilitou a Joaquim entrar e retirar as joias do cofre. Com medo de ser descoberto, posteriormente, Manoel solicitou ao seu amigo Paulo que guardasse temporariamente as joias. Após duas semanas do ocultamento das joias por Paulo, estas foram transportadas para outro Estado por Pedro, a pedido de José, primo de Manoel, sendo certo que nem Pedro, tampouco José, sabiam que as joias eram produto de crime. Já em outro Estado, as joias foram vendidas para Cláudia, que trabalhava como joalheira em sua residência, por preço vil, tendo esta percebido desde logo a origem ilícita da mercadoria. Ao tomar conhecimento do desaparecimento das joias, o pai de Manoel dirigiu-se à Delegacia de Polícia e ofereceu "notitia criminis". Após investigação, restou provada toda empreitada delitiva. Assim:

a) Manoel, Antônio, Joaquim e Madalena são coautores do crime de furto qualificado por rompimento de obstáculo, abuso de confiança e emprego de chave falsa, enquanto que Paulo, José, Pedro e Cláudia são coautores do crime de receptação.

b) Antônio e Joaquim, na qualidade de autores, e Madalena, figurando como cúmplice por auxílio, devem ser responsabilizados por crime de furto qualificado. Não se poderá responsabilizar Manoel, José e Pedro. Paulo pode ser condenado por favorecimento real e Cláudia por receptação qualificada.

c) Paulo poderá ser condenado pelo crime de receptação própria, enquanto Manoel é o autor intelectual do crime de furto, portanto ainda terá sua pena agravada. Antônio e Joaquim são autores diretos do crime de furto, restando unicamente a Madalena a cumplicidade material. José pode ser condenado pelo crime de receptação imprópria, Pedro por receptação própria e Cláudia por receptação simples.

d) Madalena é cúmplice por auxílio intelectual no crime de furto, enquanto Manoel poderá ser condenado por furto com abuso de confiança, com pena agravada pelo fato do ofendido ser seu genitor, Antônio poderá ser condenado pelo crime de furto com emprego de chave falsa e Joaquim pelo crime de furto com rompimento de obstáculo. Paulo responde pelo crime de favorecimento pessoal. As condutas de José e Pedro são atípicas. Cláudia pode ser condenada pelo crime de receptação culposa.

e) Cláudia comete crime de receptação qualificada. Pedro praticou conduta atípica e José pode ser condenado por receptação dolosa imprópria. Paulo pode ser condenado por receptação dolosa própria, já Madalena, Antônio e Joaquim são autores do crime de furto qualificado e a conduta de Manoel é atípica.

ANOTAÇÕES/COMENTÁRIOS

(a) Manoel não responde por nenhum crime, tendo em vista a incidência da escusa absolutória contida no art. 181, II do CP, porquanto o mesmo era descendente da vítima. Já Antônio e Joaquim são realmente coautores, mas Madalena atuou apenas como partícipe. Já Pedro e José não respondem por nenhum crime, uma vez que obraram de boa-fé, ou seja: desconheciam a origem ilícita das jóias. Já Paulo por sua vez deve responder por favorecimento real (art. 349 do CP) e não por receptação como fez sugerir a banca. Na recepção, o agente visa a obtenção de proveito em seu próprio favor ou em proveito de terceiro, já no crime de favorecimento real o agente atua visando favorecer o próprio autor da conduta criminosa. Logo, para diferenciar esses crimes é candidato deve prestar bastante atenção ao dolo do agente. Feita tal diferenciação, podemos concluir, por fim, que Cláudia responderá por receptação qualificada (art. 180, § 1º do CP), já que adquiriu proveito de crime, em benefício próprio, tendo ciência de que se tratava de coisa ilícita.

(b) Realmente Antônio e Joaquim devem figurar em autoria plúrima (coautoria). Já Madalena agiu com o partícipe, até mesmo porque não praticou o verbo do tipo, ou seja, apenas orientou Joaquim para que este pudesse abrir o cofre. Sendo assim, os dois primeiros respondem por furto qualificado, ao passo que Madalena vai responder pelo mesmo crime a título de participação. Já Manoel não pode ser responsabilizado, por conta da existência de escusa absolutória contida no art. 181, II do CP. E, por fim, no que tange a Pedro e José não respondem por nenhum crime, nem mesmo por receptação imprópria (conduta de induzir outrem de boa fé), a receber, adquirir ou transportar coisa que seja produto de crime. Isso porque, ambos simplesmente desconheciam a origem ilícita das jóias. Ou seja: ambos aturam desprovidos de dolo. Sendo assim, não houve crime de receptação.

(c, d, e) Vide comentário à alternativa B.

Para responder, tem que estudar: lei.

Gabarito: B

29. (Funcab/PC/RJ/Delegado/2012) Portando ilegalmente, exclusivamente para aquela ação, uma arma de fogo de calibre permitido, Norberto constrange um transeunte e, mediante grave ameaça, subtrai para si os seus pertences. Nesse contexto, afirma-se que:

a) o autor responde somente pelo crime de roubo, não pelo de porte de arma de fogo, pois a pena do crime patrimonial já engloba a reprovabilidade do delito previsto na lei especial, consequência da unidade fática entre ambos, aplicando-se o princípio da consunção.

b) há apenas crime de roubo, solucionando-se o caso pelo princípio da especialidade, pois o delito patrimonial, ao estabelecer a grave ameaça como meio executório, insere o porte de arma em sua estrutura típica, acrescido de elementos especializantes.

c) será o porte de arma absorvido pelo crime de roubo em virtude da substituição do dolo, característica da progressão criminosa, que determina o reconhecimento do conflito aparente de normas.

d) aplica-se ao caso o princípio da subsidiariedade, pois nas condutas há diferentes graus de lesão à mesma objetividade jurídica, em uma relação de continente e conteúdo.

e) tutelando bens jurídicos distintos, as normas penais referentes aos crimes de porte de arma de fogo e roubo figurarão em concurso material de delitos, aplicando-se ao caso o sistema do cúmulo material das penas.

ANOTAÇÕES/COMENTÁRIOS

(a) O agente responde apenas pelo crime patrimonial de roubo majorado, ficando o porte de arma absorvido, já que cometido dentro do mesmo contexto fático (logo, incide o princípio da consunção).

(b) Realmente o agente responde apenas por roubo, porém o fundamento não é o princípio da especialidade, até mesmo porque são crimes que tutelam bens jurídicos distintos.

(c) O que fundamenta a ocorrência de crime único de roubo é o princípio da consunção, pois do contrário teríamos uma hipótese de "bis in idem".

(d) O fundamento também não guarda relação com a subsidiariedade, mas sim com o princípio da consunção.

(e) Somente poderíamos considerar o concurso de crimes se as condutas tivessem sido praticadas em diferentes contextos fáticos.

Para responder, tem que estudar: jurisprudência e teoria/doutrina.

Gabarito: A

30. (Funcab/PC/RJ/Delegado/2012) Considerando os delitos contra o patrimônio, é correto afirmar que:

a) o crime de extorsão qualificada pela restrição da liberdade de locomoção da vítima ("sequestro relâmpago"), ao contrário do artigo 158 do Código Penal, é doutrinariamente classificado como crime de mera conduta.

b) o crime de dano qualificado pelo motivo egoístico é de ação penal pública condicionada à representação.

c) no caso da apropriação indébita previdenciária, é extinta a punibilidade se o agente é primário e de bons antecedentes e desde que tenha promovido, após o início da ação fiscal e antes de oferecida a denúncia, o pagamento da contribuição social previdenciária, inclusive acessórios.

d) o crime de dano em coisa de valor artístico, arqueológico ou histórico previsto no artigo 165 do Código Penal foi revogado tacitamente pela lei de crimes ambientais. Lei n. 9.605/1998.

e) aquele que se apropria de "res derelicta", deixando de restituí-la ao dono ou legítimo possuidor ou de entregá-la à autoridade competente, dentro do prazo de 15 (quinze) dias, pratica crime.

ANOTAÇÕES/COMENTÁRIOS

(a) Assim como o art. 158 do CP, o crime contido em seu § 3º ("sequestro relâmpago") é classificado doutrinariamente como delito formal. Crime de mera conduta é aquele em que o legislador não descreve nenhum resultado. Ora, no crime em apreço o legislador descreveu um resultado: a obtenção de uma vantagem econômica, não exigindo, entretanto, seu implemento para que o crime se consume. Nessa linha súmula 96 do STJ.

(b) O dano qualificado pelo motivo egoístico é de ação penal privada (ver art. 167 do CP).

(c) Somente vamos falar em extinção de punibilidade nos crimes de apropriação indébita previdenciária (art. 168-A do CP) quando o agente promover o pagamento ANTES de iniciada a ação fiscal. Ver § 2º do referido dispositivo.

(d) Realmente o antigo delito contido no art. 165 do CP, foi tacitamente revogado pela lei da vida (9.605/98). Nesse sentido ver artigo 65 deste referido diploma.

(e) O examinador quis confundir o candidato substituindo a locução latina, "res desperdicta", pela expressão "res derelicta". Ocorre que esta significa coisa abandonada, ao passo que a primeira significa coisa perdida. Logo, isso torna a assertiva incorreta, já que o crime do art. 169, p.ú, II do CP pressupõe o encontro de coisa perdida e não de res abandonada.

Para responder, tem que estudar: lei e súmula.

Gabarito: D

31. (Funcab/PC/RJ/Delegado/2012) Walter, motoboy de uma farmácia, após receber de um cliente um cheque de R$ 20,00, entrega ao estabelecimento a quantia em espécie, mantendo-se na posse do título. Em seguida, o adultera, modificando o valor original para R$ 2.000,00. De posse do documento adulterado, vai até o banco para descontá-lo, mas o gerente, percebendo a fraude, liga para a Delegacia da área, alertando sobre o fato. Ao perceber a chegada da viatura, Walter deixa apressadamente a instituição financeira, abandonando, no local, o título falsificado. Nesse contexto, é correto afirmar que a conduta de Walter:

a) configura crime de estelionato, na forma tentada, pois o delito foi interrompido por circunstâncias alheias à sua vontade.
b) se amolda ao tipo penal da apropriação indébita, na forma tentada, pois o delito foi interrompido por circunstâncias alheias à sua vontade.
c) é tipificada como crime de furto mediante fraude, na forma tentada, pois o delito foi interrompido por circunstâncias alheias à sua vontade.
d) caracteriza crime de falsificação de documento público, pois, havendo desistência voluntária, o autor só responde pelos atos até então praticados.
e) é atípica, pois ocorreu a desistência voluntária e a falsidade existente resta absorvida pela finalidade patrimonial.

ANOTAÇÕES/COMENTÁRIOS

(a) Realmente a conduta de Walter se amolda ao art. 171 caput do CP, tendo em vista que a falsificação do título é apenas o meio utilizado pelo agente para atingir seu objetivo final: a obtenção de uma vantagem indevida. Nessa linha súmula 17 do STJ.

(b) No crime de apropriação indébita não temos a fraude, nem o engodo, o que se tem é apenas a inversão do "animus" da posse. O agente inicia sua conduta de forma lícita, alterando seu dolo em um segundo momento posterior, a partir de quando passa a se portar como se dono da coisa fosse.

(c) Não se trata de furto mediante fraude, uma vez que neste o próprio agente subtrai a coisa. Já no estelionato a vítima é quem entrega o bem por estar em erro. No exemplo acima, o sujeito ativo empregou um ardil que somente não consumou o crime por conta de uma desconfiança do gerente.

(d) Não há que se falar em delito de falso (posição prevalente em nossa doutrina e jurisprudência). Nesse sentido súmula 17 do STJ. Nada obstante, cabe advertir o candidato sobre a existência de controvérsia sobre o tema..

(Item errado. No caso, o agente deve responder por estelionato. Já a falsidade realmente fica absorvida pelo crime fim (art. 171 do CP). Nesse sentido o verbete de número 17 do STJ.

Para responder, tem que estudar: súmula e teoria/doutrina.

Gabarito: A

32. (UFRJ/PC/RJ/Delegado/2001) O crime de extorsão mediante seqüestro consuma-se com:

a) a privação da liberdade da vítima.
b) a privação da liberdade da vítima após 24 horas.
c) a privação da liberdade da vítima e com o pedido de resgate.
d) o recebimento do resgate para a liberação da vítima.
e) o recebimento do resgate após privação da liberdade por período mínimo de 24 horas.

ANOTAÇÕES/COMENTÁRIOS

(a) Realmente o crime se perfaz com a subtração da liberdade da vítima. Ademais, o candidato precisa saber que trata-se de crime FORMAL, haja vista a inteligência da súmula 96 do STJ, que também se estende em relação ao art. 159 do CP. Sendo assim, a melhor doutrina considera que o crime de extorsão mediante seqüestro (art. 159 do CP), não deixa de ser uma espécie ou modalidade de extorsão (art. 158 do CP), hipótese na qual aquilo que seria tido como crime autônomo (art. 148 do CP), passa a constituir verdadeira elementar do tipo: o seqüestro da vítima. Logo, também temos um crime formal assim como ocorre lá no art. 158 do CP. A diferença entre esses crimes reside somente no momento consumativo: enquanto o crime do art. 158 se consuma com a simples exigência da vantagem indevida, o crime do art. 159 se consuma com a restrição da liberdade da vítima, ainda que esta não venha a ser levada ao local pretendido pelo agente (cativeiro), restando, portanto, consumado o delito. Posição já sedimentada no STJ (HC 113978 e REsp 1540458..

(b) O lapso temporal superior a 24 horas atua como qualificadora e não como elementar do tipo. Nesse sentido § 1º do próprio art. 159 do CP.

(c) O crime se consuma com a simples restrição da liberdade da vítima. Isso ocorre porque se trata de extorsão mediante seqüestro (art. 159 do CP). Sendo assim, em que pese seja uma espécie de extorsão (art. 158 do CP), seu momento consumativo desde diferente, tendo em vista que aquilo que seria tido como crime autônomo (art. 148 do CP), passa a constituir verdadeira elementar do tipo (art. 159 do CP).

(d) O recebimento do resgate constituiu apenas exaurimento do crime. Neste sentido temos diversas decisões do STJ, em que a própria corte admitiu o fato de que o recebimento da vantagem indevida no crime de extorsão mediante seqüestro (art. 159) também constitui exaurimento, aplicando-se, portanto o mesmo raciocínio que vigora em relação ao art. 158 do CP.

(e) Item errado, por força de todos os motivos devidamente delineados acima.

Para responder, tem que estudar: jurisprudência e súmula.

Gabarito: A

33. (UFRJ/PC/RJ/Delegado/2001) Maria, pretendendo apenas usar o cordão de brilhantes de sua patroa, Joana, retira-o sem autorização, durante um final de semana em que ficou totalmente responsável pela vigilância da casa. No caminho para o baile, Mévio, mediante grave ameaça, subtrai o referido cordão e o vende para terceiro. Temendo a descoberta de sua conduta, Maria coloca no lugar onde estava o cordão uma peça idêntica, entretanto de reduzidíssimo valor econômico. Dias após, desconhecendo o fato realizado por Maria, Joana acaba por adquirir exatamente o seu próprio cordão, que estava sendo vendido numa feira livre por um baixo valor. As condutas de Maria e Joana, respectivamente, consistem de.

a) furto de uso e receptação culposa.

b) apropriação indébita e indiferente penal.

c) furto qualificado e receptação culposa.

d) furto simples e receptação culposa.

e) furto qualificado e indiferente penal.

ANOTAÇÕES/COMENTÁRIOS

(a) O furto de uso possui requisitos, entre os quais, exige a imediata devolução da coisa, logo após o uso, fato que não ocorreu na questão descrita pelo examinador. Sendo assim, Maria, deve responder pelo crime: furto qualificado por abuso de confiança.

(b) Maria não atuou com dolo de apropriação indébita, uma vez que, desde o início, atuou visando SUBTRAIR a coisa. Já no crime de apropriação indébita (art. 168 do CP), é diferente: o agente inicia sua conduta de forma lícita, e somente depois passa a se portar com dolo de apropriação. Sendo assim, somente em momento posterior é que o agente passa a se portar ILICITAMENTE: desejo de atuar como se dono da coisa fosse ("animus rem sib habendi").

(c) Joana não pode responder por crime de receptação, tendo em vista que era a própria proprietária do bem. Embora a lei fale somente em coisa, entende-se (MAJORITARIAMENTE) que a mesma SEMPRE deve ser alheia, afinal trata-se de crime contra o patrimônio. Ademais, Joana, não sabia da procedência ilícita da coisa, tendo em vista que o examinador fez questão de deixar isso bem ao dizer que: "Joana DESCONHECIA o fato praticado por Maria".

(d) Não há que se falar em furto simples, tendo em vista que Maria atuou com abuso de confiança. Isso ficou bem claro no momento em que o examinador disse que Maria havia ficado sozinha durante um final de semana inteiro, na residência de sua patroa, como pessoa absolutamente responsável pela casa.

(e) Realmente, (conforme já foi dito acima) a conduta de Maria se amolda o art. 155, § 4º, II do CP (furto qualificado pelo abuso de confiança). Já a conduta de Maria deve ser tida como um indiferente penal: ela não conhecia a origem ilícita da coisa e ademais o crime de receptação pressupõe que a coisa seja alheia.

Para responder, tem que estudar: lei.

Gabarito: E

---

34. (UFRJ/PC/RJ/Delegado/2001) Cinco homens, fortemente armados, ingressam numa agência bancária de onde subtraem todo o dinheiro existente no cofre. Ao deixarem o estabelecimento financeiro, após três horas de intenso terror, ameaçando todas as pessoas de morte, os meliantes subtraem duas armas de fogo de dois vigilantes de empresas terceirizadas distintas e fogem do local levando o gerente, que é liberado após uma hora, quando já se encontravam em local seguro. Os meliantes cometeram o(s) crime(s) de:

a) roubo agravado pelo emprego de arma, concurso de agentes e privação da liberdade da vítima.
b) três roubos agravados pelo emprego de arma e concurso de agentes, em concurso formal.
c) quadrilha armada e roubo agravado pelo emprego de arma, concurso de agentes e privação da liberdade da vítima.
d) três roubos agravados pelo emprego de arma, concurso de agentes e privação da liberdade da vítima em concurso formal.
e) quadrilha armada e três roubos agravados pelo emprego de arma, concurso de agentes e privação da liberdade da vítima em concurso formal.

ANOTAÇÕES/COMENTÁRIOS

(a) Não podemos considerar crime único, tendo em vista que os agentes após cometerem o primeiro roubo, (contra o estabelecimento financeiro), decidiram ainda, em seguida, subtrair (em novo contexto fático) duas armas de fogo. Logo, na questão descrita pelo examinador temos que considerar o cometimento de 3 delitos de roubo.

(b) A alternativa seria o gabarito se contivesse a majorante de um terço prevista no § 2º, V do art. 157 do CP. Ou seja: a privação da liberdade da vítima.

(c) Na questão proposta o que se têm é um simples concurso de agentes. Em nenhum momento o examinador fez transparecer os requisitos do delito associativo de associação criminosa (288 do CP), antigo crime de quadrilha ou bando. Somente haveria o art. 288 se essa associação se mostrasse estável e permanente (delito autônomo).

(d) Realmente os elementos cometeram 3 crimes de roubo, sendo que um deles deve ser majorado por conta da restrição da liberdade da vítima (gerente do banco). Sendo assim, temos 3 crimes de roubo, que além de majorados pelo emprego de arma de fogo, também devem ser majorados pela restrição da liberdade da vítima. Ademais os 5 meliantes atuaram em concurso formal no que tange ao primeiro roubo (uma única conduta que serviu para roubar o banco).

(e) Item incorreto, por conta dos mesmos motivos acima.

Para responder, tem que estudar: lei.

Gabarito: D

35. (PC/RJ/Delegado/2002) Caio praticou estelionato em que figurou como vítima entidade autárquica da Previdência Social, fazendo uso de documento público falso e de papel-moeda grosseiramente falsificado. Vale registrar que o papel-moeda, apesar de configurar uma falsificação grosseira, atingiu o objetivo pretendido por Caio e que o documento público utilizado não ofereceu potencialidade lesiva além da consubstanciada no crime cometido. Posto isto, e considerando as posições dominantes no STJ, analise as seguintes assertivas:

I. Caio deverá responder pelo falso em concurso material com o estelionato.

II. Caio deverá responder pelo falso em concurso formal com o estelionato.

III. Aplica-se a qualificadora do § 3° do art. 171 ("A pena aumenta-se de um terço, se o crime é cometido em detrimento de entidade de direito público ou de instituto de economia popular, assistência social ou beneficência").

A(s) assertiva(s) correta(s) é/são apenas:

a) I e I.

b) II e.

c) I.

d) II.

e) III.

ANOTAÇÕES/COMENTÁRIOS

(a) No caso descrito pelo examinador, Caio, responderá apenas pelo estelionato, tendo em vista que o falso não tinha maior potencial lesivo. Nesse sentido súmula 17 do STJ.

(b) De acordo com a jurisprudência do STJ (inclusive sumulada no verbete de número 17), Caio deve responder apenas pelo crime fim (estelionato), ficando a falsidade por este absorvida, já que deve ser entendida apenas como crime meio, (que não tinha maior potencial lesivo). Nada obstante, cabe alertar o candidato sobre o fato de o tema não é pacífico, uma vez que o STF, por sua vez, e parte de nossa doutrina possuem entendimento diverso. Na visão do STF seria plenamente possível a ocorrência do concurso formal de crimes envolvendo o falso e o estelionato. O STF fundamenta sua tese no fato de que esses crimes atingem bens jurídicos diversos. O estelionato atinge o patrimônio, ao passo que o falso viola a fé pública. Mas como a banca foi expressa ao exigir a posição do STJ, temos que nos ater somente à súmula 17: "Quando o falso se exaure no estelionato, sem mais potencialidade lesiva, é por este absorvido."

(c) Essa tese (concurso material de crimes) não corresponde a posição adotada pelo STJ (súmula 17). Ademais, não se trata também da posição defendida por nossa doutrina majoritária.

(d) Item incorreto, por conta dos mesmos motivos em epígrafe.

(e) Realmente, na questão descrita pela banca, deve incidir a qualificadora do § 3º, tendo em vista que a conduta de Caio foi praticada em desfavor do INSS (entidade autárquica da previdência social).

Para responder, tem que estudar: súmula e teoria/doutrina.

Gabarito: E

36. (PC/RJ/Delegado/2006) Ferdinando, atuando dolosamente, adicionou determinada substância, com propriedades soporíferas, à bebida de Flávio, fazendo com que ele adormecesse. Em seguida, subtraiu-lhe o relógio e fugiu. Ferdinando praticou o(s) delito(s) de:

a) furto simples.
b) roubo simples.
c) furto simples e lesão corporal em concurso material.
d) furto simples e lesão corporal em concurso formal próprio.
e) furto simples e lesão corporal em concurso formal impróprio.

ANOTAÇÕES/COMENTÁRIOS

(a, c, d, e) Vide comentário à alternativa B.

(b) O candidato precisa ter bastante atenção com a hipótese colacionada pela banca, uma vez que o crime de roubo também comporta o meio sub-reptício, ou seja: pode ser praticado antes do emprego de violência imprópria. Logo, não é apenas a violência própria ou direta que faz incidir do crime do art. 157 do CP. Logo, além da violência física e da grave ameaça, o delito de roubo também abarca a violência imprópria, tendo em vista a parte final do referido dispositivo: "reduzir por qualquer meio a capacidade de resistência da vítima".

Para responder, tem que estudar: lei e teoria/doutrina.

Gabarito: B

37. (PC/RJ/Delegado/2006) Carlos praticou um delito de roubo, em concurso de agentes, provocando deformidade permanente na vítima. A hipótese é de roubo:

a) simples.

b) majorado por uma causa de aumento.

c) majorado por uma causa de aumento e concomitantemente qualificado.

d) qualificado.

e) e lesão corporal.

ANOTAÇÕES/COMENTÁRIOS

(a) O crime é qualificado por conta do resultado agravador: lesão corporal grave (art. 157, § 3º, I do CP).

(b, c) A majorante descrita pela banca simplesmente não existe.

(d, e) Realmente trata-se de roubo qualificado pelo resultado lesão corporal grave ou gravíssima (art. 157, § 3º, I do CP). Perceba que embora o legislador só tenha citado a lesão grave, não seria razoável inadmitir nesse caso a qualificadora, quando diante de uma lesão gravíssima (deformidade permanente).

Para responder, tem que estudar: lei e teoria/doutrina.

Gabarito: D

38. (PC/RJ/Delegado/2006) Quanto aos crimes contra o patrimônio, é correto afirmar:

a) a extorsão mediante seqüestro é um crime material.

b) no crime de extorsão, a vantagem, que constitui a finalidade do agente, não precisa ser econômica.

c) a negativa de devolução dos bens recebidos em razão de contrato de depósito de coisas fungíveis não é crime de apropriação indébita.

d) a apropriação indébita previdenciária não é um tipo penal autônomo.

e) o delito de furto não exige dolo específico ou o especial fim de agir do agente.

ANOTAÇÕES/COMENTÁRIOS

(a) Assim como ocorre lá no crime de extorsão (art. 158 do CP), o delito de extorsão mediante seqüestro (art. 159 do CP) também é tido como crime formal (posição amplamente majoritária).

(b) No crime de extorsão prevalece que a vantagem SEMPRE deve ter viés econômico, uma vez que isso se encontra expresso no próprio tipo penal (art. 158 caput do CP).

(c) Realmente trata-se de uma hipótese envolvendo coisa fungível que não constitui crime. Isso ocorre porque o depósito transfere o domínio da coisa (art. 587 c/c 645 ambos do CC/02). Logo, por ter o domínio sobre a coisa não pode o depositário cometer apropriação indébita, já que este delito pressupõe que a coisa seja SEMPRE alheia. O candidato deve ter MUITO CUIDADO nas provas: existem hipóteses em que mesmo a coisa fungível pode ser abjeto material do art. 169 do CP: 1) quando tiver sido entregue com a finalidade de ser repassada a um terceiro. 2) quando as próprias partes envolvidas pactuarem que a coisa fungível deve adquirir o status de infungível. Nesse sentido é a posição de nossa doutrina majoritária, assim como do STJ (RHC 19683 de SC).

(d) O crime de apropriação indébita é autônomo por conta do § 3º do art. 171 do CP.

(e) O delito de furto SEMPRE exige o denominado "animus rem sib habendi", ou seja: um especial fim de agir, que importa na intenção de se portar como se dono fosse da coisa. Sem isso, o fato simplesmente se torna atípico.

Para responder, tem que estudar: lei e teoria/doutrina.

Gabarito: C

39. **(PC/RJ/Delegado/2006)** Demóstenes, mediante grave ameaça, subtraiu uma jóia de Paula, que veio a sofrer, em razão da ameaça, lesão corporal de natureza grave, resultado previsível, mas não querido ou assentido pelo agente ativo da relação jurídica de direito material. A correta conduta típica para o fato praticado por Demóstenes é a de roubo:

a) qualificado pela lesão corporal grave.
b) simples em concurso material com o delito de lesão corporal culposa.
c) simples em concurso formal próprio com o delito de lesão corporal culposa.
d) simples em concurso material com o delito de lesão corporal dolosa.
e) simples em concurso formal impróprio com o delito de lesão corporal culposa.

ANOTAÇÕES/COMENTÁRIOS

(a) Demóstenes vai responder por roubo qualificado, nos termos do art. 157, § 3º, II do CP, tendo em vista que sua conduta provocou lesão corporal de natureza grave na vítima (Paula). O candidato deve ter bastante atenção, pois essa qualificadora tanto pode advir de dolo como de culpa, da mesma forma que o ocorre na figura do latrocínio (inciso II do mesmo § 3º do art. 157 do CP). Observação: com o advento da nova Lei 13.654/18, essa figura típica qualificada passou a estar contida no inciso II do § 3º do art. 157 do CP.

(b, c, d, e) Ver comentários acima.

Gabarito: A

Para responder, tem que estudar: teoria/doutrina.

7. DOS CRIMES CONTRA A DIGNIDADE SEXUAL

40. (Funcab/PC/RJ/Delegado/2012) Uma jovem, ao sair da faculdade à noite, é rendida por um homem que a estupra brutalmente, proferindo-lhe várias ameaças. Aproveitando-se de uma distração do bandido e temendo por sua vida, a vítima empreende fuga correndo desesperadamente e, ao atravessar a rua, é atropelada por um veículo que passava pelo local, morrendo imediatamente. Na qualidade de Delegado de Polícia, assinale a alternativa que contempla a correta tipificação da conduta daquele que atacou a jovem:

a) estupro.
b) estupro qualificado pelo resultado morte.
c) homicídio e estupro em concurso formal.
d) homicídio e estupro em concurso material.
e) homicídio.

ANOTAÇÕES/COMENTÁRIOS

(a) Realmente deve o agente responder somente pelo seu dolo. Não se pode imputar ao mesmo algo que não era por ele desejado, ainda que minimamente previsível. Segundo a doutrina, o dolo é comporto de dois elementos: vontade + consciência (art. 18 do CP).

(b) O agente não pode responder pelo resultado mais grave (§ 2º do art. 213 do CP), isso porque este SEMPRE deriva da própria conduta do agente e não do fato como ocorria antigamente, ao tempo em que ainda vigorava o antigo artigo 223, p.ú. do CP.

(c) Item errado, pelos mesmos motivos acima.

(d) Ver os fundamentos já citados anteriormente.

(e) O dolo do agente era dirigindo a prática de um crime sexual, não houve a intenção de matar a vítima.

Para responder, tem que estudar: teoria/doutrina.

Gabarito: A

41. (Ceperj/PC/RJ/Delegado/2009) 1° caso: Abreu, atualmente com 20 anos, conheceu Aline na festa do dia de seu aniversário de 12 anos e, desde então, é seu namorado. Hoje, Aline tem 13 anos, mas se prostitui desde os seus 10 anos de idade sem o conhecimento do seu namorado. Após muita persuasão, no último final de semana, Aline resolveu "ceder" aos encantos de Abreu e fez sexo com ele. 2° caso: Leomar resolve ir a uma boate gay, onde conhece Priscila, um transformista, com quem pretende fazer sexo. Para tanto, Leomar decide colocar uma substância na bebida de Priscila, que desmaia e é levada por ele para o quarto de um cortiço a 200 metros do local. Lá Leomar realiza seu intento e fez sexo anal com Priscila, que, no dia seguinte, ao acordar, decide ir à Delegacia e registrar o fato. Pergunta-se: em cada caso, considerando a descrição típica, algum crime foi cometido? Sendo a resposta positiva, qual delito foi praticado e qual o tipo de ação penal prevista para cada um deles?

a) 1° caso: Sim, Estupro. Ação Penal Pública Incondicionada; 2° caso: Sim, Posse Sexual Mediante Fraude. Ação Penal Pública Incondicionada.

b) 1° caso: Não, trata-se de fato atípico; 2° caso: Sim, Estupro. Ação Penal Privada.

c) 1° caso: Sim, Estupro de Vulnerável. Ação Penal Pública Incondicionada; 2° caso: Sim, Violação Sexual Mediante Fraude. Ação Penal Pública Incondicionada.

d) 1° caso: Não, trata-se de fato atípico; 2° caso: Sim, Violação Sexual Mediante Fraude. Ação Penal Pública Condicionada à Representação.

e) 1° caso: Sim, Estupro de Vulnerável. Ação Penal Pública Incondicionada; 2° caso: Sim, Estupro de Vulnerável. Ação Penal Pública Incondicionada.

ANOTAÇÕES/COMENTÁRIOS

(a) Abreu deve responder por estupro de vulnerável, uma vez que a presunção de vulnerabilidade tem natureza absoluta (súmula 593 do STJ). Já no 2º caso, Leomar, cometeu o crime de estupro de vulnerável, tendo em vista que a conduta praticada pelo mesmo suprimiu toda e qualquer capacidade de resistência da vítima (transformista Priscila), sendo essa, inclusive, a diferença entre o crime de estupro de vulnerável e o delito de violação sexual mediante fraude, pois neste a vítima ainda conserva certa capacidade de resistência, ficando a mesma apenas reduzida por conta do ardil empregado pelo agente (fraude). Ademais, não haveria como responder pelo crime de posse sexual mediante fraude (no 2º caso), tendo em vista que a época da questão (outubro de 2009) já se encontrava em vigor a Lei 12.015/09 (publicada em agosto de 2009). Norma esta que modificou completamente o regramento dos crimes sexuais e que expressamente transformou o crime de posse sexual mediante fraude (antigo art. 215 do CP) em crime de violação sexual mediante fraude (atual art. 215 do CP). Por fim, advertimos ainda o candidato para o fato de que não houve revogação do conteúdo proibitivo da norma, mas apenas a incidência do princípio da continuidade normativo-típica.

(b) Vide a explicação acima, cabendo acrescentar uma observação acerca do 2º caso: o crime praticado por Leomar, deve ser regido por ação penal pública incondicionada e não mediante ação penal privada, como fez sugerir a banca. Isso ocorre porque a prova foi aplicada no mês de outubro de 2009, aproximadamente 2 meses após a vigência da Lei 12.015/09, que alterou todo o regramento dos crimes sexuais, fazendo com que a regra geral deixasse de ser a ação penal privada e passa-se a ser a ação penal pública incondicionada. Dai o erro dessa assertiva. Advertimos, o candidato como forma de atualização, que a matéria sofreu nova alteração em 24 de dezembro de 2018. A nova Lei 13.718, institui nova regra para à ação penal, em sede de crimes contra à dignidade sexual: a partir de agora todos esses crimes são regidos por ação penal pública INCONDICIONADA.

(c, d) Vide comentário à alternativa E.

(e) No 1º caso, Abreu, responde por estupro de vulnerável tendo em vista a condição peculiar da vítima de vulnerável (pessoa menor de 14 anos). Ademais, cabe esclarecer que essa presunção tem caráter absoluto, nos termos da súmula 593 do STJ. Logo, o fato de Aline já ter se prostituído em nada altera a questão. Ainda sobre o tema, advertimos o candidato para o fato de que a questão foi formulada no ano de 2009, época em que a súmula 593 ainda não existia, no entanto, essa já era a posição dominante em nossa jurisprudência: não apenas dentro do STJ, como também no STF. Já no 2º caso: Leomar, realmente deve responder por estupro de vulnerável, pois sua conduta suprimiu de forma absoluta a capacidade de resistência da vítima, sendo o crime norteado por ação penal pública incondicionada, face a expressa previsão legal (art. 225, p.ú. do CP). Alertamos, o candidato como forma de atualização, que a matéria sofreu nova alteração em 24 de dezembro de 2018. A nova Lei 13.718, institui nova regra para à ação penal, em sede de crimes contra à dignidade sexual: a partir de agora todos esses crimes dessa categoria são regidos por ação penal pública INCONDICIONADA.

Para responder, tem que estudar: lei e súmula.

Gabarito: E

---

42. (PC/RJ/Delegado/2002) Diante da discussão sobre a possibilidade de o marido ser sujeito ativo do crime de estupro contra sua mulher, assinale a alternativa mais correta à luz da doutrina e jurisprudência dominantes:

a) O cônjuge varão não pode cometer estupro contra o cônjuge varoa.

b) Antigamente admitia-se o estupro da mulher por seu marido, mas atualmente não.

c) Antigamente não se admitia o estupro da mulher por seu marido, mas atualmente sim.
d) Havendo uso de violência real, pode configurar-se o estupro da mulher pelo marido.
e) Não havendo mais a constância do casamento, não há que se falar em estupro.

ANOTAÇÕES/COMENTÁRIOS

(a) Atualmente já não prospera mais, aquela antiga idéia, de que o marido não possa ser sujeito ativo de estupro em face de sua própria esposa. Durante muitos anos, foi o que prevaleceu em nossa doutrina (tese que sempre foi defendida pelo saudoso professor, NELSON HUNGRIA). Nada obstante, o fato de existirem deveres conjugais ou matrimoniais não retira da mulher a sua liberdade sexual, fato que faz incidir o crime de estupro, em havendo atos de violência ou grave ameaça por parte de seu consorte.

(b) Era exatamente o contrário: antigamente não se admitia o estupro da mulher por seu marido, tendo em vista a existência dos deveres matrimoniais (dispositivo correspondente ao atual art. 1.566 do CC/02). Ocorre que atualmente esse entendimento caiu por terra: para a doutrina moderna os deveres conjugais não autorizam o emprego de violência ou grave ameaça em desfavor da esposa, logo, eventual abuso praticado pelo marido não pode ser tido como exercício regular de direito. Sendo assim, diante de práticas abusivas deve o mesmo responder pelo crime do art. 213 do CP (estupro marital). A doutrina moderna ainda arremata dizendo que, eventual recusa, por parte da esposa, pode ser tida no máximo, como motivo autorizador do término da sociedade conjugal. Logo, jamais pode ser fundamento, nem permissivo, para atos de violência ou que se mostrem pautados em grave ameaça do varão.

(c) Realmente, esse é o gabarito pois se coaduna com tudo que foi dito acima.

(d) Não é apenas a violência real que pode configurar o crime de estupro. Ora, a grave ameaça (vis compulsiva), também é uma das elementares contidas no art. 213 do CP. Dai o erro dessa assertiva.

(e) Essa afirmativa se mostra completamente dissociada do tema, foi introduzida pela banca visando apenas confundir os candidatos.

Para responder, tem que estudar: lei e teoria/doutrina.

Gabarito: C

43. (PC/RJ/Delegado/2006) Quanto aos crimes contra os costumes previstos no Código Penal, é correto afirmar que:

a) seduzir mulher virgem, menor de 18 anos e maior de 14 anos, e ter com ela conjunção carnal, aproveitando-se de sua inexperiência ou justificável confiança, é uma conduta típica.
b) não há no Código Penal a conduta típica autônoma de rapto, mesmo praticado mediante violência ou grave ameaça.

c) no crime de estupro, de que resulte morte a título de dolo, há apenas um crime qualificado pelo resultado, considerado hediondo.
d) induzir menor de 14 anos a presenciar ato libidinoso é crime de "Corrupção de Menores", previsto no Código Penal.
e) ter conjunção carnal com mulher desonesta, mediante fraude, não é conduta fática que possa ser considerada típica.

ANOTAÇÕES/COMENTÁRIOS

(a) Atualmente a conduta descrita pela banca, somente constitui crime se houver o emprego de violência ou grave ameaça. Sendo assim, para que possa constituir crime de estupro, (sem que existam tais elementos), deve a vítima ser menor de 14 ou ainda incapaz por critérios de sanidade mental (art. 217-A do CP – denominado pela doutrina de estupro de vulnerável)..

(b) Realmente o Código Penal, atualmente, não contempla mais a antiga figura penal autônoma do rapto mediante violência ou grave ameaça (antigo art. 219 do CP – hoje expressamente revogado pela Lei 11.106/05). Nada obstante, a referida figura típica migrou por conta do princípio da continuidade normativo típica para o inciso V do art. 148 do CP (seqüestro ou cárcere privado para fins libidinosos).

(c) Na hipótese descrita pelo legislador o que se tem é um concurso de crimes envolvendo o estupro de um lado e o delito de homicídio (art. 121 do CP).

(d) A conduta descrita pelo examinador corresponde na verdade ao crime de satisfação da lascívia mediante a presença de criança ou adolescente (art. 218-A do CP). Já o crime de "corrupção de menores" – art. 218 do CP – corresponde a conduta do agente que efetivamente constrange menor de 14 anos a satisfazer diretamente a lascívia de outrem.

(e) Em relação aos crimes sexuais, não se exige mais que a mulher seja honesta. Essa expressão se mostrava absolutamente inadequada, uma vez que denotava um tratamento ferrenhamente discriminatório. Sendo assim, pós Lei 12.015/09, tal expressão foi suprimida do antigo art. 215 (posse sexual mediante fraude), que hoje corresponde ao crime de violação sexual mediante fraude (com nova redação dada ao art. 215 do CP). Por conta disso, podemos incluir agora como sujeito passivo deste crime até mesmo a PROSTITUTA..

Para responder, tem que estudar: lei e teoria/doutrina.

Gabarito: B

8. DOS CRIMES CONTRA A FÉ PÚBLICA

44. (Funcab/PC/RJ/Delegado/2012) Entre as hipóteses a seguir consignadas, assinale aquela que corresponde a crime de falsidade ideológica (art. 299 do CP):

a) Rildo, desempregado, tencionando trabalhar como motorista, após obter um espelho de Carteira Nacional de Habilitação não preenchido, embora verdadeiro, nele consigna seus dados pessoais e imprime sua foto, passando-se por pessoa habilitada para conduzir veículo automotor, sem de fato o ser.
b) Aderbal, de forma fraudulenta, consigna, na Carteira de Trabalho e Previdência Social de um empregado de sua empresa, salário inferior ao efetivamente recebido por ele, visando a reduzir seus gastos para como INSS.
c) Magnólia, com intenção de integrar à sua família o filho de outrem, registra a criança em seu nome, como se sua mãe fosse, valendo-se, para tanto, da desatenção do funcionário do Cartório de Registro Civil das Pessoas Naturais, que deixa de exigir a documentação pertinente ao ato.
d) Tibúrcio, funcionário público do instituto responsável por manter atualizados os registros de antecedentes criminais em determinado Estado-Membro, aproveitando-se de sua atribuição funcional, entra com sua senha no sistema informatizado do órgão e inclui, fraudulentamente, na folha de antecedentes de seu vizinho, crime por ele não praticado, em vingança por conta de uma rixa antiga.
e) a fim de auxiliar uma amiga a contratar financiamento para aquisição de eletrodomésticos, Alberico, sócio-gerente em uma empresa têxtil, valendo-se de sua posição, assina declaração afirmando que tal pessoa trabalha de forma remunerada naquele estabelecimento empresarial, o que não condiz coma realidade.

ANOTAÇÕES/COMENTÁRIOS

(a) Nessa assertiva o examinador procurou confundir o candidato: descreveu uma falsidade material (art. 297 do CP), praticada mediante a inserção de fotografia falsa em documento originariamente verdadeiro. Sendo assim, o candidato não pode confundir o crime de falsidade ideológica com o crime de falsificação de documento público (art. 297 do CP), tendo em vista que no primeiro apenas o conteúdo do documento é que se mostra falso e não a sua forma como ocorreu, no exemplo, fornecido pela banca examinadora do certame (inserção de foto falsa).

(b) A conduta descrita na assertiva corresponde ao crime do art. 337-A, III do CP (sonegação de contribuição previdenciária). Sendo assim, temos um crime praticado por particular contra a administração em geral, e não um delito contra a fé pública – título X do Código Penal.

(c) A conduta de Magnólia se amolda ao crime descrito no art. 242 do CP. Isso ocorre por conta do princípio da especialidade, logo, não há que se falar em crime contra a fé pública (art. 299 do CP), devendo Magnólia responder pelo art. 242 – crime que tutela à família – título VII do CP, mais especificamente o estado de filiação (capítulo II daquele mesmo título VII do CP).

(d) O crime praticado por Tibúrcio se amolda com exatidão ao art. 313-A do CP (denominado pela doutrina de peculato eletrônico). Trata-se de crime funcional, até mesmo por conta da qualidade peculiar ou especial do agente: ser funcionário público que atuou se valendo de suas próprias atribuições funcionais. Cabe, esclarecer ainda que tal tipo de conduta além de causar dano a própria administração pública, ainda acabou atingindo terceiro (vizinho de Tibúrcio), que teve sua folha de antecedentes criminais indevidamente maculada.

(e) Realmente a conduta de Alberico se amolda com exatidão ao crime do art. 299 do CP (falsidade ideológica), uma vez que fez inserir declaração falsa em documento contendo sua própria assinatura, com a intenção de alterar a verdade sobre fato juridicamente relevante, qual seja: sua amiga, ao contrário do que foi dito, não trabalha naquela referida empresa.

Para responder, tem que estudar: lei.

Gabarito: E

9. DOS CRIMES CONTRA A ADMINISTRAÇÃO PÚBLICA

45. (UFRJ/PC/RJ/Delegado/2001) A secretária do presidente de uma empresa mundialmente conhecida ameaça fornecer à imprensa fotos e fita cassete que comprovam a prática de conjunção anal do presidente com outro homem, caso não lhe seja entregue o valor devido referente a um ano de salários atrasados, por trabalho efetuado. O delito perpetrado pela secretária consiste de:

a) constrangimento ilegal.
b) difamação.
c) exercício arbitrário das próprias razões.
d) extorsão.
e) ameaça.

ANOTAÇÕES/COMENTÁRIOS

(a) A secretária cometeu o crime de exercício arbitrário das próprias razões (art. 345 do CP). Logo, não houve o crime de constrangimento ilegal, até mesmo porque quem determina o pagamento remunerado do trabalho alheio, é a própria lei vigente (CLT).

(b) No caso em concreto, a secretária não atuou com dolo de difamar a honra de seu chefe. Ao efetuar tal tipo de ameaça, a mesma visou, em verdade, receber os salários atrasados que lhe eram efetivamente devidos.

(c) Realmente a secretária cometeu o crime do art. 345 do CP (exercício arbitrário das próprias razões), tendo em vista que somente fez tal tipo de ameaça por desejar o recebimento dos valores que lhe eram efetivamente devidos.

(d) O candidato deve ter bastante atenção, uma vez que no crime de extorsão a vantagem é SEMPRE INDEVIDA. Trata-se de uma elementar expressamente descrita no tipo do art. 158 do CP. Logo, a secretária responde somente pelo crime do art. 345 do CP.

(e) O crime praticado pela secretária corresponde ao art. 345 do CP, tendo em vista que o crime de extorsão pressupõe que a vantagem seja INDEVIDA. Ora, no caso em apreço havia o recebimento de salários em atraso (patrimônio lícito e efetivamente DEVIDO).

Para responder, tem que estudar: lei e teoria/doutrina.

Gabarito: C

46. (UFRJ/PC/RJ/Delegado/2001) Ao ser preso por portar certa quantidade de substância entorpecente para uso próprio, Lucas oferece a quantia de cinqüenta reais a Flávio, policial militar, que, não concordando com a quantia, pede o dobro para não conduzi-lo à delegacia de polícia. No exato momento em que Lucas está entregando o valor acordado, o oficial de supervisão, Fábio, surpreende os dois e os leva para a delegacia de polícia, onde apresenta o fato à autoridade policial, informando que o valor apreendido foi de cinqüenta reais. Indique o(s) delito(s) perpetrado(s) por Lucas, Flávio e Fábio, respectivamente, desconsiderando a posse da substância entorpecente:

a) corrupção ativa; corrupção passiva; peculato.
b) corrupção passiva; concussão; apropriação indébita.
c) corrupção passiva; corrupção ativa; prevaricação.
d) corrupção ativa; concussão; peculato.
e) corrupção ativa; corrupção passiva; apropriação indébita.

ANOTAÇÕES/COMENTÁRIOS

(a) Lucas deve responder por corrupção ativa, uma vez que ofereceu vantagem indevida visando através da mesma se eximir da prática de ato legal emanado de funcionário público. Já FLÁVIO, por sua vez, responde pelo art. 312 do CP (crime de peculato furto), tendo em vista ter se apropriado da diferença entre o valor efetivamente entregue pela vítima e aquele que foi inicialmente oferecido.

(b) Não houve crime de concussão (art. 316 do CP), uma vez que este pressupõe uma EXIGÊNCIA por parte do sujeito ativo.

(c) No crime de prevaricação (art. 319 do CP), não existe apropriação indevida por parte do sujeito ativo. O que se tem é apenas a inobservância de um ato de ofício, já que o agente simplesmente deixa de praticar o ato ou o pratica infringindo dever de ofício. Ademais, o que move o sujeito ativo é somente um sentimento ou interesse pessoal.

(d) Não houve delito de concussão (art. 316 do CP), tendo em vista que o mesmo pressupõe SEMPRE o verbo EXIGIR. Ou seja: o sujeito ativo exige e não apenas solicita uma vantagem de cunho indevido.

(e) Não há que se falar em apropriação indébita, porquanto o crime de peculato é especial em relação ao mesmo. Trata-se de crime funcional (art. 312 do CP).

Para responder, tem que estudar: lei e teoria/doutrina.

Gabarito: A

47. (PC/RJ/Delegado/2002) Um grupo de presos custodiados em instituição prisional estadual, de nome "Casa 1", após lerem a Lei de Execução Penal, a Constituição Federal, os escritos de Thoreau e Gandhi, e chegando à conclusão de que estão sendo submetidos a tratamento desumano e que não estão sendo respeitados os ditames normativos a si aplicáveis, passam a conclamar os outros presos a participarem de um movimento voltado para chamar a atenção da população, através da imprensa, e das autoridades, a fim de corrigir os problemas que estão lhes afligindo. O movimento, nesse sentido, é bem-sucedido e a manifestação faz com que a prisão tenha seu funcionamento regular prejudicado. Isso ocorre pois, apesar de não usarem de violência, a desobediência passiva praticada, consistente em manterem-se os presos imóveis no pátio, traz transtorno para a disciplina e funcionamento da instituição. O sucesso do movimento na "Casa 1" chega ao conhecimento dos internos da unidade vizinha, denominada "Casa 2" e destinada apenas àqueles que estão cumprindo medidas de segurança. Como consequência, os internos realizam movimento semelhante, obtendo os mesmos resultados junto à imprensa e à coletividade, e igualmente transtornando a ordem e a disciplina na respectiva instituição. O art. 354 do Código Penal, Motim de presos, dispõe o seguinte: "Art. 354. Amotinarem-se presos, perturbando a ordem ou disciplina da prisão: Pena – detenção, de 6 (seis) meses a 2 (dois) anos, além da pena correspondente à violência." O art. 62 do Código Penal, Agravantes no caso de concurso de pessoas, dispõe o seguinte: "A pena será ainda agravada em relação ao agente que: I – promove, ou organiza a cooperação no crime ou dirige a atividade dos demais agentes." Analisando os fatos, é correto dizer que os participantes dos movimentos praticaram:

a) conduta atípica, tanto os da "Casa 1" quanto os da "Casa 2".

b) Motim de presos os da "Casa 1" e conduta atípica os da "Casa 2".

c) Motim de presos os da "Casa 1" e os da "Casa 2".

d) Motim de presos os da "Casa 1" e os da "Casa 2", devendo os líderes do movimento em ambas as instituições responderem também pela agravante do art. 62, I do Código Penal.

e) Motim de presos os da "Casa 1" e os da "Casa 2", devendo responder pela agravante do art. 62, I do Código Penal apenas os líderes do movimento na "Casa 1".

ANOTAÇÕES/COMENTÁRIOS

(a) O crime de motim (segundo a doutrina majoritária), exige atos de VIOLÊNCIA. Sendo assim, trata-se de crime que somente se perfaz, diante de atos de violência. Exemplo: motim no qual os detentos atiram pedras ou objetos vulnerantes contra os agentes prisionais. O candidato precisa conhecer ainda as duas correntes que discutem a natureza dessa referida violência. Alguns autores entendem que a violência apta a configurar o crime de motim é somente aquela perpetrada contra pessoas. Já uma segunda corrente admite que a mesma possa ser dirigida não apenas contra pessoas, mas também em face de objetos ou coisas. Nada obstante, vem prevalecendo a tese de que a violência deve ser contra pessoas (geralmente contra os próprios agentes prisionais).

(b) O crime de motim exige o cometimento de atos de violência. Logo, a simples desobediência ou irreverência por parte dos presos não configura o crime em questão. Ainda sobre o crime de motim (embora o tema não tenha sido cobrado na questão), cabe explicar aos candidatos que: o crime de motim (segundo a doutrina majoritária), exige a participação de um número considerável ou razoável de detentos. Não obstante, existe uma segunda corrente (minoritária – defendida por MIRABETE), que se conforma com apenas 2 ou 3 detentos.

(c, d, e) Vide comentários acima.

Para responder, tem que estudar: teoria/doutrina.

Gabarito: A

48. (PC/RJ/Delegado/2002) Um Delegado, um Detetive e um Advogado estavam debatendo a respeito de uma prisão em flagrante efetuada por um Policial Militar e que acabara de ser apresentada à Autoridade. O Advogado ali compareceu no exercício de seu ofício e o Detetive não trabalhava na Delegacia onde os fatos foram apresentados, estando no local apenas em razão de amizade com policiais daquela Unidade. Durante o debate, ficou claro que o Delegado entendia que o conduzido praticara crime e estava em estado flagrancial ao passo que o Detetive e o Advogado entendiam que a conduta em tela era atípica. Por fim, quando o Delegado determinou a lavratura do Auto de Prisão em flagrante, tanto o Detetive quanto o Advogado, com menoscabo e desprezo, fizeram vários comentários, em voz alta e na presença de testemunhas, a respeito da falta de capacidade profissional da Autoridade Policial. Ato contínuo, o Delegado deu voz de prisão a ambos, ocasião em que o Detetive invocou sua condição de funcionário público como impeditiva da configuração de desacato e o Advogado alegou o teor do art. 7°, § 2°, da Lei n ° 8.906/94, o Estatuto da Advocacia e da OAB, que reza: "Art. 7°, § 2°. O advogado tem imunidade profissional, não constituindo injúria, difamação ou desacato puníveis qualquer manifestação de sua parte, no exercício de sua atividade, em juízo ou fora dele, sem prejuízo das sanções disciplinares perante a OAB, pelos excessos que cometer." Sem embargo das ponderações feitas, o Delegado ignorou o argumento do Detetive e disse ao Advogado que o dispositivo suscitado tinha tido sua eficácia suspensa pelo STF. Assim, prendeu ambos, além, naturalmente, de realizar o flagrante do cidadão conduzido pelo Policial Militar. Em face do caso narrado e do ensinamento da doutrina, da jurisprudência e do STF, é correto afirmar que o crime de desacato:

a) foi praticado pelo Detetive e pelo Advogado.
b) foi praticado apenas pelo Detetive.
c) foi praticado apenas pelo Advogado.
d) não foi praticado por nenhum dos dois.
e) foi praticado pelo Advogado; só teria sido praticado pelo Detetive se ele fosse subordinado hierarquicamente, de forma direta, ao Delegado.

ANOTAÇÕES/COMENTÁRIOS

(a) Realmente, o detetive e o advogado praticaram o crime de desacato (art. 331 do CP). Nossa doutrina majoritária e tribunais estabelecem alguns requisitos ou pressupostos para que se tenha o delito em apreço: a) a presença da vítima no "locus delicti", ainda que possa não estar frente a frente com o agente. b) o especial fim de agir, que consiste na intenção de humilhar ou menosprezar o funcionário público. c) o denominado nexo funcional, tendo em vista que a ofensa deve guardar relação com a função pública, sob pena de se caracterizar um mero crime contra à honra.

(b) De acordo com decisão do STF a expressão: "desacato", contida no § 2º do art. 7º teve sua eficácia SUSPENSA, no bojo da ADIN 1127 – julgada em 1994.

(c) De acordo com a posição dominante o funcionário público também pode ser sujeito ativo do crime de desacato, desde que esteja atuando como se particular fosse.

(d) Item errado, por conta dos motivos acima.

(e) No caso em apreço, o detetive atuou despido da função pública, ou seja, estava atuando como se particular fosse. Logo, não se exige em tal hipótese a existência de eventual hierarquia entre os sujeitos ativo e passivo (posição prevalente, que sempre foi defendida por HUNGRIA). Ainda de acordo com a posição dominante, o sujeito ativo ao atuar dessa forma, simplesmente se despe da função pública, ainda que ambos estivessem de serviço (fato que não ocorreu no caso em concreto – descrito pela banca). Logo, nada obsta a consumação do crime de desacato, ainda que não exista hierarquia entre sujeito ativo e passivo. Nada obstante, existe uma 2ª corrente que SEMPRE exige a existência de hierarquia para que seja possível falarmos em desacato. Ao se adotar essa corrente, somente o inferior hierárquico é que pode se tornar sujeito ativo (BENTO DE FARIA).

Para responder, tem que estudar: teoria/doutrina.

Gabarito: A

49. (PC/RJ/Delegado/2002) Procurador autárquico, desejando aumentar a arrecadação do fisco, passa a empregar na cobrança meio vexatório/gravoso, consistente em divulgar notas em jornal de grande circulação, ironizando os devedores e criticando-os por fazerem uso da via judicial para questionar os seus débitos. Sua conduta configura:

a) concussão.

b) excesso de exação.

c) ameaça.

d) prevaricação.

e) constrangimento ilegal.

ANOTAÇÕES/COMENTÁRIOS

(a) O enunciado versa sobre o crime de excesso de exação, que ocorre com a cobrança de tributo mediante o emprego de meio gravoso ou vexatório. Trata-se de modalidade distinta da concussão, uma vez que nesta o agente exige VANTAGEM INDEVIDA para praticar algum ato em contrariedade com a lei ou simplesmente para deixar de praticá-lo.

(b) Realmente no crime de excesso de exação (§ 1º do art. 316 do CP), o funcionário público exige tributo que embora possa ser devido acaba sendo cobrado da maneira inadequada, uma vez que aquele se vale de método vexatório ou gravoso. O candidato deve ter bastante atenção pois no crime em tela (art. 316, § 1º do CP), o tributo tanto pode ser devido como indevido, exigindo-se no primeiro caso o emprego de meio gravoso ou vexatório, na cobrança, por parte do agente público. Já lá no art. 3º, II da Lei 8.137/90 (figura delitiva especializante), o funcionário da fazenda com atribuição exige, solicita ou recebe VANTAGEM INDEVIDA, com o objetivo de deixar de cobrar tributo DEVIDO ou para cobrá-lo a menor (supressão parcial do que é devido ao fisco).

(c) Não houve a prática de crime de ameaça (art. 147 do CP). No crime de ameaça ocorre o agente anuncia a prática de um eventual mal injusto e grave em desfavor da vítima. Não foi o caso do enunciado colacionado pela banca examinadora.

(d) O enunciado na questão em nada se relacionada com o delito de prevaricação (art. 319 do CP). Neste o dolo do agente visa a pratica de ato de ofício contra disposição legal ou simplesmente um deixar de fazer que viola seu dever de ofício, sempre motivado por um sentimento ou interesse pessoal.

(e) O enunciado versa sobre um crime funcional que nada tem haver com o delito de constrangimento ilegal, pois este é classificado como crime contra a liberdade pessoal. No crime de constrangimento ilegal ainda se exige violência ou grave ameaça por parte do agente. Ele constrange a vítima a fazer aquilo que a lei não determinada ou a deixar de fazer aquilo que a mesma permite.

Para responder, tem que estudar: lei e teoria/doutrina.

Gabarito: B

10. LEIS ESPECIAIS

50. (UFRJ/PC/RJ/Delegado/2001) Antônio, analfabeto, atendendo às ordens de seu chefe, Rogério, diretor da empresa de segurança e vigilância, Vigia Perfeita, retira uma arma de fogo, calibre 38, que estava guardada dentro de um cofre e a leva para a sede social do clube Vale Tudo, nesta cidade, onde Rogério estava disputando a eleição para Presidente. Durante o percurso, no interior de um ônibus, policiais militares que realizavam uma blitz encontram a arma que estava numa bolsa em poder de Antônio. Apresentado o fato, o Delegado de Polícia deve lavrar:

a) o auto de prisão em flagrante contra Antônio pela prática do crime previsto no artigo 10, caput, da Lei 9.437/97.
b) o auto de prisão em flagrante contra Rogério pela prática do crime previsto no artigo 10, caput, da Lei 9.437/97.
c) o auto de prisão em flagrante contra Antônio e Rogério pela prática do crime previsto no artigo 10, caput, da Lei 9.437/97.
d) o auto de infração administrativo impondo uma multa à empresa, liberando Antônio em seguida sem adotar contra ele qualquer medida.
e) o auto de prisão em flagrante contra Antônio pela prática do crime previsto no artigo 10, caput, da Lei 9.437/97 e instaurar inquérito contra Rogério pela prática do mesmo delito.

ANOTAÇÕES/COMENTÁRIOS

(a, b, c) Ambos devem ser responsabilizados pela prática do mesmo crime. Nessa linha é a correta inteligência do art. 22 do CP (obediência hierárquica).

(d) Ambos respondem pelo mesmo crime.

(e) Ambos respondem pelo mesmo crime, tendo em vista que a ordem emitida por Rogério se mostrou ilegal (art. 22 do CP – a contrário senso). Já de outra feita, caso essa mesma ordem tivesse caráter manifestamente LEGAL somente o seu emissor é que poderia ser responsabilizado (superior hierárquico de Antônio). Já no que tange a questão da prisão em flagrante, cabe explicar que não havia como prender o diretor da empresa em flagrante delito, já que somente Antônio foi quem praticou diretamente a conduta. Por fim, cabe esclarecer que, na época da elaboração do certamente ainda não se encontrava em vigor a Lei 10.826/06 (estatuto do desarmamento), tendo esta expressamente revogado a antiga lei de armas (9.437/97).

Para responder, tem que estudar: lei.

Gabarito: E

51. (UFRJ/PC/RJ/Delegado/2001) Paulo, proprietário de um restaurante nesta cidade, serve para Joaquim e sua mulher, ambos com 21 anos de idade, uma garrafa de uísque, cujas doses serão ministradas diretamente pelo casal na mesa por eles ocupada no estabelecimento comercial. Posteriormente, chega ao local um amigo do casal, André, de 17 anos, idade conhecida por Paulo, que solicita a este um copo, informando que se destina a ingerir a bebida que está sobre a mesa de Joaquim e sua mulher. O pedido de André é imediatamente atendido. A conduta de Paulo constitui:

a) irrelevante penal.

b) delito do Estatuto da Criança e do Adolescente (art. 243 da Lei 8.069/90).

c) corrupção de menores.

d) contravenção penal (art. 63, I da LCP).

e) tráfico de entorpecente.

ANOTAÇÕES/COMENTÁRIOS

(a) A conduta praticada por Paulo corresponde ao crime do art. 243 do ECA: vender, fornecer, ministrar ou servir bebida alcoólica à criança ou adolescente, ainda que gratuitamente.

(b) Realmente a conduta de Paulo tipifica, atualmente, o crime descrito no art. 243 do ECA. Cabe alertar o candidato sobre o fato de que a questão foi elaborada no ano de 2001, época em que a conduta correspondia a contravenção penal do art. 63, I da LCP. Isso porque o art. 243 do ECA somente passou a vigorar com a atual redação pós Lei 13.106/15.

(c) A conduta praticada por Paulo não guarda nenhuma relação com o crime do art. 244-B da Lei 8.069/90. Isso porque, este por sua vez, corresponde a conduta de corromper menor para com ele praticar infrações penais ou induzi-lo a cometê-las.

(d) Item atualmente incorreto. Ver comentários acima sobre a Lei 13.106/15.

(e) Isso porque o álcool não é droga para efeitos de incidência da Lei 11.343/06, até mesmo por não constar do rol de substâncias previstas na portaria 344 da ANVISA.

Para responder, tem que estudar: lei.

Gabarito: B

52. (UFRJ/PC/RJ/Delegado/2001) Caio, sabedor da grave doença mental de Luiz, convence-o a praticar conjunção carnal com Maria, sua vizinha, de oito anos de idade. Antes da realização da conjunção, estando Maria já sem roupa, José, pai da menor, adentra o recinto e retira sua filha do local, chamando a polícia em seguida. Enquanto Luiz retirava a roupa de Maria, Caio permaneceu assistindo, visando obter satisfação pessoal. Indique o delito realizado por Caio:

a) corrupção de menores com aumento do art. 9º da Lei 8.072/90.

b) tentativa de estupro com aumento do art. 9° da Lei 8.072/90.
c) atentado violento ao pudor com aumento do art. 9° da Lei 8.072/90.
d) crime previsto no artigo 240 do Estatuto da Criança.
e) irrelevante penal.

ANOTAÇÕES/COMENTÁRIOS

(a) O antigo crime do art. 218 do CP (com redação anterior à Lei 12.015/09), incriminava a prática de corrupção sexual de pessoa maior de 14 e menor de 18 anos. Logo, nem mesmo naquela época, quando ainda em vigor, tal dispositivo não poderia corresponder ao gabarito da questão, porquanto a vítima, Maria, tinha apenas 8 anos de idade.

(b) Realmente o crime praticado por Caio foi estupro tentado, porém, atualmente não podemos mais aplicar o art. 9º da Lei 8.072/90 em conjunto com o art. 213 do CP. Logo, teríamos hoje uma tentativa de estupro de vulnerável (art. 217-A do CP). Ademais, naquela época, havia forte entendimento doutrinário no sentido da impossibilidade de cumulação do art. 9º da Lei 8.072/90 frente ao art. 213 do CP, sob o argumento de que tal tipificação configurava "bis in idem".

(c) O antigo crime de atentado violento ao pudor (art. 214 do CP – com redação anterior à Lei 12.015/09), incriminava a prática de atos sexuais, DIVERSOS DA CONJUNÇÃO CARNAL, com à vítima. Logo, nem mesmo naquela época, quando ainda em vigor, tal dispositivo não se poderia tipificar o fato com base em tal dispositivo.

(d) A conduta do art. 240 do ECA corresponde ao ato de reproduzir, dirigir ou filmar cenas de sexo explícito envolvendo criança ou adolescente. Delito com pena de 4 à 8 anos de reclusão, que se mostra menos gravoso frente ao crime do art. 217 A do CP – estupro de vulnerável – com pena 8 à 15 anos de reclusão).

(e) Isso porque, Caio, atuou na qualidade de autor mediato: induziu, Luiz, portador de doença mental e inimputável a cometer a conduta descrita no art. 213 do CP. Sendo assim, somente Caio responde pelo crime, haja vista que Luiz era apenas um instrumento "de boa fé", sob suas ordens.

Para responder, tem que estudar: lei.

Gabarito: B

53. (UFRJ/PC/RJ/Delegado/2001) Durante a realização de uma festa, dez pessoas consumiram cloridrato de cocaína que estava numa bonbonnière, ali colocada pelo próprio dono da casa, João, que por sua vez fez uso de heroína. O comportamento de João configura:

a) tráfico de entorpecente.
b) irrelevante penal.

c) uso de entorpecente.
d) uso e tráfico de entorpecente.
e) tráfico de entorpecente com aumento de pena em decorrência da quantidade de pessoas que o consumiram.

ANOTAÇÕES/COMENTÁRIOS

(a) Além de responder por tráfico (no verbo fornecer), João, também responde pelo "uso de drogas", artigo 28 da Lei 11.343/06.

(b) João deve responder por tráfico e por uso. Responderá por tráfico, tendo em vista que forneceu drogas aos seus convidados, não importando o fato de ter sido um fornecimento gratuito (art. 33 caput, "in fine" da Lei 11.340/06).

(c) Além do uso, João, também deve responder pelo tráfico, uma vez que FORNECEU drogas a terceiras pessoas.

(d) Realmente, João, deve responder por tráfico e por uso. Responderá pelo tráfico, porquanto forneceu drogas aos seus convidados, ainda que isso tenha ocorrido de forma gratuita (art. 33 caput, "in fine" da Lei 11.340/06).

(e) O tráfico de drogas não admite a causa de aumento de pena descrita pelo examinador. Isso porque tal circunstância não consta do art. 40 da Lei 11.343/06.

Para responder, tem que estudar: lei e teoria/doutrina.

Gabarito: D

54. (UFRJ/PC/RJ/Delegado/2001) Roberto, fiscal de rendas do Estado, ao constatar que a empresa Alvorada estava irregular em relação às obrigações tributárias referentes ao ICMS, recebe a quantia de dez mil reais para não efetuar o lançamento do auto de infração. O comportamento de Roberto configura:

a) concussão.
b) prevaricação.
c) peculato.
d) corrupção passiva.
e) crime contra ordem tributária.

ANOTAÇÕES/COMENTÁRIOS

(a) No crime de concussão (art. 316 do CP), vamos ter uma EXIGÊNCIA por parte do agente. Sendo assim, Roberto, não cometeu esse crime, tendo em vista que o examinador claramente descreveu um mero RECEBER.

(b) No crime de prevaricação (art. 319 do CP), o agente atua impelido por um mero interesse ou sentimento pessoal, ou seja: não existe o recebimento de nenhuma vantagem ilícita ou indevida por parte do sujeito ativo.

(c) No crime de peculato (art. 312 do CP), o agente subtrai ou se apropria de bens e ou valores sobre os quais recai sua posse, em razão do exercício de sua função pública, ou seja, não temos neste delito o recebimento de nenhuma vantagem ilícita ou indevida.

(d) O candidato deve ter bastante atenção: trata-se de uma "pegadinha" clássica de prova. O crime do art. 3º, II da Lei 8.137/90, afasta a incidência do art. 317 do CP (corrupção passiva, tendo em vista sua maior especialidade.

(e) A conduta de Roberto se amolda do conteúdo proibitivo contido no art. 3º, II da Lei 8.137/90.

Para responder, tem que estudar: lei.

Gabarito: E

55. (UFRJ/PC/RJ/Delegado/2001) A condição de funcionário público do agente que ilegalmente efetua disparos de arma de fogo em local público configura:

a) causa especial de aumento de pena.
b) indiferente penal.
c) causa especial de diminuição de pena.
d) agravante genérica.
e) qualificadora.

ANOTAÇÕES/COMENTÁRIOS

(a) Realmente a qualidade de funcionário público faz incidir a MAJORANTE contida no art. 20 da Lei 10.826/03. Sendo assim, aquele que efetua disparos de arma de fogo em local público, responde pelo art. 15 (disparo de arma de fogo), devidamente majorado de metade (pena aumentada de metade.

(b) A qualidade de funcionário público atrai a incidência do art. 20 do Estatuto do Desarmamento – Lei 10.826. Logo, em tal hipótese: disparar arma de fogo em local público, ou em suas adjacências faz incidir a majorante de pena acrescida de metade.

(c, d, e) Vide comentário à alternativa A.

Para responder, tem que estudar: lei.

Gabarito: A

56. (UFRJ/PC/RJ/Delegado/2001) Policial civil que, após infligir forte sofrimento mental, mediante graves e reiteradas ameaças, exigindo que a vítima de um roubo reconheça determinado homem que tem certeza ser o autor do crime, comete o delito de:

a) tortura com causa de aumento de pena.
b) abuso de autoridade.
c) prevaricação.
d) tortura simples.
e) ameaça.

ANOTAÇÕES/COMENTÁRIOS

(a) Realmente, temos aqui, aquilo que alguns autores denominam de tortura prova ou confissão (art. 1º, I, "a" da Lei 9.455/97). Ademais, no que tange ao caso apresentado pela banca, deve incidir ainda o aumento de pena de 1/6 à 1/3, lastreado no fato de ser o sujeito ativo funcionário público (§ 4º, I do mesmo art. 1º da lei de tortura).

b) O examinador expressamente fez transparecer o dolo de causar FORTE sofrimento mental na vítima, mediante atos de grave ameaça, fato que afasta o crime de abuso de autoridade.

(c) A conduta descrita pelo examinador não guarda nenhuma relação com o crime de prevaricação (art. 319 do CP). O delito de prevaricação não contêm a elementar grave ameaça.

(d) Item errado, por conta da explicação em epígrafe.

(e) O examinador fez transparecer o dolo do agente ao dizer que houve a intenção de provocar FORTE SOFRIMENTO MENTAL, com a intenção de obter confissão por parte do sujeito passivo. Logo, temos o delito de tortura (art. 1º, I, "a" da Lei 9.455/97 c/c § 4º, I do mesmo diploma).

Para responder, tem que estudar: lei e teoria/doutrina.

Gabarito: A

57. (UFRJ/PC/RJ/Delegado/2001) Ciente de que João conta apenas 17 anos de idade e de que nunca passou pelo Juizado da Infância e Juventude, Pedro convence o adolescente a segurar seu desafeto, Joaquim, a fim de lhe infligir lesões corporais, desferindo-lhe três golpes de facão em órgãos vitais, que acarretam a morte de Joaquim. Pedro responde por:

a) homicídio simples e corrupção de menores (Lei 2.252/54).
b) lesão corporal seguida de morte.
c) homicídio qualificado e corrupção de menores (Lei 2.252/54).
d) lesão corporal seguida de morte e corrupção de menores (Lei 2.252/54).
e) homicídio qualificado.

ANOTAÇÕES/COMENTÁRIOS

(a) No crime em tela, temos um homicídio qualificado tendo em vista que ao se valer de um menor, Pedro, simplesmente impediu qualquer tipo de resistência por parte da vítima.

(b) O examinador claramente descreveu o "animus necadi", do agente ao dizer que o mesmo efetuou três golpes de facão em ÓRGÃOS VITAIS da vítima.

(c) Pedro deve responder por homicídio qualificado (art. 121, § 2º, IV), uma vez que ao se valer do menor João inibiu qualquer tipo de resistência por parte da vítima (Joaquim). Ademais, deve responder ainda pelo crime do art. 244-B do ECA (antigo art. 1º da Lei 2.252/54 – que, atualmente, se encontra revogado pelo próprio Estatuto da Criança e do Adolescente).

(d) Não houve dolo de provocar somente lesões na vítima, mas sim de subtrair sua vida. Logo, o crime praticado por Pedro foi homicídio qualificado pela supressão da capacidade de resistência da vítima (art. 121, § 2º, IV do CP).

(e) Pedro também deve responder pelo crime de corrupção de menores (atual art. 244-B do ECA).

Para responder, tem que estudar: lei.

Gabarito: C

58. (PC/RJ/Delegado/2002) A respeito da direção sem habilitação, e do texto legal, analise as afirmativas abaixo:

I. Segundo posição dominante no STJ e na doutrina, o art. 32 da LCP, que define a contravenção de direção sem habilitação, foi derrogado pelo art. 309 do Código de Trânsito Brasileiro. Quando se tratar de veículo automotor há crime; quando se tratar de embarcação a motor, existe contravenção.

II. Não havendo perigo concreto, há quem sustente que aplica-se o art. 32 da LCP, sem prejuízo das sanções administrativas, enquanto outros sustentam que nesse caso ocorre apenas ilícito administrativo.

III. O art. 309 do CTB é uma norma penal em branco: "Art. 309. Dirigir veículo automotor, em via pública, sem a Devida Permissão para Dirigir ou Habilitação, ou, ainda, se cassado o direito de dirigir, gerando perigo de dano: Penas - detenção, de seis meses a um ano, ou multa." "Art. 32. Dirigir, sem a devida habilitação, veículo na via pública, ou embarcação a motor em águas públicas: Pena - multa.".

A(s) alternativa(s) correta(s) é (são) somente:

a) I e II.

b) I e III.

c) II e III.

d) II.

e) I, II e III.

ANOTAÇÕES/COMENTÁRIOS

(I) Realmente o antigo art. 32 da LCP, embora não tenha sido totalmente revogado, teve sua incidência restringida por conta do advento do CTB em 1997. Sendo assim, a contravenção de conduzir veículo automotor sem autorização (CNH), deixou de ser mera contravenção penal e passou a ser crime. Nada obstante, cabe alertar os candidatos que trata-se de crime de perigo concreto.

(II) Realmente existe quem defenda tal orientação. Porém, trata-se de tese minoritária, com a qual, inclusive, não concordamos. O legislador ao editar o art. 309 do CTB foi expresso no sentido de instituir um crime de perigo concreto. Logo, se não houver risco concreto de dano ao bem jurídico, não há que se falar em crime e o fato passa a ser atípico. Isso porque, o art. 32 da LCP encontra-se atualmente derrogado pelo 309 do CTB.

(III) O crime contido no art. 309 do CTB deve ser entendido como uma norma penal em branco (homogênea homovitelina), isso porque os conceitos de CNH cassada ou até mesmo sua ausência são regulados por dispositivos do próprio CTB. Exemplos: artigos 140 ao 160 e artigos 263 (cassação), 292 e 293 (hipóteses de suspensão) todos do mesmo diploma (CTB).

Para responder, tem que estudar: lei e teoria/doutrina.

Gabarito: E

59. (PC/RJ/Delegado/2002) Considerando as leis especiais que tratam dos temas abordados abaixo, analise as seguintes assertivas:

I. Utilizar arma de brinquedo, simulacro de arma capaz de atemorizar outrem, para o fim de cometer crimes é conduta cominada com a mesma pena que empregar arma de fogo de uso permitido, sem a autorização e em desacordo com determinação legal ou regulamentar.

II. Constitui tortura constranger alguém com emprego de violência ou grave ameaça, causando-lhe sofrimento físico ou mental em razão de discriminação racial ou religiosa.

III. Constitui crime realizar interceptação de comunicações telefônicas, de informática ou telemática, ou quebrar segredo da Justiça, sem autorização judicial ou com objetivos não autorizados em lei.

A(s) alternativa(s) correta(s) é/são somente:

a) I, II e III.

b) I e II.

c) I e III.

d) II e III.

e) III.

ANOTAÇÕES/COMENTÁRIOS

(I) Atualmente, a "arma de brinquedo" deixou de constituir causa de aumento de pena em relação aos crimes de roubo. Isso se deu por conta do cancelamento da antiga súmula 174 do STJ. Sendo assim, esse era o gabarito oficial ao tempo da elaboração do certame.

(II) Realmente a conduta de empregar violência ou grave ameaça, causando sofrimento físico ou mental na vítima, em razão de discriminação racial ou religiosa constitui o crime de tortura preconceituosa (art. 1º, I, "c" da Lei 9.455/97).

(III) De fato, a conduta descrita pela banca corresponde a literalidade do art. 10 da Lei 9.296/96, delito apenado com reclusão de 2 à 4 anos.

Para responder, tem que estudar: súmula e teoria/doutrina.

Gabarito: A

60. (PC/RJ/Delegado/2002) Em relação ao crime de abuso de autoridade, praticado por policial militar, analise as seguintes afirmativas:

I. É crime militar.

II. Será crime militar se ele estiver em serviço.

III. Será crime militar se ele fizer uso de arma da corporação.

IV. Será crime militar se ele estiver em local sujeito a administração militar.

Diante das afirmativas acima, é correto dizer que:

a) são todas verdadeiras.

b) são todas falsas.

c) são verdadeiras apenas as afirmativas II, III e IV.

d) são verdadeiras apenas as afirmativas II e III.

e) é verdadeira apenas a afirmativa I.

ANOTAÇÕES/COMENTÁRIOS

(a) Item errado, porém ao tempo da elaboração do certame:

(b) Realmente esse era de forma incontestável o gabarito, quando da elaboração do certame, uma vez que o crime de abuso de autoridade JAMAIS teve previsão legal no Código Penal Militar. Ocorre que o art. 9º do CPM foi recentemente alterado pela Lei 13.491/17, norma que simplesmente ampliou a competência da justiça federal, fazendo com que determinados crimes que, até então, jamais poderiam constituir delitos militares passassem a ser entendidos como tal. Nessa linha cabe a leitura da nova redação do art. 9º, II do CPM.

(c) O crime de abuso de autoridade JAMAIS constituiu delito militar, uma vez que, antes da Lei 13.491/17, somente aqueles com previsão dentro do CPM eram considerados crimes militares.

(d) Antes do advento da Lei 13.491/18, nem mesmo quando o delito fosse praticado em local sujeito a administração, tornava-se possível falar em crime militar. Isso porque somente aqueles com expressa previsão no CPM é que tinham caráter de delito castrense.

(e) Item incorreto, por conta dos mesmos motivos acima.

Para responder, tem que estudar: teoria/doutrina.

Gabarito: B

61. (PC/RJ/Delegado/2002) Mévio, dependente de cocaína, pratica roubo para sustentar seu vício. Na ocasião, recebe a colaboração de Drívio, que se encontrava sob o efeito de substância entorpecente que utilizara voluntariamente. A perícia confirma a dependência química de Mévio e que Drívio se encontrava sob o efeito de entorpecente. O mesmo laudo assevera, ainda, que ambos eram, ao tempo da ação, inteiramente incapazes de entender o caráter ilícito do fato e de se determinarem de acordo com este entendimento. É correto dizer que:

a) a dependência de Mévio não elide a pena em virtude da teoria da actio libera in causa.
b) Mévio e Drívio deverão ser condenados, já que não cabe elidir suas penas em virtude do art. 28, II, do CP, que reza; "Art. 28. Não excluem a imputabilidade penal: (...) II – a embriaguez, voluntária ou culposa, pelo álcool ou substância de efeitos análogos.".
c) a dependência de Mévio elide sua pena, devendo ele ser absolvido e submetido à medida de segurança.
d) a pena de Mévio deverá ser substituída por medida de segurança e a de Drívio deverá ser reduzida de um a dois terços em virtude das suas condições no momento da ação.
e) Mévio e Drívio deverão ser absolvidos em virtude, respectivamente, da dependência e da incapacidade temporária de autodeterminação em virtude dos efeitos da droga.

ANOTAÇÕES/COMENTÁRIOS

(a) A dependência é considerada uma patologia, logo, incide a regra delineada no art. 45 da Lei 11.343/06, afastando-se com isso a culpabilidade do agente.

(b) Em tal hipótese incide a regra especial contida no art. 45 da lei de drogas, uma vez que MÉVIO era dependente de droga.

(c) Realmente a dependência é tida como causa de isenção de pena (art. 45 da Lei 11.343/06), desde que seja de caráter absoluto. Ou seja: quando por conta da mesma o agente não tem nenhuma condição de se auto-determinar conforme o direito.

(d) A pena de DRÍVIO não pode ser nem mesmo reduzida, uma vez que seu ato foi voluntário. Logo, somente se tivesse havido uma hipótese de caso fortuito ou de força maior é que se poderia afastar a responsabilidade jurídico-penal de DRÍVIO.

(e) Somente MÉVIO é que vai ter sua responsabilidade afastada, tendo em vista que trata-se de DEPENDENTE (art. 45 da lei de drogas).

Para responder, tem que estudar: lei e teoria/doutrina.

Gabarito: C

62. (PC/RJ/Delegado/2002) A expressão "quadrilhas de bagatela":

a) implementa no âmbito do estudo das organizações criminosas a aplicação do princípio da insignificância, recomendando a descriminalização das condutas menos graves.

b) procura distinguir, ao menos no plano doutrinário, organização criminosa do crime de quadrilha ou bando, vez que a complexidade e abrangência da primeira não permite sua equiparação ao segundo.

c) indica as quadrilhas nas quais se verifica a criação de uma estrutura hierarquizada, com poder de intimidação e estrutura empresarial.

d) encontra abrigo na legislação brasileira, a qual distingue com razoável rigor as organizações de maior e menor porte.

e) não encontra amparo na doutrina, a qual propugna tratamento idêntico tanto para as associações criminosas de maior complexidade quanto para as de pequena dimensão, como instrumento de combate a esta modalidade de delinquência.

ANOTAÇÕES/COMENTÁRIOS

(a) A expressão não guarda relação direta com o princípio da insignificância, uma vez que serve somente para diferenciar o art. 288 do CP, do atual crime de organização criminosa (art. 2º da Lei 12.850/13). Ademais, o crime de organização criminosa não preenche os requisitos necessários para a aplicação da insignificância, nos termos da jurisprudência do STF.

(b) A expressão quadrilha de bagatela utilizada por alguns autores foi cunhada no sentido de diferenciar o art. 288 do CP do crime de organização criminosa. Na época do certame, ainda não existia no Brasil a Lei 12.850/13, logo, a questão se restringia ao plano doutrinário. Ocorre que, com o advento da referida norma, o gabarito, nos dias de hoje, passaria a ser letra d.

(c) O examinador inverteu os conceitos. Descreveu o conceito de organização criminosa ao invés do conceito de quadrilha ou bando (atual art. 288 do CP que versa sobre o crime de associação criminosa).

(d) Nada obstante, já temos, atualmente, a devida tipificação penal para o crime de organização criminosa. Sendo assim, o candidato precisa ter bastante atenção nas provas. Se a aplicação dessa questão fosse nos dias de hoje (pós Lei 12.850/13), o gabarito oficial passaria a ser a letra d e não mais letra b..

(e) Item errado, por conta dos fundamentos acima.

Para responder, tem que estudar: lei e teoria/doutrina.

Gabarito: B

63. (PC/RJ/Delegado/2006) Sob o enfoque da nova Lei das Drogas (Lei n. 11.343/06), é correto afirmar que:

a) a oferta de insumo destinado à preparação de drogas, sem autorização ou em desacordo com determinação legal ou regulamentar, é crime insuscetível de liberdade provisória.

b) ao agente que tem drogas, em depósito, para consumo pessoal, sem autorização ou em desacordo com determinação legal ou regulamentar, podem ser aplicadas, de forma isolada ou cumulativamente, as penas de admoestação verbal, multa e prestação de serviços à comunidade pelo prazo máximo de seis meses.

c) conduzir embarcação de transporte coletivo de passageiros após o consumo de drogas, expondo a dano potencial a incolumidade de outrem, é infração de menor potencial ofensivo.

d) prescrever ou ministrar, culposamente, drogas, sem que delas necessite o paciente, sendo este criança ou adolescente, constitui crime com causa de aumento.

e) colaborar, como informante, com grupo destinado à prática do tráfico de drogas não é delito autônomo, devendo o agente ser considerado como partícipe do delito de tráfico.

ANOTAÇÕES/COMENTÁRIOS

(a) Essa era a orientação que prevalecia, em nossa jurisprudência, quando da aplicação do certame. Ocorre que, de lá para cá, tivemos uma profunda modificação desse entendimento. Nessa linha podemos citar o RE 1038925 – julgado em setembro do ano passado pelo STF. Ao apreciar o tema a corte reafirmou a inconstitucionalidade da vedação à liberdade provisória contida no art. 44 da Lei 11.343/06. Sendo assim, reafirmou-se aquilo que já vinha prevalecendo em decisões posteriores ao ano de 2012, quando pela primeira vez se aduziu a inconstitucionalidade do referido dispositivo, no HC 104339 – julgado em 2012 pelo STF. Na mesma linha STJ: HC 834513 – julgado em 2018.

(b) Admoestação verbal e multa não são penas. Ambas importam em instrumentos a disposição do juiz, para que aquelas sejam cumpridas. Sendo assim, são apenas meios para que o juiz garanta a aplicação das penas de: prestação de serviços à comunidade, medida sócio educativa de comparecimento a programa ou curso educativo e pena de advertência sobre os efeitos da droga. Ademais, o prazo máximo de aplicação das penas corresponde a 5 meses e não 6 como fez sugerir o examinador (ver § 3º do art. 28 da Lei 11.343/06).

(c) A condução de embarcação ou aeronave sob o efeito de drogas (art. 39 da Lei 11.343/06 é tida como infração de médio potencial ofensivo, tendo em vista que a pena máxima cominada supera 2 anos. Logo, não se trata de infração penal de menor potencial ofensivo – tem pena máxima de até 3 anos.

(d) A conduta descrita pelo examinador constitui delito autônomo (art. 38 da Lei 11.343/06), sem que corresponde a nenhuma das causas de aumento de pena previstas no art. 40 do mesmo diploma.

(e) Antigamente (ao tempo de vigência da antiga Lei 6.368/76), aquele que atuava como colaborador se via incurso no tráfico a título de participação. Ocorre que com o advento da nova lei de drogas (11.343/06), instituiu-se uma figura própria que abarca essa figura delitiva (art. 37 do referido diploma legal).

Para responder, tem que estudar: lei e jurisprudência.

Gabarito: A

64. (PC/RJ/Delegado/2006) Quanto aos crimes previstos no Estatuto do Desarmamento, são corretas as afirmações abaixo, exceto:

a) a posse, no interior da residência, de arma de fogo de uso restrito, em desacordo com determinação legal ou regulamentar, possui as mesmas penas que o porte de arma de fogo, de uso proibido, em via pública, sem autorização e em desacordo com determinação legal ou regulamentar.

b) modificar as características de uma arma de fogo, de forma a torná-la equivalente a arma de fogo de uso proibido, possui as mesmas sanções que a conduta típica de ceder gratuitamente munição de uso proibido, sem autorização e em desacordo com determinação legal ou regulamentar.

c) transportar munição, de uso permitido, no exercício de atividade comercial, sem autorização ou em desacordo com determinação legal ou regulamentar, é crime mais grave do que portar um fuzil, em via pública, sem autorização legal ou em desacordo com determinação legal ou regulamentar.

d) no crime de porte ilegal de arma de fogo de uso restrito, as penas são aumentadas em metade se for praticado por policial civil.

e) o porte ilegal de arma de fogo de uso permitido é sempre inafiançável.

ANOTAÇÕES/COMENTÁRIOS

(a) Sendo assim, de fato a posse de arma de fogo de calibre restrito, no interior de residência, é apenada na mesma intensidade e pelo mesmo tipo penal incriminador (art.

16) que alude ao porte de arma de uso restrito em via pública, ou seja: fora de residência.

(b) Sendo assim, é certo que: modificar as características de uma arma de fogo, visando torná-la equivalente a arma de fogo de uso proibido, (art. 16, p.ú, II da Lei 10.826/03) faz incidir realmente a mesma sanção relativa a conduta de ceder gratuitamente munição de uso proibido, sem autorização e em desacordo com determinação legal ou regulamentar (art. 16 caput da Lei 10.826/03). Sendo assim, trata-se aquela de figura especial que é ao mesmo tempo equiparada ao caput do mesmo dispositivo, no que tange a reprimenda.

(c) Sendo assim, temos que: transportar munição de uso permitido, no exercício de atividade comercial (art. 17 – com pena de 4 à 8 anos e multa), se mostra realmente MAIS GRAVE do que a conduta de portar um fuzil, em via pública, sem possui autorização legal ou em desacordo com determinação legal ou regulamentar (art. 16 – pena de 3 à 6 anos de reclusão, e multa).

(d) Realmente o fato de ser policial civil atrai a incidência do art. 20 da Lei 10.826/03, fazendo com que a pena seja majorada de metade.

(e) Desde o julgamento da ADIN 3112 – proferido em outubro de 2007, que o crime de porte ilegal de arma de fogo deixou de ser inafiançável. Sendo assim, é plenamente possível a concessão de liberdade provisória.

Para responder, tem que estudar: lei e teoria/doutrina.

Gabarito: E

---

65. (PC/RJ/Delegado/2006) Quanto aos fatos típicos previstos no Estatuto do Idoso (Lei nº 10.741/03), são verdadeiras as seguintes afirmações, exceto:

a) discriminar, por motivo de idade, pessoa idosa, dificultando o acesso a operações bancárias é fato típico previsto na referida lei.

b) obstar o acesso de alguém a qualquer cargo público, por motivo de idade é conduta típica prevista na mencionada lei.

c) negar trabalho a alguém por motivo de idade, é conduta típica prevista na aludida lei.

d) deixar de cumprir, sem justo motivo, a execução de ordem judicial expedida nas ações em que for parte um idoso é crime contra a administração pública previsto no Código Penal, não havendo conduta típica no Estatuto do Idoso.

e) lavrar ato notarial que envolva pessoa idosa sem discernimento de seus atos, sem a devida representação legal, é conduta típica prevista no Estatuto do Idoso.

ANOTAÇÕES/COMENTÁRIOS

(a) A conduta de discriminar, por motivo de idade, pessoa idosa, dificultando o acesso a operações bancárias é realmente fato típico previsto na lei (art. 96 do Estatuto do Idoso).

(b) Sendo assim, a conduta de obstar o acesso de alguém a qualquer cargo público, por motivo de idade é realmente conduta típica prevista na referida lei (art. 100, I do Estatuto do idoso).

(c) Item incorreto, uma vez que a banca examinadora queria que o candidato assinalasse a opção incorreta. A conduta de negar trabalho a alguém por motivo de idade, é realmente prevista como crime pelo Estatuto do Idoso (art. 100, II).

(d) A conduta descrita pelo examinador encontra previsão legal no art. 101 do Estatuto do Idoso – Lei 10.741/03.

(e) A conduta de lavrar ato notarial envolvendo pessoa idosa, (desprovida de discernimento) sem a devida representação é crime previsto no art. 108 do Estatuto do Idoso.

Para responder, tem que estudar: lei.

Gabarito: D

66. (PC/RJ/Delegado/2006) Quanto ao que dispõe a Lei 9.605/98 (Lei do Meio Ambiente), são verdadeiras as seguintes afirmações, exceto:

a) pratica conduta típica aquele que modifica ninho, abrigo ou criadouro natural.

b) ferir animal doméstico é considerado conduta típica prevista na referida lei.

c) o diploma legal acima referido é expresso ao afirmar não ser crime o abate de animal quando realizado em estado de necessidade, para saciar a fome do agente ou de sua família.

d) o simples ato de penetrar em Unidades de Conservação conduzindo instrumentos próprios para caça, sem licença da autoridade competente, é considerado conduta típica.

e) conceder o funcionário público, por imprudência, licença em desacordo com as normas ambientais para obras cuja realização dependa de ato autorizativo do Poder Público não é conduta típica.

ANOTAÇÕES/COMENTÁRIOS

(a) Item incorreto, uma vez que a banca queria que o candidato assinalasse a opção incorreta. Logo, quem modifica ninho, abrigo ou criadouro natural de animais silvestres realmente comete crime previsto na Lei 9.605/98. Ver art. 29, § 1º, II.

(b) Item incorreto, uma vez que a banca examinadora queria que o candidato assinalasse a opção incorreta. Sendo assim, a conduta de ferir animal doméstico é considerada típica pela Lei 9.605/98 (art. 32).

(c) Item incorreto, uma vez que o examinador queria que o candidato assinalasse a opção incorreta. A conduta de abater animal visando saciar a fome do agente e de sua família, realmente não configura crime por conta da excludente contida no art. 37 da Lei 9.605/98.

(d) Item incorreto, uma vez que a banca queria que o candidato assinalasse a opção incorreta. Sendo assim, podemos afirmar que: o simples ato de penetrar em Unidades de Conservação conduzindo instrumentos próprios para caça, sem licença da autoridade competente, é considerado conduta típica (art. 52 da Lei 9.605/98).

(e) Item correto, tendo em vista que o examinador queria a incorreta. A conduta do funcionário que concede licença, permissão ou autorização de forma imprudente, em desacordo com as normas ambientais, para obras cuja realização depende de autorização do Poder Público é considerado crime (art. 67 da Lei 9.605/98).

Para responder, tem que estudar: lei.

Gabarito: E

67. (UFRJ/PC/RJ/Delegado/2001) Para efeitos da Lei 9.605/98, não constitui unidade de conservação:

a) estação ecológica.

b) parque municipal.

c) floresta estadual.

d) reserva extrativista.

e) praça biológica municipal.

ANOTAÇÕES/COMENTÁRIOS

(a) As estações podem eventualmente representar unidades de conservação. Nessa linha art. 8º, I da Lei 9.985/00.

(b) Os parques também podem constituir unidades de conservação. Exemplo: Parque Nacional da Lagoa do Peixe (RS). Nessa linha art. 2º, I c/c art. 11, § 4º ambos da Lei 9.985/2000.

(c) Isso porque, geralmente as florestas e reservas extrativistas constituem unidades de conservação. Nesse sentido art. 40-A da Lei 9.605/98.

(d) Item errado, por força dos mesmos motivos em epígrafe. Ver artigo 17, § 6º da Lei 9.985/00.

(e) Uma vez que a banca queria que o candidato assinalasse a opção que não constitui unidade de conservação. Sendo assim, o item está correto, uma vez que não existe previsão normativa sobre a instituindo de praças na qualidade de unidades de conservação, logo, elas não podem ser consideradas como tal em nenhuma hipótese.

Para responder, tem que estudar: lei.

Gabarito: E

11. TEORIA E PRINCÍPIOS

68. (Funcab/PC/RJ/Delegado/2012) De acordo com o Glossário Jurídico do Supremo Tribunal Federal, "o princípio da insignificância tem o sentido de excluir ou de afastar a própria tipicidade penal, ou seja, não considera o ato praticado como um crime, por isso, sua aplicação resulta na absolvição do réu e não apenas na diminuição e substituição da pena ou não sua não aplicação". Sobre o tema princípio da insignificância, assinale a resposta correta:

a) buscando sua origem, de acordo com certa vertente doutrinária, no Direito Romano, o princípio da insignificância vem sendo objeto de recorrentes decisões do STF, nas quais são estabelecidos dois parâmetros para sua determinação: reduzidíssimo grau de reprovabilidade do compor amento e inexpressividade da lesão jurídica provocada.

b) o princípio da insignificância, decorrência do caráter fragmentário do Direito Penal, tem base em uma orientação utilitarista, tem origem controversa, encontrando, na atual jurisprudência do STF, os seguintes requisitos de configuração: a mínima ofensividade da conduta do agente; nenhuma periculosidade social da ação; o reduzidíssimo grau de reprovabilidade do comportamento; e a inexpressividade da lesão jurídica provocada.

c) sua atual elaboração deita raízes na doutrina de Claus Roxin e, no Direito Penal brasileiro, consoante jurisprudência atual do STF, se limita à avaliação da inexpressividade da lesão jurídica provocada, ou seja, observa-se se a ofensa ao bem jurídico tutelado é relevante ou banal.

d) surgindo como uma conseqüência lógica do princípio da individualização das penas, a insignificância penal não aceita a periculosidade social da ação como parâmetro, de acordo com o posicionamento atual do STF, em razão da elevada abstração desse conceito, mas apresenta como requisitos: a mínima ofensividade da conduta do agente; o reduzidíssimo grau de reprovabilidade do comportamento; e a inexpressividade da lesão jurídica provocada.

e) inserida no princípio da intervenção mínima, embora já mencionada anteriormente por Welzel como uma faceta do princípio da adequação social, a insignificância determina a inexistência do crime quando a conduta praticada apresentar a simultânea presença dos seguintes requisitos, exigidos pela atual jurisprudência do STF: a mínima ofensividade da conduta do agente; nenhuma periculosidade social da ação; o reduzidíssimo grau de reprovabilidade do comportamento; a inexpressividade da lesão jurídica provocada; e a inexistência de um especial fim de agir.

ANOTAÇÕES/COMENTÁRIOS

(a) Em que pese possa realmente ter tido origem, lá no direito romano, a incidência do princípio da insignificância, por parte do STF, pressupõe 4 requisitos obrigatórios: mínima ofensividade da conduta, reduzidíssimo grau de reprovabilidade do comportamento, ausência de periculosidade social do comportamento e inexpressiva lesão ao bem jurídico tutelado. Sendo assim, dai o erro dessa assertiva, porquanto o examinador aqui citou apenas dois desses requisitos.

(b) Realmente o princípio da insignificância exige todos os requisitos citados pelo examinador nesta assertiva. Ademais, não há consenso em doutrina sobre a origem do mesmo, em que pese muitos digam realmente que teve origem lá no direito romano.

(c) Em que pese o princípio tenho realmente sido sistemamizado pelo alemão, ROXIN, (durante a década de 60), exige-se para sua incidência: 4 requisitos que se mostram obrigatórios e cumulativos. Dai o erro dessa assertiva, uma vez que o examinador citou apenas um deles.

(d) Ao contrário do que o examinador disse, a insignificância é uma consequência lógica do princípio da intervenção mínima, não guardando relação direta com o princípio da individualização da pena.

(e) O especial fim de agir não é um dos requisitos exigidos para a incidência do princípio da insignificância. O especial fim de agir, por sua vez, importa em uma intenção especial que segundo a doutrina ultrapassa o dolo comum. É o que ocorre, por exemplo, no crime de injúria, em que não basta somente xingar à vítima por xingar (sem uma motivação especial), logo, exige-se no mesmo o denominado "animus injuriandi", ou seja: a efetiva intenção de se macular a honra objetiva da vítima. Exemplo: se Tício xinga Mévio de negão, não há crime, por ausência do especial fim de agir. Mas de outra feita, se Tício chama Mévio de crioulo nojento resta, agora, clara a intenção de ofender.

Para responder, tem que estudar: jurisprudência e teoria/doutrina.

Gabarito: B

69. (Ceperj/PC/RJ/Delegado/2009) Ensina Jorge De Figueiredo Dias que "o princípio do Estado de Direito conduz a que a proteção dos direitos, liberdade e garantias seja levada a cabo não apenas através do direito penal, mas também perante o direito penal" (Dias, Jorge de Figueiredo. Direito penal: parte geral, tomo I, Coimbra: Coimbra Editora, 2004, p. 165). Assim, analise as proposições abaixo e, em seguida, assinale a opção correta

I. o conteúdo essencial do princípio da legalidade se traduz em que não pode haver crime, nem pena que não resultem de uma lei prévia, escrita, estrita e certa.

II. o princípio da legalidade estrita não cobre, segundo a sua função e o seu sentido, toda a matéria penal, mas apenas a que se traduz em fixar, fundamentar ou agravar a responsabilidade do agente.

III. face ao fundamento, à função e ao sentido do princípio da legalidade, a proibição de analogia vale relativamente a todos os tipos penais, inclusive os permissivos.

IV. a proibição de retroatividade da lei penal funciona apenas a favor do réu, não contra ele.

V. o princípio da aplicação da lei mais favorável vale mesmo relativamente ao que na doutrina se chama de "leis intermediárias"; leis, isto é, que entraram em vigor posteriormente à prática do fato, mas já não vigoravam ao tempo da apreciação deste.

a) apenas uma proposição está errada.
b) estão corretas apenas as proposições I, IV e V.
c) estão corretas apenas as proposições I, II, III e IV.
d) todas as proposições estão corretas.
e) apenas três das proposições estão corretas.

ANOTAÇÕES/COMENTÁRIOS

(a) Realmente o direito penal não se contenta apenas com a lei formal, devendo a mesma ser também prévia ("nullum crimen sine lege" – art. 5º, XXXIX da CF). Ademais, deve a mesma ser: escrita, certa e estrita (não pode ser ambígua, nem lacunosa), tendo um vista o sub-princípio da legalidade denominado pela doutrina de máxima taxatividade. Logo, deve ser restrita ao fato por ela descrito de forma precisa, devendo ainda ser clara o bastante (ou seja, precisa ser certa). Item II: realmente o aspecto da precisão se relaciona somente com as normas penais de conteúdo proibitivo ou incriminador, uma vez que de acordo com a melhor doutrina, nada obsta a incidência da analogia, desde que utilizada "in bonam partem". III – incorreto. Isso não é verdade, pois conforme já foi dito, nada impede que a analogia seja manuseada desde que em benefício do agente. IV – correto. Realmente a vedação a retroatividade diz respeito somente a "novatio legis em pejus", não havendo óbice quanto a retroatividade "in mellius". V – correto. A retroatividade "in mellius", também abarca a ultratividade da lei mais benéfica, ou seja: ainda que já tenha perdido sua vigência a lei mais benéfica pode retroagir desde que sua incidência vise beneficiar o agente.

(b, c, d, e) Vide comentário à alternativa A.

Para responder, tem que estudar: teoria/doutrina.

Gabarito: A

70. (Ceperj/PC/RJ/Delegado/2009) Costuma-se afirmar que o direito penal das sociedades contemporâneas é regido por princípios sobre crimes, penas e medidas de segurança, nos níveis de criminalização primária e de criminalização secundária, fundamentais para garantir o indivíduo em face do poder penal do Estado. Analise as proposições abaixo:

I. o princípio da insignificância revela uma hipótese de atipicidade material da conduta.

II. o princípio da lesividade (ou ofensividade) proíbe a incriminação de uma atitude interna.

III. por força do princípio da lesividade não se pode conceber a existência de qualquer crime sem ofensa ao bem jurídico protegido pela norma penal.

IV. no direito penal democrático só se punem fatos. Ninguém pode ser punido pelo que é, mas apenas pelo que faz.

V. o princípio da co-culpabilidade reconhece que o Estado também é responsável pelo cometimento de determinados delitos, praticados por cidadãos que possuem menor âmbito de autodeterminação diante das circunstâncias do caso concreto, principalmente no que se refere às condições sociais e econômicas do agente.

Pode-se afirmar que:

a) todas as assertivas estão corretas.
b) somente duas das assertivas estão corretas.
c) somente duas das assertivas estão erradas.
d) estão erradas as de número II e III.
e) somente a de número I está errada.

ANOTAÇÕES/COMENTÁRIOS

(a) Todas as assertivas se mostram absolutamente corretas. I – realmente o princípio da insignificância se traduz em caso de atipicidade material da conduta. Ou seja: embora a conduta seja formalmente típica (simples subsunção do fato a norma), não temos a formação da tipicidade material, tendo em vista que a lesão ao bem jurídico tutelado se mostra insignificante. II – de fato o princípio da lesividade (aqui considerado como sinônimo de ofensividade) não permite a criminalização de condutas que não ultrapassagem a esfera do próprio agente. Isso ocorre porque o direito penal somente pode atuar quando houver lesão ou perigo de lesão a bem jurídico tido como dos mais relevantes. III – realmente o direito penal brasileiro só pode atuar quando houver lesão ou perigo de lesão a bem jurídico. IV – assertiva correta: nesse sentido é a inteligência do art. 2º caput do CP: a lei penal somente se aplica a FATOS, não podendo incidir por conta de um mero modo de pensar, ou ainda por conta de uma simples filosofia de vida. Exemplos: ser cigano, ser andarilho ou ser ateu. V – realmente o princípio da co-culpabilidade visa atenuar a responsabilidade jurídico-penal daquele que tem menores oportunidades de vida. Exemplo: negros que moram em favelas. Esse princípio também guarda relação com o estudo da criminologia: teoria do etiquetamento ou "labeling approuach".

(b) Ver comentários acima.

(c) Ver comentários acima.

(d) Ver comentários acima, onde exaurimos a temática.

(Item incorreto. Ver comentários acima – todas as assertivas foram devidamente explicadas.

Para responder, tem que estudar: lei.

Gabarito: A

71. (Ceperj/PC/RJ/Delegado/2009) Seguem descritos abaixo três tipos previstos como crime na Lei 8.078/90: (1) "Art. 64. Deixar de comunicar à autoridade competente e aos consumidores a nocividade ou periculosidade de produtos cujo conhecimento seja posterior à sua colocação no mercado". (2) "Art. 70. Empregar na reparação de produtos, peça ou componentes de reposição usados, sem autorização do consumidor". (3) "Art. 71. Utilizar, na cobrança de dívidas, de ameaça, coação, constrangimento físico ou moral, afirmações falsas, incorretas ou enganosas ou de qualquer outro procedimento que exponha o consumidor, injustificadamente, a ridículo ou interfira com seu trabalho, descanso ou lazer". Com relação aos mesmos, afirma-se que:

I. todos são crimes de menor potencial ofensivo.

II. o tipo descrito no item 1 é crime omissivo próprio.

III. apenas o tipo descrito no item 1 é crime próprio.

IV. o crime descrito no item 2 é punido unicamente na forma dolosa.

V. o crime descrito no item 3 tem por objeto jurídico a proteção nas relações de consumo e, especialmente, alguns direitos fundamentais do consumidor.

Marque abaixo a resposta correta:

a) todas as afirmativas são verdadeiras.

b) apenas as afirmativas II e III são verdadeiras.

c) apenas as afirmativas III e V são verdadeiras.

d) apenas as afirmativas I, II e IV são verdadeiras.

e) apenas as afirmativas I, II, IV e V são verdadeiras.

ANOTAÇÕES/COMENTÁRIOS

(I) realmente todos os crimes descritos no CDC são de menor potencial ofensivo (artigos 61 ao 74 da Lei 8.078/90). Nada obstante, o candidato precisa ter cuidado, uma vez que também existem crimes contra as relações de consumo previstos fora do CDC, ou seja: devidamente delineados na Lei 8.137/90, norma que trás consigo delitos que superam o conceito de crime de menor potencial ofensivo.

(II) de fato o crime descrito no art. 64 do CDC é classificado como omissivo próprio, já que a conduta constituiu omissão que não se relacionada com a figura do agente garantidor (crime omissivo IMPRÓPRIO).

(III) os crimes descritos nos artigos 70 e 71 também são tidos como próprios, tendo em vista que exigem uma qualidade especial por parte do sujeito ativo: ser comerciante.

(IV) Realmente o crime do 70 não admite a modalidade culposa. Ora, no Brasil só podemos admitir a culpa quando existir expressa previsão legal (art. 18, II, p.ú. do CP).

(V) Realmente, segundo a melhor doutrina, o crime descrito no 71 tutela não somente as relações de consumo, mas também a própria dignidade do consumidor, sob o viés da dignidade da pessoa humana – art. 1º, III da CF.

Para responder, tem que estudar: lei.

Gabarito: E

72. **(PC/RJ/Delegado/2002)** Analise criticamente o texto abaixo: "(...) Ou seja, para discutir a problemática da mulher temos que situar o problema no contexto de uma sociedade díspar como a nossa, no contexto de uma justiça como a nossa, com um Direito como o nosso, 'construído/ formatado' no mais das vezes pelo lobby das elites, as quais, em face da crescente violência urbana, 'se indignam no varejo e se omitem no atacado'. Ou seja, enquanto estão matando pobres, vileiros, sem terra, meninos de rua, o establishment não se importa. Entretanto, quando a violência atinge alguém das camadas médio-superiores, o movimento da 'lei e da ordem' volta à carga. É o repressivismo saneador. E só recordarmos o sequestro do empresário Medina, que gerou a Lei dos Crimes Hediondos, o caso Daniela Perez, que tornou o homicídio qualificado como crime hediondo. Como aumentar penas não resolve (direito penal simbólico – Hassemer), logo as elites reinvindicarão leis instituindo 'crime hediondo plus' ou, quiçá, 'hiper plus'. /As elites brasileiras não têm espelho retrovisor. Tanto não têm que, ao mesmo tempo em que pedem/exigem penas maiores para diversos tipos de crimes, mormente os que envolvem delitos contra a propriedade, recebem/ aceitam, sem qualquer drama de consciência, presentes natalinos como o art. 34 da Lei 9.249, pelo qual o sonegador de impostos ou de contribuições sociais fica isento do crime, desde que pague o valor 'subtraído/ sonegado' antes do recebimento da denúncia. Nada melhor mesmo do que a Lei ter sido assinada pelo Presidente da República no dia de Natal! Vejam o simbolismo disto! Pergunta-se: a lei é igual para todos? Pois sim. Enquanto ao sonegador é dada essa regalia, ao sujeito que furta uma galinha, mesmo que a devolva ou pague o prejuízo, somente será concedido um desconto de pena, na forma do art. 16 do Código Penal. Aliás, os emitentes de cheque sem fundo já muito usufruem dessa benesse, através da Súmula 554 do Supremo Tribunal Federal. Imaginemos, pois, o regozijo das elites brasileiras com o advento do art. 34 da Lei 9.249..." (Criminologia e Feminismo/ Org. Carmen Hein de Campos. – Porto Alegre, 1999. Artigo de Lênio Luiz Streck, p. 97-98). Como se vê, a intenção do autor é fazer uma crítica do nosso sistema criminal, das finalidades do Direito Penal, dos caminhos para chegarmos ao conceito de crime e à definição das causas extintivas da punibilidade. Toda essa discussão traz à tona o embate entre a busca de um direito penal garantista, do estabelecimento de um Estado Constitucional

de Direito, da escolha das políticas de combate ao crime etc. Diante desse quadro, em face da obrigação do Delegado de encontrar a tipificação ou não dos fatos que lhe são apresentados, indique a posição correta, de acordo com o espírito da Constituição da República:

a) O Delegado deve aplicar o Direito Penal Positivado, não lhe cabendo qualquer raciocínio sobre a constitucionalidade, razoabilidade ou justiça dos atos que pratica no cumprimento dos Códigos Penal e Processual Penal.

b) Quando da apreciação do crime, cabe apenas ao Juiz, e não ao Delegado de Polícia, a apreciação de fatos ou circunstâncias que possam beneficiar o indiciado.

c) O Delegado não é um mero aplicador da lei, um mero executor da vontade do Poder Legislativo. Como guardião dos direitos fundamentais, lhe cabe interpretar cada caso a fim de buscar a solução mais adequada à Constituição. Para tanto, não deve guardar qualquer compromisso com a lei ordinária, mas apenas com a Constituição.

d) A manutenção dos operadores jurídicos, tais como o Delegado e o Juiz, alheios às questões de fundo do Direito Penal tende a dificultar a alteração do "status quo" anterior às recentes conquistas democráticas.

e) O Delegado de Polícia e o Juiz não devem intrometer-se nestas questões criminológicas, filosóficas e políticas, sob pena de deixarem de proteger a sociedade da delinquência.

ANOTAÇÕES/COMENTÁRIOS

(a) Visão ultrapassada acerca da função do Delegado de Polícia, que antes era visto como responsável meramente por um juízo de tipicidade formal. Todavia, hordiernamente, em um Estado Constitucional de Direito, no qual a Constituição onstenta a posição superior e ao mesmo tempo central do ordenamento jurídico, irradiando sua força normativa por todo o ordenamento jurídico, todos os operadores do Direito devem primar pela aplicação dos ditamentes constitucionais, não sendo diferente para o Delegado de Polícia, que, em seu mister investigativo, deve realizar um juízo completo não só acerca dos elementos do crime, mas também da própria constitucionalidade, razoabilidade e justiça dos atos relacionados. Para mais, vide. (BARILLI, Raphael Jorge de Castilho. O Inquérito Policial como Instrumento de Garantia – Uma Análise Prática a Partir da Função Controladora de Prisões Ilegais. In: Revista da Emerj, v. 20, N. 2, maio-agosto, 2018, pp. 277-290).

(b) No âmbito da análise do Delegado de Polícia cabe averiguar a respeito de fatos ou circunstâncias que beneficiam, como, p.ex., a incidência da tentativa prevista no art. 14, II do CP.

(c) A função de aplicação dos ditames constitucionais de qualquer operador do Direito não deve prescindir do compromisso com a legislação ordinária infra-constitucional, eis que funda-se na própria Constituição, como produto da função legislativa.

Assim sendo, o Delegado de Polícia deve guardar compromisso com a legislação infraconstitucional.

(d, e) O enunciado remonta a uma análise que transcende o Direito enquanto ciência normativa, alertando para uma questão criminológica e social, que diz respeito à utilização do Direito Penal e de todo o aparato do Sistema de Justiça Criminal em pról das classes mais favorecidas, estigmatizando e oprimindo os mais débeis (ZAFFARONI, Eugenio Raul. El inimigo en el Derecho Penal. Dykinsson: 2006). A restrição da atuação dos operadores do Direito à lei formal, notadamente o Delegado de Polícia e o juiz, visto que ambos desempenham "poder de decisão" concreto, funciona como forma de perpetuação do referido status quo, uma vez que anula justamente fontes de resistência democráticas.

Para responder, tem que estudar: teoria/doutrina.

Gabarito: D

---

73. (PC/RJ/Delegado/2002) Rogério Greco (in Curso de Direito Penal) apresenta a narrativa do seguinte caso: "André, jogador de futebol profissional, injustamente, agride Pedro. Este último, pretendendo se defender da agressão que estava sendo praticada contra a sua pessoa, saca seu revólver e atira em André, fazendo-o cair. Quando André já não esboçava qualquer possibilidade de continuar a agressão injusta por ele iniciada, Pedro aponta a arma para seu joelho e diz Agora que já não pode mais me agredir, vou fazer com que você termine sua carreira no futebol'. Nesse instante, quando Pedro ia efetuar o disparo, já atuando em excesso doloso, André saca seu revólver e o mata". A descrição é de um caso de legítima defesa:

a) subjetiva.
b) putativa.
c) sucessiva.
d) exculpante.
e) recíproca.

ANOTAÇÕES/COMENTÁRIOS

(a) Legítima defesa subjetiva é aquela que deriva de um EXCESSO ACIDENTAL no bojo de uma situação de erro de tipo permissivo invencível (art. 20, § 1º do CP). Sendo assim, podemos dizer que: nessa modalidade o que se tem é um excesso por parte do agente, que somente não faz incidir responsabilidade-jurídico penal, por estar atuando em hipótese de erro. Exemplo: mulher que é injustamente agredida em uma festa. Para se defender ela pega um furador de gelo e golpeia uma das mãos do agressor, que cai ao solo em seguida. Uma terceira pessoa vê e grita: cuidado, ele é policial vai te matar mulher! ele está armado. Ao ouvir essa voz, a mulher enfia o furador de gelo contra a cabeça do pseudo policial e com isso suprime sua vida. Ora, nem mesmo se tratava de um policial e aquele homem também não estava armado. Sendo assim, a legítima defesa se tornou um excesso, mas como a mulher agiu em erro, impelida por aquela voz de outrem, ficará isenta de pena (art. 20, § 1º do CP). O candidato ainda deve saber ainda que: o terceiro que colocou aquela mulher em erro, pode responder pelo resultado (morte), se tinha conhecimento de que o homem não era policial e de que também não estava armado. Neste caso o terceiro responde como autor mediato (art. 20, § 2º do CP – terceiro que determina o erro).

(b) Na legítima defesa putativa (art. 20, § 1º do CP), o agente tem uma falsa percepção da realidade. Supõe situação de fato que se realmente existisse tornaria lícita a sua atuação. Exemplo: pessoa que tem um celular apontado na sua direção e suponho se tratar de uma arma de fogo acaba atirando contra o possuidor daquele aparelho.

(c) Realmente, André, atuou em legítima defesa sucessiva. Ou seja: aquele que inicialmente atuava em legítima defesa, ao se exceder, abriu a possibilidade de legítima defesa em prol de André, modalidade que é denominada pela doutrina de sucessiva.

(d) Legítima defesa exculpante é aquela que se relaciona com um estado de animo anormal do agente, ou seja, o sujeito atua impelido por um estado de pânico. Exemplo: jovem de 15 anos da de idade que é cercado no centro da cidade à luz do dia por 5 pivetes armados com faca. Por conta disso, aquele jovem tem uma reação explosiva e acaba causando ferimentos em um dos pivetes. A legítima defesa exculpante pode afastar a culpabildiade, sob o prisma da inexigibilidade de conduta diversa (causa supralegal de exclusão da culpabilidade).

(e) Não existe legítima defesa recíproca no Brasil. tendo em vista que esse instituto SEMPRE pressupõe uma agressão injusta.

Para responder, tem que estudar: lei e teoria/doutrina.

Gabarito: C

74. (PC/RJ/Delegado/2006) Quanto ao dolo, é correto afirmar que:

a) a teoria do consentimento foi a adotada no dolo direto.

b) o dolo direto de 2° grau compreende os meios de ação escolhidos para realizar o fim e, de modo especial, os efeitos secundários representados como certos ou necessários.

c) o dolo é composto de um elemento intelectivo e de outro volitivo, sendo que este compreende a consciência, no sentido de representação psíquica.

d) segundo o Código Penal, o dolo integra a culpabilidade.

e) o erro de tipo vencível é causa de diminuição da pena.

ANOTAÇÕES/COMENTÁRIOS

(a) A teoria do consentimento foi adotada no dolo eventual e não no dolo direto.

(b) Realmente o dolo de 2º grau ou de conseqüências necessárias compreende os meios escolhidos ao fim almejado, assim como os efeitos secundários tidos como certos.

(c) A consciência, no sentido de representação psíquica guarda relação com o elemento intelectivo e não com o volitivo como fez sugerir o examinador.

(d) Segundo o código penal o dolo integra o fato típico e não a culpabilidade. Essa assertiva não corresponde a teoria finalista da ação.

(e) O erro de tipo vencível exclui o dolo, mas não afasta a culpa, desde que exista previsão legal nesse sentido (crime culposo).

Para responder, tem que estudar: teoria/doutrina.

Gabarito: B

75. (PC/RJ/Delegado/2006) Em relação à teoria do crime, é correto afirmar:

a) o estrito cumprimento de dever legal é sempre causa de exclusão da antijuridicidade, mesmo para a teoria dos elementos negativos do tipo penal.

b) a teoria da imputação objetiva afirma ser possível sustentar que no crime impossível existe atipicidade.

c) não é possível a adoção da teoria limitada da culpabilidade nas descriminantes putativas.

d) é isento de pena o agente que, por embriaguez completa, proveniente de caso fortuito ou força maior, era, ao tempo da ação ou da omissão, inteiramente incapaz de entender o caráter ilícito do fato ou de determinar-se de acordo com esse entendimento, sendo adotado, pelo legislador, o critério biológico no tocante a excludente da imputabilidade.

e) a teoria diferenciadora foi adotada pelo Código Penal no concernente ao estado de necessidade.

ANOTAÇÕES/COMENTÁRIOS

(a) Ao se adotar a teoria dos elementos negativos do tipo, as causas de exclusão da ilicitude migram da antijuridicidade para o fato típico e passam com isso a constituir causas de exclusão da própria tipicidade. Não obstante, o candidato deve ter cuidado, pois essa teoria não existe no Brasil – ela não foi adotada pelo CP.

(b) Realmente a teoria da imputação objetiva sustenta que no crime impossível não existe tipicidade. Isso ocorre porque no crime impossível não existe risco ao bem jurídico tutelado (nem mesmo em potencial). Logo, se não há risco significa que o fato se torna absolutamente ATÍPICO, até mesmo porque segundo a própria teoria da imputação objetiva só se admite a responsabilização jurídico penal quando houver um risco.

(c) Ao contrário do que foi dito pela banca, o Código Penal brasileiro, adotou a teoria limitada da culpabilidade, quando da análise das discriminantes putativas (art. 20, § 1º do CP). Nessa linha item 19 da exposição de motivos do CP. De acordo com a teoria limitada, a discriminante putativa pode ser de duas espécies: erro de tipo permissivo, quando o erro recair sobre os pressupostos fáticos de uma causa de justificação ou ainda erro proibição indireto ou de permissão, quando recair sobre o conteúdo da norma proibitiva.

(d) O critério adotado pelo legislador em tal hipótese foi o BIOPSICOLÓGICO e não o meramente biológico como fez sugerir a banca.

(e) Nosso Código penal adotou a teoria UNITÁRIA. Logo, todo estado de necessidade é tido como excludente de ilicitude (art. 23, I do CP), não existindo no Brasil o estado de necessidade exculpante, ou seja: aquele que exclui a culpabilidade.

Para responder, tem que estudar: lei e teoria/doutrina.

Gabarito: B

5

DIREITO PROCESSUAL PENAL

1. DO INQUÉRITO POLICIAL

1. **(Funcab/PC/RJ/Delegado/2012)** Um Delegado de Polícia, em 10.4.2012, ou seja, após o julgamento pelo STF da ADI 4424 (9.2.2012), que entendeu ser a ação penal por lesão corporal leve, no âmbito da violência doméstica contra a mulher, pública incondicionada, se depara com notícia de um crime de lesão corporal leve, no âmbito da violência doméstica contra a mulher, ocorrido em 4.1.2012, ou seja, antes do julgamento da referida ADI 4424, sem que a vítima tenha representado. Tendo em conta o controle de constitucionalidade na via abstrata pelo STF, em matéria penal, doutrinariamente é possível dizer que:

   a) nesse caso, por força do art. 5, LX, da CRF (princípio da retroatividade benéfica e irretroatividade "in malan partem"), os efeitos do controle abstrato devem ser adstritos à técnica de declaração de inconstitucionalidade sem pronúncia de nulidade, ou seja, efeito "ex tunc", devendo o Delegado instaurar o inquérito.
   b) o STF, no controle de constitucionalidade pela via abstrata, exerce função típica, jurisdicional, e, mesmo em tema de normas processuais mistas, sua decisão é "erga omnes", com efeito vinculante "inter partes". O Delegado deverá instaurar o inquérito.
   c) quando a lei processual mista for declarada inconstitucional ou tiver interpretação fixada cujo efeito seja prejudicial ao réu, por força do princípio da irretroatividade da lei penal prejudicial (art. 5º, LX, CF), seus efeitos deverão ser prospectivos, ou seja, ocorrerá declaração de inconstitucionalidade sem pronúncia de nulidade. O Delegado não poderia instaurar o inquérito.
   d) nesse caso, indiscutivelmente, o Delegado de Polícia deverá instaurar o inquérito independentemente de representação da vítima, pois a decisão do STF é vinculante e, não encontrando qualquer outro limite, vez que a Corte atua como legislador positivo.

e) por se tratar de lei material, o caso reclama a técnica de controle de constitucionalidade com pronúncia de nulidade, atribuindo-se efeito "ex nunc". Assim, não poderia o Delegado instaurar inquérito.

ANOTAÇÕES/COMENTÁRIOS

(a, b, d, e) Vide comentário abaixo.

(c) A resposta da Banca Examinadora à época se deu no seguinte sentido: "... em que pese à decisão monocrática na Reclamação 14354 (STF), a questão proposta indagou do candidato o conhecimento doutrinário, conforme enunciado nos seguintes termos: "doutrinariamente é possível dizer que:". Em outras palavras a pergunta não versava sobre a posição do STF, muito menos sobre decisão monocrática daquela Corte. (Com efeito, a resposta dada como correta teve por base o posicionamento doutrinário no sentido de que a decisão do STF necessariamente deve ter, por força do art. 5º, LX da CRF) efeitos prospectivos, já que sua atividade no controle abstrato de constitucionalidade tem natureza legislativa negativa, conforme leciona J.J. Gomes Canotilho, Gilmar Ferreira Mendes e Luis Roberto Barroso. Sobre o tema: NICOLITT, André Luiz. Declaração de inconstitucionalidade sem pronúncia de nulidade em matéria penal: reflexão a partir da ADI 4424 e da ADC 19 – STF e as novas controvérsias sobre a Lei Maria da Penha. In Boletim IBCCRIM. São Paulo: IBCCRIM, ano 20, n. 234, p. 8-9, mai, 2012."

Para responder, tem que estudar: teoria/doutrina.

Gabarito: C

2. **(Funcab/PC/RJ/Delegado/2012)** A autoridade policial, ao chegar no local de trabalho como de costume, lê o noticiário dos principais jornais em circulação naquela circunscrição. Dessa forma, tomou conhecimento, através de uma das reportagens, que o indivíduo conhecido como "José da Carroça", mais tarde identificado como José de Oliveira, teria praticado um delito de latrocínio. Diante da notícia da ocorrência de tão grave crime, instaurou o regular inquérito policial, passando a investigar o fato. Após reunir inúmeras provas, concluiu que não houve crime. Nesse caso, deverá a autoridade policial:

a) relatar o inquérito policial, requerendo o seu arquivamento e encaminhando-o ao juízo competente.
b) determinar o arquivamento dos autos por falta de justa causa para a propositura da ação.
c) encaminhar os autos ao Ministério Público para que este determine o seu arquivamento.
d) relatar o inquérito policial, sugerindo ao Ministério Público seu arquivamento, o que será apreciado pelo juiz.
e) relatar o fato a Chefe de Polícia, solicitando autorização para arquivar os autos por ausência de justa causa para a ação penal.

ANOTAÇÕES/COMENTÁRIOS

(a, b, c, e) Vide comentário abaixo.

(d) No caso em questão, deve o Delegado de Polícia relatar o inquérito policial, que apenas pode ser arquivado por decisão judicial, conforme inteligência do Art. 18 do CPP, que traz: Depois de ordenado o arquivamento do inquérito pela autoridade judiciária, por falta de base para a denúncia, a autoridade policial poderá proceder a novas pesquisas, se de outras provas tiver notícia.

Para responder, tem que estudar: lei.

Gabarito: D

3. **(Funcab/PC/RJ/Delegado/2012)** Em relação à investigação criminal, é incorreto afirmar:

a) quando o juiz verificar, nos autos, a existência de crime de ação penal pública, remeterá cópias ao Ministério Público.

b) o requerimento do ofendido nos delitos de ação de iniciativa privada é classificado como notícia crime qualificada.

c) formalmente, o inquérito policial inicia-se comum ato administrativo da autoridade policial, que determina a sua instauração por meio de uma portaria ou de um auto de prisão em flagrante.

d) todos os elementos de convicção (meios de prova) produzidos ou obtidos em sede policial através de inquérito policial são valoráveis na sentença, sem a necessidade de serem reproduzidos na fase de instrução criminal.

e) apesar de meramente informativos, os atos do inquérito policial servem de base para restringir a liberdade pessoal através das prisões cautelares, e interferir na disponibilidade de bens, com base nas medidas cautelares reais, como por exemplo, o arresto e o sequestro.

ANOTAÇÕES/COMENTÁRIOS

(a, b, c, e) Vide comentário abaixo.

(d) Em regra, o juiz deve proferir decisão com provas produzidas com o devido contraditório judicial, conforme demonstra o Art. 155 do CPP: O juiz formará sua convicção pela livre apreciação da prova produzida em contraditório judicial, não podendo fundamentar sua decisão exclusivamente nos elementos informativos colhidos na investigação, ressalvadas as provas cautelares, não repetíveis e antecipadas.

Para responder, tem que estudar: lei.

Gabarito: D

4. **(Funcab/PC/RJ/Delegado/2012)** Nos termos do art. 13 e seus incisos, do Código de Processo Penal, à autoridade policial incumbirá ainda outras atividades de Polícia Judiciária, que não a de investigação das infrações penais. Assim, dentre as alternativas abaixo, assinale a única que reproduz essas outras atividades elencadas no dispositivo citado:
   a) (I) fornecer, exclusivamente, aos membros do Ministério Público as informações necessárias à instrução e ao julgamento dos processos; (II) realizar as diligências requisitadas pelo juiz ou pelo Ministério Público; (III) cumprir os mandados de prisão expedidos pelas autoridades judiciárias; e, (IV) representar acerca da prisão preventiva.
   b) (I) fornecer às autoridades judiciárias as informações necessárias à instrução e ao julgamento dos processos; (II) realizar as diligências requisitadas unicamente pelo Ministério Público; (III) cumprir os mandados de prisão expedidos pelas autoridades judiciárias; e, (IV) representar acerca da prisão preventiva.
   c) (I) fornecer às autoridades judiciárias as informações necessárias à instrução e ao julgamento dos processos; (II) realizar as diligências requisitadas pelo juiz ou pelo Ministério Público; (III) cumprir os mandados de prisão expedidos somente nos autos de inquérito policial sob sua presidência; e, (IV) representar acerca da prisão preventiva.
   d) (I) fornecer às autoridades judiciárias as informações necessárias à instrução e ao julgamento dos processos; (II) realizar as diligências requisitadas pelo juiz ou pelo Ministério Público; (III) cumprir os mandados de prisão expedidos pelas autoridades judiciárias; e, (IV) representar acerca da prisão preventiva.
   e) (I) fornecer às autoridades judiciárias as informações necessárias à instrução e ao julgamento dos processos; (II) realizar as diligências requisitadas pelo juiz ou pelo Ministério Público; (III) cumprir os mandados de prisão expedidos pelas autoridades judiciárias; e, (IV) representar ao Ministério Público acerca de requerimento de prisão preventiva.

ANOTAÇÕES/COMENTÁRIOS

(a, b, c, e) Vide comentário abaixo.

(d) Art. 13 do CPP: Incumbirá ainda à autoridade policial: I – fornecer às autoridades judiciárias as informações necessárias à instrução e julgamento dos processos; II – realizar as diligências requisitadas pelo juiz ou pelo Ministério Público; III – cumprir os mandados de prisão expedidos pelas autoridades judiciárias; IV – representar acerca da prisão preventiva.

Para responder, tem que estudar: lei.

Gabarito: D

5. **(Ceperj/PC/RJ/Delegado/2009)** No dia 2 de agosto de 2009, Valdilene compareceu à 14ª Delegacia de Polícia e disse que seu filho Valdilucas, com 24 anos, havia sido agredido por policiais, que estavam na comunidade onde reside a fim de prenderem pessoas envolvidas com o tráfico de drogas. Segundo narrou ao Delegado, os policiais abordaram algumas pessoas que estavam na rua, dentre elas o seu filho e, sem motivo aparente, deram vários tapas no rosto de Valdilucas, sendo certo que não ficaram marcas das agressões. Como deve proceder o Delegado?

   a) receber aquela informação como uma notícia-crime, necessitando da representação de Valdilucas para instaurar inquérito policial e apurar crime de abuso de autoridade, para o qual a lei prevê a necessária representação como condição de procedibilidade.
   b) instaurar inquérito policial para apurar crime de constrangimento ilegal, que é de ação pública incondicionada.
   c) receber aquela informação como uma notícia-crime, necessitando da representação de Valdilucas para instaurar inquérito policial para apurar crime de lesão corporal, pois a vítima possui mais de 18 anos e se trata de crime de ação pública condicionada à representação.
   d) instaurar inquérito policial para apurar crime de abuso de autoridade, que independe da representação da vítima, pois se trata de delito de ação pública incondicionada.
   e) instaurar inquérito policial para apurar crime de tortura, que é crime de ação pública incondicionada.

ANOTAÇÕES/COMENTÁRIOS

(a, b, c, e) Vide comentário abaixo.

(d) Art. 12 do CPP: A ação penal será iniciada, independentemente de inquérito policial ou justificação por denúncia do Ministério Público, instruída com a representação da vítima do abuso.

Para responder, tem que estudar: lei.

Gabarito: D

6. **(UFRJ/PC/RJ/Delegado/2001)** Em um sábado à noite, Pompílio solicita a presença de policiais militares, alegando que seu vizinho, Josafá, conhecido e temido na região por seu temperamento agressivo, o estaria ameaçando gravemente, na presença dos filhos da vítima. De fato, os policiais militares chegam ao condomínio onde vivem Pompílio e Josafá e presenciam Josafá e Manoel, cunhado de Pompílio, em concurso, ameaçarem de morte a vítima, que havia se recusado a pagar uma dívida contraída com a empresa de que são sócios Josafá e Manoel. Todos são levados à presença da

autoridade policial e Pompílio representa expressamente pelo processo criminal em face de Josafá, por crime de ameaça, que é de ação pública condicionada à representação e prevê pena de detenção de um a seis meses ou multa, não se referindo a Manoel. Nesse caso, a autoridade policial:

a) não instaurará inquérito policial, porque para isso dependeria da representação da vítima em face dos dois autores da ameaça.
b) instaurará inquérito policial exclusivamente em relação a Josafá, uma vez que a representação não menciona Manoel.
c) lavrará termo circunstanciado, indicando como autores do fato Josafá e Manoel, independentemente de a representação da vítima mencionar com exclusividade Josafá, tomando o compromisso de que Josafá e Manoel comparecerão ao Juizado Especial Criminal competente.
d) não lavrará termo circunstanciado, porque seria necessário que a vítima representasse em face dos dois autores da ameaça.
e) lavrará termo circunstanciado exclusivamente em relação a Josafá, uma vez que a representação não menciona Manoel, tomando o compromisso de que Josafá comparecerá ao Juizado Especial Criminal competente.

ANOTAÇÕES/COMENTÁRIOS

(c) Vide comentário abaixo.

(a, b, d, e) Deve a autoridade policial lavrar termo circunstanciado em desfavor de todos os autores do crime, em obediência ao princípio da indivisibilidade da ação penal.

Para responder, tem que estudar: teoria/doutrina.

Gabarito: C

7. **(UFRJ/PC/RJ/Delegado/2001)** Caio foi processado e julgado, acusado da prática de furto em concurso de pessoas. Proferida sentença absolutória, porque ficou demonstrado que a coisa móvel pertencia a Caio, e tendo transitado em julgado esta sentença, chega ao conhecimento da autoridade policial que Tício teria colaborado com Caio na subtração. Relativamente ao inquérito policial instaurado para apurar o comportamento de Tício, é correto afirmar que o juiz:

a) extinguirá por sentença o inquérito policial, relativamente a Tício, porque a sentença definitiva do processo movido em face de Caio aproveita a todos os agentes.
b) arquivará, de ofício, o inquérito policial, em virtude da coisa julgada.
c) arquivará o inquérito policial, a requerimento do Ministério Público, por falta de justa causa.

d) arquivará o inquérito policial, a requerimento do Ministério Público, em virtude da coisa julgada.
e) arquivará o inquérito policial, a requerimento do Ministério Público, em virtude da extinção da punibilidade.

ANOTAÇÕES/COMENTÁRIOS

(a, b, d, e) Vide comentário abaixo.

(c) Considerando a decisão absolutória que constatou que a "res furtiva", na verdade, pertencia a Caio, deve o juiz arquivar o inquérito policial após pedido do Ministério Público. Vale menção dos seguintes dispositivos: Art. 17 do CPP: A autoridade policial não poderá mandar arquivar autos de inquérito.; Art. 28 do CPP: Se o órgão do Ministério Público, ao invés de apresentar a denúncia, requerer o arquivamento do inquérito policial ou de quaisquer peças de informação, o juiz, no caso de considerar improcedentes as razões invocadas, fará remessa do inquérito ou peças de informação ao procurador-geral, e este oferecerá a denúncia, designará outro órgão do Ministério Público para oferecê-la, ou insistirá no pedido de arquivamento, ao qual só então estará o juiz obrigado a atender.

Para responder, tem que estudar: lei.

Gabarito: C

8. **(PC/RJ/Delegado/2002)** Em tema de inquérito policial, é incorreto afirmar que:
a) a representação do ofendido constitui notícia crime qualificada.
b) a representação do ofendido alcança autor da infração penal nela não mencionado.
c) o requerimento ou manifestação do ofendido é indispensável para a instauração de inquérito policial visando apurar crime de ação penal exclusivamente privada.
d) vigora no Brasil a regra geral da notícia crime obrigatória.
e) o vício de consentimento do ofendido leva à nulidade da representação deste ofendido visando apurar crime de ação pública condicionada à representação.

ANOTAÇÕES/COMENTÁRIOS

(a) A representação do ofendido ou seu representante legal nos crimes de ação penal pública condicionada à representação é chamada de qualificada ou postulatória, visto que a comunicação do crime acompanha pedido de adoção de providências penais cabíveis, sobretudo a propositura da ação enal.

(b) A representação do ofendido é objetiva, se destinando a fato e não aos autores, de modo que, uma vez manejada do prazo decadencial, alcançará todos os envolvidos.

(c) Art. 5, § 5º do CPP.

(d) A notícia crime obrigatória é exceção no sistema processual penal brasileiro. Podemos citar o Art. 66 da Lei de Contravenções Penais que traz casos em que a omissão de comunicar o ilícito à autoridade policial constitui uma modalidade de contravenção penal.

(e) A correta representação mental do indivíduo é condição necessária para a validade da representação, de modo que eventual vício no consentimento, tal como coação ou erro, é capaz de importar em nulidade da representação oferecida.

Para responder, tem que estudar: lei e teoria/doutrina.

Gabarito: D

2. DA AÇÃO

9. **(Funcab/PC/RJ/Delegado/2012)** O senhor Rui dos Santos, após ser vítima do delito de roubo perpetrado por Nei da Silva, preso em flagrante delito, ao tomar conhecimento de que o Promotor de Justiça havia perdido o prazo de cinco dias (art. 46, do CPP) para oferecer denúncia, resolve intentar ação privada subsidiária da pública, por meio de queixa-crime. Decorridos alguns dias, incomodado pelo trabalho e pelo desgaste emocional, o querelante resolve desistir da ação. Esta medida acarretará:

a) a decadência do direito de ação.
b) a perempção da ação.
c) a extinção da punibilidade.
d) a renúncia tácita do querelante.
e) a retomada da titularidade da ação pelo Ministério Público, que já atuava como assistente litisconsorcial.

ANOTAÇÕES/COMENTÁRIOS

(a, b, c, d) Vide comentário abaixo.

(e) Art. 29 do CPP: Será admitida ação privada nos crimes de ação pública, se esta não for intentada no prazo legal, cabendo ao Ministério Público aditar a queixa, repudiá-la e oferecer denúncia substitutiva, intervir em todos os termos do processo, fornecer elementos de prova, interpor recurso e, a todo tempo, no caso de negligência do querelante, retomar a ação como parte principal.

Para responder, tem que estudar: lei.

Gabarito: E

10. (Funcab/PC/RJ/Delegado/2012) Na hipótese da ocorrência de crime de exclusiva ação privada, assinale a alternativa correta:

a) o querelante poderá escolher entre o foro do lugar da infração ou do domicílio do querelado.

b) a competência regular-se-á, obrigatoriamente, pela prevenção.

c) será competente o juiz que primeiro tomar conhecimento do fato.

d) caso o querelante não tenha residência certa ou for ignorado seu paradeiro, a competência firmar-se-á pela prevenção.

e) a competência firmar-se-á, obrigatoriamente, pelo lugar da infração.

ANOTAÇÕES/COMENTÁRIOS

(a) Art. 73 do CPP: Nos casos de exclusiva ação privada, o querelante poderá preferir o foro de domicílio ou da residência do réu, ainda quando conhecido o lugar da infração.

(b, c, d, e) Vide comentário acima.

Para responder, tem que estudar: lei.

Gabarito: A

11. (Funcab/PC/RJ/Delegado/2012) No que se refere à ação penal, é correto afirmar:

a) a denúncia ou queixa não será rejeitada quando faltar pressuposto processual.

b) a ação penal pública condicionada, para ser exercida, depende de requerimento do ofendido.

c) a ação penal privada rege-se, entre outros, pelo princípio da indisponibilidade.

d) o princípio da indivisibilidade não se aplica à ação penal pública; aplica-se somente à ação penal privada e à ação penal privada subsidiária da pública.

e) a justa causa para o exercício da ação penal significa a exigência de um lastro mínimo de prova.

ANOTAÇÕES/COMENTÁRIOS

(a) A denúncia será rejeitada, conforme itneligência do Art. 395 do CPP.

(b) A ação penal pública depende de representão, e não requerimento, sendo termos distintos.

(c) A ação penal privada é regida pelo princípio da disponibilidade.

(d) A Banca Examinadora à época adotou o entendimento de que o princípio da indivisibilidade se aplica à ação penal pública, devendo a ação ser proposta em fase de todos que cometerem o ilícito penal.

(e) A justa causa, segundo entendimento doutrinário, consiste no lastro mínimo probatório atiuando como condição genérica da ação.

Para responder, tem que estudar: teoria/doutrina.

Gabarito: E

12. **(UFRJ/PC/RJ/Delegado/2001)** Miguel, de dezesseis anos de idade, é difamado por Rubem, de vinte e um anos de idade, filho do padrasto de Miguel. Ocorre que Miguel e a mãe vivem sob dependência econômica do pai de Rubem, que não deseja que seu filho seja processado. A mãe de Miguel, temendo a separação, não requer a instauração de inquérito policial e declara expressamente que não processará Rubem. O pai de Miguel é falecido e o ofendido não tem outro representante legal, salvo a mãe. Nesse caso:

a) o menor Miguel poderá propor diretamente a ação penal privada.

b) a ação penal privada poderá ser promovida por curador especial, nomeado, de ofício ou a requerimento do Ministério Público, pelo juiz competente para o processo penal.

c) a ação penal privada poderá ser promovida por curador especial, nomeado, de ofício ou a requerimento do Ministério Público, pelo juiz da Infância e Juventude.

d) a ação penal privada poderá ser promovida por curador especial, nomeado, de ofício ou a requerimento do Ministério Público, pelo juiz da Vara de Família, competente para o processo de destituição de guarda.

e) a ação penal privada poderá ser promovida por curador especial, nomeado, de ofício ou a requerimento do Ministério Público, pelo juiz da Vara de Órfãos e Sucessões a quem coube o processo de inventário dos bens deixados pelo pai de Miguel.

ANOTAÇÕES/COMENTÁRIOS

(a, c, d, e) Vide comentário abaixo.

(b) Art. 33 do CPP: Se o ofendido for menor de 18 (dezoito) anos, ou mentalmente enfermo, ou retardado mental, e não tiver representante legal, ou colidirem os interesses deste com os daquele, o direito de queixa poderá ser exercido por curador especial, nomeado, de ofício ou a requerimento do Ministério Público, pelo juiz competente para o processo penal.

Para responder, tem que estudar: lei.

Gabarito: B

13. (UFRJ/PC/RJ/Delegado/2001) Em crime de exclusiva ação penal privada, é correto afirmar que:

a) a renúncia ao direito de queixa, em relação a um dos autores do crime, a todos se estenderá, não produzindo efeito, todavia, no tocante ao que a recusar.

b) a renúncia expressa constará de declaração assinada pelo ofendido, por seu representante legal ou procurador com poderes especiais.

c) a renúncia do representante legal do menor que houver completado dezoito anos privará este último do direito de queixa.

d) não cabe renúncia tácita.

e) a renúncia, no caso de ação penal privada subsidiária da pública, impede o Ministério Público de oferecer denúncia.

ANOTAÇÕES/COMENTÁRIOS

(a) Art. 49 do CPP: A renúncia ao exercício do direito de queixa, em relação a um dos autores do crime, a todos se estenderá.

(b) Art. 50 do CPP: A renúncia expressa constará de declaração assinada pelo ofendido, por seu representante legal ou procurador com poderes especiais.

(c) Art. 50, Parágrafo único do CPP: A renúncia do representante legal do menor que houver completado 18 (dezoito) anos não privará este do direito de queixa, nem a renúncia do último excluirá o direito do primeiro.

(d) Há sim a renúncia tácita, conforme dispõe o Art. 57 do CPP: A renúncia tácita e o perdão tácito admitirão todos os meios de prova.

(e) Não impedirá o oferecimento de denúncia por parte do Ministério Público, conforme leciona o Art. 29 do CPP: Será admitida ação privada nos crimes de ação pública, se esta não for intentada no prazo legal, cabendo ao Ministério Público aditar a queixa, repudiá-la e oferecer denúncia substitutiva, intervir em todos os termos do processo, fornecer elementos de prova, interpor recurso e, a todo tempo, no caso de negligência do querelante, retomar a ação como parte principal.

Para responder, tem que estudar: lei.

Gabarito: B

14. (PC/RJ/Delegado/2002) Representa hipótese de legitimidade extraordinária concorrente, no processo penal condenatório, a legitimidade:

a) do ofendido nos casos de ação penal privada subsidiária da pública.

b) do Ministério Público nos casos de ação penal pública subsidiária da privada.

c) do Ministério Público nos casos de ação penal pública incondicionada.

d) do ofendido nos casos de ação penal exclusivamente privada.

e) de qualquer pessoa nos casos de ação penal popular.

ANOTAÇÕES/COMENTÁRIOS

(a) Trata-se do entendimento doutrinário dominante quanto à aplicação do Art. 29 do CPP, que traz: Será admitida ação privada nos crimes de ação pública, se esta não for intentada no prazo legal, cabendo ao Ministério Público aditar a queixa, repudiá-la e oferecer denúncia substitutiva, intervir em todos os termos do processo, fornecer elementos de prova, interpor recurso e, a todo tempo, no caso de negligência do querelante, retomar a ação como parte principal.

(b, c, d, e) Vide comentário acima.

Para responder, tem que estudar: lei.

Gabarito: A

15. (PC/RJ/Delegado/2002) Na etapa de interrogatório do réu, no curso de processo penal condenatório no qual Joaquim é acusado de ser autor de crime de roubo em concurso com corrupção de menor (Lúcio), supostamente por ter induzido o menor a praticar o crime patrimonial, fica provado que Lúcio tinha mais de dezoito anos ao tempo do crime. Lúcio, todavia, morre nesse mesmo período por causa natural. O Promotor de Justiça deverá:

a) manter a denúncia em seus termos iniciais e em alegações finais opinar pela absolvição do acusado, no tocante ao crime de corrupção de menores, porque tal fato não existiu.

b) aditar a denúncia imediatamente para excluir o crime de corrupção de menores.

c) retificar a denúncia imediatamente para excluir o crime de corrupção de menores.

d) aditar a denúncia imediatamente para acusar Lúcio da prática do crime de roubo.

e) aditar a denúncia imediatamente para acusar Joaquim da prática do crime de latrocínio.

ANOTAÇÕES/COMENTÁRIOS

(a) Considerando que Lúcio não era menor à época do fato, não houve o crime de corrupção de menores, devendo a denúncia inicial ser mantida.

(b, c, d, e) Vide comentário acima.

Para responder, tem que estudar: teoria/doutrina.

Gabarito: A

16. (PC/RJ/Delegado/2006) A ação penal traduz verdadeiro direito público e subjetivo de provocação da tutela jurisdicional do Estado. Examinando as alternativas abaixo, com base na visão doutrinária, indique aquela que corretamente se compatibiliza ao instituto:

a) no processo penal, é possível a sucessão processual, mas jamais a substituição processual.

b) a legitimação extraordinária pode ser identificada originariamente ou de forma superveniente.

c) a sucessão processual é instituto típico das hipóteses de ação penal pública condicionada.

d) há hipóteses de provocação da tutela jurisdicional criminal pelo cidadão, na qualidade de legitimado ordinário.

e) em qualquer hipótese, na esfera criminal, o Ministério Público atua sempre por legitimação ordinária.

ANOTAÇÕES/COMENTÁRIOS

(a) Há a possibilidade de substituição processual no caso da ação penal privada subsidiária da pública.

(b) Correto.

(c) A sucessão processual ocorre quando o ofendido vem a falecer, cabendo ao cônjuge, ascendente, descendente e irmãos habilitar-se no processo.

(d) Trata-se de legitimado extraordinário.

(e) Há exceções. Como no caso da ação civil "ex delicto". Art. 68 do CPP.

Para responder, tem que estudar: lei.

Gabarito: B

17. (PC/RJ/Delegado/2006) Em relação ao instituto da perempção, é correto afirmar:

a) a perempção, fenômeno de natureza processual, é ínsita aos delitos de ação genuinamente privada e encontra escolta no princípio da facultatividade.

b) extinta a pessoa jurídica, sem que tenha deixado sucessor, considerar-se-á perempta a ação penal, ainda que o Querelante tenha efetivamente exercido o direito de representação.

c) no caso de morte do ofendido, a substituição processual deve ser promovida no prazo de sessenta dias, sob pena de perempção.

d) nas hipóteses de ação genuinamente privada, a falta do preparo do recurso determinará a perempção da ação penal.

e) na hipótese de ação genuinamente privada, a ausência imotivada da Querelante em plenário do Tribunal do Júri ensejará a declaração de extinção da punibilidade em razão da perempção.

ANOTAÇÕES/COMENTÁRIOS

(a) Trata-se de princípio da indisponibilidade.

(b) Art. 60. Nos casos em que somente se procede mediante queixa, considerar-se-á perempta a ação penal; IV – quando, sendo o querelante pessoa jurídica, esta se extinguir sem deixar sucessor.

(c) A legislação não faz menção ao prazo processual. Art. 31 do CPP: No caso de morte do ofendido ou quando declarado ausente por decisão judicial, o direito de oferecer queixa ou prosseguir na ação passará ao cônjuge, ascendente, descendente ou irmão.

(d) Não há previsão legal.

(e) Art. 60 do CPP: Art. 60. Nos casos em que somente se procede mediante queixa, considerar-se-á perempta a ação penal: III – quando o querelante deixar de comparecer, sem motivo justificado, a qualquer ato do processo a que deva estar presente, ou deixar de formular o pedido de condenação nas alegações finais; IV – quando, sendo o querelante pessoa jurídica, esta se extinguir sem deixar sucessor. Art. 107 do CP: Extingue-se a punibilidade: IV – pela prescrição, decadência ou perempção.

Para responder, tem que estudar: lei.

Gabarito: E

3. DA COMPETÊNCIA

18. (Funcab/PC/RJ/Delegado/2012) É incorreto afirmar que a competência será determinada pela conexão:

a) se, ocorrendo duas ou mais infrações, houverem sido praticadas, ao mesmo tempo, por várias pessoas reunidas (conexão intersubjetiva por simultaneidade).

b) quando a prova de uma infração ou de qualquer de suas circunstâncias elementares influir na prova de outra infração (conexão instrumental ou probatória).

c) se, ocorrendo duas ou mais infrações, houverem sido umas praticadas para facilitar ou ocultar as outras, ou para conseguir impunidade ou vantagem em relação a qualquer delas (conexão lógica ou teleológica).

d) quando duas ou mais pessoas forem acusadas pela mesma infração (conexão por intersubjetividade formal).

e) se, por várias pessoas em concurso, embora diverso o tempo e o lugar, ou por várias pessoas, umas contra as outras, forem praticadas duas ou mais infrações (conexão intersubjetiva por concurso).

ANOTAÇÕES/COMENTÁRIOS

(a, b, c, e) Vide comentário abaixo.

(d) Art. 77 do CPP: A competência será determinada pela continência quando: I – duas ou mais pessoas forem acusadas pela mesma infração.

Para responder, tem que estudar: lei.

Gabarito: D

19. (Funcab/PC/RJ/Delegado/2012) Arimateia, prefeito municipal, juntamente com Sérgio, seu motorista, este na qualidade de partícipe, mataram Gisela, esposa do prefeito. Vanessa, a empregada da casa, se depara com ambos ainda nervosos diante do cadáver e resolveu propor que ocultassem o corpo, enterrando-o no jardim da casa, o que foi feito pelos três. Pode-se dizer sobre a competência que:

I. todos serão julgados pelo Tribunal de Justiça.

II. pelo crime de homicídio, apesar da continência, Arimateia será julgado no Tribunal de Justiça e Sérgio será julgado no Tribunal do Júri.

III. com relação à ocultação de cadáver, Arimateia e Vanessa serão julgados pelo Tribunal de Justiça e Sérgio, pelo homicídio e pela ocultação de cadáver, em razão da conexão teleológica, será julgado no Tribunal do Júri.

IV. Arimateia será julgado por ambos os crimes no Tribunal de Justiça, enquanto Sérgio e Vanessa serão julgados no Tribunal do Júri.

Assinale a alternativa correta:

a) apenas a I está correta.

b) apenas a II está correta.

c) apenas II e III estão corretas.

d) apenas II e IV estão corretas.

e) apenas a IV está correta.

ANOTAÇÕES/COMENTÁRIOS

(I) Vanessa e o Prefeito serão julgados pelo Tribunal de Justiça, sendo Sérgio julgado pelo Tribunal do Júri.

(II, III) Corretas.

(IV) Vanessa não praticou do crime de homicídio, mas sim ocultação de cadáver razão pela qual não será julgada pelo Tribunal do Júri.

Para responder, tem que estudar: lei.

Gabarito: C

20. (PC/RJ/Delegado/2006) Sobre a competência da Justiça Federal e Estadual, prevista na Constituição Federal, não é correto afirmar:

a) a competência dos tribunais estaduais será definida na Constituição do Estado, sendo a lei de organização judiciária de iniciativa do Tribunal de Justiça.

b) cabe à Justiça Militar estadual julgar os militares dos Estados, nos crimes militares definidos em lei e nas ações judiciais contra atos disciplinares militares.

c) é atribuição dos juízes federais julgar os crimes contra a organização do trabalho cometidos a bordo de navios ou aeronaves e de ingresso ou permanência irregular de estrangeiro.

d) havendo grave violação de direitos humanos, o Procurador-Geral, com a finalidade de assegurar o cumprimento de obrigações decorrentes de tratados internacionais de direitos humanos dos quais o Brasil seja parte, poderá suscitar, perante o Supremo Tribunal Federal, em qualquer fase da ação penal, incidente de deslocamento de competência para a Justiça Estadual.

e) incumbe aos juízes de direito do juízo militar processar e julgar, singularmente, os crimes militares cometidos contra civis e as ações judiciais contra atos disciplinares militares, cabendo ao Conselho de Justiça, sob a presidência de juiz de direito, processar e julgar os demais crimes militares.

ANOTAÇÕES/COMENTÁRIOS

(a) Art. 125, § 1º da CF.

(b) Art. 125, § 4º da CF. Atentar para Lei 13.491/17

(c) Art. 109, IX da CF.

(d) Art. 109, § 5º da CF. § 5º Nas hipóteses de grave violação de direitos humanos, o Procurador-Geral da República, com a finalidade de assegurar o cumprimento de obrigações decorrentes de tratados internacionais de direitos humanos dos quais o Brasil seja parte, poderá suscitar, perante o Superior Tribunal de Justiça, em qualquer fase do inquérito ou processo, incidente de deslocamento de competência para a Justiça Federal.

(e) Art. 125, § 5º da CF.

Para responder, tem que estudar: lei.

Gabarito: D

21. (UFRJ/PC/RJ/Delegado/2001) Ademir, membro do Tribunal de Contas do Município de São Paulo, é preso em flagrante quando guardava em sua casa de praia, na cidade de Maricá, Estado do Rio de Janeiro, para fim de tráfico, dois quilos de cocaína. A autoridade judiciária competente para o processo e julgamento de Ademir é o:

a) Tribunal de Justiça do Rio de Janeiro.
b) Superior Tribunal de Justiça.
c) Juiz de Direito da Comarca de Maricá.
d) Tribunal de Justiça do Estado de São Paulo.
e) Juiz de Direito da Comarca de São Paulo ao qual o processo couber por livre distribuição.

ANOTAÇÕES/COMENTÁRIOS

(a, c, d, e) Vide comentário abaixo.

(b) Art. 105 da Constituição Federal: Compete ao Superior Tribunal de Justiça: I – processar e julgar, originariamente: a) nos crimes comuns, os Governadores dos Estados e do Distrito Federal, e, nestes e nos de responsabilidade, os desembargadores dos Tribunais de Justiça dos Estados e do Distrito Federal, os membros dos Tribunais de Contas dos Estados e do Distrito Federal, os dos Tribunais Regionais Federais, dos Tribunais Regionais Eleitorais e do Trabalho, os membros dos Conselhos ou Tribunais de Contas dos Municípios e os do Ministério Público da União que oficiem perante tribunais.

Para responder, tem que estudar: lei.

Gabarito: B

22. (PC/RJ/Delegado/2002) Em tema de competência, é correto afirmar que:

a) quando incerto o limite territorial entre duas ou mais Comarcas, a competência firmar-se-á levando-se em consideração o domicílio do acusado.
b) prevalecerá a competência do tribunal do júri salvo quando houver conexão entre crime doloso contra a vida e latrocínio. Neste caso os fatos serão julgados separadamente, o segundo deles por juiz criminal comum.
c) em crime de exclusiva ação privada, o acusador poderá preferir o foro do domicílio ou da residência do réu ainda quando conhecido o lugar da infração penal.
d) configura hipótese de conexão o caso de infração penal cometida em concurso por duas ou mais pessoas.
e) a conexão instrumental importará em unidade de processo e julgamento entre crime sujeito a jurisdição comum e outro sujeito a jurisdição militar.

ANOTAÇÕES/COMENTÁRIOS

(a) Art. 70, § 3º, do CPP: Quando incerto o limite territorial entre duas ou mais jurisdições, ou quando incerta a jurisdição por ter sido a infração consumada ou tentada nas divisas de duas ou mais jurisdições, a competência firmar-se-á pela prevenção.

(b) Será julgado pelo Tribunal do Júri, por ser conexo com a crime doloso contra a vida.

(c) Art. 73 do CPP: Nos casos de exclusiva ação privada, o querelante poderá preferir o foro de domicílio ou da residência do réu, ainda quando conhecido o lugar da infração.

(d) Trata-se de hipótese de continência, nos termos do Art. 77 do CPP.

(e) Art. 79 do CPP: A conexão e a continência importarão unidade de processo e julgamento, salvo: I – no concurso entre a jurisdição comum e a militar

Para responder, tem que estudar: lei.

Gabarito: C

23. (PC/RJ/Delegado/2002) Supostamente, Milton, João e Maria desviam em proveito próprio bens e valores do patrimônio do Instituto de Previdência dos Parlamentares. O fato efetivamente é apurado e a autoridade responsável pela investigação reúne provas de sua existência e indícios da autoria relativamente aos três agentes. Milton é Deputado Federal. João era Deputado Federal ao tempo do fato, todavia elegeu-se Prefeito Municipal e está em pleno exercício do mandato. Maria também era Deputada Federal ao tempo do fato. No entanto, renunciou para dedicar-se exclusivamente às suas empresas particulares. Quanto à competência para julgar os três agentes, é correto afirmar que:

a) serão todos julgados pelo Supremo Tribunal Federal.
b) Milton e João serão julgados pelo Supremo Tribunal Federal e Maria, pelo juiz criminal comum.
c) Milton será julgado pelo Superior Tribunal de Justiça, João, pelo Tribunal de Justiça do Estado e Maria, pelo juiz criminal comum.
d) Milton será julgado pelo Supremo Tribunal Federal, João, pelo Tribunal de Justiça do Estado e Maria, pelo juiz criminal comum.
e) Milton e Maria serão julgados pelo Supremo Tribunal Federal e João, pelo Tribunal de Justiça do Estado.

ANOTAÇÕES/COMENTÁRIOS

(a, b, c, e) Vide comentário abaixo.

(d) Milton será julgado pelo Supremo Tribunal Federal, João pelo Tribunal de Justiça e Maria pelo juízo criminal comum, por ter perdido a prerrogativa de foro. Súmula

702-STF: A competência do Tribunal de Justiça para julgar prefeitos restringe-se aos crimes de competência da justiça comum estadual; nos demais casos, a competência originária caberá ao respectivo tribunal de segundo grau. Se o Prefeito pratica crime doloso contra a vida. Art. 102 da CF:. Compete ao Supremo Tribunal Federal, precipuamente, a guarda da Constituição, cabendo-lh: I – processar e julgar, originariamente: b) nas infrações penais comuns, o Presidente da República, o Vice-Presidente, os membros do Congresso Nacional, seus próprios Ministros e o Procurador-Geral da República.

Para responder, tem que estudar: lei e súmula.

Gabarito: D

24. (PC/RJ/Delegado/2006) Zé Bolão, na famosa festa Valenciana, convence Soninha Pureza a assistir à passagem de uma "estrela cadente" na curva da espinha, limite geográfico entre os Municípios de Valença e Rio das Flores. No local, já dominado pelo excessivo consumo de bebidas, Zé Bolão acaba por violentar a jovem e o estupro resulta em morte. O hediondo delito movimentou os dois municípios, especialmente em razão de seus personagens. As Autoridades Policiais dos dois territórios circunscricionais instauram inquéritos policiais. Diante de tal situação, assinale a alternativa correta:

a) em razão da impossibilidade de identificação do território, deverá prevalecer o local da residência ou domicílio do imputado.

b) o juízo competente será o da Comarca de Valença, uma vez que os fatos tiveram início naquele território.

c) para a definição da competência, a identificação de alguma medida judicial adotada antes mesmo do oferecimento das eventuais denúncias é de grande relevância.

d) deverá prevalecer o juízo em que seja lançada a classificação jurídica mais gravosa e, na hipótese de igual gravidade, a questão será resolvida pela prevenção.

e) na hipótese de uma denúncia indicar classificação jurídica, pela melhor compreensão dos fatos, da ocorrência de delito da competência do Tribunal do Júri, deverá prevalecer tal Juízo.

ANOTAÇÕES/COMENTÁRIOS

(a, b, d, e) Vide comentário abaixo.

(c) Uma medida de judicial prévia tornaria o juízo prevento, evitando possível "bis in idem" processual.

Para responder, tem que estudar: teoria/doutrina.

Gabarito: C

25. (PC/RJ/Delegado/2006) Em relação à competência, é correto afirmar:

a) nas hipóteses de concurso formal, ainda que decorrentes de aberratio ictus e aberratio delicti, identifica-se o instituto da continência.

b) os vínculos da facilitação, ocultação, impunidade e vantagem são elementos que estruturam a denominada conexão intersubjetiva.

c) a autoridade de jurisdição prevalente deverá avocar os processos que corram perante outros juízes, ainda que já tenham sido lançadas as sentenças, salvo na hipótese de anterior trânsito em julgado.

d) havendo cumulação subjetiva, o foro por prerrogativa de função será sempre o determinante do órgão jurisdicional competente.

e) o princípio do juiz natural não determinou qualquer nova interpretação às regras da fixação da competência pela prevenção.

ANOTAÇÕES/COMENTÁRIOS

(a) Trata-se de continência objetiva.

(b) Trata-se da conexão instrumental ou probatória, prevista no Art. 76, III, do CPP.

(c) Art. 82 do CPP: Se, não obstante a conexão ou continência, forem instaurados processos diferentes, a autoridade de jurisdição prevalente deverá avocar os processos que corram perante os outros juízes, salvo se já estiverem com sentença definitiva. Neste caso, a unidade dos processos só se dará, ulteriormente, para o efeito de soma ou de unificação das penas.

(d) Nem sempre será determinante o foro pro prerrogativa de função.

(e) Pelo contrário, visto que o princípio determina que ninguém será processado nem sentenciado senão pela autoridade competente, devendo-se haver regras de fixação da competência.

Para responder, tem que estudar: lei.

Gabarito: A

4. DAS QUESTÕES E PROCESSOS INCIDENTES

26. (UFRJ/PC/RJ/Delegado/2001) Em um sábado à noite, Lúcia, enfermeira do hospital psiquiátrico Dr. Pinel, solicita a presença de policiais militares, alegando que Semprônio, paciente portador de grave distúrbio mental que o impede inteiramente de entender o caráter ilícito de seu próprio comportamento, está agredindo dolosamente o zelador Nilo. De fato, os policiais militares chegam ao hospital e flagram Semprônio ofendendo a integridade corporal de Nilo. Diante da intervenção dos milicianos, Semprônio é detido e levado, juntamente com Nilo e Lúcia, à presença da autoridade policial. Nilo imediatamente representa pelo processo criminal em face do agressor e é encaminhado a exame de corpo de delito, constatando os peritos que foram leves as lesões suportadas pela vítima. Encontrando-se suficientemente demonstradas as informações anteriores, a autoridade policial deverá:

a) lavrar termo circunstanciado e tomar o compromisso de Semprônio, de que este comparecerá ao Juizado Especial Criminal, não impondo neste caso prisão em flagrante
b) lavrar termo circunstanciado e, diante da notícia de que o autor do fato é doente mental, não lhe tomar compromisso de comparecimento, arbitrando fiança.
c) lavrar termo circunstanciado e, diante da notícia de que o autor do fato é doente mental, determinar a instauração de incidente de insanidade mental, transferindo imediatamente Semprônio para hospital de custódia e tratamento.
d) lavrar auto de prisão em flagrante e, diante da notícia de que o autor do fato é doente mental, representar à autoridade judiciária pela instauração de incidente de insanidade mental e pela imediata transferência de Semprônio para hospital de custódia e tratamento.
e) autuar Semprônio em flagrante e, diante da notícia de que o autor do fato é doente mental, mandar recolhê-lo à prisão e não arbitrar fiança, não lhe cabendo adotar nenhuma providência em virtude da alegada doença mental, que só pode ser objeto de apreciação pelo juiz competente após a instauração do processo criminal, providência a depender de iniciativa do Ministério Público.

ANOTAÇÕES/COMENTÁRIOS

(a, b, c, e) Vide comentário abaixo.

(d) Deve a autoridade policial realizar a lavratura do auto de prisão em flagrante e representar pelo exame de insanidade mental do acusado, previsto no Art. 149 do CPP, que traz: Quando houver dúvida sobre a integridade mental do acusado, o juiz ordenará, de ofício ou a requerimento do Ministério Público, do defensor, do curador, do ascendente, descendente, irmão ou cônjuge do acusado, seja este submetido a exame médico-legal. § 1º O exame poderá ser ordenado ainda na fase do inquérito, mediante representação da autoridade policial ao juiz competente.

Para responder, tem que estudar: lei.

Gabarito: D

27. (UFRJ/PC/RJ/Delegado/2001) Ordenado na fase de inquérito, o seqüestro de bem imóvel, adquirido pelo indiciado com os proventos da infração penal:

a) poderá ser renovado, durante o processo penal, se tiver sido levantado na fase de inquérito, pelo decurso do prazo, e houver suficientes indícios de que o bem imóvel fora adquirido com os proventos da infração.
b) será levantado se a ação penal não for intentada no prazo de trinta dias.
c) será levantado se terceiro, fiador do acusado, prestar caução que assegure a indenização do lesado e o pagamento das despesas processuais e multa.
d) será levantado se o réu for condenado a pena não privativa de liberdade, por sentença carente de trânsito em julgado.
e) será levantado se não for decretada a prisão preventiva do indiciado.

ANOTAÇÕES/COMENTÁRIOS

(a) Art. 125 do CPP: Caberá o seqüestro dos bens imóveis, adquiridos pelo indiciado com os proventos da infração, ainda que já tenham sido transferidos a terceiro. Art. 126 do CPP: Para a decretação do seqüestro, bastará a existência de indícios veementes da proveniência ilícita dos bens.

(b) Art. 131 do CPP: O seqüestro será levantado: I – se a ação penal não for intentada no prazo de sessenta dias, contado da data em que ficar concluída a diligência.

(c) Art. 131 do CPP: O seqüestro será levantado: II – se o terceiro, a quem tiverem sido transferidos os bens, prestar caução que assegure a aplicação do disposto no art. 74, II, b, segunda parte, do Código Penal.

(d) Art. 131 do CPP: O seqüestro será levantado: III – se for julgada extinta a punibilidade ou absolvido o réu, por sentença transitada em julgado.

(e) Não existe esta previsão legal.

Para responder, tem que estudar: lei.

Gabarito: A

28. (PC/RJ/Delegado/2002) Em tema de exceção, pode-se afirmar que:

a) a exceção de suspeição da autoridade policial será oposta exclusivamente nos autos do inquérito e deverá ser decidida pelo Chefe de Polícia Civil.
b) a exceção de suspeição da autoridade policial será oposta exclusivamente nos autos do processo penal e deverá ser decidida pelo juiz competente para o processo.
c) a exceção de suspeição da autoridade policial será oposta nos autos do inquérito ou do processo penal e deverá ser decidida pelo Procurador-Geral de Justiça.

d) a exceção de suspeição da autoridade policial será oposta nos autos do inquérito ou do processo penal e deverá ser decidida pelo Tribunal de Justiça.

e) não se poderá opor suspeição às autoridades policiais nos atos do inquérito, mas deverão elas declarar-se suspeitas quando ocorrer motivo legal.

ANOTAÇÕES/COMENTÁRIOS

(a, b, c, d) Vide comentário abaixo.

(e) Art. 107 do CPP: Não se poderá opor suspeição às autoridades policiais nos atos do inquérito, mas deverão elas declarar-se suspeitas, quando ocorrer motivo legal.

Para responder, tem que estudar: lei.

Gabarito: E

29. (PC/RJ/Delegado/2002) Hermenegildo é denunciado perante o juiz da 14ª Vara Criminal da Capital do Rio de Janeiro, acusado da prática de crime de roubo. Examinando os autos, o Defensor do réu constata que por esse mesmo fato Hermenegildo havia sido denunciado um mês antes, perante o juiz da 16ª Vara Criminal, fora ouvido e há data designada para a inquirição das testemunhas. O Defensor deverá então opor exceção:

a) de coisa julgada.

b) de litispendência.

c) de incompetência do juízo.

d) de suspeição.

e) de impedimento.

ANOTAÇÕES/COMENTÁRIOS

(a, c, d, e) Vide comentário abaixo.

(b) Deve-se opor exceção de litispendência, visando impedir a duplicação da ação com a mesma parte e sobre a mesma situação fática.

Para responder, tem que estudar: teoria/doutrina.

Gabarito: B

5. DA PROVA

30. (Funcab/PC/RJ/Delegado/2012) A Constituição adotou um processo penal com cariz acusatório. Nesse contexto, a entrega da função de polícia judiciária a órgãos policiais é fundamental para a efetivação de tal sistema, como fez o art. 144 da CRF/1988. Ao lado disso, a presunção de inocência se irradia para o campo probatório. Já o artigo 156 do CPP, dispõe: A prova da alegação incumbirá a quem a fizer, sendo, porém, facultado ao juiz de ofício:... ordenar, mesmo antes de iniciada a ação penal, a produção antecipada de provas consideradas urgentes e relevantes, observando a necessidade, adequação e proporcionalidade da medida;. determinar, no curso da instrução, ou antes de proferir sentença, a realização de diligências para dirimir dúvida sobre ponto relevante. Com efeito, marque a resposta incorreta:

a) para parte da doutrina, o inciso I do art. 156 do CPP é inconstitucional por transferir para o juiz as funções típicas do Delegado de Polícia.
b) parte da doutrina sustenta que a natureza jurídica da prova é de um direito correlato ao direito de ação e de defesa, sendo atividade própria das partes e não do órgão jurisdicional, portanto, o inciso II do art. 156 do CPP seria inconstitucional.
c) em razão da presunção de inocência, o ônus da prova no processo penal é da acusação.
d) é pacífico que no processo penal brasileiro existe o princípio da verdade real, que está consagrado no art. 156 do CPP, justificando a atividade investigatória e probatória do juiz.
e) a presunção de inocência possui axiologia tridimensional, atuando como regra de tratamento, regra de julgamento e regra de garantia.

ANOTAÇÕES/COMENTÁRIOS

(a, b, c, e) Vide comentário abaixo.

(d) Tal posicionamento não é pacífico na doutrina, além do doutrinador da Banca de Processo Penal discordar do princípio da verdade real, pois daria azo às instituições de persecução penal praticarem atos abusivos em prol da busca pela verdade absoluta.

Para responder, tem que estudar: teoria/doutrina.

Gabarito: D

31. (Funcab/PC/RJ/Delegado/2012) Em matéria de prova, disciplinada pelo Código de Processo Penal, é correto afirmar:

a) quando a infração deixar vestígios, o exame de corpo de delito poderá ser dispensado a pedido da parte interessada.
b) o juiz julga conforme seu livre convencimento e sem obrigação de fundamentar a sua convicção, porém com base na prova existente nos autos.
c) o silêncio do acusado não importará confissão, e tampouco poderá constituir elemento para a formação do convencimento do juiz.

d) o maior de quatorze anos e menor de dezoito anos não prestará compromisso como testemunha, quando desacompanhado do responsável legal.

e) consideram-se documentos somente os escritos ou papéis, públicos ou particulares.

ANOTAÇÕES/COMENTÁRIOS

(a) Art. 158 do CPP: Quando a infração deixar vestígios, será indispensável o exame de corpo de delito, direto ou indireto, não podendo supri-lo a confissão do acusado.

(b) Vigora o sistema do livre convencimento motivado, devendo o juiz expor os fundamentos da decisão.

(c) Art. 198 do CPP. O silêncio do acusado não importará confissão, mas poderá constituir elemento para a formação do convencimento do juiz. A Banca considerou a assertiva correta, haja vista o entendimento do examinador de processo penal André Nicollit.

(d) Art. 208 do CPP: Não se deferirá o compromisso a que alude o art. 203 aos doentes e deficientes mentais e aos menores de 14 (quatorze) anos, nem às pessoas a que se refere o art. 206.

(e) Art. 232 do CPP: Consideram-se documentos quaisquer escritos, instrumentos ou papéis, públicos ou particulares.

Para responder, tem que estudar: teoria/doutrina.

Gabarito: C

32. (UFRJ/PC/RJ/Delegado/2001) Tendo chegado ao conhecimento da autoridade policial, por meio de gravação telefônica de origem ilícita, que Caio mantém em casa jóias por ele roubadas dez dias antes, de uma empresa que comercializa peças preciosas, o Delegado de Polícia requer e obtém, da autoridade judiciária competente, exclusivamente com esse fundamento, ordem de busca e apreensão a ser executada na casa do suspeito. Ao cumprir a ordem, a autoridade policial realmente apreende parte das jóias subtraídas, além de fotografias de Tício e Mévio, que são identificados e reconhecidos pelas vítimas como co-autores do roubo. Considerando-se a tese da prova ilícita por derivação, pode-se afirmar que:

a) as jóias subtraídas e o reconhecimento serão válidos como prova, cabendo à autoridade policial descobrir e indiciar quem gravou ilicitamente a conversa telefônica de Caio.

b) somente o reconhecimento será válido como prova, uma vez que apenas a apreensão das jóias constituiu prova ilícita.

c) as jóias subtraídas e o reconhecimento não serão válidos como prova, porque ambos foram derivados de prova ilícita.

d) somente o reconhecimento não será válido como prova, porque diferentemente da apreensão das jóias, apenas o reconhecimento derivou de prova ilícita.

e) as jóias subtraídas e o reconhecimento serão válidos como prova, se não houver outro modo de demonstrar a existência do crime e sua autoria.

ANOTAÇÕES/COMENTÁRIOS

(a, b, d, e) Vide comentário abaixo.

(c) Art. 157 do CPP: São inadmissíveis, devendo ser desentranhadas do processo, as provas ilícitas, assim entendidas as obtidas em violação a normas constitucionais ou legais. § 1º São também inadmissíveis as provas derivadas das ilícitas, salvo quando não evidenciado o nexo de causalidade entre umas e outras, ou quando as derivadas puderem ser obtidas por uma fonte independente das primeiras.

Para responder, tem que estudar: lei.

Gabarito: C

33. (UFRJ/PC/RJ/Delegado/2001) Não podem ser objeto da apreensão de que trata o artigo 240 do Código de Processo Penal:

a) as coisas ou valores que constituam proveito auferido pelo agente com a prática do fato criminoso, mediante alienação do bem subtraído.

b) os instrumentos de falsificação ou contrafação.

c) os objetos falsificados ou contrafeitos.

d) os objetos destinados à prova da infração ou à defesa do réu.

e) as coisas achadas ou obtidas por meios criminosos.

ANOTAÇÕES/COMENTÁRIOS

(a) A assertiva traz hipótese não prevista no Art. 240 do CPP: A busca será domiciliar ou pessoal. § 1º Proceder-se-á à busca domiciliar, quando fundadas razões a autorizarem, para: a) prender criminosos; b) apreender coisas achadas ou obtidas por meios criminosos; c) apreender instrumentos de falsificação ou de contrafação e objetos falsificados ou contrafeitos; d) apreender armas e munições, instrumentos utilizados na prática de crime ou destinados a fim delituoso; e) descobrir objetos necessários à prova de infração ou à defesa do réu; f) apreender cartas, abertas ou não, destinadas ao acusado ou em seu poder, quando haja suspeita de que o conhecimento do seu conteúdo possa ser útil à elucidação do fato; g) apreender pessoas vítimas de crimes; h) colher qualquer elemento de convicção.

(b, c, d, e) Vide comentário acima.

Para responder, tem que estudar: lei.

Gabarito: A

34. (PC/RJ/Delegado/2002) Assinale a característica abaixo que se refere a atos de prova e não de investigação criminal, de limitado valor probatório:

a) não exigirem estrita observância da publicidade e contradição.

b) poderem ser praticados pelo Ministério Público ou pela Polícia Civil em atividade de polícia judiciária.

c) estarem destinados a demonstrar a probabilidade do fumus delicti comissi para justificar o processo.

d) servirem de fundamento para decisões interlocutórias de indiciamento e adoção de medidas cautelares pessoais, reais ou outras restrições de caráter estritamente provisório.

e) estarem dirigidos a formar um juízo de certeza – tutela de segurança.

ANOTAÇÕES/COMENTÁRIOS

(a) Trata-se de ato de investigação, sem a presença do contraditório.

(b) Trata-se de ato de investigação, pois a Polícia Judiciária não participa, em regra, dos atos de prova (processo).

(c) Trata-se de ato de investigação, considerando que ainda não há processo.

(d) Trata-se de ato de investigação, considerando que o indiciamento e demais medidas são de atribuição da Autoridade Policial.

(e) Trata-se de ato de prova, o qual deve buscar a verdade fática, respeitando os princípios norteadores do processo peanal.

Para responder, tem que estudar: teoria/doutrina.

Gabarito: E

35. (PC/RJ/Delegado/2002) Assinale a característica abaixo que não integra o conjunto de requisitos e condições da produção antecipada de provas:

a) relevância e imprescindibilidade do conteúdo da atividade para a sentença.

b) impossibilidade de sua reprodução na fase processual, amparado este juízo por indícios razoáveis do provável perecimento da prova.

c) presidência do ato por órgão policial ou jurisdicional.

d) realização da atividade em audiência pública, salvo o segredo justificado pelo controle ordinário da publicidade dos atos processuais.

e) sujeição aos requisitos formais a que estaria adstrito o ato se realizado na fase processual.

ANOTAÇÕES/COMENTÁRIOS

(a) A relevância e imprescindibilidade são essenciais à produção antecipada de provas, conforme prevê o Art. 156 do CPP.

(b) Considera-se requisito para a produção antecipada de provas.

(c) Deve ser presidida apenas pelo órgão jurisidicional.

(d) Deve-se ser produzida em audiência pública, exceto nos casos de segredo de justiça.

(e) Respeitam-se os requisitos formais de como se no curso do processo estivesse.

Para responder, tem que estudar: teoria/doutrina.

Gabarito: C

6. DOS SUJEITOS DO PROCESSO

36. (PC/RJ/Delegado/2002) O Promotor de Justiça X pleiteia o arquivamento de inquérito policial, aludindo ao fato de a conduta investigada incluir-se na espécie das chamadas infrações de bagatela. O juiz, todavia, discorda da posição do Ministério Público e remete os autos ao Procurador-Geral de Justiça, que por sua vez delega ao Promotor de Justiça Z, substituto automático do primeiro, a atribuição para oferecer denúncia. A denúncia é oferecida e o Promotor de Justiça X, que atua perante o juízo competente, é intimado para funcionar no citado processo. Este Promotor de Justiça requer então a intimação de seu substituto automático, alegando que não poderá oficiar nos autos em razão de seu posicionamento anterior. O Promotor de Justiça Z, a quem os autos do processo foram enviados, recusa-se a funcionar, alegando que cabe a X atuar no processo. A solução deste impasse dar-se-á mediante:

a) instauração de conflito de atribuição a ser dirimido pelo Procurador-Geral de Justiça.

b) nomeação pelo juiz de Promotor de Justiça "ad hoc".

c) declínio de competência em favor do juízo perante o qual funciona o Promotor de Justiça Z.

d) decisão do juiz competente, que indicará o Promotor de Justiça que atuará no caso.

e) pronunciamento do Tribunal de Justiça em conflito de competência a ser instaurado por força desta controvérsia.

ANOTAÇÕES/COMENTÁRIOS

(b, c, d, e) Vide comentário abaixo.

(a) O caso em questão deve ser solucionado de forma institucional e internamente pelo Ministério Público, que é chefiada pelo Procurador Geral de Justiça, que deve solucionar o conflito de atribuição, não havendo a participação do Poder Judiciário, de forma a respeitar o Princípio da Separação de Poderes.

Para responder, tem que estudar: teoria/doutrina.

Gabarito: A

37. (PC/RJ/Delegado/2006) Avalie as proposições a seguir:

I. Delegado de polícia, sócio de determinada empresa, é designado para participar de investigações policiais visando apurar delitos envolvendo a própria pessoa jurídica. Nessa hipótese, deve declarar de ofício, nos autos do inquérito, sua suspeição e, diante do silêncio, será possível que algum interessado venha a impugnar sua condução do inquérito policial mediante recurso inominado dirigido ao chefe de polícia.

II. A autoridade policial poderá indeferir requerimento de perícia contábil nos autos do inquérito policial, afirmando sua prescindibilidade para a apuração dos fatos.

III. Sabedora da prévia existência perante a jurisdição civil, de ação de conhecimento visando resolver questão possessória, a autoridade policial poderá sobrestar o curso do inquérito policial até a solução da causa cível.

IV. O indiciamento, a prisão decorrente de flagrante e a portaria de instauração do inquérito policial são atos discricionários da autoridade policial.

Assinale a alternativa correta:

a) as afirmativas I, II, III e IV estão corretas.

b) apenas as afirmativas I e IV estão corretas.

c) apenas as afirmativas II e III estão corretas.

d) apenas as afirmativas I e II estão corretas.

e) apenas a afirmativa II está correta.

ANOTAÇÕES/COMENTÁRIOS

(I) Art. 107 do CPP. Não se poderá opor suspeição às autoridades policiais nos atos do inquérito, mas deverão elas declarar-se suspeitas, quando ocorrer motivo legal.

(II) A autoridade policial é quem deve decidir acerca das diligências cabíveis no curso da investigação, podendo indeferir os pleitos das partes, de acordo com o princípio inquisitivo.

(III) Não há previsão legal para tal medida.

(IV) A portaria é ato vinculado, especialmente quando houver requisição de instauração do Ministério Público.

Para responder, tem que estudar: lei.

Gabarito: D

7. DA SENTENÇA

38. (UFRJ/PC/RJ/Delegado/2001) Caio foi processado e julgado, acusado da prática de furto. Proferida sentença absolutória, por falta de prova da autoria, e tendo transitado em julgado esta sentença, chega ao conhecimento da autoridade policial, mediante novas provas, que o crime realmente ocorreu e que Caio teria empregado grave ameaça contra a pessoa da vítima. É correto afirmar que o acusado:

a) poderá ser processado pelo crime de roubo, porque se trata de fato distinto daquele pelo qual foi processado anteriormente.

b) poderá ser processado somente por crime de constrangimento ilegal, porque a subtração foi objeto de decisão transitada em julgado.

c) poderá ser processado por crime de roubo, porque a decisão anterior não afirmou, categoricamente, que o réu era inocente.

d) não poderá ser submetido a novo processo, porque foi absolvido por sentença passada em julgado, pelo mesmo fato.

e) não poderá ser submetido a novo processo, porque o Ministério Público decaiu do direito de ação.

ANOTAÇÕES/COMENTÁRIOS

(a, b, c, e) Vide comentário abaixo.

(d) No caso em tela Caio não poderá ser submetido a novo processo, haja vista a sentença absolutória por falta de prova da sua autoria, com o trânsito em julgado,

Para responder, tem que estudar: teoria/doutrina.

Gabarito: D

39. (PC/RJ/Delegado/2006) Verificada a presença de dezesseis jurados e, dentre os mesmos, marido, mulher e um filho, indique a solução acertada em relação à instalação da sessão de julgamento:

a) instala-se a sessão de julgamento, pois foi satisfeito o número mínimo legal de jurados.
b) em razão do vínculo entre os três jurados, não será possível a instalação da sessão de julgamento.
c) a instalação da sessão de julgamento dependerá da expressa concordância do Ministério Público.
d) a realização do julgamento será reaprazada, impreterivelmente, para a primeira sessão seguinte.
e) além do adiamento da sessão de julgamento, os jurados que guardam vínculos de parentesco entre si deverão ser excluídos da lista geral do Júri.

ANOTAÇÕES/COMENTÁRIOS

(a) Art. 384 do CPP: Encerrada a instrução probatória, se entender cabível nova definição jurídica do fato, em conseqüência de prova existente nos autos de elemento ou circunstância da infração penal não contida na acusação, o Ministério Público deverá aditar a denúncia ou queixa, no prazo de 5 (cinco) dias, se em virtude desta houver sido instaurado o processo em crime de ação pública, reduzindo-se a termo o aditamento, quando feito oralmente.. § 1º Não procedendo o órgão do Ministério Público ao aditamento, aplica-se o art. 28 deste Código. § 2º Ouvido o defensor do acusado no prazo de 5 (cinco) dias e admitido o aditamento, o juiz, a requerimento de qualquer das partes, designará dia e hora para continuação da audiência, com inquirição de testemunhas, novo interrogatório do acusado, realização de debates e julgamento. § 3º Aplicam-se as disposições dos §§ 1º e 2º do art. 383 ao caput deste artigo. § 4º Havendo aditamento, cada parte poderá arrolar até 3 (três) testemunhas, no prazo de 5 (cinco) dias, ficando o juiz, na sentença, adstrito aos termos do aditamento.

(b, c, d, e) Vide comentário acima.

Para responder, tem que estudar: lei.

Gabarito: A

8. DA PRISÃO, DAS MEDIDAS CAUTELARES E DA LIBERDADE PROVISÓRIA

40. (Funcab/PC/RJ/Delegado/2012) Leia as assertivas a seguir e marque a alternativa correta.

I. a fórmula-objeto de Gunther Durig é uma das construções teóricas mais convincentes para a compreensão do princípio constitucional da dignidade humana. Segundo ela, tal princípio é violado, sempre que o ser humano é reificado. Essa concepção tem influenciado a jurisprudência do STF, como se extrai concretamente da Súmula Vinculante número 11.

II. a Súmula Vinculante número 11 do STF traz como requisitos para o uso da algema: a resistência; o fundado receio de fuga ou o perigo à integridade física própria ou alheia. Seu emprego pode ser no preso ou em terceiros.

III. o uso de algema, apesar de não ser tido como excepcional, deve ser justificado por escrito, isto é, trata-se de decisão administrativa ou judicial, discricionária e motivada.

IV. um dos efeitos da violação da Súmula Vinculante n. 11 do STF é a nulidade da prisão. No entanto, esta consequência deve ser vista com cautela. Não gera ilegalidade da prisão em flagrante o fato de o condutor aplicar abusivamente a algema, restando ao caso as responsabilidades civil, penal e administrativa. Não obstante, a nulidade da prisão pode advir, por exemplo, do emprego abusivo de algema pelo Delegado de Polícia, durante o reconhecimento.

a) apenas I e III estão corretas.
b) apenas II e III estão corretas.
c) apenas III e IV estão corretas.
d) apenas I, II e IV estão corretas.
e) apenas II, III e IV estão corretas.

ANOTAÇÕES/COMENTÁRIOS

(I, II) Correto.

(III) Errado.

(IV) O uso da algema é considereada medida excepcional, conforme a Súmula Vinculante 11/STF.

Para responder, tem que estudar: súmula e teoria/doutrina.

Gabarito: D

41. (Funcab/PC/RJ/Delegado/2012) O Delegado de Polícia não lavrará o auto de prisão em flagrante, mas apenas registrará a ocorrência:

a) nos casos de ação penal pública condicionada à representação, quando, após a prisão captura, a vítima não oferecer a representação.

b) diante de condutas insignificantes que façam desaparecer a tipicidade material, bem como, após a prisão captura, nos crimes de ação penal privada subsidiária da pública.

c) nos crimes de ação penal privada quando o requerimento de instauração do inquérito for formulado pelo representante legal do ofendido.

d) nos crimes de lesão corporal culposa e homicídio culposo no trânsito.

e) nos crimes cuja pena máxima seja igual ou inferior a 4 anos.

ANOTAÇÕES/COMENTÁRIOS

(a) A representação do ofendido é condição de procedibilidade para a instauração do inquérito policial ou a lavratura do auto de prisão em flagrante.

(b) Hoje, entende-se que o Delegado de Polícia pode aplicar o princípio da insignificância, quando estiver diante de sua apreciação fática, desde que preenchidos os requisitos conforme jurisprudência do STF.

(c) Trata-se obrigatoriedade do Delegado de Polícia em realizar o auto de prisão em flagrante ou instauração de inquérito policial.

(d) A forma culposa do delito não impede a lavratura do auto de prisão em flagrante, da mesma forma que no em crimes de trânsito. Atenção ao Art. 301 do CTB que traz: "ao condutor de veículo, nos casos de acidentes de trânsito de que resulte vítima, não se imporá a prisão em flagrante, nem se exigirá fiança, se prestar pronto e integral socorro àquela."

(e) A lavratura do auto de prisão em flagrante não está condicionada à pena-base do delito.

Para responder, tem que estudar: lei.

Gabarito: A

42. (UFRJ/PC/RJ/Delegado/2001) Preso em flagrante por porte de um fuzil, municiado, Martins, oficial de justiça aposentado, recusa-se a assinar o auto de prisão em flagrante. Caberá à autoridade policial:

a) nomear curador, que assinará o auto de prisão em flagrante por Martins.

b) lavrar o auto de prisão em flagrante, desde que haja duas testemunhas da prisão.

c) determinar a instauração de inquérito policial, independentemente de lavrar auto de prisão em flagrante, o que não poderá fazer devido à recusa do indiciado.

d) lavrar o auto de prisão em flagrante, desde que haja duas testemunhas da leitura do auto ao indiciado, além do condutor e das testemunhas da prisão.

e) comunicar o fato ao juiz criminal competente, que nomeará curador para assinar o auto de prisão em flagrante por Martins.

ANOTAÇÕES/COMENTÁRIOS

(a, b, c, e) Vide comentário abaixo.

(d) Art. 69 da Lei 9.099/95: Parágrafo único. Ao autor do fato que, após a lavratura do termo, for imediatamente encaminhado ao juizado ou assumir o compromisso de a ele comparecer, não se imporá prisão em flagrante, nem se exigirá fiança. Em caso de violência doméstica, o juiz poderá determinar, como medida de cautela, seu afastamento do lar, domicílio ou local de convivência com a vítima. Art. 302, § 3º do CPP: Quando o acusado se recusar a assinar, não souber ou não puder fazê-lo, o auto de prisão em flagrante será assinado por duas testemunhas, que tenham ouvido sua leitura na presença deste.

Para responder, tem que estudar: lei.

Gabarito: D

43. (UFRJ/PC/RJ/Delegado/2001) A autoridade policial somente poderá conceder liberdade provisória com fiança:

a) nos casos de infração penal punida com pena mínima não superior a dois anos de reclusão.

b) nos casos de infração penal punida com detenção.

c) nos casos de infração penal contra a economia popular, salvo quando punida com reclusão.

d) nos casos de infração penal punida com reclusão, salvo quando a mencionada infração provocar clamor público ou tenha sido cometida mediante violência ou grave ameaça à pessoa.

e) em nenhuma hipótese poderá concedê-la.

ANOTAÇÕES/COMENTÁRIOS

(a, c, d, e) Vide comentário abaixo.

(b) Anteriormente à reforma processual, a autoridade policial poderia conceder a liberdade provisória nos casos de infração penal punida com detenção, porém com o advento da Lei nº 12.403, de 2011, aautoridade policial somente poderá conceder fiança nos casos de infração cuja pena privativa de liberdade máxima não seja superior a 4 (quatro) anos.

Para responder, tem que estudar: lei.

Gabarito: B

44. (PC/RJ/Delegado/2002) Em face dos elementos que constituem as medidas cautelares de coerção, no processo penal, é correto assinalar que a prisão temporária não poderá ser decretada em inquérito policial para apurar crime de furto simples, atribuído a agente primário, ainda quando na presença de indícios de autoria e prova da existência do delito e estando comprovado que o indiciado não tem residência fixa, porque estará ausente o requisito da:

a) preventividade.
b) homogeneidade ou proporcionalidade.
c) acessoriedade.
d) instrumentalidade.
e) provisoriedade.

ANOTAÇÕES/COMENTÁRIOS

(a, c, d, e) Vide comentário abaixo.

(b) Trata-se da proporcionalidade da medida cautelar com relação à infração penal praticada pelo acusado, segundo jurisprudência dominante no Estado do Rio de Janeiro, podendo citar o seguinte julgado: TJ-RJ, HC 00504871820138190000, 29/10/2013 "Habeas corpus. Artigo 155, § 4º, IV do CP. Prisão em flagrante. A manutenção da prisão cautelar não pode ser utilizada como instrumento para a punição antecipada da acusada. Constrangimento ilegal configurado. Liminar concedida. A medida cautelar a ser adotada deve ser proporcional a eventual resultado favorável ao pedido do autor, não sendo admissível que a restrição à liberdade, durante o curso do processo, seja mais severa que a sanção que será aplicada caso o pedido seja julgado procedente. A homogeneidade da medida cautelar é exatamente a proporcionalidade que deve existir entre o que está sendo dado que o que será concedido."

Para responder, tem que estudar: jurisprudência e teoria/doutrina.

Gabarito: B

45. (PC/RJ/Delegado/2002) O prazo máximo de duração da prisão temporária em crime de roubo impróprio é de:

a) cinco dias, prorrogável por igual período em caso de extrema e comprovada necessidade.
b) dez dias, prorrogável por igual período em caso de extrema e comprovada necessidade.
c) quinze dias, prorrogável por igual período em caso de extrema e comprovada necessidade.
d) trinta dias, prorrogável por igual período em caso de extrema e comprovada necessidade.
e) sessenta dias, prorrogável por igual período em caso de extrema e comprovada necessidade.

ANOTAÇÕES/COMENTÁRIOS

(a) O roubo impróprio não é delito hediondo, logo, aplica-se o Art. 2º da Lei 7.960/89, que traz: A prisão temporária será decretada pelo Juiz, em face da representação da autoridade policial ou de requerimento do Ministério Público, e terá o prazo de

5 (cinco) dias, prorrogável por igual período em caso de extrema e comprovada necessidade.

(b, c, d, e) Vide comentário acima.

Para responder, tem que estudar: lei.

Gabarito: A

46. (PC/RJ/Delegado/2002) Em tema de prisão processual, é correto afirmar que:

a) para a decretação da prisão preventiva, é suficiente a constatação de que em liberdade o suspeito poderá colocar em risco a aplicação da lei penal.

b) revogada a prisão preventiva porque verificou-se a falta de motivo para que subsista, esta não poderá tornar a ser decretada em nenhuma hipótese.

c) a prisão em flagrante legal que não se mostrar necessária deverá ser relaxada.

d) o querelante tem legitimidade para requerer a decretação da prisão preventiva.

e) não cabe recurso da decisão que indefere requerimento de prisão preventiva.

ANOTAÇÕES/COMENTÁRIOS

(a) Para a decretação da prisão preventiva, tem de haver, ainda, existência do crime e indício suficiente de autoria.

(b) Art. 316 do CPP. O juiz poderá revogar a prisão preventiva se, no correr do processo, verificar a falta de motivo para que subsista, bem como de novo decretá-la, se sobrevierem razões que a justifiquem.

(c) A prisão em flagrante só será relaxada quando for manifestamente ilegal.

(d) Art. 311 do CPP: Em qualquer fase da investigação policial ou do processo penal, caberá a prisão preventiva decretada pelo juiz, de ofício, se no curso da ação penal, ou a requerimento do Ministério Público, do querelante ou do assistente, ou por representação da autoridade policial.

(e) Cabe Recurso em Sentido Estrito.

Para responder, tem que estudar: lei.

Gabarito: D

47. (PC/RJ/Delegado/2002) Em tema de disposições gerais da prisão, não é correto afirmar que:

a) sempre que possível, as pessoas presas provisoriamente ficarão separadas das que já estiverem definitivamente condenadas.
b) se houver, ainda que por parte de terceiros, resistência à prisão em flagrante ou à ordenada por autoridade competente, o executor e as pessoas que o auxiliarem poderão usar dos meios necessários para defender-se ou para vencer a resistência, do que tudo se lavrará auto subscrito também por duas testemunhas.
c) se o executor do mandado de prisão verificar, com segurança, que o réu entrou ou se encontra em alguma casa, o morador será intimado a entregá-lo, à vista da ordem de prisão. Se não for obedecido imediatamente, o executor convocará duas testemunhas e, sendo noite, entrará à força na casa, arrombando as portas se preciso, e efetuará a prisão.
d) quando o réu estiver no território nacional, em lugar estranho ao da jurisdição, será deprecada a sua prisão, devendo constar da precatória o inteiro teor do mandado.
e) não será permitido o emprego de força, salvo a indispensável no caso de resistência ou de tentativa de fuga do preso.

ANOTAÇÕES/COMENTÁRIOS

(a) Art. 300 do CPP: As pessoas presas provisoriamente ficarão separadas das que já estiverem definitivamente condenadas, nos termos da lei de execução penal.

(b) Diante da presença do crime de resistência, devendo-se utilizar meios proporcionais para efetuar a prisão e repelir injusta agressão.

(c) Não é cabível a entrada do executor do mandado de prisão durante o período noturno, nos termos do Art. 5º, XI da CF: a casa é asilo inviolável do indivíduo, ninguém nela podendo penetrar sem consentimento do morador, salvo em caso de flagrante delito ou desastre, ou para prestar socorro, ou, durante o dia, por determinação judicial.

(d) Art. 289 do CPP: Quando o acusado estiver no território nacional, fora da jurisdição do juiz processante, será deprecada a sua prisão, devendo constar da precatória o inteiro teor do mandado.

(e) Art. 284 do CPP: Não será permitido o emprego de força, salvo a indispensável no caso de resistência ou de tentativa de fuga do preso.

Para responder, tem que estudar: lei.

Gabarito: C

48. (PC/RJ/Delegado/2006) Indique, dentre as alternativas abaixo, aquela que não integra as atribuições imputadas à Autoridade Policial:

a) conceder liberdade provisória, nas hipóteses previstas pela legislação processual.

b) promover o relaxamento de prisão em flagrante, quando identificada a ilegalidade.

c) representar pela decretação da medida assecuratória de seqüestro, ainda que incidente sobre bens móveis.

d) elaborar a nota de culpa nas hipóteses de prisão em flagrante e de prisão temporária.

e) promover a apreensão e, sendo cabível, a imediata restituição dos bens.

ANOTAÇÕES/COMENTÁRIOS

(a) Art. 322 do CPP. A autoridade policial somente poderá conceder fiança nos casos de infração cuja pena privativa de liberdade máxima não seja superior a 4 (quatro) anos. (Redação dada pela Lei nº 12.403, de 2011).

(b) A prisão captura deve ser relaxada quando for manifestamente ilegal.

(c) Art. 127 do CPP: O juiz, de ofício, a requerimento do Ministério Público ou do ofendido, ou mediante representação da autoridade policial, poderá ordenar o seqüestro, em qualquer fase do processo ou ainda antes de oferecida a denúncia ou queixa.

(d) A nota de culpa apenas é prevista quando há prisão em flagrante. A prisão temporária pressupõe investigação e não há previsão legal quanto à nota de culpa.

(e) Art. 120. A restituição, quando cabível, poderá ser ordenada pela autoridade policial ou juiz, mediante termo nos autos, desde que não exista dúvida quanto ao direito do reclamante.

Para responder, tem que estudar: lei.

Gabarito: D

49. (PC/RJ/Delegado/2006) Examinando as afirmativas abaixo, relativas à Autoridade Policial, indique a alternativa incorreta:

a) não se admite o lançamento de exceção de suspeição em face de Autoridade Policial.

b) a Autoridade Policial, no mister de suas atribuições funcionais, ainda que identificando flagrante ilegalidade sobre a liberdade individual, não poderá promover em razão de seu exercício funcional ação de "habeas corpus".

c) a Autoridade Policial, em razão do princípio da hierarquia, jamais poderá ser presa em flagrante delito por um agente a ela subordinado.

d) a Autoridade Policial condutora do inquérito policial poderá, sempre que identificar fundada dúvida sobre a integridade mental do indiciado, representar no Juízo competente pela realização de exame de insanidade mental, ficando, se for a hipótese, sobrestado o curso da inquisa.

e) a Autoridade Policial poderá expedir carta precatória cuja essência traduza indisfarçável conduta de cooperação administrativa.

ANOTAÇÕES/COMENTÁRIOS

(a) Art. 107 do CPP: Não se poderá opor suspeição às autoridades policiais nos atos do inquérito, mas deverão elas declarar-se suspeitas, quando ocorrer motivo legal.

(b) Qualquer do povo pode impetrar "habeas corpus", inclusive a autoridade policial.

(c) Não há previsão legal quanto ao tema.

(d) Art. 149 do CPP: Quando houver dúvida sobre a integridade mental do acusado, o juiz ordenará, de ofício ou a requerimento do Ministério Público, do defensor, do curador, do ascendente, descendente, irmão ou cônjuge do acusado, seja este submetido a exame médico-legal. § 1º O exame poderá ser ordenado ainda na fase do inquérito, mediante representação da autoridade policial ao juiz competente.

(e) Aplica-se por analogia o Art. 222 do CPP.

Para responder, tem que estudar: lei.

Gabarito: C

50. (PC/RJ/Delegado/2006) No exame das proposições abaixo, assinale a alternativa ajustada ao instituto da fiança:

a) não se pode cogitar da outorga de liberdade provisória mediante fiança nas hipóteses de infração penal de menor potencial ofensivo.

b) se o imputado, em razão da miserabilidade jurídica, alcançar a liberdade provisória exonerado do recolhimento do valor da fiança, ficará sujeito às mesmas obrigações do afiançado e, na hipótese de descumprimento de alguma das condições estabelecidas, o juiz poderá declarar o quebramento da fiança.

c) admite-se a denominada fiança fidejussória nas hipóteses de infrações de circulação.

d) o quebramento da fiança e sua cassação não apresentam a prisão como efeito inexorável.

e) a fiança jamais poderá ter cabimento após o lançamento da sentença penal condenatória.

ANOTAÇÕES/COMENTÁRIOS

(a) Art. 69, Parágrafo único da Lei 9.099/95: Ao autor do fato que, após a lavratura do termo, for imediatamente encaminhado ao juizado ou assumir o compromisso de a ele comparecer, não se imporá prisão em flagrante, nem se exigirá fiança. Em caso de violência doméstica, o juiz poderá determinar, como medida de cautela, seu afastamento do lar, domicílio ou local de convivência com a vítima.

(b) Não há tal previsão, considerando que o quebramento da fiança consiste tem como consequência a perda da metade do valor prestado, de acordo com o Artr. 343 do CPP.

(c) Não há previsão legal acerca da garantia ou fiança fidejussória nas infrações de circulação (CTB).

(d) Podem ser aplicadas outras medidas. Art. 343 do CPP: O quebramento injustificado da fiança importará na perda de metade do seu valor, cabendo ao juiz decidir sobre a imposição de outras medidas cautelares ou, se for o caso, a decretação da prisão preventiva.

(e) Não há previsão legal para tal afirmativa.

Para responder, tem que estudar: lei.

Gabarito: D

51. (PC/RJ/Delegado/2006) No curso de determinado inquérito policial, é decretada a prisão temporária da indiciada Mille Esperteza pelo prazo de cinco dias. Encarcerada na segunda-feira, às 06:00 horas, Mille permanece segregada até quinta-feira quando, se aproveitando de uma falha no setor de segurança, logra fugir, sem qualquer espécie de violência. Amigas de sua comunidade incentivam sua apresentação ao Delegado de Polícia. Mille deixa para domingo, pois não poderia perder o baile funk da sexta-feira e a festa de sua cunhada, no sábado vizinho. Assim, às 23:30 horas do domingo, Mille se apresenta ao Delegado de Polícia e lhe observa que sua prisão temporária estava decretada por cinco dias, já tendo cumprido quatro dias religiosamente. Acerca desse caso, é correto afirmar que:

a) na hipótese concreta, a Autoridade Policial deverá aguardar por cerca de trinta minutos e registrar a apresentação de Mille como no primeiro minuto de segunda-feira, sob pena de resgatar-lhe a liberdade após meia-hora.

b) em razão da fuga, Mille deverá cumprir integralmente o prazo de cinco dias, pois não há como se conceber interrupção na sua efetivação.

c) a Autoridade Policial não poderá segregar Mille, pois, já decorrido o prazo primitivo do decreto prisional estabelecido pelo juiz, deve-se prosseguir nas demais diligências investigatórias inerentes ao inquérito policial.

d) Mille não pode se aproveitair de sua torpeza e, nesse sentido, com ânimo na exclusiva circunstância da fuga, deverá a autoridade policial representar pela prisão preventiva de Mille.

e) depois de satisfeito o tempo remanescente da prisão cautelar, Mille deverá ser posta em liberdade pela Autoridade Policial, independentemente de qualquer autorização judicial.

ANOTAÇÕES/COMENTÁRIOS

(a, b, d, e) Vide comentário abaixo.

(c) No caso prático em tela, não pode a Autoridade Policial segregar Mille, pois à luz do art. 10 do Código Penal, a contagem do prazo prisional deve incluir o dia do começo, no caso, segunda-feira às 06:00, esgotando o prazo no sábado no mesmo horário.

Para responder, tem que estudar: lei.

Gabarito: C

9. DOS PROCESSOS ESPECIAIS

52. (UFRJ/PC/RJ/Delegado/2001) Durante a investigação criminal para apurar crime de violação de direito de autor de programa de computador, a providência busca e apreensão do programa suspeito poderá ser determinada diretamente:

a) pela autoridade policial, a requerimento do lesado, desde que tenha fundada suspeita da existência do crime.

b) pela autoridade judiciária, a requerimento do lesado, desde que tenha fundada suspeita da existência do crime, por qualquer meio de prova.

c) pela autoridade judiciária, a requerimento do lesado, desde que tenha fundada suspeita da existência do crime, demonstrada com exclusividade por sentença cível definitiva.

d) pela autoridade judiciária, a requerimento do lesado, desde que tenha fundada suspeita da existência do crime, demonstrada com exclusividade por sentença cível ainda não transitada em julgado.

e) pela autoridade judiciária, a requerimento do lesado, precedida de vistoria, podendo o juiz ordenar a apreensão das cópias produzidas ou comercializadas com violação de direito de autor.

ANOTAÇÕES/COMENTÁRIOS

(a) Autoridade policial não pode determinar o mandado de busca e apreensão.

(b) Não pode ser por qualquer meio de prova.

(c) Independe de exclusividade de sentença cível, visto que são esferas independentes.

(d) Independe de exclusividade de sentença cível, visto que são esferas independentes.

(e) Vide art. 527 do CPP. Nos crimes contra a Propriedade Imaterial que deixam vestígio, a denúncia ou queixa não será recebida sem o exame de corpo de delito que representa condição de procedibilidade (art. 525 CPP). Assim sendo, em se tratando de investigação que não se inicia com prisão em flagrante, a diligência de busca e apreensão, a ser realizada por dois peritos, depende de determinação da autoridade judiciária.

Para responder, tem que estudar: lei.

Gabarito: E

10. DAS NULIDADES E DOS RECURSOS EM GERAL

53. (PC/RJ/Delegado/2006) Em relação ao sistema recursal, é correto afirmar:

a) admite-se o recurso do terceiro interessado nas hipóteses de sucumbência reflexa como absolvição, impronúncia e extinção da punibilidade.

b) admite-se a denominada fungibilidade recursal, sem qualquer espécie de restrição, inclusive em relação ao erro grosseiro.

c) o efeito devolutivo será sempre integral, razão pela qual o Tribunal de Justiça terá ampla liberdade para modificar o julgado de primeira instância.

d) a desistência, espécie de extinção anormal dos recursos, poderá ser lançada em todas as espécies de recursos, pelo autor, réu ou assistente.

e) a deserção em razão da fuga do recorrente ocorrerá em qualquer espécie de recurso.

ANOTAÇÕES/COMENTÁRIOS

(a) Art. 598 do CPP: Nos crimes de competência do Tribunal do Júri, ou do juiz singular, se da sentença não for interposta apelação pelo Ministério Público no prazo legal, o ofendido ou qualquer das pessoas enumeradas no art. 31, ainda que não se tenha habilitado como assistente, poderá interpor apelação, que não terá, porém, efeito suspensivo.

(b) Não é cabível quanto ao erro grosseiro.

(c) Incorreto, pois o efeito devolutivo pode ser total integral ou parcial.

(d) Art. 576 do CPP: O Ministério Público não poderá desistir de recurso que haja interposto.

(e) Art. 595 do CPP: Se o réu condenado fugir depois de haver apelado, será declarada deserta a apelação. (Revogado pela Lei nº 12.403, de 2011).

Para responder, tem que estudar: lei.

Gabarito: A

11. LEIS ESPECIAIS

54. (UFRJ/PC/RJ/Delegado/2001) Caio, contando dezenove anos de idade, é preso em flagrante na sede da Comarca de Piraí, trazendo consigo, para uso pessoal, um pequeno envelope contendo 1,5 g de maconha. O preso é estudante e reside com os pais, que são respectivamente caseiro e empregada doméstica. A família vive há quinze anos na mesma localidade e são conhecidos e respeitados pelos demais moradores. A autoridade policial verificou, todavia, que Caio não tem condições de prestar fiança. A autoridade policial poderá adotar a seguinte medida:

a) não lavrar auto de prisão em flagrante e não instaurar investigação criminal, limitando-se a registrar a ocorrência e entregar Caio aos pais.
b) lavrar auto de prisão em flagrante e, obrigatoriamente, representar à autoridade judiciária, solicitando seja deferida a Caio prisão domiciliar, pois não tem poderes para determinar esta medida.
c) lavrar auto de prisão em flagrante e determinar o recolhimento domiciliar de Caio na residência dos pais, mediante termo de responsabilidade, "ad referendum" do juiz competente, que poderá manter ou revogar o recolhimento domiciliar ou ainda conceder liberdade provisória.
d) lavrar auto de prisão em flagrante e conceder a Caio liberdade provisória independentemente de fiança, porque Caio não tem condições de prestá-la.
e) autuar Caio em flagrante e não arbitrar fiança, porque o crime em questão não é afiançável.

ANOTAÇÕES/COMENTÁRIOS

(a, b, d, e) Vide comentário abaixo.

(c) Questão desatualizada, porém a resposta tem supedâneo na já revogada Lei 6.368/76, em seu Art. 24, que trazia: "Nos casos em que couber fiança, sendo o agente menor de 21 (vinte e um) anos, a autoridade policial, verificando não ter o mesmo condições de prestá-la, poderá determinar o seu recolhimento domiciliar na residência dos pais, parentes ou de pessoa idônea, que assinarão termo de responsabilidade. § 1º O recolhimento domiciliar será determinado sempre ad referendum do juiz competente que poderá mantê-lo, revogá-lo ou ainda conceder liberdade provisória."

Para responder, tem que estudar: lei.

Gabarito: C

---

55. (UFRJ/PC/RJ/Delegado/2001) Maria entra em contato com o Delegado de Polícia de Niterói e relata que seu filho, Mévio, de vinte anos de idade, que vive em sua companhia na mencionada cidade, guardou na geladeira da residência da família um pequeno envelope contendo 0,3g de cloridrato de cocaína. Segundo Maria, Mévio estaria escondendo a droga, destinada exclusivamente ao uso dele, visando assim dificultar a repressão familiar. Autorizada por Maria, a autoridade policial ingressa em sua casa e de fato apreende na geladeira o envelope de cocaína de cuja existência Maria dera notícia. Mévio está viajando e só retornará quinze dias depois. Tendo instaurado inquérito policial para apurar a conduta de Mévio, a autoridade policial dispõe, para concluí-lo, do seguinte prazo:

a) cinco dias.
b) dez dias.
c) quinze dias.
d) trinta dias.
e) sessenta dias.

ANOTAÇÕES/COMENTÁRIOS

(a, b, c, e) Vide comentário abaixo.

(d) Art. 21, § 1º, da já revogada Lei 6.368/76: Nos casos em que não ocorrer prisão em flagrante, o prazo para remessa dos autos do inquérito a juízo será de 30 (trinta) dias.

Para responder, tem que estudar: lei.

Gabarito: D

56. (UFRJ/PC/RJ/Delegado/2001) Na manhã de segunda-feira, dia normal de trabalho, agentes penitenciários de serviço na Penitenciária de Bangu prendem em flagrante João, que estava agredindo José. Tanto João como José cumprem pena na referida instituição, condenados que foram, definitivamente, a oito anos de reclusão por tráfico de drogas. Levados à presença do Diretor da unidade, este determinou a condução do agressor, da vítima e das testemunhas para a delegacia de polícia da área, uma vez que José manifestou a vontade de representar pelo processo em face de João. Na delegacia de polícia, José ratifica a representação e é levado a exame de corpo de delito, constatando os peritos que se trata de lesão corporal de natureza leve. Diante disso, a autoridade policial:

a) instaurará inquérito policial mediante portaria e o remeterá ao Juízo comum, uma vez que João é reincidente e com isso não poderá se beneficiar com a aplicação da Lei n. 9.099/95.

b) lavrará termo circunstanciado e providenciará o imediato encaminhamento do autor do fato ao Juizado Especial Criminal competente.

c) instaurará inquérito policial mediante auto de prisão em flagrante e o remeterá ao Juízo comum, uma vez que João é reincidente e não poderá se beneficiar com a aplicação da Lei n. 9.099/95.

d) lavrará termo circunstanciado e tomará o compromisso de João de que ele se apresentará ao Juizado Especial Criminal competente no primeiro dia útil subseqüente.

e) lavrará termo circunstanciado e tomará o compromisso do Diretor da Penitenciária de que apresentará João ao Juizado Especial Criminal competente no primeiro dia útil.

ANOTAÇÕES/COMENTÁRIOS

(a, c, d, e) Vide comentário abaixo.

(b) Art. 69 da Lei 9.099/95: A autoridade policial que tomar conhecimento da ocorrência lavrará termo circunstanciado e o encaminhará imediatamente ao Juizado, com o autor do fato e a vítima, providenciando-se as requisições dos exames periciais necessários.

Para responder, tem que estudar: lei.

Gabarito: B

57. (UFRJ/PC/RJ/Delegado/2001) Uma vez comprovada a indispensabilidade do meio de prova, a interceptação das comunicações telefônicas, decretada pelo juiz competente, a requerimento do Ministério Público, para fim de investigação criminal, não poderá exceder o prazo de:

a) cinco dias, renovável por igual tempo.
b) dez dias, renovável por igual tempo.
c) quinze dias, renovável por igual tempo.
d) trinta dias, renovável por igual tempo.
e) sessenta dias, renovável por igual tempo.

ANOTAÇÕES/COMENTÁRIOS

(a, b, d, e) Vide comentário abaixo.

(c) Art. 5º da Lei 9.296/96: A decisão será fundamentada, sob pena de nulidade, indicando também a forma de execução da diligência, que não poderá exceder o prazo de quinze dias, renovável por igual tempo uma vez comprovada a indispensabilidade do meio de prova.

Para responder, tem que estudar: lei.

Gabarito: C

58. (UFRJ/PC/RJ/Delegado/2001) Setembrino, sócio-gerente de empresa de distribuição de alimentos Cacau, desconfiado da participação de Luiz Carlos no roubo de bens da empresa, instala por conta própria escuta telefônica no aparelho de telefone convencional da Cacau, aparelho que é usado direta e exclusivamente por Luiz Carlos, empregado responsável pelo estoque da empresa. Após dois dias de escuta, Setembrino ouve e grava confissão de Luiz Carlos, no sentido de participar do roubo dos bens, fornecendo indicações ao parceiro Márcio sobre o trajeto dos carros transportadores. Na conversa, Setembrino toma conhecimento de que as mercadorias roubadas ficavam escondidas na casa de Márcio. Nesse caso, a interceptação telefônica:

a) será válida como prova em processo penal, pois Setembrino representa o titular da linha telefônica, isto é, a empresa Cacau, e tem o direito de ouvir e gravar as conversas telefônicas travadas por meio dos telefones da empresa.

b) não será válida como prova em processo penal porque não se admite interceptação das comunicações telefônicas para apurar crime de roubo.

c) será válida como prova em processo penal, pois não era necessária a autorização judicial para a interceptação e gravação de conversas telefônicas pelo lesado, independentemente de quem seja o titular da linha telefônica sobre a qual tenha recaído a interceptação.

d) não será válida como prova em processo penal porque era necessária a prévia autorização judicial para a interceptação e gravação de conversas telefônicas, para fim de investigação criminal.

e) será válida como prova em processo penal, desde que seja confirmado o encontro das mercadorias na casa de Márcio, atestando a veracidade do conteúdo da mencionada interceptação.

ANOTAÇÕES/COMENTÁRIOS

(a, b, c, e) Vide comentário abaixo.

(d) Tal medida devepende de autorização judicial prévia, conforme dispõe o Art. 1º da Lei 9.296/96: A interceptação de comunicações telefônicas, de qualquer natureza, para prova em investigação criminal e em instrução processual penal, observará o disposto nesta Lei e dependerá de ordem do juiz competente da ação principal, sob segredo de justiça.

Para responder, tem que estudar: lei.

Gabarito: D

59. (UFRJ/PC/RJ/Delegado/2001) Em relação à interceptação das comunicações telefônicas, assinale a afirmativa incorreta:

a) Não será admitida a interceptação das comunicações telefônicas, para fim de investigação criminal, quando não houver indícios razoáveis da autoria ou participação em infração penal.

b) Na fase de investigação criminal, a interceptação das comunicações telefônicas, de qualquer natureza, ocorrerá em autos apartados, apensados aos autos do inquérito policial, preservando-se o sigilo das diligências, gravações e transcrições respectivas.

c) A interceptação das comunicações telefônicas poderá ser determinada pelo juiz, a requerimento do Ministério Público, na investigação criminal e na instrução processual penal.

d) O juiz decidirá sobre o requerimento de interceptação das comunicações telefônicas no prazo máximo de vinte e quatro horas.

e) O requerimento de interceptação das comunicações telefônicas deverá ser formulado exclusivamente por escrito, demonstrando o requerente a presença dos pressupostos que autorizam a interceptação.

ANOTAÇÕES/COMENTÁRIOS

(a, b, c, d) Vide comentário abaixo.

(e) Art. 4º § 1º da Lei 9.296/96: Excepcionalmente, o juiz poderá admitir que o pedido seja formulado verbalmente, desde que estejam presentes os pressupostos que autorizem a interceptação, caso em que a concessão será condicionada à sua redução a termo.

Para responder, tem que estudar: lei.

Gabarito: E

60. (UFRJ/PC/RJ/Delegado/2001) Nos processos por crimes praticados por organizações criminosas, de que trata a Lei 9.034/95, o prazo para encerramento da instrução criminal será de:

a) cento e oitenta dias.

b) oitenta e um dias, quando o réu estiver preso, e cento e vinte dias, quando solto.

c) noventa dias.

d) quarenta e cinco dias, quando o réu estiver preso, e noventa dias, quando solto.

e) vinte dias, a contar do fim do prazo para a Defesa apresentar alegações preliminares.

ANOTAÇÕES/COMENTÁRIOS

(a, c, d, e) Vide comentário abaixo.

(b) A lei já se encontra revogada (questão desatualizada). Art. 8º O prazo para encerramento da instrução criminal, nos processos por crime de que trata esta Lei, será de 81 (oitenta e um) dias, quando o réu estiver preso, e de 120 (cento e vinte) dias, quando solto. (Redação dada pela Lei nº 9.303, de 5.9.1996).

Para responder, tem que estudar: lei.

Gabarito: B

61. (PC/RJ/Delegado/2002) Configura uma das características dos procedimentos perante os Juizados Especiais Criminais a adoção do princípio:

a) da estrita legalidade dos atos processuais.
b) da identidade física do juiz.
c) do duplo grau obrigatório das sentenças proferidas, em qualquer caso, no processo de "habeas corpus".
d) da ampla e aprofundada cognição nas fases de conciliação civil e transação penal.
e) do caráter excepcional da liberdade do acusado durante o processo.

ANOTAÇÕES/COMENTÁRIOS

(a) Art. 12 da Lei 9.099/95: Os atos processuais serão públicos e poderão realizar-se em horário noturno, conforme dispuserem as normas de organização judiciária.

(b) Preconiza o referido princípio que o juiz que presidiu a instrução deverá proferir a sentença. Art. 28 da Lei 9.099/95: Na audiência de instrução e julgamento serão ouvidas as partes, colhida a prova e, em seguida, proferida a sentença.

(c) Não há duplo grau obrigatório das sentenças proferidas.

(d) Não há que se falar em ampla e apronfudada cognição, considerando que os Juizados foram criados para dar celeridade processual.

(e) A regra é a liberdade do acusado perante os Juizados Especiais Criminais.

Para responder, tem que estudar: lei.

Gabarito: B

62. (PC/RJ/Delegado/2002) No âmbito dos Juizados Especiais Criminais, o acordo civil entre ofendido (direto ou de modo secundário) e autor do fato, homologado pelo juiz, em crime de ação pública incondicionada implicará:

a) a renúncia ao direito de queixa, pois que definitivamente solucionado o litígio penal.
b) a renúncia ao direito de representação, pois que definitivamente solucionado o aspecto civil do litígio, irradiando-se efeitos penais.
c) a solução da questão civil que não obstará o prosseguimento do procedimento, mediante apresentação de proposta de transação penal ou de denúncia.
d) a retratação da representação validamente apresentada por ocasião da emissão do termo circunstanciado.
e) o arquivamento do termo circunstanciado por falta de interesse.

ANOTAÇÕES/COMENTÁRIOS

(a, b, d, e) Vide comentário abaixo.

(c) Como a questão menciona crime de ação pública incondicionada, não há que se falar em renúncia da queixa ou representação. Art. 74, Parágrafo único da Lei 9.099/95. Tratando-se de ação penal de iniciativa privada ou de ação penal pública condicionada à representação, o acordo homologado acarreta a renúncia ao direito de queixa ou representação.; Art. 76 da Lei 9.099/95: Havendo representação ou tratando-se de crime de ação penal pública incondicionada, não sendo caso de arquivamento, o Ministério Público poderá propor a aplicação imediata de pena restritiva de direitos ou multas, a ser especificada na proposta.

Para responder, tem que estudar: lei.

Gabarito: C

63. (PC/RJ/Delegado/2002) Maria, condenada por crime de venda de substância entorpecente, veio a dar à luz durante o tempo de cumprimento da pena. Ainda durante o período de amamentação, a autoridade penitenciária responsável pelo encarceramento entrega a criança à entidade de proteção a Crianças e Adolescentes, apesar de alertada de que a Constituição da República assegura às presidiárias o direito de permanecerem com seus filhos durante tal período. Dando por certo que a unidade prisional dispõe de condições para assegurar a permanência da criança ao lado da mãe, para reaver seu filho, Maria poderá lançar mão da seguinte medida processual:

a) "habeas corpus".
b) apelação criminal.
c) reclamação.
d) mandado de segurança em matéria penal.
e) reclamação à seção criminal do tribunal de justiça.

ANOTAÇÕES/COMENTÁRIOS

(a, b, c, e) Vide comentário abaixo.

(d) A medida a ser pleiteada deve ser a do mandado de segurança, considerando que é um direito líquido e certo de Maria em permanecer com seu filho durante o período da amamentação. Ademais, não está havendo cerceamento de liberdade de Maria ou da criança, razão pela qual não caberia a impetraçaõ do "habeas corpus". Art. 5º, LXIX da CF: conceder-se-á mandado de segurança para proteger direito líquido e certo, não amparado por "habeas corpus" ou "habeas data", quando o responsável pela ilegalidade ou abuso de poder for autoridade pública ou agente de pessoa jurídica no exercício de atribuições do Poder Público.

Para responder, tem que estudar: lei.

Gabarito: D

64. (PC/RJ/Delegado/2002) A autoridade policial não poderá substituir o ato de lavrar auto de apreensão de adolescente, flagrado no cometimento de ato infracional, pela edição de boletim de ocorrência circunstanciada quando:

a) não comparecerem qualquer dos pais ou responsável pelo adolescente, independentemente da natureza do ato infracional.

b) o ato infracional for cometido à noite.

c) o adolescente for maior de doze e menor de quatorze anos de idade.

d) o ato infracional for cometido mediante violência ou grave ameaça à pessoa.

e) o ato infracional for cometido em prejuízo do patrimônio dos pais ou do responsável.

ANOTAÇÕES/COMENTÁRIOS

(a) Art. 173, Parágrafo único, do ECA: Nas demais hipóteses de flagrante, a lavratura do auto poderá ser substituída por boletim de ocorrência circunstanciada.

(b) Art. 173, Parágrafo único, do ECA: Nas demais hipóteses de flagrante, a lavratura do auto poderá ser substituída por boletim de ocorrência circunstanciada.

(c) Art. 173, Parágrafo único, do ECA: Nas demais hipóteses de flagrante, a lavratura do auto poderá ser substituída por boletim de ocorrência circunstanciada.

(d) Apenas em caso de violência e grave ameaça, é que será lavrado o auto de apreensão de adolescente infrator, nos termos do Art. 173 do ECA: Em caso de flagrante de ato infracional cometido mediante violência ou grave ameaça a pessoa, a autoridade policial, sem prejuízo do disposto nos arts. 106, parágrafo único, e 107, deverá: I – lavrar auto de apreensão, ouvidos as testemunhas e o adolescente.

(e) Art. 173, Parágrafo único, do ECA: Nas demais hipóteses de flagrante, a lavratura do auto poderá ser substituída por boletim de ocorrência circunstanciada.

Para responder, tem que estudar: lei.

Gabarito: D

65. (PC/RJ/Delegado/2006) Hugolino Pureza, Naildinho e Demétrio Bocão, humildes moradores da Bacia do Éden, em São João de Menti, desde a infância alimentavam o sonho de ingresso no funcionalismo público. Acabaram sendo flagrados pela prática de simulação da qualidade de funcionário público, contravenção penal punida com prisão simples, de 1 (um) a 3 (três) meses, ou multa. Na Delegacia Policial de Vil ar dos Teles, a Autoridade Policial determina a lavratura do termo circunstanciado. Hugolino Pureza e Naildinho subscrevem o termo de compromisso de comparecimento espontâneo ao Juizado Criminai da Comarca de São João de Meriti. Demétrio, ainda que incentivado pelos amigos, reluta e diz que não assinará o respectivo termo, pois entende que tudo não passava de uma brincadeira e não podia concordar com a denominação de autor do fato, especialmente em procedi mento criminal. Diante da presente hipótese, a Autoridade Policial deve:

a) lavrar o auto de prisão em flagrante e arbitrar o valor da fiança no mínimo legal, observada a miserabilidade de Demétrio.
b) lavrar o auto de prisão em flagrante e arbitrar o valor da fiança no mínimo legal, sendo possível reduzir o quantum de dois terços e ser satisfeito através de rateio dos amigos Hugolino Pureza e Naildinho.
c) lavrar o auto de prisão em flagrante e, em razão da flagrante miserabilidade, exonerar-lhe do recolhimento.
d) promover, após a lavratura do termo circunstanciado, a imediata dispensa de Hugolino Pureza, Naildinho e Demétrio, ainda que o último tenha se recusado a subscrever o termo de compromisso.
e) lançar despacho fundamentado acolhendo as razões lançadas por Demétrio e isentar o mesmo de qualquer responsabilidade penal.

ANOTAÇÕES/COMENTÁRIOS

(a, b, c, e) Vide comentário abaixo.

(d) Embora haja o entendimento doutrinário (majoritário) em sentido contrário, afirmando que na hipótese de recusa da assinatura do Termo Circunstanciado por parte do autor de crime de menor potencial ofensivo, deve-ser haver a lavratura do auto de prisão em flagrante, a Banca adotou o entendimento como resposta parcela doutrinária que defende a não lavratura do auto de prisão em flagrante, mesmo diante da recusa do autor em assinar. Art. 69, pár. único, da Lei 9.099/95: Ao autor do fato que, após a lavratura do termo, for imediatamente encaminhado ao juizado ou assumir o compromisso de a ele comparecer, não se imporá prisão em flagrante, nem se exigirá fiança. Em caso de violência doméstica, o juiz poderá determinar, como medida de cautela, seu afastamento do lar, domicílio ou local de convivência com a vítima.

Para responder, tem que estudar: teoria/doutrina.

Gabarito: D

12. TEORIA E PRINCÍPIOS

66. (Funcab/PC/RJ/Delegado/2012) Sobre o instituto da prova, leia as assertivas a seguir e marque a alternativa correta.

I. a partir das construções teóricas de Robert Alexy e Ronald Dworkin, eventuais colisões entre direitos fundamentais se resolvem pelo método de ponderação, sendo a dignidade humana o princípio que dá unidade de sentido ao sistema de direitos fundamentais. Por essa razão, apesar do princípio da vedação da prova ilícita, é admissível, excepcionalmente, a prova ilícita, vez que o direito de liberdade prevalece nesta ponderação, pois do contrário, afetar-se-ia a dignidade do acusado.

II. a teoria, conhecida no Brasil por descoberta inevitável, ou curso hipotético de investigação, foi contemplada no pensamento da Corte Norte-Americana (Nix v. Williams, 1984). Segundo essa diretriz, a prova concretamente obtida por meio ilícito pode ser valorada desde que se conclua, hipoteticamente, que tal prova inevitavelmente seria descoberta por meio lícito. Lança-se mão de um "curso de investigação hipotético".

III. a teoria da descoberta inevitável é aceita pacificamente na doutrina brasileira e estrangeira, não havendo mais quem conteste a sua eficiência em temperar os exageros da teoria dos frutos da árvore envenenada.

IV. a teoria das fontes independentes ("independent source") não está positivada no ordenamento jurídico brasileiro, apesar de ser agasalhada na jurisprudência do STF.

Está(ão) correta(s) apenas a(s) assertiva(s):

a) I.

b) II.

c) I e II.

d) II e III.

e) IV.

ANOTAÇÕES/COMENTÁRIOS

(I, II) Correto.

(III) Tal teoria não aceita de forma pacífica na doutrina brasileira.

(IV) Art. 157, § 1º do CPP: "São também inadmissível as provas derivadas das ilícitas, salvo quando não evidenciando o nexo de causalidade dentre umas e outras ou quando as derivadas puderem ser obtidas por uma fonte independente das primeiras."

Para responder, tem que estudar: jurisprudência e teoria/doutrina.

Gabarito: C

67. (Ceperj/PC/RJ/Delegado/2009) Na precisa lição de Canotilho: a ideia de reserva de jurisdição implica a reserva de juiz relativamente a determinados assuntos. Em sentido rigoroso, reserva de juiz significa que em determinadas matérias cabe ao juiz não apenas a última palavra, mas também a primeira (Canotilho, J. J. Gomes. Direito Constitucional e Teoria da Constituição.

7ª edição, Almedina, 2003, p.664). Leia as afirmativas e marque a opção correta:

I. para o STF a cláusula constitucional da reserva de jurisdição incide sobre determinadas matérias, a saber: a busca domiciliar (CF, art. 5º, XI), a interceptação telefônica (CF, art. 5º, XII) e a decretação da prisão de qualquer pessoa, ressalvada a hipótese de flagrância (CF, art. 5º, LXI). A reserva de jurisdição traduz a noção de que, nesses temas específicos, assiste ao Poder Judiciário não apenas o direito de proferir a última palavra, mas, sobretudo, a prerrogativa de dizer, desde logo, a primeira palavra, excluindo-se, desse modo, por força e autoridade do que dispõe a própria Constituição, a possibilidade do exercício de iguais atribuições, por parte de quaisquer outros órgãos ou autoridades do Estado.

II. para significativa parte da doutrina a cláusula da reserva de jurisdição tem maior amplitude ficando na exclusiva esfera do judiciário a deliberação não só sobre temas como a busca domiciliar (CF, art. 5º, XI), a interceptação telefônica (CF, art. 5º, XII) e a decretação da prisão de qualquer pessoa, ressalvada a hipótese de flagrância (CF, art. 5º, LXI), como também os sigilos bancário, fiscal e telefônico.

III. para o STF, a cláusula de reserva de jurisdição não alcança o sigilo telefônico.

IV. os poderes de investigação da Comissão Parlamentar de Inquérito (CPI) não estão limitados pela cláusula de reserva de jurisdição já que o art. 58 § 3º da CF dispõe que elas terão poderes de investigação próprios das autoridades judiciais, além de outros previstos nos regimentos das respectivas Casas.

a) apenas I e II estão corretas.

b) apenas II e III estão corretas.

c) apenas III e IV estão corretas.

d) apenas a I está correta.

e) apenas a I, II e III estão corretas.

ANOTAÇÕES/COMENTÁRIOS

(I, II, III) Correto.

(IV) Os poderes de investigação da CPI encontram limitações nas reservas de juridição, tais como indisponibilidade de bens, expedir mandados de busca ou prisão, etc.

Para responder, tem que estudar: lei.

Gabarito: E

68. (Ceperj/PC/RJ/Delegado/2009) Considerando as assertivas abaixo, marque a alternativa correta:

I. diante da recente reforma do Código de Processo Penal passou-se a adotar o princípio da identidade física do juiz e a concentração da realização dos atos em uma audiência una, admitindo-se, no procedimento comum ordinário, o fracionamento somente dos atos decisórios.

II. diante do sistema processual acusatório todos os atos realizados na primeira fase da persecução penal deverão ser renovados em juízo.

III. o espaço probatório no processo penal é mais amplo que no processo civil, em decorrência da relevância dos interesses, sendo admissível todos os meios de prova, desde que não estejam expressamente proibidos.

IV. em que pese posição divergente na doutrina, o Supremo Tribunal Federal entende que caso o membro do Ministério Público se recuse a oferecer proposta de suspensão condicional do processo nos crimes da competência do Juizado Especial Criminal, com ou sem fundamentação, o Juiz, caso discorde, deverá encaminhar os autos ao órgão do parquet com poderes de revisão.

V. de acordo com o entendimento do Supremo Tribunal Federal, quando se tratar de concurso de crimes, desde que a pena mínima cominada, aplicando-se a soma dos crimes e o acréscimo decorrente do concurso formal e do crime continuado, não seja superior abstratamente a um ano, será possível a aplicação da suspensão condicional do processo.

a) todas as afirmativas estão corretas.

b) apenas uma afirmativa está correta.

c) apenas duas afirmativas estão corretas.

d) apenas três afirmativas estão corretas.

e) apenas quatro afirmativas estão corretas.

ANOTAÇÕES/COMENTÁRIOS

(I) Não há previsão para fracionamento dos atos decisórios.

(II) Nem todos os atos realizados na primeira fase da persecução precisam ser renovados em juízos.

(III) Nem todos os meios de provas são permitidos, pois deve haver a mitigação ao princípio da busca pela verdade real.

(IV, V) Corretas.

Para responder, tem que estudar: lei.

Gabarito: C

69. (Ceperj/PC/RJ/Delegado/2009) Dois acórdãos paradigmáticos do STF afirmam o seguinte: (1°). "Habeas corpus. Inconstitucionalidade da chamada 'execução antecipada da pena'. Art. 5°, LVII, da Constituição do Brasil. 1. O art. 637 do CPP estabelece que "o recurso extraordinário não tem efeito suspensivo, e uma vez arrazoados pelo recorrido os autos do traslado, os originais baixarão à primeira instância para a execução da sentença". A Lei de Execução Penal condicionou a execução da pena privativa de liberdade ao trânsito em julgado da sentença condenatória. A Constituição do Brasil de 1988 definiu, em seu art. 5°, inciso LVII, que "ninguém será considerado culpado até o trânsito em julgado de sentença penal condenatória". 2. Daí a conclusão de que os preceitos veiculados pela Lei n. 7.210/84, além de adequados à ordem constitucional vigente, sobrepõem-se, temporal e materialmente, ao disposto no art. 637 do CPP. 3. Disso resulta que a prisão antes do trânsito em julgado da condenação somente pode ser decretada a título cautelar. 4. A ampla defesa, não se a pode visualizar de modo restrito. Engloba todas as fases processuais, inclusive as recursais de natureza extraordinária. Por isso, a execução da sentença após o julgamento do recurso de apelação significa, também, restrição do direito de defesa, caracterizando desequilíbrio entre a pretensão estatal de aplicar a pena e o direito, do acusado, de elidir essa pretensão. 5. A antecipação da execução penal, ademais de incompatível com o texto da Constituição, apenas poderia ser justificada em nome da conveniência dos magistrados. não do processo penal. A prestigiar-se o princípio constitucional, dizem, os tribunais (leia-se STJ e STF) serão inundados por recursos especiais e extraordinários, e subsequentes agravos e embargos, além do que "ninguém mais será preso". Eis o que poderia ser apontado como incitação à "jurisprudência defensiva", que, no extremo, reduz a amplitude ou mesmo amputa garantias constitucionais. A comodidade, a melhor operacionalidade de funcionamento do STF, não pode ser lograda a esse preço. 6. Nas democracias, mesmo os criminosos são sujeitos de direitos. Não perdem essa qualidade, para se transformarem em objetos processuais. São pessoas inseridas entre aquelas beneficiadas pela afirmação constitucional da sua dignidade. É inadmissível a sua exclusão social, sem que sejam consideradas, em quaisquer circunstâncias, as singularidades de cada infração penal, o que somente se pode apurar plenamente quando transitada em julgado a condenação de cada qual Ordem concedida. (STF, HC 85417, 2.9.2008, Rel. para o acórdão Min. Eros Graus). (2°). A privação cautelar da liberdade individual reveste-se de caráter excepcional, somente devendo ser decretada ou mantida em situações de absoluta necessidade. A prisão cautelar, para legitimar-se em face de nosso sistema jurídico, impõe. além da satisfação dos pressupostos a que se refere o art. 312 do CPP (prova da existência material do crime e presença de indícios suficientes de autoria). que se evidenciem, com fundamento em base empírica idônea, razões justificadoras da imprescindibilidade dessa extraordinária medida cautelar de privação da liberdade do indiciado ou do réu.. A questão da decretabilidade ou manutenção da prisão cautelar. Possibilidade excepcional, desde que satisfeitos os requisitos mencionados no art. 312 do CPP. Necessidade da verificação concreta, em cada caso, da imprescindibilidade da adoção dessa medida extraordinária. Precedentes. A manutenção da prisão em flagrante (enquanto medida de natureza cautelar) não pode ser utilizada como instrumento de punição antecipada do indiciado ou do réu.. A prisão cautelar não pode. e não deve.

ser utilizada, pelo Poder Público, como instrumento de punição antecipada daquele a quem se imputou a prática do delito, pois, no sistema jurídico brasileiro, fundado em bases democráticas, prevalece o princípio da liberdade, incompatível com punições sem processo e inconciliável com condenações sem defesa prévia. A prisão cautelar. que não deve ser confundida com a prisão penal. não objetiva infligir punição àquele que sofre a sua decretação, mas destina-se, considerada a função cautelar que lhe é inerente, a atuar em benefício da atividade estatal desenvolvida no processo penal. A gravidade em abstrato do crime não constitui fator de legitimação da privação cautelar da liberdade.. A natureza da infração penal não constitui, só por si, fundamento justificador da decretação da prisão cautelar daquele que sofre a persecução criminal instaurada pelo Estado. Precedentes. Ausência de demonstração, no caso, da necessidade concreta de manter-se a prisão em flagrante do paciente.. Sem que se caracterize situação de real necessidade, não se legitima a privação cautelar da liberdade individual do indiciado ou do réu. Ausentes razões de necessidade, revela-se incabível, ante a sua excepcionalidade, a decretação ou a subsistência da prisão cautelar. O postulado constitucional da presunção de inocência impede que o estado trate, como se culpado fosse, aquele que ainda não sofreu condenação penal irrecorrível.. A prerrogativa jurídica da liberdade. que possui extração constitucional (CF, art. 5º, LXI e LXV). não pode ser ofendida por interpretações doutrinárias ou jurisprudenciais, que, fundadas em preocupante discurso de conteúdo autoritário, culminam por consagrar, paradoxalmente, em detrimento de direitos e garantias fundamentais proclamados pela Constituição da República, a ideologia da lei e da ordem.. Mesmo que se trate de pessoa acusada da suposta prática de crime hediondo, e até que sobrevenha sentença penal condenatória irrecorrível, não se revela possível. por efeito de insuperável vedação constitucional (CF, art. 5º, LVII). presumir-lhe a culpabilidade. No sistema jurídico brasileiro, não se admite, por evidente incompatibilidade com o texto da Constituição, presunção de culpa em sede processual penal. Inexiste, em consequência, no modelo que consagra o processo penal democrático, a possibilidade jurídico-constitucional de culpa por mera suspeita ou por simples presunção.. Ninguém pode ser tratado como culpado, qualquer que seja a natureza do ilícito penal cuja prática lhe tenha sido atribuída, sem que exista, a esse respeito, decisão judicial condenatória transitada em julgado. O princípio constitucional da presunção de inocência, em nosso sistema jurídico, consagra, além de outras relevantes consequências, uma regra de tratamento que impede o Poder Público de agir e de se comportar, em relação ao suspeito, ao indiciado, ao denunciado ou ao réu, como se estes já houvessem sido condenados, definitivamente, por sentença do Poder Judiciário. Precedentes. (STF, HC 93056, 16.12.2008, Min. Celso de Mello)". Da leitura dos arestos supra pode-se dizer que o desenho constitucional do processo penal brasileiro tem cariz:

a) utilitarista.
b) garantista.
c) instrumentalista (instrumentalidade das formas).

d) finalista.
e) positivista.

ANOTAÇÕES/COMENTÁRIOS

(a, c, d, e) Vide comentário abaixo.

(b) Tais acórdãos demonstram o que o processo penal atual tem o viés garantista.

Para responder, tem que estudar: súmula.

Gabarito: B

70. (PC/RJ/Delegado/2002) Em tema de garantias processuais e tratados internacionais, quando sobre o mesmo assunto existe regra prevista tanto na Convenção Americana sobre Direitos Humanos quanto no Pacto de Direitos Civis e Políticos, porém com diferença no tocante ao âmbito de proteção do interesse da pessoa investigada ou processada, prevalecerá:

a) a regra do tratado que guardar compatibilidade com a mesma matéria, conforme prevista no Código de Processo Penal.
b) a regra do tratado que primeiro tiver sido ratificado pelo Brasil.
c) a regra do tratado que tiver sido ratificado pelo Brasil mais recentemente.
d) ambas as regras, pois que são aplicáveis, cabendo ao juiz escolher, conforme o caso concreto, a regra que incidirá.
e) a regra que oferecer a mais ampla proteção.

ANOTAÇÕES/COMENTÁRIOS

(a, b, c, d) Vide comentário abaixo.

(e) Prevelace, sempre, as regras dos Tratados Interncionais que ofereçam mais proteção ao investigado, consolidando o viés garantista do processo penal brasileiro.

Para responder, tem que estudar: teoria/doutrina.

Gabarito: E

71. (PC/RJ/Delegado/2002) Na configuração dos sistemas processuais, caracteriza violação ao sistema extraído da Constituição da República a iniciativa:

a) da Defesa de requerer a produção de contra-prova ou de postular reexame por meio de assistente técnico, nos casos em que a prova da existência da infração penal está baseada em perícia oficial.

b) do ofendido, em processo por crime de exclusiva ação privada, quando se manifesta pela absolvição do acusado e o juiz extingue o processo, declarando perempta a ação.

c) do acusado, que recorre de decisão emitida de ofício pelo juiz, extinguindo o processo em virtude do reconhecimento da prescrição pela pena em perspectiva, postulando o réu a apreciação favorável da questão de mérito.

d) do Ministério Público, que se recusa a formular pro-posta de suspensão condicional do processo porque o acusado foi definitivamente condenado em processo criminal anterior.

e) do juiz que, em consequência de prova existente nos autos, de elementar do crime contida implicitamente na denúncia, condena o acusado por infração penal mais grave que aquela objeto da imputação acusatória constante do processo.

ANOTAÇÕES/COMENTÁRIOS

(a, b, c, d) Vide comentário abaixo.

(e) Questão desatualizada, considerando a reforma processual penal no teor do Art. 383 do CPP: O juiz, sem modificar a descrição do fato contida na denúncia ou queixa, poderá atribuir-lhe definição jurídica diversa, ainda que, em conseqüência, tenha de aplicar pena mais grave. (Redação dada pela Lei nº 11.719, de 2008).

Para responder, tem que estudar: lei.

Gabarito: E

72. (PC/RJ/Delegado/2006) O Código de Processo Penal está edificado com base na visão de prevalência da tutela social sobre os denominados direitos e garantias individuais. Nesse compasso, é flagrante a dissidência de muitos de seus preceitos com as regras constitucionais idealizadas e sedimentadas pela Carta Constitucional das Liberdades Públicas, editada em 1988, ou seja, o paradoxo entre o Código de "Pedra" e a Carta Constitucional "Líquida". Nessa dicção, indique a alternativa que não alberga qualquer compromisso com o pensamento doutrinário e jurisprudencial:

a) no que diz respeito ao exercício da ampla defesa, na linha fronteiriça entre a substância informativa granjeada pela atividade persecutória administrativa e a substância acusatória depositada pela peça acusatória formal, ainda não é identificada sua incidência em qualquer espécie de procedimento criminal.

b) no inquérito policial, já é possível identificar a incidência de garantias constitucionais como, por exemplo, a inviolabilidade do domicílio.

c) na fase da persecução administrativa, o ativismo judicial traduz indisfarçável vulneração ao princípio do ne procedat judex ex oficio, essência do sistema processual acusatório.

d) o instituto da prisão temporária, especialmente em razão de sua específica incidência na fase administrativa, deve ser compreendido como verdadeiro retrocesso às conquistas do cidadão, sujeito de direitos.

e) nas hipóteses de condenação, a relativização da coisa julgada idealizada na concepção originária do vigente Código de Processo Penal guarda absoluta compatibilidade com os propósitos da Constituição-Cidadã.

ANOTAÇÕES/COMENTÁRIOS

(a) A assertiva faz menção ao inquérito policial conduzido pela autoridade policial, bem como a denúncia formulada pelo Ministério Público.

(b, c, d, e) Correto.

Para responder, tem que estudar: teoria/doutrina.

Gabarito: A

---

73. (PC/RJ/Delegado/2006) Identifique a alternativa que apresenta a correlação correta:

a) prejudicialidade heterogênea - hipóteses de suspensão obrigatória ou facultativa do processo.
b) incidente de falsidade - hipótese de suspensão obrigatória do processo.
c) insanidade mental do acusado - hipótese de suspensão facultativa do processo.
d) exceção de suspeição - hipótese de suspensão obrigatória do processo.
e) recurso da pronúncia - hipótese de suspensão obrigatória do processo.

ANOTAÇÕES/COMENTÁRIOS

(a) Conforme inteligência dos Arts. 92 a 94 do CPP.

(b) Não há previsão legal para suspensão obrigatória.

(c) Trata-se de suspensão obrigatória, segundo teor do Art. 152 do CPP.

(d) Art. 111 do CPP: As exceções serão processadas em autos apartados e não suspenderão, em regra, o andamento da ação penal.

(e) Não há previsão legal para suspensão obrigatória.

Para responder, tem que estudar: lei.

Gabarito: A

---

74. (PC/RJ/Delegado/2006) Indique a alternativa incorreta:

a) a possibilidade do cabimento da revisão criminal em qualquer tempo, antes da extinção da pena ou após, decorre da circunstância de que seu último propósito ultrapassa a tutela da liberdade.

b) a ação de Imbecis corpus, em razão da relevância de seu conteúdo, outorga ampla legitimação para a causa, ainda que quase sempre extraordinária.

c) a questão de ordem pública reside no interesse maior da sociedade na restauração da ordem jurídica violada.

d) a instituição do Júri Popular encontra raiz na afirmação de que a Constituição Federal o considera fundamental para o direito de liberdade do cidadão. A preservação dessa instituição não se justifica apenas em razão de seu resguardo e proteção constitucional mas – e principalmente – porque assume contornos de cidadania e de proteção do sistema democrático.

e) o ativismo judicial identificado na hipótese da provocação do órgão do Ministério Público para promover o aditamento, ao visualizar a possibilidade de classificação jurídica mais gravosa em razão das provas granjeadas pela instrução criminal, guarda absoluta compatibilidade com o sistema processual acusatório, notadamente pela circunstância de o juiz exercer o dever de fiscalizar a indisponibilidade.

ANOTAÇÕES/COMENTÁRIOS

(a, b, c, d) Correto.

(e) Pelo contrário, tal hipótese de certa forma fere o sistema processual acusatório, guardando estreita relação com o sistema inquisitivo. Ademais, atualmente há o instituto da emendatio libelli, quando o juiz, ao proferir a sentença, pode apontar uma outra definição jurídica com relação aos fatos narrados na denúncia oferecida pelo Ministério Público (Art. 383 do CPP).

Para responder, tem que estudar: teoria/doutrina.

Gabarito: E

75. (PC/RJ/Delegado/2006) A vedação da denominada "mutatio libelli" pelo Tribunal de Justiça, quando do julgamento de recurso de decisão da primeira instância, decorre da incidência do princípio:

a) da ampla defesa.

b) da correlação.

c) do contraditório.

d) da imediatidade.

e) da efetividade da jurisdição.

ANOTAÇÕES/COMENTÁRIOS

(a, b, c, d) Vide comentário abaixo.

(e) Não há que se falar em "mutatio libelli" em segundo grau de jurisdição, diante de nítida afronta ao princípio da correlção, conforme entende a jurisprudência dominante: "Furto qualificado. Rompimento de obstáculo. Pleito de absolvição por fragilidade probatória. Acolhimento. Autoria não demonstrada. Bens furtados apreendidos na casa do acusado meses depois dos fatos narrados na denúncia. Vedada 'mutatio libelli' em segundo grau de jurisdição". (TJ-RJ, APL 00046690220138190046)

Para responder, tem que estudar: teoria/doutrina.

Gabarito: E

76. (PC/RJ/Delegado/2006) O denominado princípio da jurisdição linear pode ser identificado na seguinte hipótese:

a) vedação de recurso para determinada decisão judicial.
b) possibilidade de declaração de extinção da punibilidade, pelo próprio juiz sentenciante, uma vez observada a prescrição da pretensão punitiva retroativa mensurada pela pena in concreto, já transitada em julgado para a acusação.
c) ativismo judicial supletivo, quando da produção das provas.
d) impossibilidade de o juiz julgar improcedente a exceção de suspeição, hipótese em que, após o lançamento de sua resposta e a indicação de provas, inclusive a testemunhai, fará a remessa ao Tribunal de Justiça.
e) no Juizado Especial Criminal, pois o próprio juiz presidirá as duas etapas do procedimento, isto é, a fase preliminar e a eventual audiência de instrução e julgamento.

ANOTAÇÕES/COMENTÁRIOS

(a, c, d, e) Vide comentário abaixo.

(b) A assertiva traz hipótese de jurisdição linear, que consiste em uma exceção ao princípio do duplo grau de jurisdição. Outro exemplo pode ser citado os crimes que são julgados por competência originário do Supremo Tribunal Federal.

Para responder, tem que estudar: teoria/doutrina.

Gabarito: B

77. (PC/RJ/Delegado/2006) Observada a classificação dos atos judiciais, identifica-se hipótese de decisão interlocutória mista terminativa:

a) no lançamento da pronúncia.
b) no decreto de seqüestro de bem imóvel.
c) no decreto de prisão preventiva.
d) no julgamento procedente da exceção de litispendência.
e) na extinção da punibilidade.

ANOTAÇÕES/COMENTÁRIOS

(a, b, c) Trata-se de decisão interlocutória mista não terminativa.

(d) Correto.

(e) Tem força de sentença.

Para responder, tem que estudar: teoria/doutrina.

Gabarito: D

6

MEDICINA LEGAL

1. ANTROPOLOGIA FORENSE

1. **(Funcab/PC/RJ/Delegado/2012)** A identificação de uma pessoa se define como um conjunto de características que individualiza a pessoa, tornando-a diferente das demais. Sob esta óptica, o exame de DNA, embora moderno e com alto grau de confiabilidade, não é suficiente para a determinação da identidade, pois via de regra, essas análises são realizadas utilizando-se como material de comparação amostras de familiares, sendo assim um método capaz de gerar o grau de parentesco e, não a identidade propriamente dita, ou seja, pode determinar se um indivíduo é filho de alguém, mas não qual dos filhos. Outras técnicas, científicas, ao contrário do exame de DNA, podem, isoladamente, conferir a identidade a um cadáver, considerando a preexistência de parâmetros de comparação. Entre essas técnicas, estão:

   a) reconhecimento facial, arcada dentária e sobreposição de imagens.
   b) reconhecimento facial, sinais particulares e sobreposição de imagens.
   c) impressão dactiloscópica, sinais particulares e sobreposição de imagens.
   d) impressão dactiloscópica, arcada dentária e sobreposição de imagens.
   e) impressão dactiloscópica, arcada dentária e sinais particulares.

ANOTAÇÕES/COMENTÁRIOS

(a) Reconhecimento não se confunde com identificação, sendo aquele um método subjetivo, ja a identificação possui a caracteristica de ser um método objetivo com embasamento técnico.

(b) Reconhecimento não se confunde com identificação, sendo aquele um método subjetivo, ja a identificação possui a caracteristica de ser um método objetivo com embasamento técnico.

(c) Os sinais particulares, apesar de úteis no processo de identificação não ostentam a caracteristica da unicidade, ja que duas pessoas, pelo menos em tese, podem ter uma cicatriz no mesmo local do corpo.

(d) Aimpressão dactiloscópica assim como a arcada dentaria permitem um procceso de identificação objetivos a partir de tecnicas cientificas tendo a caracteristica da unicidade, de modo que são diferentes inclusive entre gemeos univitelinos

(e) Os sinais particulares, apesar de úteis no processo de identificação não ostentam a caracteristica da unicidade, ja que duas pessoas, pelo menos em tese, podem ter uma cicatriz no mesmo local do corpo

Para responder, tem que estudar: teoria/doutrina.

Gabarito: D

2. **(Ceperj/PC/RJ/Delegado/2009)** Durante operação policial na favela do Barbante, em Campo Grande, foi encontrado um crânio humano incompleto que apresentava em análise preliminar: (1) suturas cranianas bem visíveis; (2) fronte verticalizada; (3) glabela curva; (4) margens supra-orbitárias finas; (5) orifício em tronco de cone com o bisel voltado para a face externa do osso frontal; (6) processos mastóideos pouco volumosos; (7) ausência de crista na nuca; (8) côndilos occipitais curtos e largos. Assinale a opção que aponta o diagnóstico pericial:

a) mulher jovem com uma lesão de saída de projétil de arma de fogo no osso frontal.

b) homem adulto com uma lesão de entrada de projétil de arma de fogo no osso frontal.

c) mulher adulta com uma lesão de saída de projétil de arma de fogo no osso frontal.

d) homem jovem com uma lesão de saída de projétil de arma de fogo no osso frontal.

e) mulher idosa com uma lesão de entrada de projétil de arma de fogo no osso frontal.

ANOTAÇÕES/COMENTÁRIOS

(a) suturas cranianas visíveis indicam pessoa jovem, margens supra-orbitárias finas, processos mastóideos pouco volumosos, côndilos occipitais curtos e largos, ausência de crista na nuca indicam mulher, bisel voltado para a face externa do osso frontal indica lesão de saída

(b) margens supra-orbitárias finas indica mulher.

(c) suturas cranianas visíveis indicam pessoa jovem.

(d) margens supra-orbitárias finas indica mulher

(e) suturas cranianas visíveis indicam pessoa jovem

Para responder, tem que estudar: teoria/doutrina.

Gabarito: A

3. **(UFRJ/PC/RJ/Delegado/2001)** O artigo 26 do Código Penal brasileiro adotou o critério biopsicológico para a avaliação da imputabilidade penal. Tal critério consiste em:

a) diagnosticar doença mental ou desenvolvimento mental incompleto ou retardado no acusado.
b) determinar que a alteração mental do agente é capaz de impedir o entendimento da ilicitude.
c) estabelecer nexo de causalidade entre a alteração mental do criminoso e o delito.
d) aferir o grau de periculosidade do agente.
e) provar que o agente não entendia a ilicitude, ou não tinha capacidade de autodeterminação no momento do crime.

ANOTAÇÕES/COMENTÁRIOS

(a) esse é apenas o aspecto biológico.

(b, e) esse é apenas o critério psicológico

(c, d) Pelo critério biopsicológico exige – se que no momento da ação ou omissão o agente não seja capaz de enteder o caráter ilicito do fato ou se determinar conforme esse entendimento, havendo um componete biológico atestado pela alteração mental e um aspecto psicológico demosntrado pelo fato de ao tempo da ação ou omissão o agente ser incapaz de reconhecer o caráter ilícito de sua conduta, logo pressupõe um nexo de casalidade entre a alteração mental do criminoso e o delito

Para responder, tem que estudar: teoria/doutrina.

Gabarito: C

4. **(PC/RJ/Delegado/2002)** O Código Penal brasileiro adotou o critério biopsicológico para a avaliação da responsabilidade penal. A aplicação deste critério implica necessariamente a existência de uma alteração mental ou qualquer outro distúrbio que interfira no seu entendimento ou na sua autodeterminação no momento da prática do delito. A vertente biológica do critério é a necessidade de se encontrar e diagnosticar o distúrbio; a vertente psicológica é a impossibilidade do entendimento da ilicitude da ação ou omissão por parte do agente. Se não houver um nexo causal entre o distúrbio mental e o comportamento delituoso:

a) o agente pode ser responsabilizado penalmente.
b) a aplicação de medidas de segurança é imperiosa.
c) basta o diagnóstico de doença mental para tornar o agente inimputável.
d) a pena tem que ser cumprida, mas com redução de um a dois terços.
e) o critério adotado pelo perito psiquiatra passa a ser o psicológico.

ANOTAÇÕES/COMENTÁRIOS

(a) A avaliação da imputabilidade ocorre no momento da ação ou da omissão. Existindo três critérios de avaliação da imputabilidade penal: biológico, psicológico ou misto. Em regra, o critério adotado é o biopsicológico, que é uma fusão do critério biológico e o psicológico, onde será considerado inimputável quem, ao tempo da conduta, apresenta alguma doença mental ou o desenvolvimento mental incompleto ou retardado e, em razão disso, não consegue reconhecer a ilicitude do seu ato. E se não houver um nexo causal entre o transtorno mental, ou a capacidade de entendimento ou determinação com o fato por ele praticado, o indivíduo será considerado imputável, isto é, passível de responsabilização criminal.

(b) A medida de segurança é um sanção penal, com caráter terapêutico destinada ao tratamento de semi-imputáveis e inimputáveis. Disciplinada no Código Penal nos artigos 96 ao 99.

(c) Deve existir um nexo causal entre o transtorno mental e o fato por ele praticado, se em razão disso, não foi possível alcançar a capacidade de determinação ou de entendimento, o indivíduo é inimputável.

(d) Caso o indivíduo seja considerado semi-imputável, conforme o parágrafo único do artigo 26 do Código Penal, a pena pode ser reduzida de um a dois terços. Neste caso o transtorno psiquíco não elimina totalmente a capacidade de determinação ou de entendimento. São exemplos de semi-imputáveis os perturbações mentais, como o psicopatia.

(e) O critério a ser adotado é o biopsicológico, salvo no caso dos menores de 18 anos em que o critério de avaliação adotado é o biológico. O perito irá analisar a sanidade mental e, a depender do caso, a cessação da periculosidade do examinando, estabelecendo o nexo de causalidade entre o ilícito penal e o transtorno mental.

Para responder, tem que estudar: teoria/doutrina.

Gabarito: A

5. **(PC/RJ/Delegado/2002)** No texto do artigo 26 do Código Penal, constam expressões como: doença mental, perturbação da saúde mental, desenvolvimento mental incompleto e desenvolvimento mental retardado. Analise a lista de distúrbios a seguir:

I. doença de Alzheimer.

II. cleptomania.

III. distúrbio obsessivo-compulsivo.

IV. epilepsia.

V. alucinose alcoólica.

VI. imbecilidade.

VII. surdo-mudez não tratada.

VIII. personalidade psicopática.

IX. agorafobia.

X. psicose maníaco-depressiva.

Devem ser incluídos na expressão "perturbação da saúde mental":

a) I, III, VI, X.

b) II, V, VII, IX.

c) II, III, VIII, IX.

d) I, IV, VII, X.

e) IV, V, VI, VIII.

ANOTAÇÕES/COMENTÁRIOS

(a) A doença de Alzheimer é uma espécie de demência, sendo considerado doente mental.

(b) A alucinose alcoólica é uma espécie de é transtorno mental devido ao uso de álcool. E os surdos-mudos não tratados são equiparados ao silvícolas e considerados pessoas portadoras de desenvolvimento mental incompleto.

(c) A perturbação mental é um distúrbio que justifica a redução da imputabilidade. Possuem um certo grau de entendimento e autodeterminação, por isso não se encaixam na descrição dos doentes mentais. São exemplos as psicopatias, as diversas manifestações neuróticas, como distúrbios obsessivo-compulsivo e até mesmo os transtornos dos hábitos e impúlsos como a piromania, cleptomania entre outros.

(d) A epilepsia e a psicose maníaco-depressiva são espécies de doença mental.

(e) A imbecilidade é uma gradação da oligofrenia, que é um grupo denominado de indivíduos que possuem o desenvolvimento mental retardado.

Para responder, tem que estudar: teoria/doutrina.

Gabarito: C

6. **(PC/RJ/Delegado/2006)** Assinale a alternativa que apresenta modelos de inimputabilidade:

a) surdos-mudos, silvícolas e débeis mentais.

b) imbecis de 2° grau, idiotas profundos e dementes senis.

c) epilépticos, neuróticos obsessivos compulsivos e cleptomaníacos.

d) psicóticos bipolares, esquizofrênicos catatônicos e ébrios habituais.

e) idiotas eréticos, portadores de embriaguez completa fortuita e menores.

ANOTAÇÕES/COMENTÁRIOS

(a) Os exemplos apresentam indivíduos que possuem o desenvolvimento mental incompleto, podendo ser considerados inimputáveis ou semi-imputáveis a depender da sua capacidade de entendimento e determinação no momento da prática da conduta. Estando eles alocados no artigo 26 e paragrafo único do Código Penal, refletindo apenas um modelo de inimputabilidade trazido pelo ordenamento jurídico. O candidado deve atentar que aos surdo-mudos que tenham sido orientados em estabelecimento especializados podem entender suficientemente as regras jurídicas impostas a uma sociedade e ser considerado imputáveis civil e penalmente.

(b) Os imbecis de 2ª grau e os idiotas profundos é uma gradação da Oligofrênia, sendo considerados aqueles que possuem desenvolvimento mental incompleto, e por sua vez podem ser considerados inimputáveis ou semi-imputáveis a depender do grau de comprometimento do intelecto e da sua capacidade de interação com o mundo exterior. Já os dementes senis são uma espécie de demência, considerada doença metal e, consequentemente, inimputável, previsto no artigo 26, caput, do Código Penal. Sendo também exemplos de um modelo trazido pelo ordenamento jurídico.

(c) As neuróses e os transtornos de hábito podem ser incluídos como perturbação da saúde mental e, consequentemente, serem considerados semi-imputáveis, previstos no parágrafo único artigo 26 do Código Penal. Já os epiléticos se acometidos de algum sintoma de ordem mental como o estado crepuscular, os automatismos e a forma psicomotora (psicose epilética), podem refletir a inimputabilidade. Sendo também exemplos de um único modelo trazido pelo ordenamento jurídico.

(d) A questão traz dois exemplos de doentes mentais, como os psicóticos e os esquizofrênicos, que são considerados inimputáveis, conforme o artigo 26, caput, do Código Penal, sendo ambos um único modelo de inimputabilidade, além dos outros previsto em nosso legislação. E os ébrios hábituais, sendo aqueles que possuem dependência alcoólica, e por sua vez é um modelo de inimputabilidade, porém prevista no artigo 28, inciso II do Código Penal.

(e) Cada um dos exemplos refletem os modelos de inimputabilidade trazido pelo ordenamento jurídico previsto no artigo 26, 27 e 28 todos do Código Penal.

Para responder, tem que estudar: lei e teoria/doutrina.

Gabarito: E

2. ASFIXIOLOGIA FORENSE

7. **(Funcab/PC/RJ/Delegado/2012)** Nas necropsias, em casos de morte por asfixias em geral, na ausência de lesões externas específicas, o perito deverá basear o seu diagnóstico no achado de um conjunto de sinais internos, que estarão descritos no corpo do laudo cadavérico. A autoridade policial, ao ler o laudo pericial, irá observar a presença constante de:

a) edema cerebral, petéquias pulmonares e sangue coagulado.

b) fluidez do sangue, congestão e equimoses viscerais.

c) desidratação corporal e hemorragia visceral.
d) edema pulmonar, distensão intestinal e congestão vascular.
e) encontro de espuma e de corpos estranhos nas vias respiratórias.

ANOTAÇÕES/COMENTÁRIOS

(a) a tríade asfixica é formada pelo sangue fluido e escuro, congestão polivisceral e petéquias dissiminadas, logo o sangue não estará coagulado.

(b) a tríade asfixica é formada pelo sangue fluido e escuro, congestão polivisceral e petéquias dissiminadas.

(c) hemorragia visceral não está correta, e sim congestão polivisceral.

(d) faltou sangue fluido e escuro e petéquias dissiminadas.

(e) o cogumelo de espuma e corpos estranhos não estariam presentes em todas as hipoteses de asfixia, sendo encontradas mais frequentemente no afogamento.

Para responder, tem que estudar: teoria/doutrina.

Gabarito: B

8. **(UFRJ/PC/RJ/Delegado/2001)** Entre os riscos profissionais dos mergulhadores estão a doença de descompressão e a embolia traumática pelo ar, que ocorrem quando há uma subida rápida ao nível do mar. Ambas resultam de fenômenos de ordem física que levam à formação de bolhas gasosas em determinados setores do organismo. Contudo, o mecanismo de produção das lesões, a clínica e o prognóstico são diferentes. Apenas na doença de descompressão:

a) o gás carbônico é o maior constituinte das bolhas.
b) as bolhas obstruem o fluxo de sangue arterial.
c) os sintomas principais são dores articulares.
d) ocorre rotura de septos alveolares nos pulmões.
e) a formação das bolhas é explicada pela lei física da cinética dos gases, de Boyle-Mariotte.

ANOTAÇÕES/COMENTÁRIOS:

(a) o nitrogênio é o maior constituinte das bolhas.

(b) pois essa obstrução poderá ocorrer tanto na embolia traumática pelo ar, como tabém na doença de descompressão.

(c) pois o fenômeno conhecido com "bend" (dobras) só ocorre na doença de descompressão, ja que os pacientes assumem uma atitude antálgica com os membros fletidos, encolhidos, a fim de obter melhora da dor.

(d) na embolia traumática pelo ar ocorre descompressão abupta dos gases diluidos no sangue do mergulhadore ocasionando rotura de septos alveolares nos pulmões.

(e) a lei física da cinética dos gases de Boyle-Mariotte explica a formação de bolhas tanto na embolia traumática pelo ar, como tabém na doença de descompressão.

Para responder, tem que estudar: teoria/doutrina.

Gabarito: C

9. (UFRJ/PC/RJ/Delegado/2001) Analise as alterações a seguir: 1) manchas de Tardieu 2) enfisema aquoso 3) pele anserina 4) cogumelo de espuma 5) diferença de densidade entre o sangue das aurículas direita e esquerda 6) presença de corpos estranhos na traquéia e brônquios principais 7) manchas de Paltauf 8) lesões de arrastamento. As alterações indicativas de morte por afogamento são apenas:

a) 1,2,5,8
b) 1,3,6,8
c) 2,3,4,7
d) 2,4,5,7
e) 3,4,6,7

ANOTAÇÕES/COMENTÁRIOS

(a) manchas de Tardieu não são patognomônicas de afogamento e sim de asfixias em geral.

(b) manchas de Tardieu não são patognomônicas de afogamento e sim de asfixias em geral.

(c) pele anserina pode estar presente nos afogados, mas não é patognomônico de afogamento, na medida que a água é um solvente universal e poderá gerar maceração mesmo se se tratar de um cadáver colocado na água que não morreu afogado.

(d) diferença de densidade entre o sangue das aurículas direita e esquerda é patognomônico de afogamento, ja que a diferença de densidade só poderá ter ocorrido se houve inspiração de água para o interior dos pulmões que por sua vez foi deslocada para o átrio esquerdo, causando a diferença de densidade para o átrio direito, confirmando o afogamento azul ou verdadeiro.

(e) pele anserina pode estar presente nos afogados, mas não é patognomônico de afogamento, na medida que a água é um solvente universal e poderá gerar maceração mesmo se se tratar de um cadáver colocado na água que não morreu afogado.

Para responder, tem que estudar: teoria/doutrina.

Gabarito: D

10. (PC/RJ/Delegado/2006) Um corpo humano, em adiantado estado de decomposição, foi encontrado na praia da Macumba. O diagnóstico de afogamento:

a) não pode ser firmado em cadáveres putrefeitos.
b) baseia-se na presença de cogumelo de espuma, enfisema aquoso de Ponsold, manchas pulmonares de Paltauf e no encontro de areia nas vias respiratórias baixas.
c) depende do resultado da prova das densidades comparadas e da determinação da constante crioscópica do sangue.
d) consiste no achado de algas diatomáceas do plâncton na medula óssea da diáfise femoral.
e) requer a dosagem do estrôncio por espectrometria, no sangue dos dois lados do coração.

ANOTAÇÕES/COMENTÁRIOS

(a, d) mesmo em cadáveres putrefeitos é possível encontrar alguns sinais patognomônicos de afogamento, como por exemplo, algas diatomáceas nos óssos longos.

(b, c, e) os achados descritos no item podem estar prejudicados pela putrefação.

Para responder, tem que estudar: teoria/doutrina.

Gabarito: D

11. (PC/RJ/Delegado/2006) A necropsia de um idoso revelou a seguinte "causa mortis": asfixia mecânica por constrição do pescoço na modalidade de esganadura. Os possíveis achados da referida perícia são:

I. infiltração hemorrágica cervical.
II ruptura muscular.
III. equimose retrofaríngea.
IV equimose de Paltauf.
V fratura do hióide.
VI. lesões vasculares cervicais.
VII. fratura da apófise odontóide.
VIII. fratura de cartilagem laríngea.

Estão corretos os achados:

a) I, II, IV, V e VIII.
b) I, II, V, VI e VIII.
c) II, III, V, VII e VIII.
d) III, V, VI, VII e VIII.
e) I, IV, V, VI e VIII.

ANOTAÇÕES/COMENTÁRIOS

(a, e) o item IV só ocorrer nos afogamentos verdadeiros.

(b) certo, pois a esganadura é a constrição do pescoço com as mãos, atacando diretamente o pescoço da vitíma, podendo causar: infiltração hemorrágica cervical, ruptura muscular, fratura do hióide, lesões vasculares cervicais e fratura de cartilagem laríngea.

(c, d) o item III, equimose retrofaríngea, é descrita no livro no Prof. Hygino como um achado presente no enforcamento.

Para responder, tem que estudar: teoria/doutrina.

Gabarito: B

3. BALÍSTICA FORENSE

12. (Ceperj/PC/RJ/Delegado/2009) Com relação às granadas, artefatos bélicos de arremesso, que atualmente vêm sendo utilizadas pelos traficantes cariocas, assinale verdadeiro (V) ou falso (F) ao lado de cada uma das afirmativas abaixo e determine qual a sequência correta.

I. possuem trajetória retilínea, sua forma pode ser esférica, cilíndrica ou oval, são munidas de espoleta e dotadas de carga interior variável segundo sua aplicação.

II. podem ser lançadas com a mão ou com o auxílio de uma arma de fogo e detonam por tempo ou percussão.

III. as ofensivas atuam basicamente pelo estilhaçamento ou fragmentação do invólucro.

IV. as defensivas agem principalmente pela onda explosiva, resultante da detonação da carga de arrebentamento.

V. as especiais contêm um agente químico que produz um efeito tóxico ou irritante, cortinas de fumaça, ações incendiárias e luminosas ou qualquer combinação das mesmas.

VI. seus efeitos lesivos mecânicos dependem da sua carga e mecanismo de ação.

a) V, F, V, V, V, F.
b) V, V, F, F, V, F.
c) F, F, V, V, F, V.
d) F, V, F, F, V, V.
e) F, V, V, V, V, F.

ANOTAÇÕES/COMENTÁRIOS

(a) descrevem trajetória parabólica e não retilínea.

(b) descrevem trajetória parabólica e não retilínea.

(c) as ofensivasagem principalmente pela onda explosiva, resultante da detonação da carga de arrebentamento.

(d) descrevem trajetória parabólica e não retilínea, as ofensivasagem principalmente pela onda explosiva, resultante da detonação da carga de arrebentamento, as defensiva-satuam basicamente pelo estilhaçamento ou fragmentação do invólucro.

(e) as defensivasatuam basicamente pelo estilhaçamento ou fragmentação do invólucro

Para responder, tem que estudar: teoria/doutrina.

Gabarito: D

13. (Ceperj/PC/RJ/Delegado/2009) Diante das duas afirmações: (1ª) A flecha com ponta metálica e haste de madeira tende a ter maior estabilidade em atingir o alvo do que um projétil de arma de fogo não-raiada e (2ª) O centro de pressão próximo à ponta e ao centro de massa junto à base favorecem maior estabilidade do projétil na trajetória, responda:

a) as duas afirmações são falsas.

b) as duas afirmações são verdadeiras.

c) a primeira é verdadeira e a segunda é falsa.

d) a primeira é verdadeira e a segunda justifica a primeira.

e) as duas afirmações são verdadeiras, porém a segunda não justifica a primeira.

ANOTAÇÕES/COMENTÁRIOS

(a) a primeira esta correta, pois a flexa com a pedra na parte de frente ecom a pena na parte traseira faz com que os centros de massa (ponto de equilibrio geométrico) e o centro de pressão estejam alinhados dando mais estabilidade à flexa, ja no projétil de arma não raiado não irá realizar os movimentos de rotação, translação, nutação, precessão e báscula, apresentando assim menor estabilidade.

(b) a segunda é falsa, pois o centro de massa está junto a ponta e o de pressão junto à base.

(c) a primeira esta correta a flexa com a pedra na parte de frente e com a pena na parte traseira faz com que os centros de massa (ponto de equilibrio geométrico) e o centro de pressão estejam alinhados dando mais estabilidade à flexa, ja no projétil de arma não raiado não irá realizar os movimentos de rotação, translação, nutação, precessão e báscula, apresentando assim menor estabilidade e a segunda é falsa, pois o centro de massa está junto a ponta e o de pressão junto à base

(d) a segunda não é a jsutificativa da primeira.

(e) a segunda é falsa, pois o centro de massa está junto a ponta e o de pressão junto à base

Para responder, tem que estudar: teoria/doutrina.

Gabarito: C

14. (UFRJ/PC/RJ/Delegado/2001) Os fabricantes de armas de fogo são capazes de aumentar ou de diminuir a quantidade de energia cinética transferida para o alvo pelos projéteis. Para isso, usam de artifícios vários na sua construção. Analise os fatores a seguir: 1) ponta mole 2) ponta afilada 3) baixa deformabilidade 4) ponta oca 5) ponta aplanada 6) forma aerodinâmica 7) alta rotação 8) fenestração da camisa metálica na ponta. Contribuem para o aumento do poder de parada de um projétil somente os seguintes fatores:

a) 1,2,3,5.

b) 1,2,6,7.

c) 1,4,5,8.

d) 2,4,6,8.

e) 3,4,5,7.

ANOTAÇÕES/COMENTÁRIOS

(a) 2 ponta afilada aumenta o poder de tranfixar logo diminui o poder de parada, por isso errado.

(b) 2 ponta afilada aumenta o poder de tranfixar logo diminui o poder de parada, por isso errado

(c) todos os itens contribuem para que o projétil transfira mais energia sinética para o alvo, aumentando assim seu poder de parada, logo correto o item.

(d) 2 ponta afilada aumenta o poder de tranfixar logo diminui o poder de parada, por isso errado

(e) 3 baixa deformidade aumenta o poder de tranfixar logo diminui o poder de parada, por isso errado

Para responder, tem que estudar: teoria/doutrina.

Gabarito: C

15. (UFRJ/PC/RJ/Delegado/2001) Na guerra entre bandos de traficantes de drogas, é comum o uso de armas de guerra tais como fuzis AR-15 e AK-47. Sabendo-se que o primeiro usa projéteis de 5,56mm, pesando 3,6 g, disparados a 977m/seg; e que o outro usa projéteis de 7,62mm, pesando

7,9g, disparados a 710m/seg, assinale a afirmativa incorreta relativa às lesões por eles produzidas no corpo humano:

a) Os orifícios de entrada de ambos podem ter diâmetro menor, igual ou maior que o seu calibre.
b) Ambos formam cavidades temporárias pulsáteis ao longo do trajeto.
c) Os projéteis do AR-15 apresentam maior tendência a se fragmentar ao longo do trajeto.
d) As lesões de saída do AR 15 têm diâmetro menor que as do AK 47.
e) O diâmetro das lesões de saída de ambos depende do comprimento do trajeto.

ANOTAÇÕES/COMENTÁRIOS

(a) em regra, as lesoes de entrada têm diâmetro menor ou igula ao calibre da arma em virtude da elasticidade da pele.

(b) as cavidades temporárias são produzidas pela onda de pressão gerada pela passagem do PAF.

(c) sua menor massa facilita a fragmentação.

(d) não é possivel estabelecer de forma apriorística o diâmetro da lesão de entrada tomando como parâmetro apenas o calibre nominal da arma, ja que outros fatores também influenciam no aspecto da lesão como por exemplo a estabilidade do PAF, por isso o item está errado.

(e) quanto maior o trajeto mais energia cinetica será gasta para percorrer a maior distancia dentro do corpo o que poderá influenciar no diâmetro da lesão de saida.

Para responder, tem que estudar: teoria/doutrina.

Gabarito: D

4. DOCUMENTOS MÉDICO-LEGAIS

16. (Funcab/PC/RJ/Delegado/2012) Os documentos médico-legais são mecanismos de comunicação com as autoridades e, portanto, devem ser elaborados com metodologia, de forma a obedecer a uma configuração preestabelecida. Constituem parte comum ao relatório ou laudo e ao parecer, exceto:

a) descrição.
b) discussão.
c) conclusão.
d) preâmbulo.
e) quesitos.

ANOTAÇÕES/COMENTÁRIOS

(a) Só está presente no relatório ou laudo, sendo inclusive a parte mais importante do documento médico legal, não estando presente no parecer.

(b, c, d, e) Está presente nos dois.

Para responder, tem que estudar: teoria/doutrina.

Gabarito: A

17. (Ceperj/PC/RJ/Delegado/2009) Sobre o exame de corpo de delito e outras perícias, é correto afirmar que:

a) o laudo pericial será elaborado no prazo de 10 dias, podendo ser prorrogado no máximo para 30 dias, em casos excepcionais, a requerimento dos peritos.

b) serão realizados por dois peritos oficiais, portadores de diploma de curso superior, designados pela Autoridade competente.

c) serão realizados por mais de um perito oficial em caso de perícia complexa que abranja mais de uma área de conhecimento especializado, com escusa de indicação de outro assistente técnico pela parte.

d) o Ministério Público, o assistente de acusação, o ofendido, o querelante e o acusado terão permissão para formular quesitos e indicar assistente técnico.

e) os assistentes técnicos indicados pelas partes poderão realizar pareceres em prazo fixado pelo juiz, mas não será admitida sua inquirição em audiência do mesmo modo que os peritos.

ANOTAÇÕES/COMENTÁRIOS

(a) Art. 160, p. ú.

(b) Art. 159, CPP: 1 perito apenas e 2 ad hoc.

(c) Art. 159, § 7º do CPP.

(d) Art. 176, do CPP.

(e) Art. 159, § 5º, II do CPP.

Para responder, tem que estudar: teoria/doutrina.

Gabarito: D

18. (PC/RJ/Delegado/2002) A declaração de óbito tem a função de encerrar a vida civil das pessoas naturais. Deve ser preenchida pelo médico assistente sempre que não se tratar de morte violenta ou suspeita. Mas o médico não está obrigado a firmar a declaração nos casos de:

a) natimortos.
b) conceptos com menos de 1000g.
c) causa de morte indeterminada.
d) prematuros.
e) cadáveres não identificados.

ANOTAÇÕES/COMENTÁRIOS

(a) A ausência de sinal vital, como batimentos cardíacos, pulsação do cordão umbilical etc, caracteriza o natimorto (nascido morto), sendo necessária a declaração de óbito, salvo hipóteses elencadas na letra "b".

(b) A banca apresentou como gabarito correto esta opção, contudo a Res. nº 1779/05 do CFM e o Prof. Hygino de Carvalho Hércules, na pág.28, Medicina Legal Texto e Atlas, 2ª Edição, falam em peso menor que 500 g, idade gestacional menor que 20 semanas e estatura menor que 25 cm, nestas hipóteses o médico não estará obrigado a fornecer a certidão de óbito.

(c) A causa da morte indetermidada é quando não se pode precisar se a morte decorreu em razão de suícidio, acidente ou crime. Sende necessário a declaração de óbito.

(d) As mortes fetais se dividem em prematuras, intermediárias e tardias. As mortes prematuras são aquelas em que o feto possui peso menor que 500 gramas, idade gestacional menor que 20 semanas e estatura menor que 25 cm. Não sendo nesse caso neces sária a declaração de óbito. Os limites adotados no Brasil estão na Resolução da Diretoria Colegiada da ANVISA, nº 222/2018, sendo tratados como resíduos de serviço de saúde se forem inferior ao mencionado nesta resolução.

(e) É necessária a declaração de óbito, não havendo nenhum óbice a elaboração deste documento médico legal.

Para responder, tem que estudar: teoria/doutrina.

Gabarito: B

19. (UFRJ/PC/RJ/Delegado/2001) Uma pessoa sofre fratura do fêmur por queda, em sua residência. Necessita permanecer internada por 3 meses em um hospital, em razão de complicações infecciosas decorrentes da permanência no leito, vindo a falecer de pneumonia. O médico plantonista do hospital firma a declaração de óbito e libera o cadáver para sepultamento. Sabendo do fato, o delegado da jurisdição do hospital manda sustar o enterro. Em relação a esse caso, é correto afirmar que:

a) a ação do delegado não tem respaldo legal, já que a causa da morte foi pneumonia.
b) o médico agiu apoiado no exercício regular do direito profissional.
c) a morte se deu por concausa superveniente independente.

d) o médico só descumpriu norma ética, cuja verificação foge da alçada policial.

e) o delegado agiu corretamente por se tratar de morte violenta.

ANOTAÇÕES/COMENTÁRIOS

(a) a causa da morte foi a pneumonia, contudo aqui deve ser observada a causa jurídica da morte, ou seja, o acidente, trazendo a baila o conceito de morte violenta para a medician legal.

(b) a causa juridica da morte foi acidente o que obriga a realização autópsia feita no IML, por um perito oficial. Sempre que a morte ocorrer em viturde de Suícidio, Acidente ou Crime (SAC) a morte é violenta e exige a Autópsia com posterior confecção de Laudo Cadavérico.

(c) a concausa é irrelevante para fins médico-legais no que tange a realizaçao da autópsia, na medida que a morte foi violanta (acidente).

(d) houve no caso morte violenta.

(e) a causa juridica da morte foi acidente o que obriga a realização autópsia feita no IML, por um perito oficial. Sempre que a morte ocorrer em viturde de Suícidio, Acidente ou Crime (SAC) a morte é violenta e exige a Autópsia com psoterior confecção de Laudo Cadavérico.

Para responder, tem que estudar: teoria/doutrina.

Gabarito: E

5. GENÉTICA FORENSE

20. (PC/RJ/Delegado/2006) A técnica da PCR (reação em cadeia da polimerase) usada para determinar o perfil de DNA:

a) é bastante susceptível à contaminação no laboratório devido a sua alta sensibilidade.

b) requer digestão do DNA em teste por enzimas de restrição, eletroforese em gel dos fragmentos obtidos, transferência do DNA para uma membrana sólida e hibridização com sonda radioativa.

c) dispensa o conhecimento prévio de seqüências de DNA adjacentes ao DNA de interesse.

d) consiste em três etapas: desnaturação do DNA sob baixa temperatura, hibridização do primer em alta temperatura e alargamento do primer a uma temperatura média.

e) não pode ser feita com quantidades extremamente pequenas de DNA.

ANOTAÇÕES/COMENTÁRIOS

(a) a tecnica da PCR é mais sensível e moderna do que outras técincas e possibilita a análise de uma região específica do DNA, por meio da ampliação bioquímica ou molecular de uma sequência- alvo, capaz de gerar com eficácia um grande número de cópias de um segmento específico de DNA a partir de uma pequena quantidade de material genético; (higino, pag 97, 2 ed.)

(b, c, d, e) Vide comentário acima.

Para responder, tem que estudar: teoria/doutrina.

Gabarito: A

6. SEXOLOGIA FORENSE

21. (Funcab/PC/RJ/Delegado/2012) Na perícia de conjunção carnal, a maioria das lesões encontradas nas vítimas de crimes sexuais é de caráter inespecífico, o que torna necessária a realização de métodos complementares para a elucidação dos vestígios, entre os quais não se inclui:

a) pesquisa direta de espermatozoides.
b) dosagem de fosfatase ácida prostática.
c) pesquisa de antígeno prostático específico.
d) exame de confronto genético.
e) dosagem de prostaglandina F2-alfa.

ANOTAÇÕES/COMENTÁRIOS

(a) a presença de espermatozóide no canal vaginal é sinal de certeza de conjunção carnal

(b) a presença defosfatase ácida prostáticano canal vaginal é sinal de certeza de conjunção carnal

(c) a presença de antígeno prostático específicono canal vaginal é sinal de certeza de conjunção carnal

(d) não é uma substância específica do líquido seminal.

(e) na gravidez o embrião envia sinais ao endométrio que evitem a liberação daprostaglandina F2-alfa, logo essa alteraçao na dosagem dessa prosgladina indicaria gravidez que é sinal de certeza de conjunção carnal para medicina legal

Para responder, tem que estudar: teoria/doutrina.

Gabarito: D

22. (Ceperj/PC/RJ/Delegado/2009) Uma mulher foi submetida a coito anal mediante violência e, após a feitura do registro de ocorrência na Delegacia Policial, recebeu guia policial para realização de exame pericial no IML. No que é pertinente ao aludido exame está incorreta a assertiva:

a) no exame efetuado a periciada pode ser colocada em atitude genupeitoral ou em decúbito lateral.

b) o exame positivo pode denotar equimose, rágade, escoriação, edema, sangue, esperma e exulceração.

c) este coito reiterativo pode evidenciar lesão cicatricial de forma triangular com base na margem do ânus.

d) não há diagnóstico de coito anal pela fosfatase ácida e glicoproteína P30 no suspeito vasectomizado.

e) deverá ser recolhido material para comprovar a presença de espermatozóide através de exame laboratorial.

ANOTAÇÕES/COMENTÁRIOS

(a) São posições nas quais a pericianda pode ser colocada para que o médico realize o exame.

(b) todas as lesões descritas podem aparecer em uma manobra de coito anal.

(c) Em virtude da reiteração da manobra, podem ser encontradas lesões em idades diversas, inclusive algumas ja cicatrizadas.

(d) a vasectomia impede a presença de espermatozóides, mas não de outras substâncias presentes no liquido seminal, como a fosfatase ácida e o PSA.

(e) Art. 170, CPP.

Para responder, tem que estudar: teoria/doutrina.

Gabarito: D

23. (UFRJ/PC/RJ/Delegado/2001) O erro essencial quanto à pessoa, referido nos artigos 218 e 219 do Código Civil, é reconhecido quando há, entre outras condições, o chamado "defeito físico irremediável", que pode ser exemplificado por:

a) impotência generandi.

b) esterilidade feminina.

c) pseudo-hermafroditismo masculino interno.

d) azoospermia.

e) atresia vaginal.

ANOTAÇÕES/COMENTÁRIOS

(a) o defeito físico irremediável, Art. 1557 III do CC/02, significa a incapacidade de cumprir com o débito conjugal, ou seja, propiciar ao cônjuge sua satisfação sexual. É a impotência sexual (HIGINO, pag.620), a impotência que gera a incapaciadade física é a "coeundi", a "generandi " é a incapacidade de fertilizar o parceiro, logo não é física.

(b) esterilidade feminina é a incapacidade de ser fértil, logo não é física.

(c) são indivíduos que possuem tecidos ovulares e testiculares ao mesmo tempo. Em aproximadamente 75% dos casos, os dois tipos de tecidos estão presentes em duas gônadas mistas que são chamadas ovotéstis; em outros casos, há um testículo de um lado do corpo e do outro um ovário, pode também haver um ovotestis de um lado e um ovário ou testículo do outro. O pseudo-hermafroditismo masculino interno, caracteriza- se por indivíduos que, apesar de serem portadores do cromossomo Y e de testículos, não possuem os genitais externos desenvolvidos de acordo com o esperado para o sexo masculino. A genitália será, portanto, ambígua ou feminina, esse defeito é originário de complicações na formação genética embrionária.

(d) ocorre quando não for detectado nenhum espertatozóide no semen ejaculado, não é defeito físico.

(e) A atresia vaginal é uma condição na qual a vagina está anormalmente fechada ou ausente, é considerado defeito FÍSICO, que poderia suscitar o erro essencial quanto à pessoa.

Para responder, tem que estudar: teoria/doutrina.

Gabarito: E

24. **(PC/RJ/Delegado/2002)** Uma pessoa apresenta sexo dúbio caracterizado pela presença de testículos atróficos situados na cavidade abdominal, genitália externa mal definida, em que se nota vagina pouco desenvolvida, indefinição entre clitóris hipertrófico ou pênis exíguo, grandes lábios volumosos, ausência de pequenos lábios e implantação baixa e triangular dos pêlos pubianos. A genitália interna apresenta útero muito atrófico e trompas ausentes. O corpo em geral mostra acúmulo de gordura nas regiões glúteas e raiz das coxas, pêlos ao redor da papila mamária, mamas discretamente desenvolvidas e raros fios de barba. O exame da cromatina sexual revelou contagem compatível com o sexo masculino. Sua orientação psicológica a faz buscar pessoas do sexo masculino para namorar. Assim, vem a se casar com um homem normal. Do ponto de vista legal, tal casamento é:

a) válido.
b) nulo.
c) anulável por erro essencial de pessoa.
d) anulável por ter havido impedimento proibitivo.
e) válido, desde que não contestado durante dois anos após a celebração.

ANOTAÇÕES/COMENTÁRIOS

(a, c, d, e) Vide comentário à alternativa B.

(b) A banca assinalou como correta a alternativa "B". Porém, a questão encontra-se prejudicada após manifestação histórica do STF, na Adin 4277/DF, julgada em 2011, que reconheceu a natureza familiar das uniões das pessoas do mesmo sexo, e o STJ por sua vez, latreado no mesmo fundamento de respeito a Dignidade da Pessoa Humana, à liberdade, igualdade subtancial e solidariedade social admitiu o casamento homoafetivo. (Resp 1.183.378/RS, em 25/10/2011). Contudo, o gabarito se pautou no entendimento do Professor Hygino de Carvalho Hércules, Cáp. 28, Medicina Legal Texto e Atlas, 2ª Edição, página 616. Que considera como essência do casamento, sendo considerado um impedimento absoluto, não previsto no artigo 1.521 do Código Civil, a não identidade de sexo. Importante pontuar que na espécie humana não há hermafroditismo verdadeiro, isto é, a presença no mesmo indivíduo de gônadas do sexo feminino e masculino, sendo possível, em razão disso, a auto reprodução. As gônadas são órgãos responsáveis pela reprodução de células sexuais. O pseudo-hermafrodita é o indivíduo que apresenta gônadas de um dos sexos e genitália externa do sexo aposto ao da gônada. Por exemplo, um indivíduo com características externas masculinas, como presença de barba, pelos pelo corpo, laringe avantajada (pomo-de-adão), genitália externa masculina, porém apresenta genitália interna com útero, ovário e trompas. Este exemplo é denominado de pseudo-hermafrodita feminino. O que determinada se o pseudo-hermafrodita é masculino ou feminino é a genitália interna.

Para responder, tem que estudar: teoria/doutrina.

Gabarito: B

7. TANATOLOGIA FORENSE

25. (Funcab/PC/RJ/Delegado/2012) Para a verificação do tempo aproximado de morte em um cadáver parcialmente esqueletizado, torna-se dispensável:

a) o conhecimento de dados relacionados com o lugar de encontro do corpo, se aberto ou fechado, e o tipo de sepultamento.
b) o estudo do corpo e do local por entomologista.
c) a informação sobre a época do ano e as condições climáticas.
d) a dosagem de carbono 14 nos despojos.
e) a ciência da causa da morte, se violenta ou natural.

ANOTAÇÕES/COMENTÁRIOS

(a) o tipo de sepultamento e as condições do solo podem influenciar interroppendo a marcha da putrefação gerando assim fenomemos conservadores do cadáver como por exemplo a adipocera, do mesmo modo o local aberto ou fechado podera influenciar na marcha da destruição ou conservação do cadáver.

(b) o estudo do corpo é importante, pois a compleição corporal pode influenciar na marcha da putrefação.

(c) as condições climáticas (ambientes mais quentes ou frios) podem influenciar na marcha da putrefação.

(d) a quantidade de carbono 14 dos tecidos orgânicos mortos diminui a um ritmo constante com o passar do tempo, ela se divide pela metade a cada 5.730 anos (meia vida do carbono). Sendo assim, é possível datar fósseis baseando-se na medida dos valores do isótopo radioativo. Dessa forma sua importância se esá em estudos arqueológicos e não para o estabelecimento do tempo de morte.

(e) na morte violenta por asfixia por exemplo os fenômenos cadavéricos podem ser modificados (rigidez cadavérica mais acelerada) o que pode influenciar nas condições do cadáver.

Para responder, tem que estudar: teoria/doutrina.

Gabarito: D

26. (Ceperj/PC/RJ/Delegado/2009) Em relação às exumações administrativas e suas indicações, é correto afirmar que são realizadas para:

I. verificar particularidades que possam elucidar circunstâncias da morte.
II. o translado de ossos para o ossário ou columbário.
III. mudança de local de inumação.
IV. verificação da causa de morte.
V. verificação de identidade de cadáver:

a) todas as assertivas estão corretas.
b) apenas uma assertiva está correta.
c) apenas duas assertivas estão corretas.
d) apenas três assertivas estão corretas.
e) todas as assertivas estão incorretas.

ANOTAÇÕES/COMENTÁRIOS

(a) ver item C.

(b) ver item C.

(c) Somente são exumações classificadas como administrativas as realizadas segundo os itens 2 e 3. As demais formas elencadas na questão são realizadas por meio de uma exumação judicial, logo são exumações judiciais na medida que desafiam o interesse da justiça civil ou criminal.

(d) ver item C.

(e) ver item C.

Para responder, tem que estudar: teoria/doutrina.

Gabarito: C

27. (UFRJ/PC/RJ/Delegado/2001) Com o advento da era dos transplantes de órgãos vitais, o diagnóstico de morte passou a ser revisto e discutido por cientistas e por legisladores. No plano conceitual, foi necessário estabelecer as diferenças entre morte celular, morte tecidual, morte encefálica, morte cortical e morte aparente. A respeito desses conceitos, é correto afirmar que:

a) o momento da morte celular pode ser determinado pelas alterações vistas ao microscópio eletrônico.

b) o miocárdio de vítima de infarto pode ter aspecto normal sob microscopia óptica e eletrônica.

c) morte aparente refere-se ao coma profundo, com respiração assistida por aparelhos.

d) a morte cortical foi adotada como critério pelo Conselho Federal de Medicina.

e) a ausência de ondas no eletroencefalograma é prova suficiente de morte encefálica.

ANOTAÇÕES/COMENTÁRIOS

(a) A morte da célula pode ocorrer tanto por alterações morfológicas ou patogênicas, sendo bem comum. Porém, pode ocorrer a morte da célula, cuja morfologia à microscopia eletrônica não se desvia muito da normalidade. A fundamentação reflete conceitos biológicos sendo interessante a consulta a pág. 104, Livro Prof. Hygino, 2ª Edição.

(b) A fundamentação revela conceitos médicos, porém explicado no Livro do Professor Hygino Carvalho Hércules, 2ª edição, pág. 104. Informando que as lesões morfológicas de cessação dos fenômenos vitais podem em um exame realizado por um microscópio eletrônico podem revelar um aspecto de célula normal, apesar de já estar morta. E ser vísivel depois de 04 horas ao microscópio comum.

(c) Segundo o Prof. Hygino Carvalho Hércules a morte aparente é "um estadi de profundo embotamento das funções vitais em que se torna muito difícil escutar os batimentos cardíacos, por muito débeis e pouco frequentes, ou perceber os movimentos respiratórios". Exemplos onde o estado de morte aparente é comum: asfixia, envenenamento, eletroplessão, hipotermia etc.

(d) O critério adotado pelo CFM (Conselho Federal de Medicina), está disposto na Resolução 2.173/2017, que estabeleceu os critérios para aplicação do conceito de morte encefálica. Adotando-se a morte encefálica, incluindo-se o tronco cerebral.

(e) Uma vez que são realizados diversos exames clinicos, inclusive exames complementares, para se constatar a morte encefálica, sendo que a ausência de ondas no eletoencefalograma, por si só nçao caracteriza a morte encefálica. A resolução 1.480/1997 do CFM (Conselho Federal de Medicina), regulando o disposto no artigo 3º da Lei 9.434/1997, estabelece critérios para ser constatada a morte encefálica, onde exames clínicos serão realizados durante intervalos de tempo variáveis, e uma vez comprovado que o paciente apresenta coma aperceptivo com ausência de atividade motora supra-espinal e apnéia, como consequencia de causa conhecida e irreversível estará caracterizada a morte encefálica.

Para responder, tem que estudar: teoria/doutrina.

Gabarito: B

28. (UFRJ/PC/RJ/Delegado/2001) Os acidentes fatais pela eletricidade são mais comuns em circuitos de alta tensão, mas também ocorrem nas residências, onde a voltagem é baixa. Analise as circunstâncias a seguir: (1) ausência de fio terra nos eletrodomésticos; (2) associação em paralelo com o condutor; (3) sudorese intensa nas mãos; (4) presença de calosidades nas mãos por trabalho braçal; (5) patologias prévias como epilepsia; (6) associação em série com o condutor; (7) amperagem em torno de 75 a 100mA; (8) fluxo de corrente de 1 a 2A por alguns segundos. Favorecem a ocorrência de acidentes fatais domésticos somente as seguintes circunstâncias:

a) 1,2,4,7.
b) 1,3,6,7.
c) 1,4,6,8.
d) 2,3,5,8.
e) 2,5,6,8.

ANOTAÇÕES/COMENTÁRIOS

(a, d, e) na associação em paralelo o risco é menor, pois a pessoa não receberá toda a corrente.

(b) mãos molhadas ajudam a aumentar a amperagem, pois diminuem a resistência, logo podem causar lesões mais graves.

(c) maos com calosidade aumentam a resistência, diminuindo assim a amperagem que é o fator que agrava as lesões.

Para responder, tem que estudar: teoria/doutrina.

Gabarito: B

29. (UFRJ/PC/RJ/Delegado/2001) Sabendo-se que o crime de infanticídio pode ocorrer durante ou logo após o parto, é possível provar que um feto que não respirou estava vivo durante o parto através de:

a) docimásia óptica de Bouchut.
b) presença da bossa serosa occipital.
c) docimásia auricular.
d) docimásia gastrointestinal de Breslau.
e) exame da placenta e do cordão umbilical.

ANOTAÇÕES/COMENTÁRIOS

(a) essa docimásia verifica o aspecto visual de um pulmão que respirou com aquele que não respirou, sendo certo que este item esta errado na medida que a questão disse que não houve respiração

(b) item correto pois a bossa serosa occipital é uma docimásia circulatória, logo mesmo não tendo ocorrido respiração, se tiver ocorrida a formação da bossa occipital e sinal que o sangue estava circulnado por conta dos batimentos cardiácos, logo houve vida.

(c) este item esta errado na medida em que a questão disse que não houve respiração e a docimásia auricular depende do encontro de ar nos ouvidos.

(d) este item esta errado na medida em que a questão disse que não houve respiração e a docimásia gastrointestinal de Breslau depende do encontro de ar no trato gastrointestinal.

(e) tem a função de alimentar o concepto, não sendo meio idoneo para esta verificação.

Para responder, tem que estudar: teoria/doutrina.

Gabarito: B

30. (PC/RJ/Delegado/2002) Após a morte, o corpo humano começa a se resfriar porque cessam as reações exotérmicas que o mantinham aquecido. Mas a velocidade de resfriamento sofre influência de fatores ambientais e de fatores relativos ao próprio corpo. Assim, o cálculo da hora da morte pode ser tentado a partir da tomada da temperatura corporal confrontada com a temperatura e a umidade ambientes. Interferem no ritmo de resfriamento do corpo vários fatores, exceto:

a) estado de nutrição.
b) ventilação.
c) posição do corpo.
d) idade do indivíduo.
e) causa da morte.

ANOTAÇÕES/COMENTÁRIOS

(a, b, c, d, e) Questão anulada pela banca

Para responder, tem que estudar: teoria/doutrina.

Gabarito: X

31. (PC/RJ/Delegado/2002) Uma mulher no terceiro mês de gestação resolve tomar uma poção indicada por uma aborteira para eliminar a gravidez. Sofre cólicas intensas, perde moderada quantidade de sangue, mas não expulsa o concepto. Três meses depois, é submetida a uma cirurgia, com retirada do útero e dos anexos. Dentro do útero, é encontrado um feto retraído, como que mumificado, parcialmente desidratado, com áreas de calcificação. Nesse caso, pode-se afirmar que:

a) não houve crime de aborto, pois não houve a expulsão do concepto.

b) houve apenas tentativa de aborto criminoso.

c) houve crime de auto-aborto.

d) o aborto só foi consumado por ocasião da cirurgia.

e) houve crime de auto-aborto qualificado.

ANOTAÇÕES/COMENTÁRIOS

(a) O aborto para fins legais é a interrupção dolosa da gravidez, resultando a morte do produto da concepção, independente da sua expulsão.

(b) No caso caracterizaria tentativa se o agente ao realizar as manobras abortivas o feto fosse expelido, porém com vida e não visse a morrer posteriormente em razão das manobras realizadas.

(c) Considera-se aborto para fins legais a interrupção dolosa da gravidez, com a morte do produto da concepção. Porém, o tipo penal previsto no artigo 124 do Código Penal possui duas figuras típicas, sendo que a conduta de "provocar aborto em si mesma" é o denominado "autoaborto" e "consentir para que terceiro lhe provoque" é o denominado "aborto consentido".

(d) O crime de aborto se consuma com a morte do produto da concepção, dentro do útero materno ou após a expulsão prematura acarretada pelas manobras produzidas.

(e) Não há no nosso ordenamento jurídico a figura do autoaborto qualificado. O artigo 127 do Código Penal elenca as hipóteses em que caracterizam causas de aumento de pena aplicáveis aos artigos 126 e 127, que são as condutas tipícas do aborto provocado por terceiro.

Para responder, tem que estudar: teoria/doutrina.

Gabarito: C

32. (PC/RJ/Delegado/2002) Analise as características seguintes dos pulmões de recém-natos:

I. superfície com aspecto de mosaico quando observada com lupa.
II. bordas arredondadas.
III. bordas agudas.
IV. alojados preferencialmente no espaço da goteira costo-vertebral.
V. presença de crepitação à palpação.
VI. consistência pouco firme e elástica.
VII. coloração vermelha muito escura.
VIII. coloração rósea.
IX. aspecto glandular.
X. alcançar parte da área cardíaca entre o esterno e o pericárdio.

São próprias do pulmão que respirou:

a) I, II, IV, VII.
b) II, III, IX, X.
c) IV, VI, VII, VIII.
d) I, V, VIII, X.
e) III, V, VI, IX.

ANOTAÇÕES/COMENTÁRIOS

(a) Apenas o item I reflete característica dos pulmões de recém-nascidos que respiraram.

(b) Apenas o item X reflete característica dos pulmões de recém-nascidos que respiraram.

(c) Apenas o item VIII reflete característica dos pulmões de recém-nascidos que respiraram.

(d) Essas características foram retiradas do Livro do Prof. Hygino, 2ª Ed. Pág. 679.

(e) Pois não refletem características dos pulmões de recém-nascidos que respiraram.

Para responder, tem que estudar: teoria/doutrina.

Gabarito: D

33. (PC/RJ/Delegado/2006) A classificação possível dos fenômenos cadavéricos transformativos e abióticos tardios é:

a) destrutivos – autólise e adipocera; conservadores – mumificação e rigidez estatuária; tardios – saponificação e maceração.
b) destrutivos – putrefação e maceração; conservadores – autólise e saponificação; tardios – adipocera e mumificação.

c) destrutivos - autólise e saponificação; conservadores - mumificação e adipocera; tardios - putrefação e maceração.
d) destrutivos - adipocera e putrefação; conservadores - maceração e mumificação; tardios - saponificação e autólise.
e) destrutivos - maceração e autólise; conservadores - adipocera e mumificação; tardios - algidez e rigidez cadavéricas.

ANOTAÇÕES/COMENTÁRIOS

(a) adipocera é fenômeno conservador; rigidez é sinal de certeza de morte e não conservador e a saponificação é conservador sendo que a maceração é destrutivo pela água.

(b) autolise não é conservador e sim destrutivo.

(c) saponificação é conservador.

(d) adipocera é fenômeno conservador.

(e) todas as classificações são correspondentes aos fenômenos descritos.

Para responder, tem que estudar: teoria/doutrina.

Gabarito: E

8. TOXICOLOGIA FORENSE

34. (Funcab/PC/RJ/Delegado/2012) Depoimento de uma mulher usuária de drogas em reabilitação: "... porque para mim a era uma pessoa e as pessoas eram coisas, de que eu precisava para me encontrar com a." A palavra droga substituiu a palavra originalmente utilizada pela mulher que fazia referência a uma substância específica. Esse pensamento retrata claramente o comportamento de adicção. Essa manifestação de desejo de consumo associado ao efeito residual da droga tem potencializado atos de extrema violência. Contudo, o comportamento agressivo está, na imensa maioria das vezes, associado ao uso de estimulantes do sistema nervoso, em geral, e um depressor. Esses estimulantes e o depressor seriam, respectivamente:

a) solventes inalantes, ecstasy e cocaína.
b) solventes inalantes, crack e ecstasy.
c) ecstasy, álcool e crack.
d) cocaína, crack e álcool.
e) cocaína, solventes inalantes e álcool.

ANOTAÇÕES/COMENTÁRIOS

(a) cocaína é estimulante, substância simpaticominética que estimula o SNC, é uma substância psicoanaléptica

(b) o ecstasy é uma anfetamina, substância simpaticominética que estimula o SNC, é uma substância psicoanaléptica

(c) o crack é derivado da cocaína, substância simpaticominética que estimula o SNC, é uma substância psicoanaléptica

(d) cocaína é estimulante, substância simpaticominética que estimula o SNC, é uma substância psicoanaléptica, o crack é derivado da cocaína, substância simpaticominética que estimula o SNC, é uma substância psicoanaléptica e o alcool é uma substância depressora do SNC, substância psicocataléptica ou parasimpaticominética.

(e) os solventes são drogas psicodislépticas e depressoras do SNC.

Para responder, tem que estudar: teoria/doutrina.

Gabarito: D

35. (Ceperj/PC/RJ/Delegado/2009) As chamadas "natural", "herbal" ou "legal highs" pertencem a uma nova geração de drogas fabricadas em laboratório a partir de substâncias sintéticas que reproduzem os efeitos de maconha, cocaína, ecstasy e LSD, mas que não contêm nenhum componente proibido pela legislação. Os seus usuários já compram e utilizam estas substâncias psicoativas sem infringir a lei, uma vez que seus princípios ativos são substituídos por compostos sintéticos lícitos e, posteriormente, misturados a ervas naturais. Sobre as toxicomanias e legislação atual sobre drogas, marque a alternativa correta:

a) o usuário só poderá ser apenado pelo cumprimento de medidas educativas, independentemente de recusa ou reincidência.

b) é permitido ao usuário oferecer droga à pessoa de seu relacionamento para juntos a consumirem, em caráter eventual e sem objetivo de lucro.

c) o médico que prescreve ou ministra, culposamente, drogas ao seu paciente em doses excessivas ou em desacordo com norma legal ou regulamentar comete apenas infração penal.

d) o dependente químico sempre será considerado inimputável se no momento do delito era inteiramente incapaz de entender o caráter ilícito do fato ou de determinar-se de acordo com esse juízo.

e) assim como as "legal highs", os solventes inalantes são substâncias psicolépticas lícitas.

ANOTAÇÕES/COMENTÁRIOS

(a) as medidas educativas do Art. 28, III, da Lei 11.343/06, não excluem as penas do Art. 28 I e II da mesma lei.

(b) Art. 33, § 3º da Lei 11.343/06 é crime, por isso errado o item.

(c) Apenas infraçao penal não, pois pode responder também perante a via administrativa (CRM).

(d) Art. 45 da Lei 11.343/06.

(e) os solventes são drogas psicolépticas e depressoras do SNC, contudo há "legal highs" que podem minetizar o efeito de drogas psicoanalépticas como a cocaína.

Para responder, tem que estudar: teoria/doutrina.

Gabarito: D

36. (PC/RJ/Delegado/2002) A embriaguez patológica está caracterizada quando o indivíduo:

a) tem comportamento agressivo, após consumo de álcool, independentemente da dose ingerida.

b) é portador de cirrose alcoólica.

c) começa a beber e não consegue parar até ficar completamente embriagado.

d) apresenta tremores e alucinações visuais, em geral terrificantes.

e) procura o estado de embriaguez por ser dipsomaníaco.

ANOTAÇÕES/COMENTÁRIOS

(a) A embriaguez patológica resulta da ingestão de pequenas doses, com manifestações intempestivas. Surpreendendo pela desproporção da quantidade ingerida e intensidade dos efeitos.

(b) A cirrose é uma patologia oriunda da excessiva ingestão de álcool e não uma classificação da embriaguez.

(c) É a denominada embriaguez culposa, onde o indivíduo imprudentemente ingere excessiva quantidade de álcool.

(d) São exemplos de manifestações somáticas na embriaguez álcoolica aguda.

(e) Dipsomaníaco é sinônimo de alcoolismo.

Para responder, tem que estudar: teoria/doutrina.

Gabarito: A

37. (PC/RJ/Delegado/2002) A causa jurídica mais importante de intoxicações exógenas são os acidentes em geral, quando considerados tanto aqueles em que a vítima sobrevive como os fatais. Quando nos referimos apenas aos casos fatais, a causa jurídica mais frequente:

a) continua sendo acidental.

b) são as intoxicações profissionais.
c) passa a ser a morte de dependentes de drogas por "overdose".
d) é o suicídio.
e) é por iatrogenia.

ANOTAÇÕES/COMENTÁRIOS

(a, b, c, e) Oportuno mencionarmos que a expressão "iatrogenia" refere-se a lesão.

(d) Correta, segundo o levantamento realizado pelo Sinitox, sendo a causa-jurídica mais frequente o suícidio, seguido pelos acidentes pessoais e uso abusivo de drogas. A questão levou em consideração os dados trazidos pelo Sinitox (Sistema Nacional de Informações Tóxicas-farmacológicas da Fiocruz), que o Prof. Hygino se reportou em seu livro, no cáp. 19, ao tratar da causa-jurídica da morte nas intoxicações exógenas (Medicina Legal Texto e Atlas). O candidato deve-se atentar que a causa jurídica da morte não é atribuição do médico legista, mas sim das autoridades competentes pela persecução penal, segundo o que se coletou na investigação balizada pelas causas médicas apontadas no laudo pericial.

Para responder, tem que estudar: teoria/doutrina.

Gabarito: D

38. (PC/RJ/Delegado/2006) Um indivíduo foi contido portando diversos produtos sintéticos, que mais tarde foram identificados como 50 comprimidos de anfetamina, 10 ampolas de fenobarbital e 200 pontos de dietilamina do ácido lisérgico (LSD). Essas substâncias podem ser classificadas, respectivamente, como:

a) psicoléptico, psicodisléptico e psicoanaléptico.
b) psicoléptico, psicoanaléptico e psicodisléptico.
c) psicodisléptico, psicoanaléptico e psicoléptico.
d) psicodisléptico, psicoléptico e psicoanaléptico.
e) psicoanaléptico, psicoléptico e psicodisléptico.

ANOTAÇÕES/COMENTÁRIOS

(a, b, c, d) Vide comentário abaixo.

(e) a anfetamina é uma droga estimulante do SNC logo psicoanaléptico; o fenobarbital é do grupo dos barbituricos que são drogas depressoras do SNC, logo psicolépticas e por fim o LSD é uma droga que distorce a percepção e a realidade, é alucinógeno.

Para responder, tem que estudar: teoria/doutrina.

Gabarito: E

39. (PC/RJ/Delegado/2006) Sobre o alcoolismo, não é correto afirmar que:

a) a vacuidade gástrica e a gastrectomia parcial têm influência para potencializar a embriaguez.

b) o etilismo pode causar epilepsia alcoólica, notoriamente através da ingestão rápida e intensa.

c) a dipsomania consiste na ingestão brusca, compulsiva e contínua de dose maciça de álcool.

d) durante a ingestão alcoólica, não é incomum o palimpsesto, onde se praticam atos diversos sem recordá-los.

e) a hipoglicemia alcoólica pode ser responsabilizada por confusão mental, agressividade e Hipotimia.

ANOTAÇÕES/COMENTÁRIOS

(a, b, e) conceito correto.

(c) a dipsomania é o impulso ininterrupto e irresistível de ingerir bebidas alcoólicas, mas não necessariamente em doses maciças como disse a questão.

(d) palimpsesto é o esquecimento pelo uso do álcool.

Para responder, tem que estudar: teoria/doutrina.

Gabarito: C

9. TRAUMATOLOGIA FORENSE

40. (Funcab/PC/RJ/Delegado/2012) A respeito das lesões produzidas por projéteis de arma de fogo, é correto afirmar que:

a) a morfologia de uma ferida de entrada não permite distinguir se a mesma foi produzida por projétil de arma de fogo comum ou de alta energia cinética.

b) quanto mais longo for o trajeto de um projétil de arma de fogo dotado de alta energia cinética no interior do corpo de uma pessoa, maior será o tamanho da lesão de saída.

c) nas feridas produzidas por entrada de projétil de arma de fogo, a aferição do diâmetro da zona de enxugo determina a distância do atirador em relação à vítima.

d) as feridas de saída de projéteis de arma de fogo têm propriedades bem definidas, que permitem a sua fácil distinção em relação às feridas de entrada.

e) as feridas de entrada de projéteis de arma de fogo de alta energia cinética não costumam apresentar formas bizarras na interposição de anteparos.

ANOTAÇÕES/COMENTÁRIOS

(a) somente aspecto da lesão de entrada não é possivel estabelecer o calibre da arma e por conseguinte se se trata de arma de fogo de alta, media ou baixa energia cinética, na medida que outros fatores influenciam no aspecto da lesão de entrada, como por exemplo a estabilidade do projétil ao atingir o corpo.

(b) quanto maior o trajeto, mais energia cinetica será gasta, de forma que a lesão de saída terá a tendência a diminuir em seu diâmetro.

(c) a zona de enxugo não tem relação com a distância do disparo e sim com a incidência, mostrando trata-se de lesão de entrada.

(d) nas lesões de saída as bordas em regra são irregulares e evertidas em virtude da desetabilização do projétil ao impactar com os tecidos.

(e) podem apresentar o sinal de boca de mina de hoffman, causando lesão em cratéra.

Para responder, tem que estudar: teoria/doutrina.

Gabarito: A

41. (Ceperj/PC/RJ/Delegado/2009) Analise os itens abaixo e marque a opção correta:

I. a metalização refere-se à imantação de metais produzida pela corrente elétrica, que desaparece após 24 horas.

II. a morte pela corrente elétrica de alta voltagem decorre do aumento da temperatura cerebral e parada respiratória central.

III. a morte tardia por eletroplessão ocorre por depressão do centro respiratório e parada respiratória periférica.

IV. as lesões da fulguração são profundas e com destruição da derme, formando escaras secas:

a) todas as frases estão corretas.
b) apenas as frases I e III estão corretas.
c) apenas a frase IV está incorreta.
d) apenas a frase II está correta.
e) todas as afirmativas estão incorretas.

ANOTAÇÕES/COMENTÁRIOS

(I) a metalização ocorre com o depósito de particulas de metal na pele da vitimina em virtude de uma descarga elétirca de origem natural ou cósmica.

(II) Corrente elétrica de alta voltagem irá gerar hipertemia em virtude do efeito joule aumentando assim a temperatura cerebral atingindo os centros termorreguladores bulbares ocasionando parada respirtoria a nivel central e não periférico.

(III)

(IV) Deve-se substituir fulguração por eletroplessão para o item ficar correto.

Para responder, tem que estudar: teoria/doutrina.

Gabarito: D

42. (Ceperj/PC/RJ/Delegado/2009) No caso de encontro de cadáver, o exame de perinecroscopia esclareceu a presença de uma ferida perfuro-contusa e transfixante do crânio, motivada por tiro encostado na região temporal direita. Diante das assertivas abaixo, assinalar aquela que não deixa dúvida quanto à possibilidade de suicídio.

a) o disparo ter sido efetuado com arma apoiada ou encostada.
b) a observação da arma de fogo próxima do cadáver.
c) a existência de gotas de sangue com aspecto radiado.
d) a presença de gotículas de sangue de forma alongada na mão da vítima.
e) a ausência de lesões de defesa e ocorrência de um só disparo.

ANOTAÇÕES/COMENTÁRIOS

(a, b, c) pode ocorrer também no homicídio.

(d) esse evento sugere que quado a própria vitima atirou contra sua cabeça, tal fato gerou o respingo de sangue de forma alongada na mão da vitima é causada pela dispersão retrogada ocasionada pelas dispersão dos gases em alta velocidade que saem da boca do cano da arma, o que dentro das opções ofertadas pela banca examinadora é a que mais da indicios de suicídio.

(e) pode ocorrer também no homicídio, na medida em que a vítima poderia esta amarrada antes de ser morta.

Para responder, tem que estudar: teoria/doutrina.

Gabarito: D

43. (UFRJ/PC/RJ/Delegado/2001) Quando se examina um menor supostamente submetido a maus-tratos, é comum que os responsáveis aleguem ser a criança muito desatenta e assim tropeçar e cair com freqüência. Contudo, no exame direto, os peritos podem colher dados que desmascaram a tentativa de esconder a verdade. Nesse sentido, o elemento mais importante é:

a) presença de lesões traumáticas em fases distintas de evolução.

b) predominância de lesões dos membros.

c) multiplicidade de lesões traumáticas.

d) multiplicidade de agentes causais nas lesões.

e) atitude excessivamente tímida.

ANOTAÇÕES/COMENTÁRIOS

(a) a questão fala em elemento mais importante dentre as opções, o que demonstra que os outros itens podem também estar corretos. Dessa forma nota – se na criança vítima, lesões dos mais variados tipos (equimoses, escoriações, fraturas etc.) em idades (graus de evolução) diversos, podem sugerir que aquela criança esta sendo vítima de maus tratos (sindrome de caffey).

(b, c, d, e) Vide comentário acima.

Para responder, tem que estudar: teoria/doutrina.

Gabarito: A

44. (PC/RJ/Delegado/2002) "As lesões produzidas por cassetetes são representadas por duas faixas de sugilações separadas por uma zona de pele sem lesão, com largura aproximadamente igual à do instrumento utilizado para produzi-las. Por vezes, as faixas não são paralelas e mostram um afastamento um pouco maior entre si, em direção à zona de impacto da extremidade distal do instrumento." Em relação ao trecho acima, analise as afirmativas a seguir:

I. O texto está totalmente correto.

II. As faixas equimóticas sempre são paralelas, sem exceção.

III. O texto está errado porque o afastamento das duas faixas equimóticas entre si, quando não paralelas, é maior na extremidade relacionada com a empunhadura do cassetete.

IV. A faixa clara central é, geralmente, muito mais larga que o diâmetro do instrumento.

V. Tal aspecto lesional é semelhante ao que se obtém ao desferir os golpes com um bastão de madeira.

VI. Somente os cassetetes de borracha deixam este tipo de lesão.

VII. Estas faixas equimóticas formam-se por causa da fuga do sangue da região clara de impacto para a pele das vizinhanças.

VIII. Por causa da sua forma, esta é uma lesão dita "com assinatura".

IX. O mecanismo de formação lesional é o mesmo das sugilações por sucção.

X. A intensidade das sugilações depende da força viva do instrumento.

As afirmativas corretas são somente:

a) I, III, VII, IX.

b) II, V, VI, X.

c) I, VII, VIII, X.

d) IV, V, VII, IX.

e) II, III, IV, VIII.

ANOTAÇÕES/COMENTÁRIOS

(a) segundo o Prof. Hygino, essas faixas (víbices) não são paralelas e sim "quase paralelas" sendo convergentes na extremidade proximal e divergente na extremidade distal, logo os itens I e III estão errados; o mecanismo de transferência de energia cinética nas víbices não e por sucção e sim por pressão, por isso o item IX está errado.

(b) ver item anterior.

(c) segundo o Prof. Hygino, essas faixas (víbices) não são paralelas e sim "quase paralelas" sendo convergentes na extremidade proximal e divergente na extremidade distal; item VII corrreto, pois com o impacto o sangue é espalhado para as extremidades em virtude do aumento da pressão no local de impacto, gerando as duas faixas equimóticas, sendo certo que a força viva do instrumento influenciará na intensidade da equimose, dessa forma correto está o item X.

(d) A faixa clara central é, geralmente, muito mais curta que o diâmetro do instrumento, item IV errado.

(e) item VIII correto ja que as faixas duplas denunciam que o instrumento que causou a lesão foi um instrumento longo de haste, gerando uma lesão com assinatura, contudo os itens II e IV errados, ver explicações acima.

Para responder, tem que estudar: teoria/doutrina.

Gabarito: C

45. (PC/RJ/Delegado/2002) As lesões causadas por projéteis de alta energia são muito mais amplas no fígado do que nos pulmões porque:

a) as ondas de choque não causam lesão nos pulmões.

b) os tecidos dos pulmões absorvem e amortecem as ondas de pressão porque são muito elásticos.

c) os tecidos do fígado são mais vulneráveis às ondas de choque.

d) o fígado tem maior quantidade de sangue do que o pulmão.

e) a cavidade temporária não se forma nos pulmões.

ANOTAÇÕES/COMENTÁRIOS

(a) a onde de choque não causar lesões por todos os locais pelos quais passar.

(b) a exuberância (amplitude) das lesões depende de vários fatores, dentre eles dependerá da densidade do orgão. Considerando que a densidade do pulmão é menor do que a densidade do figado, as lesões no pulmão tendem a ser menos amplas do que no figado. Dessa forma OS tecidos dos pulmões absorvem e amortecem as ondas de pressão porque são muito elásticos (menos denso) do que o figado que é mais denso, logo menos elástico.

(c) a onde de choque não causar lesões por todos os locais que passar.

(d) o fator em análise não é o sangue e sim a densidade do orgão.

(e) a cavidade temporária se forma por todos os locais pelos quais o projétil passar.

Para responder, tem que estudar: teoria/doutrina.

Gabarito: B

46. (PC/RJ/Delegado/2002) Uma pessoa é agredida a faca e, ao se defender, sofre ferida incisa na face interna do cotovelo, com secção do nervo cubital. É socorrida logo após e se recupera sem intercorrências infecciosas. No entanto, fica com sequela caracterizada por perda da sensibilidade da metade cubital do dedo anular, do dedo mínimo, e da região hipotenar, além de atrofia dos músculos desta última região. De acordo com o artigo 129 do Código Penal Brasileiro, tal sequela constitui:

a) debilidade permanente de membro.
b) lesão leve.
c) deformidade permanente.
d) enfermidade incurável.
e) debilidade permanente para o trabalho.

ANOTAÇÕES/COMENTÁRIOS

(a) A debilidade permanente é uma espécie de lesão corporal grave, prevista no artigo 129, inciso III do Código Penal. A debilidade é um diminuição parcial da capacidade funcional. Não se confundindo com perda ou inutilização, pois assim caracterizaria lesão corporal gravíssima. Pode ocorrer a debilidade anatômica ou funcional, sendo perceptível, inclusive, quando o indivíduo estiver em movimento (dinâmico) ou em repouso (estático). Caracterizando a debilidade, como lesão grave, apenas se for permanente, isto é, longa, duradoura. São exemplos: lesões nos feixes nervosos causando a fraqueza nos membros ou partes deles, traumatismo que levam a surdez parcial, alterações da sensibilidade tátil da pele, lesões em órgãos duplos, sendo unilateral o comprometimento etc.

(b) As lesões corporais leves causam mínimas alterações, como rubefações, edema traumático, escoriações, equimoses, hematomas, feridas contusas superficiais, entorses, luxações e fraturas. Sendo consideradas lesões fugazes não prejudiciais, de pronto restabelecimento que não prejudica o funcionamento normal do organismo.

(c) A deformidade permanente é uma espécie de lesão corporal gravíssima, prevista no artigo 129, inciso IV do Código Penal. A deformidade permanente é um dano estético que causa repugnancia aquele que observa, acarretando a baixa de autoestima da vítima. Essa deformidade deve ser aparente, sendo que qualquer parte do corpo pode ser observada mesmo em momentos mais íntimos. São exemplos a vitriolagem (queimaduras extensas por ação térmica ou química), paralisia facial traumática, mutilação da orelha externa etc.

(d) A enfermidade incurável é um espécie de lesão corporal gravíssima, prevista no artigo 129, inciso II do Código Penal. Segundo o Professor Hygino de Cravalho Hércules, a enfermidade incurável é qualquer alteração nas funções, seja orgânica ou psíquica, de natureza congênita ou adquirida, que reduz a potencialidade do indivíduo, comprometendo a saúde, mas não ameaçando diretamente a sua vida. São exemplos: a cegueira, a surdez, paralisias etc.

(e) A lesão é chamada de incapacidade permanente para o trabalho e é considerada uma espécie de lesão corporal gravíssima, prevista no artigo 129, inciso I do Código Penal. O indíviduo perde por um período de tempo a possibilidade de executar alguma tarefa, sendo qualquer tipo de atividade profissional em geral, desde que lícita. São exemplos: perda funcional de ambos os membros inferiores e superiores, cegueira etc.

Para responder, tem que estudar: teoria/doutrina.

Gabarito: A

47. (PC/RJ/Delegado/2006) Blast secundário é o efeito lesivo:

a) causado por fragmentos do artefato e por pedaços de corpos dilacerados pela explosão.
b) provocado pela reflexão das ondas de choque em anteparos, que voltam sobre as vítimas e ampliam as lesões.
c) decorrente do impacto das pessoas lançadas ao ar contra obstáculos.
d) resultante das ondas de choque propriamente ditas.
e) produzido pela modificação da densidade do meio atravessado pelas ondas de choque.

ANOTAÇÕES/COMENTÁRIOS

(a) corresponde ao blast secundário

(b, c) corresponde ao blast terciário.

(d) corresponde ao blast primário.

(e) não corresponde à definição de blast.

Para responder, tem que estudar: teoria/doutrina.

Gabarito: A

48. (PC/RJ/Delegado/2006) Com relação aos projéteis de arma de fogo dotados de alta energia, não é correto afirmar que:

a) a variação no tamanho das feridas de saída depende do comprimento do trajeto no interior do corpo.

b) as ondas de pressão que acompanham o projétil são responsáveis pelo alargamento da cavidade permanente.

c) as lesões viscerais costumam ser mais intensas nos pulmões do que nos rins.

d) o coeficiente balístico de um projétil de fuzil AK-47 é geralmente maior do que o de um projétil de AR-15.

e) as feridas de entrada podem exibir diâmetro maior que o do projétil dependendo da região do corpo atingida e da velocidade do impacto.

ANOTAÇÕES/COMENTÁRIOS

(a) quanto maior o trajeto, maior será també a energia cinética consumida o que irá influenciar o tamanho das lesões de saída.

(b) as ondas de pressão podem influenciar no alargamento da cavidade permanente que é produzida pelo próprio projetil.

(c) ocorre geralmente o inverso, ja que a densidade do figado é maior do que a densidade do pulmão.

(d) não é possivel pré – determinar esse resultado com base apenas no calibre nominal da arma, ja que outras variáveis também irão influenciar, como por exemplo o fator de ponta e a massa do projétil, contudo a banca considerou como correto este item.

(e) nos casos de lesão de entrada em plano ósseo por baixo.

Para responder, tem que estudar: teoria/doutrina.

Gabarito: C

49. (PC/RJ/Delegado/2006) Sobre os mecanismos de lesão pela eletroplessão, é correto afirmar que:

a) o fenômeno da eletroperfuração altera a permeabilidade das membranas celulares e provoca a morte da célula.

b) nos choques elétricos de alta tensão, ocorre parada cardíaca por fibrilação ventricular.

c) as causas de morte mais comuns em acidentes domésticos são asfixia por tetania e parada respiratória central.

d) a marca elétrica de Jellinek pode estar ausente quando a resistência oferecida pela pele à passagem da corrente é alta.

e) as lesões por arcos voltaicos não produzem queimaduras.

ANOTAÇÕES/COMENTÁRIOS

(a) com a passagem da corrente elétrica pela célula, isso poderá alargar o diâmetro dos poros da mesma, alterando assim seu equilibrio hidroeletrolítico e consequentemente a morte celular.

(b) a fibrilação ventricular ocorre normalmente nos choques de baixa tensão.

(c) para isso, a corrente elétrica deveria ser de media amperagem no primeiro caso e passar pelo tórax e no segundo caso uma corrente de media ou alta amperagem que passasse pelo encéfalo.

(d) quando a resistência oferecida pela pele à passagem da corrente for alta, é mais provável que a marca elétrica de Jellinek esteja presente.

(e) podem produzir pelo efeito joule.

Para responder, tem que estudar: teoria/doutrina.

Gabarito: A

50. (PC/RJ/Delegado/2006) Das condições a seguir, segundo o § 1° do Artigo 129 do nosso Código Penal, representam lesões corporais graves:

I. paralisia facial periférica.

II. histerectomia subtotal.

III. coma.

IV enucleação de um olho, estando o outro normal.

V marcha claudicante.

VI cicatriz linear de 5 cm no dorso da mão direita.

VII. secção do nervo ulnal.

VIII. tatuagem no pescoço em menor de idade.

Estão corretas as condições:

a) I e VII.

b) III e VII.

c) II, III e VIII.

d) II, V, VI e VII.

e) IV, V e VIII.

ANOTAÇÕES/COMENTÁRIOS

(a, c, d) nem todas as hipoteses apresentadas no item se conformam com o Art. 129 § 1º do CP.

(b) o estado de coma configura perigo de vida o que faz incidir o Art. 129 § 1º, II, do CP e a secção do nervo ulnal pode gerar debilidade do membro superior, o que faz incidir o Art. 129 § 1º, III, do CP.

(e) a Enucleação é a remoção do globo ocular com a preservação do conteúdo orbital: músculos, pálpebras, glândula lacrimal, o que seria debilidade de função (visão), contudo o item VIII não se conforma com o Art. 129, § 1º do CP.

Para responder, tem que estudar: lei.

Gabarito: B

51. (PC/RJ/Delegado/2006) Diante de um caso suspeito de maus-tratos à criança em idade pré-escolar, o Perito legista deverá investigar alterações compatíveis com a Síndrome de Sylvetman, que consiste no achado de:

a) hemorragias retinianas e subdurais decorrentes de sacudidelas ou puxões violentos.

b) rupturas de fígado ou baço, ascite quilosa e pseudocisto de pâncreas, decorrentes dos traumatismos abdominais fechados.

c) fraturas incomuns de costelas, da porção externa da clavícula, da escapula e do esterno resultantes de ação mecânica indireta.

d) fraturas múltiplas, calcificações ósseas em diversas fases e alargamentos epifisários provocados por agressões repetidas.

e) lesões "com assinatura" e queimaduras por líquidos ou sólidos, distribuídas em regiões delimitadas do corpo e em diferentes estágios de evolução.

ANOTAÇÕES/COMENTÁRIOS

(a) é apenas um dos quadros que podem ser encontrados em uma crinça que seja vítima de maus-tratos, mas que não corresponde à Síndrome de Sylverman.

(b) é apenas um dos quadros que podem ser encontrados em uma crinça que seja vítima de maus-tratos, mas que não corresponde à Síndrome de Sylverman.

(c) é apenas um dos quadros que podem ser encontrados em uma crinça que seja vítima de maus-tratos, mas que não corresponde à Síndrome de Sylverman.

(d) a Síndrome de Sylverman é o quadro demonstrado pela presença multiplas fraturas, calcificação óssea em diferentes estagios,alargamento epifisário e deformidades ósseas (HIGINO, Pag.703),sendo certo que essa síndrome é apenas um dos quadros que podem ser encontrados em uma crinça que seja vítima de maus-tratos.

(e) é apenas um dos quadros que podem ser encontrados em uma crinça que seja vítima de maus-tratos, mas que não corresponde à Síndrome de Sylverman.

Para responder, tem que estudar: teoria/doutrina.

Gabarito: D

7

QUESTÕES DISCURSIVAS

1. DIREITO ADMINISTRATIVO

1. **(Funcab/PC/RJ/Delegado/2012)** Indique e estabeleça distinção, quanto às hipóteses de cabimento e quanto ao modo de formalização, três espécies de instrumentos que permitem a utilização regular privativa de bens públicos por particulares, no ordenamento jurídico vigente.

   O candidato deve discorrer sobre autorização, permissão e concessão de uso de bem público. AUTORIZAÇÃO – Acontece em eventos ocasionais e temporários. Ex: aniversário na rua, lual na praia, festa da igreja na praia, etc. Realiza-se no interesse privado. Constitui-se por meio de ato administrativo: Unilateral; Discricionário (conveniência e oportunidade); Precário (o Estado pode desfazer a qualquer tempo e não há obrigação de indenizar). PERMISSÃO – Não é ocasional e temporária, mas também não é definitiva. É mais segura. Ex: banca de revista, mesas na calçada, etc. Realiza-se no interesse privado + interesse público. Constitui-se por meio de ato administrativo: Unilateral; Discricionário (conveniência e oportunidade); Precário (o Estado pode desfazer a qualquer tempo e não há obrigação de indenizar). CONCESSÃO – É ato solene, formal, permanente. Ex: restaurantes em hospitais e universidades públicas, zoológico, barracas de praia (barracas construídas de alvenaria, com uma estrutura melhor). Constitui-se por meio de contrato administrativo. Está sujeita a licitação.

2. **(Funcab/PC/RJ/Delegado/2012)** A empresa "X" saiu vencedora do certame licitatório referente à prestação de serviços de locação de equipamentos de informática. O procedimento licitatório transcorreu dentro dos ditames legais. Após a adjudicação do objeto, mas antes da assinatura do contrato, a autoridade competente decide revogar a licitação em razão de o preço adjudicado ser superior ao praticado no mercado. Na situação hipotética, responda fundamentadamente: (i) A empresa "X", vencedora da licitação, é titular do direito subjetivo à aludida contratação? (ii) No procedimento de revogação ficam assegurados o contraditório e a ampla defesa à

empresa interessada? (i) A vitória da licitação dá ao vencedor direito à adjudicação compulsória, resguardando o licitante de eventual preterição em detrimento de outro concorrente. Não obstante divergência doutrinária, prevalece o entendimento de que não há direito subjetivo à contratação. (o candidato deve sempre ficar atento aos componentes da banca examinadora, se adotam entendimento pró-administração, se integram carreiras de procuradorias ou afins, de modo a adequar melhor a resposta do questionamento). (ii) A anulação da licitação baseia-se na ilegalidade do seu procedimento e pode ser feita em qualquer fase e a qualquer tempo, antes da assinatura do contrato administrativo, desde que a Administração ou o Judiciário aponte a irregularidade à lei ou ao edital. Por outro lado, A revogação da licitação se baseia em motivos de oportunidade e conveniência administrativa. Por essa razão, ao contrário da anulação, que pode ser decretada pelo judiciário, a revogação é ato da administração. A revogação da licitação opera efeitos a partir da decisão revocatória, porque, até então, o ato ou procedimento revogado era válido. Por isso a revogação resulta para o Poder Público a obrigação de indenizar o prejudicado. Partindo desta distinção, e da premissa que na revogação há prejuízo ao licitante a revogação deve ser feita no bojo de processo administrativo que garanta o direito de contraditório e ampla defesa, a teor do que dispõe o artigo 5º, LV da CF e artigo 2º da Lei 9784/99.

3. **(PC/RJ/Delegado/1998)** Sob o argumento de que a realização de determinada despesa se revestia de caráter secreto, no interesse da segurança do Estado e da manutenção da ordem política e social, exigindo, assim, uma diligência sigilosa, um Secretário de Estado de Segurança do Estado do Rio de Janeiro entregou o numerário estimado a um servidor devidamente credenciado, dispensando a licitação por entender que tal despesa não se submetia ao processo normal de aplicação dos recursos. Encarregou a pessoa física do servidor credenciado para realizar as despesas necessárias para a diligência, por meio de conta aberta em seu nome para tanto, com posterior prestação de contas. Fundamentou seu ato no art. 24, IV, de acordo com o art. 26, ambos da Lei nº 8.666/93. Pergunta-se: é correto tal procedimento. Justifique com base na legislação aplicável à espécie.

De início faz-se necessário estabelecer uma distinção importante das hipóteses de contratação direta. Licitação dispensada – a competição é viável, mas o administrador não pode licitar, nem se ele quiser (artigo 17 da Lei 8.666). Licitação dispensável – a competição é viável, mas a lei diz que não precisa, o administrador decide se vai fazer ou não. (artigo 24). Licitação inexigível – a competição é inviável (artigo 25). O primeiro equívoco do Secretário de Segurança do Estado foi realizar uma contratação direta em desacordo com o artigo 24, IV da Lei 8.666/93. Deveras, o caráter secreto, no interesse da segurança e a manutenção da ordem política e social não constam como fundamento para a contratação direta. A lei fala de emergência ou calamidade em situações de urgência. Assim, o fundamento do ato praticado está em desacordo com a legislação. As regras de licitações e contratos administrativos são regidas por princípios próprios, dentre os quais o princípio do procedimento formal. O administrador não pode inovar quando se trata de gastos de dinheiro público, devendo observar de forma estrita as formalidades e os procedimentos previstos em lei. Neste passo, em determinadas hipóteses de dispensa e inexigibilidade de licitação é obrigatório o respeito ao procedimento de justificação, com supedâneo no artigo 26 da referida lei de licitações. Cabe ao administrador nas contratações direta, no prazo de três dias, comunicar a autoridade superior, a fim de que esta ratifique e publique na imprensa oficial, no prazo de cinco dias, como requisito de eficácia do ato. No bojo do procedimento de justificação é necessário: a) caracterizar a situação emergencial, calamitosa ou de grave e iminente risco à segurança; b) especificar as razões da escolha do fornecedor ou executante; c) a justificativa do preço; d) os documentos de aprovação do projeto. Na esteira de tais considerações agiu mal o Secretário de Segurança do Estado quando desrespeitou o procedimento de justificação, incorrendo, destarte, nas penas do crime previsto no artigo 89 da Lei 8.666/93, além de ter praticado ato de improbidade administrativa, a teor do que dispoe o artigo 10, VII da Lei 8429/92.

4. **(PC/RJ/Delegado/1998)** Um policial é flagrado vendendo armas para um traficante local, sendo imediatamente preso. Submetido ao conselho disciplinar, é decidida a sua demissão da corporação. Absolvido na esfera criminal por falta de provas, o ex-policial contrata advogado que ajuíza ação de rito ordinário em face do Estado do Rio de Janeiro pleiteando a sua reintegração sob o fundamento de que o motivo do ato administrativo de demissão não se confirmou. Procede a pretensão? Justifique.

   A instância criminal, a cível e a administrativa são independentes, isso significa que a condenação ou absolvição em uma esfera pode repercutir em outra esfera, a depender do caso. Vejamos, é possível a perda do cargo de servidor em virtude de condenação na seara criminal como efeito penal da condenação, em virtude de processo administrativo disciplinar por falta funcional grave, e em decorrência de ação de improbidade administrativa. Apesar da regra que afirma que as instâncias são independentes, haverá comunicação das instâncias quando houver provada a inexistência do fato ou negativa de autoria, em casos de excludente de ilicitude (artigo 65 do CPP), ou em casos de condenação na seara criminal, cuja condenaçao obriga o reconhecimento da culpa nas demais instâncias. No caso apresentado o policial foi absolvido na esfera criminal com fundamento em falta de provas, assim, nada impede a sua condenação na instância administrativa nos termos do que dispõe o artigo 126 da Lei 8112/90, 935 do Código Civil e artigos 66 e 67 do CPP. Deveras, é perfeitamente possível que a produção de prova na ação penal não seja suficiente para um decreto condenatório, ao passo que as mesmas provas sejam suficientes para fundamentar uma condenação no curso de um processo administrativo disciplinar. O artigo 287 do Decreto nº 2479/79 do Rio de Janeiro preceitua, nos termos do já explicitado anteriormente, que pelo exercício irregular de suas atribuições, o funcionário responde civil, penal e administrativamente. Outrossim, o caput do artigo 291 admite a cumulação de instâncias e seu parágrafo único admite a condenação na esfera administrativa, mesmo quando absolvido no juízo penal, quando persista residualmente falta disciplinar. Por todo o exposto, não merece ser acolhida a pretensão do servidor público pelos fundamentos trazidos pela defesa, devendo ser mantida incólume a pena disciplinar aplicada.

5. **(PC/RJ/Delegado/1998)** Determinada delegacia de polícia, por falta de manutenção adequada, encontra-se com parte de seu teto bastante avariado, ameaçando cair a qualquer momento. O responsável pela requisição do serviço de reparo não dá início ao procedimento licitatório, agravando a situação, de modo a colocar em risco a incolumidade dos frequentadores da unidade. Poderia se resolver o problema apenas contratando uma empresa, com base no art. 24, IV, da Lei nº 8.666/93? Justifique.

De início cumpre esclarecer que a situação proposta revela situação de obra emergencial, porquanto evidente o iminente risco à segurança das pessoas que frequentam a Delegacia, assim como dos próprios policiais que lá exercem suas funções. Trata-se de situação fática que se agravou porque o responsável pela manutenção não deu início ao procedimento licitatório, o que, em tese, configura ato de improbidade administrativa, nos termos da Lei 8429/92. Não obstante, tal prática desidiosa não afasta a situação fática emergencial. Neste passo o administrador deve realizar a contratação direta, apenas de obras e serviços necessários ao atendimento da situação emergencial, respeitando o prazo máximo de 180 dias. Contudo, não basta que seja contratada diretamente uma empresa para resolver o problema. É preciso fazer o chamado processo de justificação, previsto no artigo 26 da Lei 8.666/93. Assim, o administrador deve, no prazo de três dias, comunicar à autoridade superior para ratificação do ato, a fim de que seja publicado em diário oficial, no prazo de cinco dias, como condição de eficácia do ato. Ademais, é preciso que o administrador, dentro do processo de justificação, caracterize a situação emergencial de grave e iminente risco à segurança pública que justifique a dispensa, nos termos do artigo 26, parágrafo único, I da Lei de Licitações, com redação determinada pela Lei 13.500/17. Neste mesmo passo é preciso evidenciar a razão que levou à escolha do fornecedor, como forma sempre de demonstrar a lisura e impessoalidade da contratação, sempre com vistas ao atendimento do interesse público. Do mesmo modo a justificativa do preço deve constar do processo, já que sempre deve ser observado o princípio da eficiência, nos termos do artigo 37, caput da CF. E por fim, é preciso juntar a documentação de aprovação do projeto de pesquisa. Desta forma, é preciso haver a contratação direta, nos termos do artigo 24, IV da Lei 8.666/93, mas desde que sejam cumpridas as formalidades legais do procedimento de justificação previsto no artigo 26 do mesmo diploma legal.

6. **(PC/RJ/Delegado/1998)** Candidato inconformado com o grau atribuído pela banca examinadora na sua prova em concurso público propõe ação judicial pleiteando que o julgador a modifique.

Vigora no Brasil o sistema administrativo inglês – jurisdição única – em que a lei não excluirá da apreciação do Poder Judiciário lesão ou ameaça a direito. Trata-se, pois, de preceito básico no Estado Democrático de Direito (artigo 5°, XXXV da CF). O controle da legalidade dos atos administrativos deve se pautar não só pelas leis em sentido estrito, mas sim por todas as espécies normativas, além de princípios, dentre os quais estão o da moralidade, da impessoalidade, publicidade, eficiência, motivação, razoabilidade e proporcionalidade, entre outros. Assim, não só os elementos vinculados são passíveis de controle, mas também os elementos discricionários, mas estes sempre por via de exceção. O controle de legalidade dos atos sempre é possível de ser feito pelo Poder Judiciário. Já o exame de mérito é feito sempre de forma excepcional pelo Judiciário. Cada vez mais têm sido ampliadas as hipóteses de aceitação do controle feito pelo poder judiciário. Este é o movimento que tem sido seguido tanto pela moderna doutrina como pela jurisprudência renovada. Entre as situações mais comuns existem: situações em que se discute a vinculação aos termos do edital e do gabarito oficial; situações em que se discute a ocorrência de erro material e/ou vício na elaboração das questões; situações, excepcionais, em que se discutem os critérios de correção e atribuição de notas pelas bancas examinadoras. Não se pode olvidar que ao candidato inconformado com a nota atribuída é dado o direito de recurso administrativo, dirigido à autoridade mencionada no edital. Nas provas objetivas o controle administrativo, e mesmo o judicial, é atividade mais fácil. Já as provas subjetivas (dissertativas) o candidato possui maior espectro de liberdade nas respostas, o que dificulta a avaliação e controle. O entendimento clássico adotado pela jurisprudência inclinava-se no sentido da impossibilidade do Judiciário se substituir ao administrador, sob pena de ofensa ao princípio da separação de poderes. Noutra senda, como já mencionado, julgados mais atualizados vêm revelando a mudança de entendimento no sentido da possibilidade de avaliação pelo poder judiciário com base no preceito constitucional (artigo 5°, XXXV), de que nenhuma lesão ou ameaça de lesão pode ser excluída da apreciação do Poder Judiciário, vem sendo entendido que este pode (e deve), com os temperamentos necessários, avaliar os critérios adotados na elaboração e correção de provas aplicadas em certames, mesmo no caso de provas discursivas. Na esteira de tais considerações, é admissível, por via de exceção, o controle judicial do grau atribuído em concurso pela banca examinadora.

2. DIREITO CIVIL

7. **(Funcab/PC/RJ/Delegado/2012)** É válida a celebração, pelo representante, de contrato em que ele figure também como contraparte?

   De acordo com o Art. 117, CC: Salvo se o permitir a lei ou o representado, é anulável o negócio jurídico que o representante, no seu interesse ou por conta de outrem, celebrar consigo mesmo. Ou seja, a partir da regra geral trazida pelo caput do dispositivo, poder-se-ia dizer que não é válido o contrato celebrado pelo representante consigo mesmo, onde deveria ser anulável, exceto se a lei ou o representado assim o permitissem. Ademais, devem ser observados os seguintes Enunciados da Jornada de Direito Civil relacionados com a temática: (i) Enunciado 149, III Jornada de Direito Civil: Em atenção ao princípio da conservação dos contratos, a verificação da lesão deverá conduzir, sempre que possível, à revisão judicial do negócio jurídico e não à sua anulação, sendo dever do magistrado incitar os contratantes a seguir as regras do art. 157, § 2º, do Código Civil de 2002; (ii) Enunciado 291, IV Jornada de Direito Civil: Nas hipóteses de lesão previstas no art. 157 do Código Civil, pode o lesionado optar por não pleitear a anulação do negócio jurídico, deduzindo, desde logo, pretensão com vista à revisão judicial do negócio por meio da redução do proveito do lesionador ou do complemento do preço.

8. **(Funcab/PC/RJ/Delegado/2012)** Estabeleça diferença entre casamento inexistente, nulo, anulável e irregular.

O Casamento inexistente não é previsto no CC, mas é admitido por muitos doutrinadores. É aquele que é celebrado sem o consentimento de uma das partes, sem a autoridade celebrante competente ou entre pessoas do mesmo sexo. Esta seria a resposta em 2012, entretanto encontra-se desatualizada no que se refere ao casamento homoafetivo, pois essa modalidade passou a ser plenamente possível no Brasil, de acordo com o art. 226 da CF e o STF, que entendeu que todas as regras previstas para a união estável são aplicáveis, por analogia, à união homoafetiva, de acordo com a Resolução nº 175/2013 do CNJ. Nos demais casos de casamento inexistente, como não há previsão legal, a doutrina entende pela aplicação, por analogia, das mesmas regras do casamento nulo. Este, por sua vez, ocorre quando das hipóteses previstas no art. 1.548, CC. Esse dispositivo sofreu alteração pela Lei 13.146/15 (Estatuto da Pessoa Com Deficiência), que revogou o inciso I, restando apenas o inciso II, que fala da infringência de impedimento (hipóteses trazidas pelo art. 1.521, CC). Assim, quando ocorrer, cabe ação declaratória de nulidade, que é imprescritível e pode ser proposta por qualquer parte interessada ou pelo Ministério Público, por ser matéria de ordem pública. (CC, art. 1.549). Já o casamento anulável ocorre nas hipóteses do art. 1.550 do CC, que ganhou o segundo parágrafo por conta do Estatuto da Pessoa Com Deficiência. Da mesma forma, esta alteração legislativa modificou os incisos III e IV do art. 1.557, CC. Quando estivermos diante de um casamento anulável, caberá ação anulatória, com prazo decadencial variando de acordo com o tipo de vício (4 anos – coação; 3 anos – erro; 2 anos – incompetência relativa; 180 dias – demais casos). A ação só poderá ser proposta pelo interessado que, em regra, é o cônjuge. Aqui, é possível a convalidação livre, inclusive a putatividade (art. 1.561, CC) e os efeitos serão "inter partes" e "ex nunc", conforme o entendimento majoritário (o efeito "ex nunc" é criticado pela doutrina, pois as partes voltam a ser solteiras, o que poderia caracterizar efeito "ex tunc"). Por fim, o casamento irregular é aquele que não é nulo, nem anulável, pois o seu acontecimento é uma mera irregularidade, ou seja, o casamento é válido, mas recebe uma sanção de natureza econômica. É aquele matrimônio que acontece sem a correta observância das causas suspensivas previstas no art. 1.523, CC, tendo como consequência, portanto, o regime de separação obrigatória de bens (CC, art. 1.641). Estes casos só podem ser arguidos pela parte interessada, por serem de ordem privada, não podendo ser conhecidos de ofício.

9. **(Ceperj/PC/RJ/Delegado/2009)** Discorra sobre o contrato de alienação do estabelecimento empresarial (trespasse) no Código Civil e na Lei 11.101/2005, informando se é aplicável a proibição de concorrência, prevista no art. 1.147 do Código Civil, no que se refere ao trespasse, com base na referida lei. Responda fundamentadamente.

O trespasse é a venda do estabelecimento empresarial, na forma dos requisitos previstos nos arts. 1.144 e 1.145 do CC/02. Conforme o art. 1.147 do CC/02, a pessoa que vende o estabelecimento (trespassante) não pode concorrer com o adquirente pelo prazo de 5 (cinco) anos. Este prazo, porém, pode ser negociado entre as partes, podendo ser, inclusive, determinado que não haja proteção à concorrência. No que se refere à aplicação do art. 1.147 do CC/02 nos casos da Lei 11.101/2005, há que se diferenciar os institutos da falência e da recuperação judicial. Não faria sentido aplicar a proteção à concorrência nos casos daquele instituto, tendo em vista que se tem uma liquidação de ativos, a empresa para de funcionar. Já nos casos de recuperação judicial, é plausível que seja aplicada a regra do referido dispositivo, uma vez que o objetivo dela é que a sociedade empresária continue funcionando, de acordo com art. 50, VII da Lei 11.101/2005.

3. DIREITO CONSTITUCIONAL

10. **(PC/RJ/Delegado/1998)** Existe diferença entre o princípio da legalidade mencionado no art. 5º, II e o disposto no art. 37, ambos da Constituição Federal? Justifique.

O princípio da legalidade previsto no artigo 5º, II da CF é alçado ao patamar de garantia fundamental, relacionada à segurança jurídica, voltada à proteção de direitos fundamentais, mormente a liberdade. Tem por objetivo primordial limitar o poder de atuação estatal, coibindo ações arbitrárias. Tal princípio só é concebido em Estados de direito, em que o cidadão pode se proteger de possíveis abusos por parte do Estado. O princípio da legalidade não se confunde com princípio da reserva legal. Enquanto aquele consiste na submissão a todas as espécies normativas elaboradas (lei em sentido amplo), este incide apenas sobre leis em sentido estrito. No direito privado vige o critério de não contradição à lei, isto é, o particular pode tudo desde que não esteja proibido por lei. Noutra senda, o artigo 37 da CF também estabelece o princípio da legalidade, que vem previsto entre as normas gerais aplicáveis à administração pública. O conceito de legalidade administrativa pode ser extraído do artigo 2º da Lei 9784/99 que a define como sendo a "atuação conforme a lei e o Direito". Isso significa que o administrador somente poderá fazer o que a lei expressamente mandar. Neste passo, no Direito Público vige o critério de subordinação à lei. Importante ressaltar que a legalidade estrita a qual está subordinada o administrador não afasta a possibilidade de seu exercício discricionário, levando em conta conveniência e oportunidade. É inerente ao exercício da administração o uso do mérito administrativo como ferramenta para realizar o interesse público.

11. (PC/RJ/Delegado/1998) Discorra acerca dos limites e possibilidades dos Estados-membros se auto-organizarem em Constituições, em face da noção de Poder Constituinte.

Nesta questão o candidato tem que abordar o tema: poder constituinte decorrente. Cuida-se do poder responsável pela elaboração da constituição dos estados-membros, componentes da federação. Fundamento legal encontra-se no artigo 25 da CF e 11 da ADCT. Destes dois dispositivos, decorre o princípio da SIMETRIA. A constituição estadual deve seguir o modelo da CF. Assim, como a lei orgânica municipal deve observar a simetria da CE e da CF. Registre-se, por oportuno, que a lei orgânica não é manifestação do poder constituinte decorrente. O poder constituinte decorrente retira sua forma de uma norma jurídica (constituição), assim se trata de um poder jurídico ou de direito (pacífico). A divergência reside na indagação: trata-se de um poder constituinte originário (já que dará início a uma constituição estadual) ou, realmente, é um poder constituinte decorrente? Temos, na doutrina, três posições. Primeira posição adotada por Anna Cândida da Cunha Ferraz conduz ao raciocínio que se trata de poder originário porque constitui o estado-membro, responsável por sua organização e estrutura. Assim, como a CF constitui o Estado Brasileiro. A segunda posição capitaneada por Celso Ribeiro Bastos argumenta que se trata de poder constituinte decorrente, juntamente com poder reformador e revisor. A terceira corrente defendida por Raul Machado Horta se inclina em um tom intermediário no sentido de considerar um duplo poder, possui uma dupla natureza, sendo, ao mesmo tempo, um poder originário (em relação a constituição dos estados-membros) e derivado (em relação à constituição federal). O poder constituinte decorrente apresenta as seguintes características: a) é secundário, tendo em vista que se trata de poder criado pela Constituição Federal e pelo poder constituinte originário; b) limitado, porque encontra limites na própria CF e c) condicionado tendo em vista que para ser exercido deve observar as limitações materiais e formais. Quanto às limitações, as constituições estaduais devem respeitar o princípio da simetria e também devem editar as normas de observância obrigatória, quais sejam, os princípios constitucionais sensíveis, extensíveis e estabelecidos.

12. (PC/RJ/Delegado/1998) Em face do disposto no art. 12, I, "c" da Constituição Federal, qual é a nacionalidade do indivíduo, nascido no exterior, em país que segue o modelo do jus sanguinis, filho de brasileiro e que não tem ainda idade para optar pela nacionalidade brasileira?

À época de realização da prova ainda não vigia a EC 54, publicada no ano de 2007. Os filhos de brasileiro nascidos em país estrangeiro com modelo de jus sanguinis, sem idade para optar pela nacionalidade brasileira, ostentavam a condição de apátrida. Isso porque o país de nascimento não aceitaria receber o indivíduo nascido em seu território, já que adota o critério de hereditariedade, tampouco o Brasil poderia recebê-lo como nacional, já que não cumpridos os requisitos. Vigia à época da realização do concurso a redação do artigo 12, I, "c" da CF dada pela Emenda Constitucional de Revisão nº 3: que dizia: "os nascidos no estrangeiro, de pai brasileiro ou de mãe brasileira, desde que venham a residir na República Federativa do Brasil e optem, em qualquer tempo, pela nacionalidade brasileira;". Como se verifica, havia uma lacuna. A solução encontrada à época foi a concessão de passaportes e documentos necessários para o exercício de direitos básicos, como o de ir e vir, que ficaram prejudicados com a apatridia, constando nesses documentos as exigências do texto constitucional para a concessão da nacionalidade – que ainda não foram cumpridas pelo portador do documento. Ainda assim, havia a situação de incerteza, tendo em vista que a recomendação na época era que se concedessem os documentos somente para os menores de idade – atingida a maioridade, teriam que cumprir os requisitos constitucionais. Atualmente, os filhos de brasileiros nascidos no estrangeiro e que não tenham sido registrados na repartição brasileira competente, caso venham a residir no Brasil, o indivíduo poderá optar, em qualquer tempo, depois de atingida a maioridade, pela nacionalidade brasileira. Em virtude do caráter personalíssimo desta opção, que só pode ser manifestada após a maioridade, admite-se a nacionalidade provisória até os 18 anos. Atingida a maioridade, a opção confirmativa passa a ser, enquanto não houver manifestação do interessado, condição suspensiva da nacionalidade (STF, RE 418.096/RS). Assim, os filhos de pai brasileiro ou mãe brasileira nascidos no estrangeiro entre 07/06/1994 e 20/09/2007 – período em que o artigo 12, I, "c", teve sua redação dada pela Emenda Constitucional de Revisão 3/1994 – poderão ser registrados em repartição diplomática ou consular brasileira competente, se residentes no exterior, ou em ofício de registro, caso venham a residir no Brasil (ADCT, artigo 95).

13. (Ceperj/PC/RJ/Delegado/2009) Em relação às comissões parlamentares de inquérito, aborde as seguintes questões: (i) Direito de minorias parlamentares. (ii) Garantia das pessoas intimadas para prestarem depoimento. (iii) Órgão judicial competente para julgamento de MS e HC ajuizados em face do ato de CPI constituída por quaisquer das casas do Congresso Nacional. (iv) Imunidade parlamentar material. (v) Poderes instrutórios e cautelares.

(i) Inicialmente, cabe salientar sobre a criação das CPIs, que segundo art. 58, § 3.º, da CF, serão criadas pela Câmara dos Deputados e pelo Senado Federal, em conjunto ou separadamente, mediante requerimento de um terço de seus membros, para a apuração de fato determinado e por prazo certo. Preenchidos esses requisitos, a CPI deve ser instaurada. Essa obrigação da instauração seria o direito público subjetivo das minorias, pois seria instaurada mesmo contra a vontade da maioria da Casa. Lembrando que as regras sobre as CPIs estão disciplinadas no art. 58, § 3.º, da CF/88, na Lei n. 1.579, de 18.03.1952, na Lei n. 10.001, de 04.09.2000, na LC n. 105, de 10.01.2001, e nos Regimentos Internos das Casas. (ii) As testemunhas devem prestar o compromisso de dizer a verdade, sob pena de falso testemunho. São asseguradas as mesmas a prerrogativa contra a autoincriminação, garantindo-se o direito ao silêncio. Os investigados ou indiciados não devem prestar o compromisso de dizer a verdade, sendo assegurados aos mesmos, o direito ao silêncio, que podem deixar de responder às perguntas que possam incriminá-los. Além disso, tem direito a assistência de advogado (iii) Conforme art. 102, I, 'd' e 'i' da CF, é da competência originária do STF processar e julgar MS e HC impetrados contra CPIs constituídas no âmbito do Congresso Nacional ou de quaisquer de suas Casas. "... a Comissão Parlamentar de Inquérito, enquanto projeção orgânica do Poder Legislativo da União, nada mais é senão a longa manus do próprio Congresso Nacional ou das Casas que o compõem, sujeitando-se, em consequência, em tema de mandado de segurança ou de habeas corpus, ao controle jurisdicional originário do Supremo Tribunal Federal (CF, art. 102, I, 'd' e 'i')" (MS 23.452/RJ, Rel. Min. Celso de Mello, DJ de 12.05.2000, p. 20). (iv) O parlamentar, na condição de testemunha e de integrante da CPI, tem imunidade material, vide art. 53, caput, da CF (v) Segundo art. 58, § 3º da CF, as CPIs terão poderes de investigação próprios das autoridades judiciais, além de outros previstos nos regimentos das respectivas Casas. Estão excluídos de seus poderes as matérias de reserva de jurisdição (art. 5º, ines. XI, XII e LXI, da CF), como por exemplo, diligência de busca domiciliar, quebra do sigilo das comunicações telefônicas (interceptação telefônica) e ordem de prisão, salvo no caso de flagrante delito, por exemplo, por crime de falso testemunho. Consoante já decidiu o STF, as CPIs sempre por decisão fundamentada e motivada podem determinar a quebra do sigilo fiscal, quebra do sigilo bancário e quebra do sigilo de dados; neste último caso, destaque-se o sigilo dos dados telefônico. A CPI não tem a competência para quebra do sigilo da comunicação telefônica (interceptação telefônica). Ver Lei nº 1.579/1952 e Lei Complementar nº 105/2001. As CPIs, segundo o STF, não têm poderes cautelares, pois esses estão relacionados com o poder geral de cautela do juiz, que são atos tipicamente jurisdicionais.

14. **(Funcab/PC/RJ/Delegado/2012)** Parlamentar federal apresenta projeto de lei que cria o Ministério da Segurança Pública. Após discussão e aprovação pelo Congresso Nacional, esse projeto é submetido ao Presidente da República que acaba por sancioná-lo. Disserte sobre o processo legislativo, analisando a constitucionalidade da referida Lei.

(i)O processo legislativo consiste no conjunto de normas que regulam a produção dos atos normativos primários, ou seja, atos que retiram seu fundamento de validade diretamente da CF, podendo ser objetos de controle de constitucionalidade. O art. 59 da CF/88 estabelece que o processo legislativo envolverá a elaboração das seguintes espécies normativas: emendas à Constituição, leis complementares, leis ordinárias, leis delegadas, medidas provisórias, decretos legislativos e resoluções. O processo legislativo das leis ordinárias e complementares tem três fases: Iniciativa, Constitutiva e complementar. O art. 61 da CF dispões que a iniciativa das leis complementares e ordinárias cabe a qualquer membro ou Comissão da Câmara dos Deputados, do Senado Federal ou do Congresso Nacional, ao Presidente da República, ao Supremo Tribunal Federal, aos Tribunais Superiores, ao Procurador-Geral da República e aos cidadãos, na forma e nos casos previstos Constituição. As hipóteses de iniciativa são divididas em geral, concorrente, privativa, popular, conjunta, do art. 67 e a parlamentar ou extraparlamentar. Na fase constitutiva há conjugação de vontades, tanto do legislativo (deliberação parlamentar – discussão e votação) como do executivo (deliberação executiva – sanção ou veto). O projeto de Lei sempre deve ser apreciado nas duas Casas Legislativas (decorrência do bicameralismo federativo). Salvo nos Projetos de Iniciativa de algum Senador ou de Comissoes do Senado, a Casa Iniciadora será sempre a Câmara dos Deputados, funcionando o Senado Federal como Casa Revisora. Primeiramente, o projeto deverá ser apreciado por uma comissão temática, que analisará a matéria da proposição, e, em seguida, pela Comissão de Constituição e Justiça, que examinará, dentre outros aspectos, a sua constitucionalidade. A inconstitucionalidade pode derivar de um vício formal, no processo de formação da lei (processo legislativo), cuja mácula pode estar tanto na fase de iniciativa (vício formal subjetivo) como nas demais fases do processo de formação da lei ou de um vício material que está relacionado ao conteúdo da espécie normativa, ou seja, relacionado à matéria por ela tratada. Aprovado pelas duas Casas, o projeto de lei é enviado ao Executivo, para sanção ou veto. Com a sanção (art. 66 da CF), o então Projeto de Lei é transformado em Lei, passando para a fase complementar de promulgação e publicação. Em relação a constitucionalidade dessa lei, cabe afirmar que a criação de Ministério é matéria de iniciativa privativa do Presidente da República, conforme art. 61, §61, §1°, inc. II,"e", da CF. Dessa forma, a lei que criou o Ministério da Segurança Pública apresenta inconstitucionalidade formal subjetiva. Por fim, cumpre afirmar que a sanção presidencial não convalida vício de iniciativa. A regra contida na S. 5/STF, de 13.12.1963 ("a sanção do projeto supre a falta de iniciativa do Poder Executivo") está superada.

15. (Ceperj/PC/RJ/Delegado/2009) É correto afirmar que uma proposta de emenda constitucional sobre os aspectos do regime previdenciário dos servidores públicos viola a forma federativa do Estado?

A forma federativa do Estado é uma das cláusulas pétreas, que estão previstas no art.60, § 4° da CF. As cláusulas pétreas são limitações materiais ao poder de reforma da constituição de um Estado. Desta maneira, são dispositivos que não podem ser alterados, nem por meio de emenda constitucional. Já a matéria de regime previdenciário está prevista no art. 40 da CF.

Segundo o STF, a matéria de previdência social pode ser tratada através de norma geral (art. 24, inc. XII e § 1°, da CF), cabendo aos Estados e ao Distrito Federal legislar de modo concorrente (suplementar). Os aspectos específicos do regime previdenciário devem ser disciplinados pelos referidos entes federativos (art. 24, §§ 1° e 2°, da CF). Assim, a emenda constitucional só violaria a forma federativa do Estado se tratasse dos aspectos específicos dos Entes Federativos.

16. **(Ceperj/PC/RJ/Delegado/2009)** Diante da conformação constitucional da segurança pública, é juridicamente válida a instituição da Força Nacional de Segurança?

O art. 144 da CF trata dos órgãos responsáveis pela segurança pública, sendo que tal rol é taxativo e só poderia ser alterado por emenda constitucional. Dito isto, cabe mencionar a lei n. 11.473/07 dispõe sobre cooperação federativa no âmbito da segurança pública e revoga a Lei 10.277/01 que tratava de medida para assegurar o funcionamento de serviços e atividades imprescindíveis à segurança pública. De acordo com o novo dispositivo legal, a União poderá firmar convênio com os Estados-Membros e o Distrito Federal para executar atividades e serviços imprescindíveis à preservação da ordem pública e da incolumidade das pessoas e do patrimônio. Dentre as medidas, foi publicado Decreto n. 5.289/04 que desenvolveu um programa de cooperação federativa denominado Força Nacional de Segurança Pública, em atenção ao princípio da solidariedade federativa (arts. 144 e 241 da CF/88). Assim, a Força Nacional de Segurança Pública não é órgão e sim um programa de cooperação em prol da segurança pública, estando em conformidade com a Constituição, não violando o art. 144 da mesma.

17. **(Funcab/PC/RJ/Delegado/2012)** "O controle de constitucionalidade configura-se, portanto, como garantia de supremacia dos direitos e garantias fundamentais previstos na constituição que, além de configurarem limites ao poder do Estado, são também uma parte da legitimação do próprio Estado, determinando seus deveres e tornando possível o processo democrático em um Estado de Direito". (i) O que se entende pela modulação temporal dos efeitos no controle de constitucionalidade? (ii) Qual o posicionamento do STF sobre a possibilidade de sua aplicação no âmbito do controle difuso?

(i) Inicialmente cabe salientar que o controle judicial de constitucionalidade poderá ser difuso ou concentrado. O controle difuso, repressivo, ou posterior, também chamado de controle pela via de exceção ou defesa, ou controle aberto, pode ser realizado por qualquer juízo ou tribunal do Poder Judiciário. Analisa-se um caso concreto, e a declaração de inconstitucionalidade dá-se de forma incidental (incidenter tantum), prejudicialmente ao exame do mérito. Regra geral, os efeitos de qualquer sentença valem somente para as partes que litigaram em juízo. No controle difuso, para as partes os efeitos serão inter partes e ex tunc. Já o sistema concentrado, o controle se "concentra" em um ou mais de um (porém em número limitado) órgão. No caso do Brasil, no STF. Trata-se de competência originária do referido órgão. Pode ser verificado em cinco situações: Ação Direta de Inconstitucionalidade Genérica, Ação Declaratória de Constitucionalidade, Arguição de Descumprimento de Preceito Fundamental, Ação Direta de Inconstitucionalidade por Omissão e Representação Interventiva (ADI Interventiva). A declaração de inconstitucionalidade produz efeitos retroativos (ex tunc), invalidando tudo aquilo que foi feito com base no ato normativo inconstitucional. A jurisprudência do STF e a legislação ordinária (artigo 27 da Lei 9.868/1999 e no artigo 11 da Lei 9.882/99) passaram a contemplar hipóteses nas quais a declaração de inconstitucionalidade de uma lei ou ato normativo não gera efeito retroativo, pois há situações nas quais o efeito retroativo pode produzir graves lesões à segurança jurídica e ao interesse social. Assim, no controle concentrado de constitucionalidade a modulação temporal possui previsão legal. (ii) No controle difuso, embora não haja previsão legal, a jurisprudência do STF é firme em admitir a modulação, valendo-se, por analogia, dos mencionados dispositivos legais. O leading case foi o julgamento do RE 197.917, pelo qual o STF reduziu o número de vereadores do Município de Mira Estrela de 11 para 9 e determinou que a aludida decisão só atingisse a próxima legislatura.

4. DIREITO PENAL

18. (PC/RJ/Delegado/1998) Tibúrcio, funcionário público, furtou dinheiro pertencente a um colega de trabalho, enquanto ambos se achavam de serviço. Após conclusão do inquérito, Tibúrcio foi denunciado, e, ato contínuo impetrou Habeas Corpus alegando nulidade por vicio insanavel vez que não lhe foi dado o direito à resposta preliminar. Assiste razão a Tibúrcio?

Não assiste razão a Tibúrcio, considerando que houve a presença do inquérito policial, instrumento hábil para apurar indícios suficientes de autoria e materialidade delitiva. Ademais, a defesa preliminar deve ser realizada após o oferecimento da denúncia e antes do recebimento.

19. (PC/RJ/Delegado/1998) Estão corretas as assertivas abaixo: A citação editalícia implicará sempre na suspensão do processo, até a localização do réu. Delegado de Polícia não pode impetrar "habeas corpus".

Questão desatualizada, porém a suspensão do edital, na forma do Art. 366 do CPP, acarretará a suspensão do processo, bem como o lapso prescricional até que haja nomeação de advogado ou apresentação do denunciado. Quanto à segunda assertiva, pode o Delegado de Polícia impetrar Habeas Corpus, exemplificando no caso de uma lavratura de prisão em flagrante delito que, a princípio lhe parecia legal porém, após ciência de novos fatos, veio a se tornar manifestamente ilegal.

20. **(PC/RJ/Delegado/1998)** Juvenal foi vítima do crime de lesões leves praticado por Teotônio e Teobaldo. Todos presentes na "X" Delegacia Policial, Juvenal assinou representação em face dos dois autores, sendo que no dia seguinte retornou à polícia e lá entregou uma retratação, esclarecendo que Teobaldo "o indenizara moral e materialmente" com dez mil reais. Tendo em conta a manifestação do Juvenal deve a autoridade policial acautelar o Termo Circunstanciado, arquivá-lo, remetê-lo ao juízo competente ou então prosseguir na postura inquisitória contra Teotônio, requerendo prazo ao membro do Ministério Público com atribuições naquela DP? Pode-se pensar em outra solução que não uma daquelas quatro antes referidas?

A retratação irá atingir Teobaldo e Teotônio diante da indisponibilidade da ação penal. Ademais, diante da ausência de condição específica de procedibilidade (representação do ofendido), o Termo Circunstanciado será remetido ao Juizado Especial Criminal, não podendo ser suspenso em sede policial.

21. **(PC/RJ/Delegado/1998)** Após forte discussão, Licinius e Paulus trocam tiros com intentos homicidas; caídos na rua por força dos ferimentos a bala, os dois contendores ainda padecem lesões leves razão de uma série de pontapés desferidos por Caio, revoltado pelo risco de vida sofrido enquanto passava no local dos disparos. Na Delegacia Policial ressurge a informação de que Licinius é policial militar e Caio, major da aeronáutica. Como você procederia, na condição de autoridade em face de quem foram os três apresentados, força de flagrante?

Como não há concorrência de culpa no direito penal brasileiro, deve a autoridade policial lavrar o auto de prisão em flagrante delito em face de Licinius e Paulos, pela prática do homicídio tentado. Quanto à Caio, deve este responder por lesão corporal leve, razão pela qual será lavrado o Termo Circunstanciado de ocorrência à luz da Lei 9.099/95.

22. **(PC/RJ/Delegado/1998)** Ticio foi intimado para depor na "Y" Delegacia Policial em inquérito que apura crime de ação penal privada. Lá chegando, prestou falsas declarações. O inquérito é nulo?

Questão mal elaborada, primeiro porque não se sabe em que situação Tício foi ouvido (autor, vítima ou testemunha). Ademais, se Tício prestou falsas declarações, ele incorreu na prática do crime do Art. 342 do Código Penal, devendo ser responsabilizado por sua conduta por meio de indiciamento, no mesmo inquérito policial ou desmembrado para outro procedimento investigativo.

23. **(PC/RJ/Delegado/1998)** É possível haver julgamento na Lei 9.099/95, estando o réu revel?

Sim, de acordo com as regras da Lei 9.099/95, é firme o entendimento jurisprudencial que autoriza o julgamento do réu revel. Segue o que dispõe o Art. 20 da Lei 9.099/95: Não comparecendo o demandado à sessão de conciliação ou à audiência de instrução e julgamento, reputar-se-ão verdadeiros os fatos alegados no pedido inicial, salvo se o contrário resultar da convicção do Juiz.

24. **(Funcab/PC/RJ/Delegado/2012)** Conceitue, indique a natureza jurídica e as principais diferenças entre condições objetivas de punibilidade, escusas absolutórias e comportamento pós-delitivo positivo.

(i) em primeira análise, cabe esclarecer que os institutos jurídicos em epígrafe possuem natureza jurídica absolutamente distinta. As escusas absolutórias (art. 181 do CP), segundo a doutrina prevalente, afastam a punibilidade, sendo consideradas por esses mesmos autores como condições negativas de punibilidade. Nada obstante, uma segunda corrente (minoritária), defende que as escusas devem ser tidas como causas de exclusão da culpabilidade, sob a epígrafe da inexigibilidade de conduta diversa. Já as condições objetivas de punibilidade, por sua vez, são aquelas que não se relacionam com os substratos do crime (tipicidade, ilicitude e culpabilidade), mas que servem para viabilizar a punibilidade do fato criminoso. Sendo assim, devem ser entendidas como elementos exteriores ao próprio fato delitivo. Exemplo: sentença judicial que decreta a falência (art. 180 da lei de falências). Essa sentença é tida como condição de punibilidade para os delitos previstos na lei 11.101/05 (conhecida como "lei das falências"). Um outro exemplo, também citado pela nossa doutrina, corresponde ao lançamento definitivo do tributo, para fins de punibilidade jurídico penal relacionada com a prática ou cometimento de crimes contra à ordem tributária. Por fim, o comportamento pós delitivo, se relaciona diretamente com o instituto do arrependimento posterior, dotado da natureza jurídica de causa de redução de pena, (de um a dois terços), que ainda nos termos do art. 16 do CP : "pode incidir para os crimes praticados sem violência ou grave ameaça à pessoa, e desde que haja a integral reparação do dano ou restituição da coisa".

25. **(Funcab/PC/RJ/Delegado/2012)** Discuta o critério biopsicológico na avaliação da imputabilidade penal.

(i) O critério biopsicológico (adotado pelo nosso Código Penal vigente), é formado pela junção de dois outros critérios : o biológico (aplicável exclusivamente aos menos de 18 anos), e o psicológico. O referido critério leva em consideração dois momentos distintos para o atendimento da imputabilidade ou inimputabilidade penal. Num primeiro momento, deve-se verificar se o agente apresenta alguma doença mental ou desenvolvimento mental incompleto ou retardado. Em caso positivo, deve ser tido como inimputável. Nada obstante, apenas isso não é suficiente, uma vez que esse critério também foca na análise na análise do caso em concreto : é preciso observar se o indivíduo era capaz de entender o caráter ilícito do fato e de se autodeterminar conforme o direito, durante a prática ou cometimento de uma conduta delituosa (art. 26 do CP). Por fim, a título de enriquecimento cabe esclarecer que a doutrina prevalente admite a aplicação desse critério (por analogia), para os casos de embriaguez patológica (art. 26 caput do CP), podendo haver em tal hipótese a declaração de inimputabilidade do agente, desde que atendidos os mesmos requisitos : incapacidade para entender o caráter ilícito do fato, não havendo como se autodeterminar no caso em concreto, e desde que se mostre presente o nexo de causalidade entre a embriaguez e o fato delituoso praticado.

5. DIREITO PROCESSUAL PENAL

26. **(Funcab/PC/RJ/Delegado/2012)** Ana Carolina Santos foi presa por policiais lotados na 52ª DP, Nova Iguaçu, e autuada em flagrante delito por ter sido surpreendida no momento em que praticava maus-tratos contra o adolescente Vinícius Silva, deficiente físico, que não possui condições mínimas de administrar sua vida. Durante o curto período em que a conduzida se encontrava custodiada na delegacia, a autoridade policial percebeu que a mesma apresentava sinais evidentes de deficiência mental. Diante disso, convocou a perícia médico-legal para realizar o exame de corpo de delito, objetivando comprovar uma possível insanidade. Nesse ínterim, concluiu e relatou o inquérito policial. Com base no inquérito policial e no laudo, que concluiu pela insanidade, representou ao juiz pela internação provisória com fundamento de evitar a reiteração criminosa (art. 319, III, parte final do Código de Processo Penal). No caso hipotético relatado, responda (fundamentadamente): (i) agiu corretamente a autoridade policial ao determinar a realização do exame de corpo de delito? (ii) e quanto à representação pela internação provisória?

(i) O Art. 149, § 1º do CPP traz: "§ 1º O exame poderá ser ordenado ainda na fase do inquérito, mediante representação da autoridade policial ao juiz competente." Logo, o Delegado errou, haja vista que deveria representar judicialmente pela medida de perícia de insanidade mental do acusado. (ii) O examinador da Banca à época, André Nicolitt, possui o entendimento de que a medida cautelar de internação provisória com base no risco de reiteração é inconstitucional, embora o entendimento majoritário da doutrina e jurisprudencial entenda ser plenamente possível o pleito formulado pelo Delegado de Polícia.

27. **(PC/RJ/Delegado/1998)** Tício, Delegado de Polícia, toma ciência, por intermédio de equipe televisiva, da ocorrência da prática de "agiotagem" em determinado estabelecimento situado na cidade do Rio de Janeiro. Sucede que a informação se baseia em imagens obtidas sem que os implicados soubessem que estavam sendo filmados. Em face do acima exposto, manifeste-se acerca da licitude de tais imagens como prova, tendo em vista a ordem constitucional vigente.

A CF, em seu artigo 5º, X prevê o direito à intimidade, vida privada, honra e imagem. Cuida-se de direitos da personalidade ligados à dignidade da pessoa humana. A intensidade da proteção deve variar conforme a área da personalidade afetada. O direito à imagem impede, em um primeiro momento, a captação e difusão, sem o consentimento da pessoa. Por outro lado, os direitos acima mencionados são passíveis de limitações. Deveras, o interesse público serve como primeiro fundamento para justificar intervenções no direito à intimidade e direito à imagem. Ademias, dentro do contexto de segurança pública tais direitos também encontram limitações. A divulgação de fatos envolvendo atividades criminosas possui inegável função de prevenção geral. A gravação clandestina não se confunde com interceptação ambiental. Enquanto aquela é feita diretamente por um dos interlocutores – ou por terceiro, com seu consentimento – sem o conhecimento dos demais, esta consiste na captação de imagem ou diálogo, feita por terceiros, sem o consentimento dos interlocutores. Neste passo estas gravações podem ser utilizadas como prova lícita quando inexistir expectativa de privacidade. É preciso analisar se a captação das imagens foi feita em lugar e de modo que não existisse a expectativa de privacidade. Caso tenha havido tal expectativa faz-se necessária prévia autorização judicial para a diligência. Não obstante, em qualquer caso, é cabível admitir tal gravação como "notitia criminis", dando origem à investigação formal nos autos do inquérito policial pelo Delegado de Polícia. Convém esclarecer, por fim, que são vedadas as interceptações ambientais com violação do sigilo profissional, como por exemplo, a gravação de conversa realizada entre advogado e cliente. A jurisprudência tem se inclinado no sentido de determinar a exclusão do processo de tais tipos de provas.

28. (Funcab/PC/RJ/Delegado/2012) A autoridade policial está investigando um crime de homicídio. Foram encontradas amostras biológicas no local do crime. Gala, a principal suspeita do delito, recusa-se a fornecer padrões biológicos para confronto de DNA. Não obstante, sabendo que Gala estava gestante, o Delegado, no dia do parto, dirigiu-se ao Hospital onde ela dera à luz, com equipe técnica de legistas, e apreendeu a placenta da indiciada, realizando, então, o confronto de DNA com o material apreendido no local do crime, concluindo pela autoria da indiciada. Proceda a análise jurídica do caso.

Considerando o princípio constitucional de não produção de prova contra si mesmo (nemo tenetur se detegere), Gala não estava obrigada a fornecer padrões biológicos para confronto de DNA. Porém, agiu corretamente a autoridade policial quando da apreensão a placenta de Gala no hospital onde a mesma fora submetida ao procedimento de parto, visto que esta prova não foi invasiva, tampouco feriu a dignidade ou integridade da indiciada, visto que o material fora descartado.

6. MEDICINA LEGAL

29. (Funcab/PC/RJ/Delegado/2012) Qual seria o comportamento e os principais sinais físicos esperados de um toxicômano sob efeito de cocaína?

O candidato deveria citar que a cocaína é uma droga psicoanaléptica e como tal gerará um estado de euforia, hiperatividade, sensação de bem-estar, aumento da autoestima, chegando à onipotência. Nos usuários que utilizam a via pulmonar ou venosa, tais sensações são muito amplificadas e conhecida com "high" ou "flash". Este estado pode ser acompanhado por redução do juízo crítico, impulsividade, agitação psicomotora, insônia e pânico. Conforme vai passando o efeito da droga sobrevém depressão, inquietude e ansiedade, que levam à necessidade de novamente consumir.

30. (Funcab/PC/RJ/Delegado/2012) Qual seria o comportamento e os principais sinais físicos esperados de um toxicômano sob efeito de cocaína?

O candidato deveria citar que a cocaína é uma droga psicoanaléptica e como tal gerará um estado de euforia, hiperatividade, sensação de bem-estar, aumento da autoestima, chegando à onipotência. Nos usuários que utilizam a via pulmonar ou venosa, tais sensações são muito amplificadas e conhecida com "high" ou "flash". Este estado pode ser acompanhado por redução do juízo crítico, impulsividade, agitação psicomotora, insônia e pânico. Conforme vai passando o efeito da droga sobrevém depressão, inquietude e ansiedade, que levam à necessidade de novamente consumir.

31. (Funcab/PC/RJ/Delegado/2012) Em relação ao uso de derivados etílicos, responda aos seguintes itens: (i) Descreva o quadro clínico da embriaguez pelo álcool. (ii) Um agente ingeriu uma boa quantidade de álcool, encontra-se bastante embriagado, irritado e agressivo. Analise a importância médico-legal dessa fase. (iii) Considerando que esse agente continuou ingerindo grande quantidade de álcool e se encontra bastante embotado, prostrado, sujo e "caído no chão" qual a importância médico-legal dessa fase da embriaguez?

O candidato deveria quanto ao quadro clínico citar: congestão das conjuntivas, taquicardia, taquipnéia, taquiesfigmia, hálito alcoólico- acético, alteração do equilíbrio, da marcha e perturbação da coordenação motora (sinal de Romberg), ataxia (incoordenação motora), dismetria (perturbação na medida dos movimentos e disdiadococinesia(desordem na realização de movimentos rápidos e opostos). (II) deveria citar que esta fase é também chamada de fase da confusão ou do "Leão" que possui grande interesse médico-legal na qual ocorrem normalmente crimes de sangue praticados por condutas comissivas. (III) Deveria citar a fase do sono ou comatosa ou do porco, sua consciência fica embotada, não reagindo a estímulos, as pupilas dilatam e não reagem à luz, os esfíncteres relaxam e a sudorese é profunda. É a fase da inconsciência, importância jurídica de praticar possíveis crimes omissivos impróprios se estiver na posição de garantidor.

32. (Ceperj/PC/RJ/Delegado/2009) O afogamento é uma forma de asfixia em que ocorre penetração de grande quantidade de liquido nos pulmões. Em relação às suas formas: (i) Discuta a gênese do afogamento branco comparado com o real. (ii) Esclareça se é possível confirmar o diagnóstico de afogamento verdadeiro nos casos de corpos putrefeitos retirados da água.

(i)O afogamento é uma espécie de asfixia por modificação do ar ambiental, na qual se substitui o ar respirável por liquido. Pode ser dividido em afogamento Real, azul ,verdadeiro e molhado ou afogamento Branco de Parrot que também pode ser chamado de afogamento seco. Naquele o cadáver é encontrado em meio liquido apresentando os sinais de certeza de afogamento, como por exemplo: Mancha de Pautalf, diferença de densidade do sangue do átrio esquerdo quando comparado com o do átrio direito, diferença no ponto de congelamento do sangue dos átrios(crioscopia de carrara) ou algas diatomáceas na medula óssea dos ossos longos. Esses achados periciais comprovam que a morte ocorreu por afogamento. Entretanto haverá hipóteses em que um cadáver é encontrado em meio liquido e os sinais patognomonicos de afogamento não estarão presentes, a essa hipótese da – se o nome de afogado branco de parrot. A doutrina medico – legal aponta que nesses casos que a morte pode ter ocorrido por um reflexo vagal ou por um espasmo de glote, justificando assim a ausência de sinais de certeza de afogamento.

(ii) No caso de corpos putrefeitos os exames de praxe como por exemplo: densidade dos átrios ou ponto de congelamento do sangue podem estar prejudicados pela putrefação, o que levaria à necessidade de outros exames pericias mais específicos, como o encontro de algas diatomáceas na medula óssea dos ossos longos que estaria presente mesmo no cadáver em putrefação e comprovaria a entrada de liquido (agua doce ou salgada) que conteriam as algas que passariam para a corrente sanguínea e se alojariam na medula dos ossos longos, comprovando a morte por afogamento.

33. (Ceperj/PC/RJ/Delegado/2009) Sobre o infanticídio: (i) Analise os elementos que constituem o crime. (ii) Descreva os procedimentos realizados na perícia médico-legal necessários à elucidação da existência de nascimento com vida.

(i) O crime de infanticídio apresenta como elementares, a mulher que mata o próprio filho durante ou logo após ao parto sob a influência do ESTADO PUERPERAL, vale lembrar que o parto se inicia com a dilatação do colo do útero ou com o rompimento do saco amniótico e termina com a expulsão da placenta (dequitação ou secundamento). Importante ainda destacar que estado puerperal não se confunde com puerpério, sendo aquele um fato biológico bem estabelecido que a parturição desencadeia numa súbita queda nos níveis hormonais e alterações bioquímicas no sistema nervoso central. A disfunção ocorreria no eixo Hipotálamo-Hipófise-Ovariano, e promoveria estímulos psíquicos com subsequente alteração emocional. Em situações especiais, como nas gestações indesejadas, conduzidas em segredo, não assistidas e com parto em condições extremas, uma resposta típica de transtorno dissociativo da personalidade e com desintegração temporária do ego (o conceito de Ego é visão da Psicologia com abordagem voltada a Psicanálise) poderiam ocorrer. Já o puerpério é um conceito médico que corresponde ao período entre o final do parto e a retomada das funções ovulatórias normais da mulher;

(ii) Os exames periciais para comprovação de nascimento com vida são as Docimasias que podem ser de varias origens , tais como: gastrointestinais , auriculares , circulatórias , visuais etc. Nessa esteira a docimasia pulmonar de galeno é a mais famosa configurando uma docimasia hidrostática. Nela coloca – se o pulmão na água, se ele flutuar, é porque o nascituro respirou, pois os pulmões receberam ar. Sendo assim pode – se afirmar que a docimasia foi positiva, ou seja , nasceu com vida. Mas e afundar, pega -se uma tesoura e deixa – se apenas os pulmões embaixo da agua, se flutuar, é porque respirou, logo Docimasia positiva. Contudo, se, ainda assim , não flutuar, faz -se novo corte nos pulmões agora em pedacinhos, se pelo menos um pedacinho flutuar é porque respirou, logo nasceu com vida. Por fim se todos afundarem, pega – se um soquete e esmaga – se os pedacinhos de pulmão. Se surgir bolhas de ar, respirou. Entretanto se ainda assim não houver bolhas é porque não respirou, tratando – se de um natimorto.Docimasiavisual pulmonar de Bouchut – o pulmão que não respirou é vermelho escuro, é muito denso, ele lembra o fígado, as bordas são agudas e a superfície é lisa. No momento que no pulmão respira, as bordas são arredondadas, ele fica mais claro, mais avermelhado, ele tem baixa densidade, na superfície são vistos vários mosaicos, que são os alvéolos. Docimasia microscópica pulmonar de Balthaz ard -Lebrun: essa é Patognomônica. Caso o microscópio mostrar que os alvéolos estão distendidos, é porque o pulmão respirou, se eles estiverem compactos, é porque não respirou. Essa é uma docomasia importante porque quando o feto nasce morto, a equipe medica bombeia (insuflação de ar) ar para dentro para reanimá -lo. Só que se ele estiver morto, essa manobra não vai distender os alvéolos, que só se distendem fisiologicamente. Veja que se fizerem a insuflação e o pulmão vai flutuar, mesmo assim ele teria nascido morto. Há também as docimasias extrapulmonares. A primeira é a de Breslau. Pega – se o esôfago, intestino delgado, intestino grosso, estomago e amarra – se tudo nas duas pontas. Dessa forma se o feto nascente respirou pode ter entrado ar dentro do tubo digestivo. Nesse caso, se flutuar é porque respirou. Essa docimasia faz com o tubo digestório o que a docimasia de Galeno fez com o pulmão. Cuidado, porque se o feto estiver em putefração, o pulmão e aparelho gastrointestinal estarão de gases da putrefação , apresentado assim um falso positivo. Outro ponto importante é a hipótese de o feto respirar o líquido amniótico, o que pode fazer o pulmão afundar dando um resultado de falso negativo. Por isso a importância do exame microscópico. Por fim, pode – se encontrar apenas a cabeça de um feto, neste caso uma opção é a de usar a docimasia extra -pulmonar auricular de Wendt-Wreden-Gellée, que consiste em mergulhar a cabeça do feto na água, retirar o pavilhão auditivo, perfurar o tímpano, se sair bolha de ar, é porque ele respirou. No entanto deve – se ficar atento para o cadáver em putrefação, pois nesse caso ocorrerão bolhas oriundas do fenômeno da putrefação, gerando um falso positivo.

34. (Ceperj/PC/RJ/Delegado/2009) Determine os elementos de perícia médico-legal que comprovam o aborto provocado na mulher viva.

Os achados pericias que podem comprovar gravidez pregressa e por conseguinte a possibilidade de aborto em mulher viva são : sinais mamários por meio da congestão das mamas cuja rede venosa subcutânea se torna mais visível (sinal haller) , saída de liquido leitos , o colostro que é mais abundante poucos dias após o aborto, sinais genitais – a genitália releva mucosa de tonalidade arroxeada na vulva (sinal de jacquemier ou chadwick) , na vagina sinal de kluge e no colo do útero por causa do aumento da vascularização. O útero tem consistência diminuída pelo aumento do liquido interstícial dos tecidos (embebição gravídica), alterações cutâneas Há uma tendência de hiperpigmentação que é mais comum na aréola mamária, mas que ocorre também no abdômen e na face. No abdômen forma-se uma linha escura ao longo da linha mediana entre o umbigo e o púbis, a linha negra da gravidez. Na face, a mancha chama-se CLOASMO GRAVIDICO. Outro achado pericial possível são os lóquios drenados pelo orifício do colo uterino. Inicialmente sanguinolentos, ao fim de 3 dias tornam-se serosos e amarelados. Havendo infecção, passam a piossanguinolentos e exalam odor desagradável. Indicam que houve perda do revestimento interno da parede uterina, que se apresenta cruenta e sangrante. Destaca-se ainda o encontro de partes fetais ou da placenta em meio ao conteúdo vaginal garante que havia gravidez. Sendo realizada a perícia no mesmo dia ou ATÉ 3 DIAS seguintes ao aborto, no máximo, há a possibilidade de detectar CÉLULAS TROFOBLASTICAS em esfregaço vaginal. PESQUISA E DOSAGEM DA GONADOTROFINA CORIONICA: Para que o ovo se implante com sucesso na mucosa uterina, é preciso que os níveis de progesterona e de estrogênio se mantenham elevados, o que só acontece se o corpo amarelo ovariano continuar a ser estimulado. Como a influência estimulatória da hipófise tende a ser inibida pelo aumento daqueles hormônios, a manutenção do funcionamento do corpo amarelo no inicio da gravidez carece de um novo hormônio estimulante. É aí que entra a GONADOTROFINA CORIONICA. É uma GLICOPROTEINA semelhante ao hormônio luteinizante da hipófise. ULTRASSONOGRAFIA: Seu valor na perícia de casos de aborto fica limitado porque, na maioria das vezes o embrião foi eliminado. Resta, contudo, a possibilidade de avaliação morfologia e das dimensões uterinas, que pode ajudar no diagnóstico de gravidez pregressa. Nos casos de aborto com retenção do embrião , que pode ocorrer quando são usados métodos farmacológicos, cresce de importância não apenas pela sua visualização, mas pela constatação de alterações sugestivas de anomalias do ovo ou ausência de batimentos.

ANOTAÇÕES

ANOTAÇÕES

ANOTAÇÕES

ANOTAÇÕES

EDITORA
JusPODIVM
www.editorajuspodivm.com.br

Pré-impressão, impressão e acabamento

GRÁFICA
SANTUÁRIO

grafica@editorasantuario.com.br
www.graficasantuario.com.br
Aparecida-SP